系统思维

复杂商业系统的设计之道

原书第3版

[美] Jamshid Gharajedaghi 著

王彪 姚瑶 刘宇峰 译

MANAGING CHAOS AND
COMPLEXITY

A PLATFORM FOR DESIGNING BUSINESS ARCHITECTURE
(THIRD EDITION)

图书在版编目（CIP）数据

系统思维：复杂商业系统的设计之道（原书第 3 版）/（美）格哈拉杰达基（Gharajedaghi, J.）著；王彪，姚瑶，刘宇峰译．—北京：机械工业出版社，2014.5（2025.8 重印）
书名原文：Systems Thinking: Managing Chaos and Complexity: A Platform for Designing Business Architecture, Third Edition
ISBN 978-7-111-46238-5

I. 系… II. ①格… ②王… ③姚… ④刘… III. 商业管理-系统设计 IV. F715

中国版本图书馆 CIP 数据核字（2014）第 056802 号

北京市版权局著作权合同登记　图字：01-2012-7903 号。

Systems Thinking: Managing Chaos and Complexity: A Platform for Designing Business Architecture, Third Edition
Jamshid Gharajedaghi
ISBN 978-0-12-385915-0
Copyright © 2011 by Elsevier Inc. All rights reserved.
Authorized Chinese translation published by the China Machine Press.
Copyright © Elsevier Inc. and China Machine Press. All rights reserved.
No part of this publication may be reproduced or transmitted in any form or by any means, electronic or mechanical, including photocopying, recording, or any information storage and retrieval system, without permission in writing from Elsevier (Singapore) Pte Ltd. Details on how to seek permission, further information about the Elsevier's permissions policies and arrangements with organizations such as the Copyright Clearance Center and the Copyright Licensing Agency, can be found at our website: www.elsevier.com/permissions.
This book and the individual contributions contained in it are protected under copyright by Elsevier Inc. and China Machine Press (other than as may be noted herein).
This edition of Systems Thinking: Managing Chaos and Complexity: A Platform for Designing Business Architecture(Third Edition) is published by China Machine Press under arrangement with ELSEVIER INC.
This edition is authorized for sale in the Chinese mainland (excluding Hong Kong SAR, Macao SAR and Taiwan). Unauthorized export of this edition is a violation of the Copyright Act. Violation of this Law is subject to Civil and Criminal Penalties.

本版由 ELSEVIER INC. 授权机械工业出版社在中国大陆地区（不包括香港、澳门特别行政区及台湾地区）出版发行。

本版仅限在中国大陆地区（不包括香港、澳门特别行政区及台湾地区）出版及标价销售。未经许可之出口，视为违反著作权法，将受民事及刑事法律之制裁。

本书封底贴有 Elsevier 防伪标签，无标签者不得销售。

注意

本书涉及领域的知识和实践标准在不断变化。新的研究和经验拓展我们的理解，因此必须对研究方法、专业实践或医疗方法作出调整。从业者和研究人员必须始终依靠自身经验和知识来评估和使用本书中提到的所有信息、方法、化合物或本书中描述的实验。在使用这些信息或方法时，他们应注意自身和他人的安全，包括注意他们负有专业责任的当事人的安全。在法律允许的最大范围内，爱思唯尔、译文的原文作者、原文编辑及原文内容提供者均不对因产品责任、疏忽或其他人身或财产伤害及／或损失承担责任，亦不对由于使用或操作文中提到的方法、产品、说明或思想而导致的人身或财产伤害及／或损失承担责任。

系统思维：复杂商业系统的设计之道

[美] Jamshid Gharajedaghi 著

出版发行：机械工业出版社（北京市西城区百万庄大街 22 号　邮政编码：100037）
责任编辑：高婧雅　　　　　　　　　　　责任校对：董纪丽
印　　刷：河北虎彩印刷有限公司　　　　版　　次：2025 年 8 月第 1 版第 15 次印刷
开　　本：170mm×242mm 1/16　　　　　印　　张：18.5
书　　号：ISBN 978-7-111-46238-5　　　定　　价：79.00 元

客服电话：(010) 88361066　68326294

版权所有·侵权必究
封底无防伪标均为盗版

第 3 版序

向罗素·艾可夫及其贡献致敬，向设计思维致敬

系统科学界的元老，我过去40年的挚友，罗素·艾可夫（Russell Ackoff）不再与我们同行了。2009年10月29日，由于髋关节手术并发症，他意外地离开了我们。就在此一周前，我们对一系列相同的原有的交互问题复苏有过一次愉快的讨论。我们还讨论了越来越令人担忧的频繁市场泡沫、有缺陷的商业模式、全球化的挑战、不计任何代价地盲目追求效益、顽固的失业问题、赤字的激增、国家的公共教育以及日益两极化的社会，这些问题使很多人对许多现有的常规工具和主导的增长模式产生了怀疑，认为它们可能无法再处理我们这个时代新的复杂情况。分享了这些问题之后，我们讨论了如何将系统思维带给更大的群体中的从业者。

在这样的背景下，以及考虑到时下对设计思维的兴趣的激增，我觉得是时候对本书中的方法（第三部分）进行更新和扩展，通过整个章节来阐述系统思维的四个基础。这次讨论也让我想起了在1974年的历史性会议上，罗素第一次告诉我："设计是系统方法的未来，是体现选择的工具"。我告诉他，他的这番话是如何影响了我的职业生涯，并希望他能为我即将完成的第3版作序，解释他为什么一直认为设计思维是应对相互依赖和复杂挑战的方法。

在他去世后，他的夫人递给我一张她在罗素的工作文件中找到的笔记。我原本已经忘了关于这些对话的所有内容，而这张条上，写有我的名字，是关于我们的谈话，以及提醒自己要为我的书写一章节来概述他的"交互设计"

的思维过程。我悲伤地意识到我们失去了一个千载难逢的机会去学习他在很长时期内影响了很多人的丰富的思维过程。

如果罗素有时间完成它,那将是多么精彩的一部分啊!但是,我们并没有失去一切,罗素在我 1985 年由 Intersystems 出版的《走向组织的系统理论》(Towards a Systems Theory of Orgnization)中写过序言。在序言中,罗素阐述了社会系统科学这一非凡概念的演进历史。虽然没有任何东西可以取代他答应过的为本书作序的这份美丽礼物,不过那份旧的序言至少打开了一扇迷人的窗,让我们可以窥视到产生这个难以置信的思维过程的历史和传统。遗憾的是,Intersystems 已经停止经营,而这本旧书也就绝版和难以再现了。我决定咨询出版社,确定我是否能够在本书中重现这段旧的序言,作为向艾可夫的致敬,并提醒大家他对本书的核心内容所做出的至关重要且不可估量的贡献。以下就是那篇序言。

为已有的想法带来更深入的发展所带来的价值并不亚于去产生一种新的想法。贾姆希德·格哈拉杰达基(Jamshid Gharajedaghi)就是这样来进一步发展我所做的工作的。不过他所做的要多得多,他已经在原有工作上做了很多重要的增补。他的工作所基于的思想传统与我的工作有很大的不同,不过这两种思想传统在数年前已经相交并合并,这为他的工作提供了令我羡慕的新鲜感和原创性。我将分享贾姆希德和我怎样共同努力发展这个理论的历史,也许会对读者有帮助。

1941 年,我在美国宾夕法尼亚大学开始了科学哲学的毕业设计工作,在这里,我受到了部门的"元老",著名哲学家埃德加·亚瑟·辛格(E.A. Singer, Jr)的影响。他所创建的部门并不拘泥形式,所以我有机会与其他两位年轻教师合作。这两位教师曾是辛格的学生,分别是托马斯·考恩(Thomas A. Cown)和 C·维斯特·丘奇曼(C. West Churchman)。

辛格哲学在以下三个方面对我的影响深远。第一,哲学的实践,对于哲学本身的发展来说,其应用是必需的;第二,有效解决"实际"问题需要跨学科的方法;第三,最为困难的是,研究社会学领域需要比其他科学领域付出更多的努力。

我们发展了研究小组的概念，通过处理实际问题，使我们能在社会领域实践哲学。我们设计的组织叫做"实验方法研究学院"。通过其他哲学系的毕业生和一些教师的参与，我们成立了这个完全非官方的研究学院。

1946年6月，我接受了（当时）底特律韦恩大学哲学系的任命。这么做的原因是该院院长对建立一个应用哲学研究学院非常有热情，并愿意提供支持。在接下来的一年，丘奇曼也接受了哲学系的全职任命。同时，当考恩在1946年离开宾州时，他也从内布拉斯加州来到了韦恩的法学院。韦恩哲学系的另外两名成员把我们建立应用哲学研究学院的付出视为对古老追求的亵渎。我们在这个问题上产生了"争斗"，这牵扯到了大部分的教师、管理人员，还有韦恩的学生，我在哲学系也难以立足了。

1951年春天，丘奇曼和我都接受了克利夫兰的凯斯理工学院的任命。因为凯斯正致力于创办运筹学研究的活动，丘奇曼和我相信在这样的名义下，我们应该能比在学术哲学的外衣下工作得更好。到1952年年底的时候，虽然没有正式的教师职位，但是我们得到了正式的批准，首次发起了运筹学的博士点。不过从那以后，研究小组和博士点开始快速地发展和繁荣起来。凯斯变得像"麦加"一样，受到来自世界各地的运筹学"朝圣者"的朝拜。1958年的时候，丘奇曼因个人原因搬迁到了美国加州大学的伯克利分校，并在那里创办了类似的活动。运筹学院的活动开始迅速扩散和繁荣，它们中的大多数都是以凯斯为蓝本的。

1964年6月，带着绝大部分的教师、学生和研究项目，研究小组和学术课程搬到了宾州。在佩恩和沃顿商学院的支持下，我们的活动得到了蓬勃发展。参与到活动中的各种各样的教师成员极大地增强了我们的能力。到了20世纪60年代中期，我开始对专业运筹学的方向，或者说是缺乏方向而感到不适。我发现的问题包括四个方面。

第一，它已然沉迷在数学工具之中，失去了看到所要处理的问题的能力。因此，它在寻找可以应用其工具来分析的问题，而不是寻找适合的工具来解决不断变化的待处理问题。第二，它没有考虑到这样的事实，问题是通过分析将现实进行提取所抽象而来的。现实包括各种有问题的系统，而问题伴随着强烈的互动、混乱。我相信，我们必须把这些问题系统当做整体，开发出解决它们的方法。第三，运筹学已经成为一门单独学科，已然失去了其跨学科的承诺。绝大部分学科建设是由数学专家来参与的。很少有与其他自然科学专业和人文科学专业的互动。最后，运筹学忽略了系统思维的发展——那些系统思维者不断开发出来的方法、观点以及理论。

基于以上原因，我们运筹学的五位教师设计出了一个新的课程，我们想以此为参加这门课程的学生提供一个新的选项。除了我之外，还有埃里克·特里斯特（Eric Trist）、Hasan Ozbekhan、托马斯·萨迪（Thomas Saaty）、詹姆斯埃·姆肖夫（James Emshoff）。我们在沃顿商学院建立了一项新的试验课程和行政实体——社会系统科学，也就是后来为人们所知的"S3"。这项课程以及其研究机构（布希中心）现在有着该学院最大的博士点。

这项研究和科研课程都是面向专业人员的，使他们有能力针对社会系统进行规划、研究和设计，而人是这样的社会系统中的主要角色。该课程致力于发展和使用社会系统理论和专业实践，并对这些理论进行实践应用。同时还致力于方法和概念系统的发展，这将使我们能够更有效地设计和管理社会系统。

1968年，我接受联合国任命，第一次来到伊朗。也正是在这次访问期间我遇到了贾姆希德，当时他正在为IBM工作。在随后的访问中，我发现他已经担任了工业管理学院的负责人，并且已经把S3所作的研究及学术原理应用到了他本地的项目开发中。我们开始了个人及组织上的合作。他派了大批工作人员和我的研究生一起从事联合项目。我们尝试邀请他以客座教授的方式加入宾夕法尼亚大学，不过他并不愿意离开他优秀的研究所。我不能责怪他，将心比心，我也会做同样的决定。我们是非常幸运的，但是他却没有得到幸运之神的眷顾，伊朗革命改变了一切。这次动荡几乎摧毁了他的研究所以及他继续从事其工作的机会。在我们的邀请和帮助下，他离开了伊朗并很快加入了我们。不久之后，我便把布希中心的主要工作转移给了他。

他的加入是我人生中的一件大事。处理严重而复杂的问题的研究员，需要汇聚各种广阔的思想流派和经验，并对不同的文化渊源进行卓越的研究。本书是不同文化的系统思维系统之间合作的产物：埃德加·亚瑟·辛格（Edgar A. Singer）、托马斯·考恩（T.Cowan）和C·维斯特·丘奇曼（C.West Church-man）和我来自西方文化，而本书作者则来自明显不同的古老东方文化。一个明显的奇迹发生了。原本以为关于系统组织性质的外来观点有着根本的源头差异，结果却很容易且自然地结合在了一起。曾经，我们并不认为系统组织的本质是多样性的统一。当格哈拉杰达教授加入沃顿商学院的社会系统科学院并承担其研究方向的责任后，他在布希中心开始了对系统组织的性质和应用研究与应用本身进行了双管齐下的研究活动。在他一系列的系统理论著作中，都可以很清楚地认识到两种思想不仅在本质上是相容的，而且还起到彼此丰富的良好效果。当前的工作正好幸运地见证了两个不同文化的融合。

贾姆希德，不仅是我宝贵的朋友和同事，还给了我源源不断的灵感源泉。能够应邀来为此书作序，我感到欣喜万分，也请我邀请您来分享他所提供给我的灵感吧！

罗素·艾可夫

1986年，由于受限于当时的强制退休制度，艾可夫在他65岁时从宾夕法尼亚大学退休。布希中心的许多人追随他一起创建了INTERACT，即互动管理学会。之后的20年，这里一直都是艾可夫的科研之家，直到2006年他退休。

艾可夫，我的良师益友，无与伦比的人，我十分想念他。

贾姆希德·格哈拉杰达基

第 2 版序

麻省理工学院的教授托马斯·李（Thomas Lee）是我的亲密朋友。我在20世纪80年代初遇到他时，他任国际应用系统分析研究院（International Institute for Applied Systems Analysis，IIASA）的秘书长。他痴迷于两种不同的系统思维概念——艾可夫的交互设计和福瑞斯特（Jay Forrester）的系统动力学，这是一对互补的概念。多年以来，他一直坚持认为我们应该一起努力把这两种杰出的系统方法合并统一。不过在当时，我正专注于其他两个令人兴奋的观点。其一是考虑把文化作为一个可以指导社会组织朝着预定义秩序发展的操作系统；其二是我预感迭代将成为理解复杂的关键。

令人悲伤的是，托马斯去世了。我许诺将继续他所钟爱的项目。为了履行我的诺言，我尝试了不同的方法，但一切都是徒劳。我没有意识到其实我一直知道解决方案。我已经把它应用在了此书第1版中，结合着我当时理解的整体思维——结构、功能和流程的迭代以及交互设计。突然，它变得清晰起来，交互设计不仅仅是一种简单的方法，它还是一个平台，这个平台可以将迭代方法、系统动力学以及社会文化系统的自组织（负熵过程）的挑战集成到全面的系统方法论中。

我把我的想法写成了一份草案，并拿给我的导师艾可夫审阅。他非常喜欢并坚定地认为我应该把它出版到一本新的著作中。

巧合的是，在那个时候，维拉诺瓦大学的院长托马斯·马纳汉（Thomas Manahan）和经理人教育学院副院长尼尔·西奇曼（Niel Sicherman）要求我帮他们设计一个独特的在职MBA计划。该计划将应用系统思维作为平台将其他相关学科整合为一个统一的整体。我已准备好接受这项任务。我所开发出来的系统方法是唯一能应对这项大多数MBA计划都无法完成的挑战的。维拉诺瓦大学在职MBA的十届成功毕业生是这种方法有效性的最好证明。

当爱思唯尔（Elsevier）出版社的编辑丹尼斯·迈高内格（Dennis McGonagle）打电话询问我是否准备好了新的版本时，我非常高兴能够有机会修改前1版本的第4章～第7章，加入了这个让人兴奋的观点。

最后，是我珍贵的合作伙伴苏珊·莱迪克（Susan Leddick）给予的莫大支持才令本书得以完成。苏珊不仅给予最大的关注来校订修改过的章节，而且她给出了很多改进本书的宝贵建议。

所以，新版来了！这是我的全面系统方法的新版本。我真诚地相信，交互设计之美和结构、功能和过程（与运筹思维相结合，以及对负熵过程的真正理解）的迭代之魔力，将创建出一个强大的、令人兴奋的系统方法，它能在很长时间里处理看似复杂和混乱的社会文化系统所带来的新挑战。

贾姆希德·格哈拉杰达基

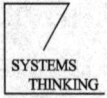

前言

这是一本为非常之人所创作的非常之书。目的是为了那些除了专业知识外,想要掌控生活的专业人士,使他们可以把其特殊才能应用到合适的背景之下。它对话特定的思考者和从业者,他们已经意识到学会自我实现和学会应用对其成功的职业生涯不可或缺,继续保持单一维度的思考将陷入平庸。

本书主要阐述在这个世界上所见、所做、所为的一种新模式;它是一种对混乱和复杂的思考方式;它不是另一本"如何做"的书,也不是对已有方法的替代。它并非是用"新瓶"装了那些最新的所谓成功人士的共同性格特点的"旧酒"。

它也违背了最畅销书的金科玉律。也有人告诉我,在一本书里面处理太多的想法是让大多数读者脱离舒适区的方式。

然而,书中的想法虽然很多,却凝聚和创造出了一个比任何一种独立概念都要深刻和美妙的整体。真正的美,在于经历了整个过程,看着各个部分走到一起,融为一体。

至于要在循规蹈矩和打破常规之间作出选择,应该选择哪一个是很明显的。如果那意味着你会成为离群的少数,又有何不可。

尽管如此,本书也告诉我们每一个人,思考的乐趣依然是生机盎然的,对陌生而又新奇概念的热情尚未用尽。

一言以蔽之,本书是关于系统的。相互依赖性的至关重要,减少无尽复杂度的迫切需要,产生可控简单性的强烈需求,都需要可行的系统方法论,一个全面的参考框架。当我们沉浸在不断增长的无用信息之中时,这个方法可以使我们专注在真正相关的问题上,避免纠结于无止境的无谓细节。

与广泛认同的观念相反,多学科方法的流行定义并不是系统方法。把独立的结果整合为一体的能力,远比从不同的方面产生信息的能力更加关键。

本书以实用为导向,也有着深厚的理论基础,不是简单地宣称对系统思维的必要性。系统思维将应对相互依赖和混乱带来的挑战,并利用迭代设计这一精心设计的方式。

迭代设计明确指出,选择是人类发展的核心,发展为选择提供能力;设计是增强选择和整体思维的工具。在本书中,设计师选择未来而非预测未来。他们去理解选择的理性、感性和文化多个方面,并产生出满足多种功能的设计。他们学习如何应用已知的东西,学习如何实现未知的东西,并且学习如何发现(realize)应该知道的东西。

本书分为四部分。第一部分指出了系统思维在全局中的位置。它是一个概述,描述了管理中的主要的理论传统和系统思维,以及它们的关系。

第二部分和第三部分是本书的重点。第二部分论述了五种系统原理,作为建立心智模型的基础,产生出关于系统的最初构想,同时也识别出一套全面的变量来共同描述作为一个整体的组织。第三部分着重讲述迭代设计的发展及其在定义问题和设计方案上的实际意义。

第四部分回顾了设计业务架构的五个实际案例。奥奈达部族、巴特沃斯医疗系统、联邦能源系统、万豪集团和开利集团,它们代表了不同的具有挑战性的社会组织。我把它们称为"少数的践行者",因为他们愿意去尝试非常规的解决方案,而且不在乎之前是否有人如此做过。我非常感激他们对我的信任,并愿意把他们的设计与其他人分享。

致谢

一生的教学和咨询让我获得了无数智慧。我从我的学生和客户那里所学到的东西远比我教给他们的要多。回首过去,我不禁开始想起那些我所获得的温暖,那些照亮我前进道路上的明灯,还有那些栩栩如生的面孔。

罗素·艾可夫(Russel L. Ackoff)一直以来都是我的导师、合作伙伴和伟大的朋友。他总是一如既往地用他的无穷智慧和永不妥协的批判精神来审视书中的每一句话，分析每一个概念。我非常欢迎他提出观点，并采纳了他的所有建议。

雷扎·尼亚曼德（Reza Niazmand）是第一个被我奇特的思考方式所吸引并对我产生足够信任的人。他把他耗尽毕生心血创建的工业管理研究所，转化为了一个基于系统思维的咨询研究和培训公司。在我担任工业管理研究所领导期间，在这位伟人的支持下，工作中的很多想法得以有了初始的发展和大胆的实践。

毕扬·凯尔芮（Bijan Khorram），是我超过40年的朋友和同事，他的思想对我影响巨大。他如"共鸣板"一般，仔细检查每种想法的可靠性，以及它们配置的效能。他直接参与到了第四部分的重新设计和编写中，他的影响渗透到了整个过程。

得到约翰尼·波德纳（Johnny Pourdehnad）"永不知足"的关爱真是一件幸事。有他在身边，获取那些宝贵资源变得非常有趣，不再是困难重重。

感谢贾森·马吉德松（Jason Magidson）帮忙绘图；感谢帕特·埃格纳（Pat Egner）的编辑工作，本书的英文版本得益于她的努力。

还有一些特别的客户，他们的支持、勇气和挑战智慧使概念性的观点凝结成了工作成果，经证明是非常宝贵的。雷扎·古特比（Reza Ghotbi）、阿克巴·埃特马德（Akbar Etemad）、纳德·海克米（Nader Hakimi）、查利·里根（Charlie Ligon）、卡尔 J. 克莱派克（Karl J. Krapek）、莱恩·戴瓦纳（Len Devanna）、以及澳尔特莱（Artley Skenandore）、格里·威尔森（Gerry Wilson）、汤米·李（Tommy Lee）、帕特·斯托克（Pat Stocker）和凯西·丹内米勒（Kathy Dannemiller），他们的鼎力信任造就了非凡。

最后，还要感谢凯伦·斯皮尔斯塔（Karen Speerstra），巴特沃斯－海纳曼（Butterworth–Heinemann）出版社的总监，其卓越的决断力使得本书顺利出版。感谢马奇·雅克（March Jacques），这位无与伦比的媒人。

对他们的感激之情将是我此生都无法还清的债。

目录

第 3 版序
第 2 版序
前言

第一部分 系统哲学：恶魔之名

第1章　"游戏"是如何演进的 / 2
1.1　模仿 / 3
1.2　惰性 / 4
1.3　局部优化 / 4
1.4　"游戏"的改变 / 5
1.5　思维范式转变 / 6
1.6　依赖和选择 / 7
1.7　论探究的本质 / 11
1.8　六个竞争游戏 / 14
 1.8.1　大规模生产——零部件与工人互换 / 14
 1.8.2　事业部制——管理增长和多样性 / 15
 1.8.3　参与管理 / 16
 1.8.4　运筹学——联合优化 / 18
 1.8.5　精益生产系统——灵活性和控制 / 18
 1.8.6　互动管理——设计 / 19

第二部分 系统理论：野兽的本性

第2章　系统原理 / 24
2.1　开放性 / 24
2.2　目的性 / 27
2.3　多维度 / 31
 2.3.1　功能、结构及流程的多重性 / 35
 2.3.2　回顾 / 36
2.4　突现性 / 36
2.5　反直觉行为 / 39

第3章　社会文化系统 / 46
3.1　自组织：朝着预定的秩序发展 / 46
3.2　信息关联系统 / 48
3.3　文化 / 49
3.4　社会学习 / 50
3.5　文化作为运营系统 / 52

第4章　发展 / 56
4.1　理论传统的示意图 / 57
4.2　发展的系统观 / 59
4.3　发展的障碍 / 63
 4.3.1　疏离 / 64

4.3.2 极端 /65
4.3.3 腐败 /66
4.3.4 恐怖主义 /67
4.3.5 回顾 /69

第三部分 系统方法论：疯狂的逻辑

第5章 整体思维 /74
5.1 迭代式探究 /74
5.2 系统维度 /78
  5.2.1 财富的产生和分配 /80
  5.2.2 权利的产生和分配（集权和分权的共存）/81
  5.2.3 美的产生和分配：社会融合 /84
  5.2.4 知识的产生和分配 /86
  5.2.5 价值观的产生和分配：冲突管理 /86

第6章 运筹思维（动态系统：处理混沌和复杂性）/90
6.1 复杂性 /91
  6.1.1 开环系统和闭环系统 /91
  6.1.2 线性或非线性系统 /92
6.2 运筹思维，iThink 语言 /98
  6.2.1 连接器 /99
  6.2.2 相关性建模 /99
6.3 产出系统的动态性 /102
  6.3.1 过程的关键属性 /104
  6.3.2 过程模型 /104
  6.3.3 度量和学习 /108

第7章 设计思维 /109
7.1 作为系统方法论的设计思维 /109
7.2 设计思维的操作原则 /112
7.3 模块化设计 /113
7.4 社会变迁的设计和过程 /116
7.5 交互设计 /116
  7.5.1 理想化 /118
  7.5.2 实现——逐次逼近 /121
  7.5.3 消除二阶机 /123
7.6 关键的设计元素 /123
  7.6.1 考核和奖励制度（社会计算）/123
  7.6.2 垂直兼容性 /124
  7.6.3 水平相容 /126
  7.6.4 前后相容 /127
  7.6.5 目标成本计算 /128

第8章 规划混乱 /130
8.1 探索 /131
  8.1.1 系统分析 /132
  8.1.2 障碍分析 /132
  8.1.3 系统动力学 /132
8.2 映射混乱 /133
8.3 讲故事 /136
  8.3.1 规划混乱：案例回顾（电力行业的故事）/136
  8.3.2 成功改变游戏规则，缺乏明确的愿景 /139
  8.3.3 垄断、成本加成和监管的环境 /139
  8.3.4 非竞争性文化 /140
  8.3.5 输入型人事制度 /141
  8.3.6 平庸、容忍不胜任 /142
  8.3.7 结构化不相容 /143

8.3.8 未来不确定性 / 144
8.4 当前的混乱 / 145
  8.4.1 当前经济状况下行为模式的成因 / 145
  8.4.2 游戏规则的演进 / 145
8.5 当前的危机和未来的挑战 / 146

第9章 业务架构 / 148
9.1 系统边界和业务环境 / 149
9.2 目标 / 150
9.3 功能 / 154
9.4 结构 / 155
  9.4.1 输出维度 / 157
  9.4.2 输入维度 / 157
  9.4.3 市场维度 / 159
  9.4.4 内部市场经济 / 160
9.5 流程 / 164
  9.5.1 计划、学习和控制系统 / 164
  9.5.2 度量系统 / 164
  9.5.3 回顾 / 168

第四部分 系统实践：少数的践行者

第10章 奥奈达部族 / 172
10.1 需求规格 / 172
10.2 系统架构 / 173
10.3 管理 / 175
  10.3.1 主管机构 / 176
  10.3.2 干事长 / 176
  10.3.3 计划、学习和控制系统 / 176
  10.3.4 计划、学习和控制委员会 / 177
10.4 成员系统 / 178
  10.4.1 授权 / 178
  10.4.2 联结的纽带 / 179
  10.4.3 成员网络 / 179
  10.4.4 建立共识的过程 / 180
  10.4.5 回到未来 / 183
  10.4.6 绩效指标和衡量 / 184
10.5 学习系统 / 185
  10.5.1 学会学习（正规教育）/ 186
  10.5.2 学会自我实现（文化教育）/ 187
  10.5.3 学会应用（专业教育）/ 187
  10.5.4 支持功能 / 187
  10.5.5 倡导功能 / 188
  10.5.6 奥奈达综合大学 / 188
  10.5.7 绩效标准及衡量 / 190
10.6 业务系统 / 191
  10.6.1 服务部门 / 192
  10.6.2 工业部门 / 193
  10.6.3 文娱部门 / 193
  10.6.4 土地和农业部门 / 193
  10.6.5 营销部门 / 193
  10.6.6 管理和系统间关系 / 194
10.7 核心服务 / 194
  10.7.1 政府服务部门 / 194
  10.7.2 基础设施发展部 / 195
  10.7.3 条例部门 / 195

10.7.4 绩效指标和衡量 /195
10.7.5 管理和监督 /196
10.8 外部环境 /196
10.9 司法系统 /196
　10.9.1 情景分析 /197
　10.9.2 情景挑战 /198
　10.9.3 民主的挑战 /199

第11章　巴特沃斯医疗系统 /200
11.1 问题、担忧和期望 /200
11.2 设计规范 /202
11.3 架构 /203
11.4 市场维度 /204
11.5 医疗系统 /205
　11.5.1 背景 /205
　11.5.2 需求规格 /206
　11.5.3 共同特征 /207
　11.5.4 预防性医疗 /209
　11.5.5 干预性医疗 /209
　11.5.6 生命维持性医疗 /210
　11.5.7 临终关怀 /210
11.6 输出维度 /210
　11.6.1 可选方案一：传统的职能化结构 /212
　11.6.2 可选方案二：模块化结构 /213
　11.6.3 卫生医疗服务系统设计：组成部分 /214
　11.6.4 基于社区的卫生医疗服务系统 /214
　11.6.5 专业卫生医疗服务系统 /216
　11.6.6 共享服务 /217

11.7 核心知识 /218
11.8 共享服务 /221
　11.8.1 集中管理的需求 /222
　11.8.2 管控与服务 /222
　11.8.3 以客户为导向 /223
11.9 卫生医疗服务系统、核心知识和医疗系统之间的交互 /224
11.10 总裁办公室 /227
11.11 回顾 /228

第12章　万豪集团 /230
12.1 环境："游戏"是如何进化的 /230
12.2 目标 /231
　12.2.1 原则和期望特征 /231
　12.2.2 任务 /232
12.3 架构 /232
　12.3.1 产品和市场的匹配 /234
　12.3.2 区域与市场运营 /234
　12.3.3 品牌管理 /235
　12.3.4 核心组件 /235
　12.3.5 核心知识 /236
　12.3.6 关键流程 /236
12.4 回顾 /237

第13章　联邦能源系统 /238
13.1 利益相关者的期望 /239
　13.1.1 股东的期望 /239
　13.1.2 监管机构的预期 /239
　13.1.3 雇员的期望 /240
　13.1.4 客户的期望 /240
　13.1.5 供应商的期望 /240
　13.1.6 公众的期望 /240
13.2 业务环境 /241

13.2.1 变化中的游戏：能源产业 /241
13.2.2 变化中的游戏：联邦能源 /242
13.3 设计 /243
　　13.3.1 目标和策略意向 /243
　　13.3.2 核心价值和需求规格 /245
13.4 基本架构 /245
13.5 核心业务单元：燃气和电力分销 /247
　　13.5.1 客户导向的业务单元：能源供应系统和管理服务 /248
　　13.5.2 热电和能源供应套餐（工业和商业）/248
　　13.5.3 能源效率和电工技术（民用和商用）/249
13.6 技术导向和供应导向的业务单元：能源的生产和供应 /250
　　13.6.1 能源产生（运河）/251
　　13.6.2 燃气储备（液化天然气）/251
　　13.6.3 蒸汽服务 /252
13.7 能源中介和国际化运营 /252
　　13.7.1 能源中介 /252
　　13.7.2 国际化运营 /253
13.8 共享服务（绩效中心）/254
　　13.8.1 服务公司 /254
　　13.8.2 财务系统 /255
13.9 总裁办公室 /255
　　13.9.1 核心知识池 /256
　　13.9.2 学习和控制系统 /257

第14章 开利公司 /259
14.1 期望、假设和规范 /259
　　14.1.1 变化中的游戏：概述 /260
　　14.1.2 变化中的游戏：空调产业 /260
　　14.1.3 改变的驱动力 /261
　　14.1.4 竞争的基础 /261
14.2 核心价值 /261
　　14.2.1 产品和服务 /262
　　14.2.2 核心技术和技能 /263
　　14.2.3 销售和分销系统 /264
14.3 系统架构 /265
　　14.3.1 期望的特点 /265
　　14.3.2 多维框架 /265
14.4 市场 /266
　　14.4.1 区域部门 /266
　　14.4.2 地方部门 /267
14.5 输出部门 /268
14.6 组件 /270
14.7 输入 /270
　　14.7.1 技术 /270
　　14.7.2 运营支持（流程设计）/271
　　14.7.3 管理支持服务 /271
14.8 业务流程 /272
　　14.8.1 决策系统 /272
　　14.8.2 绩效衡量和奖励系统 /272
　　14.8.3 目标成本和可变预算系统 /272

结束语 /274

参考文献 /276

第一部分

SYSTEMS THINKING

系统哲学：恶魔之名

SYSTEMS THINKING

第1章

"游戏"是如何演进的

最根深蒂固、难以改变的习惯就是完全抗拒改变，这些人认为在一段时间内这些行为是行之有效的并因此而获利。如果你突然告诉他们，这样的成功秘诀不再可行，他们会用个人经验来否定你的观点。说服他们是很难的，这真是经典悲剧。⊖

就在道琼斯工业平均指数诞生100周年之际，在1896年第一批上市的所有公司中，只有通用电气幸存并参加庆祝活动。20世纪60年代中期，让－雅克·施瑞（Jean-Jacques Schreiber）就在他的畅销书《美国挑战》（American Challenge）（1967年）中对他的欧洲同胞们说："请放下你们的傲慢，要么模仿美国，要么永远接受其支配地位"。然而到了70年代晚期，给美国企业带来了最大竞争挑战的却是日本公司。为了应对这一挑战，美元整整贬值了3倍。

20世纪80年代，在汤姆·彼得（Tom Peter）备受赞誉的著作《追求卓越》（In Search of Excellence）（1982年）中，作为例证的47家公司中的14家，在不到4年的时间里就失去了原有的光辉。至少从利润上看，都已经严重下滑了。

进入到20世纪80年代后期，信贷业和房地产业的崩盘，以及随之而来的国防工业的衰退，都预示着90年代必将经历灾难性的低迷。但相反的是，这些现象使得美国的智力和财力资源重组，美国迎来经济发展和繁荣的又一鼎盛时期。具有讽刺意味的是，在1998年中期，美国投资者还对日本的经济忧心忡忡。接着，互联网财富神话的崩溃、（1999年后期和2000年初）房地产泡沫，以及接踵而来的次贷危机和金融体系的混乱，所有的这些不禁让我们陷入痛苦的思考：这

⊖ Charles Hampden-Turner 和 Linda Arc，《错综复杂的节：对模拟半导体业上市时间问题的调查》（The Raveled Knot: An Examination of the Time-to-Market Issue at Analog's Semo-conductor Division），未发表的内部报告。

是怎么了？

"游戏"在不断变化，当然这并非什么新闻了。如今一个众所周知甚至老生常谈的秘密就是之前成功的诀窍而今失效了，令众多大企业轰然倒塌。似乎有一个恶魔在其中作祟，而这个恶魔的名字叫做"成功"。

我们每个人都记得那些伟大的力量、民族、组织，抑或是伟大人物的崛起和陨落。这些现象发生得太频繁，以至于人们无法像忽略某些偶然事件一样来忽略它们。那么，背后是什么样的力量让成功变成失败呢？为了解决这个问题，让我们从下面的观察结果展开分析。这种力量由一个5层的结构组成（见图1.1）。独立的每一层都表明了一个独特的趋势，其中较高层为较低层提供上下文，所有的层次构成了一个相互作用的整体。每一层都成功扮演着至关重要却又截然不同的角色。

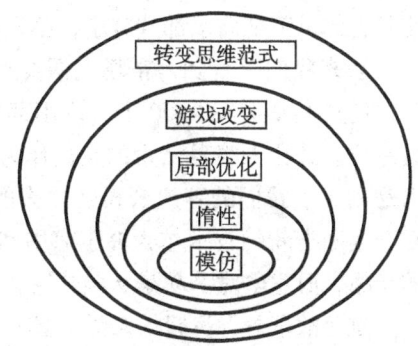

图 1.1　影响竞争优势的力量结构图

1.1　模仿

模仿，处在结构图的第一层，是最基本的力量。竞争优势在于独特性，而成功的独特性会随着时间的推移，慢慢被模仿吞噬。最后，特性沦为平常，优势荡然无存。

虽然模仿自古就有，然而今天，其对美国商业的影响却已今非昔比了。信息技术、通信以及逆向工程领域方面的优势，都使得产品技术易于模仿。对于短时间内就能学习、复制并生产的潜在模仿者而言，即便是某项产品拥有独特的技术，也是可能被模仿的。这种易达到的模仿能力已经对美国工业产生了巨大的影响。一方面，产品技术一直是美国的竞争力基础；另一方面，擅长工艺技术的国家，若再拥有模仿能力，即可获得双重竞争优势。

首先，工艺技术的独特性很难复制，因为独特性的核心构成元素是知识工作者。其次，比起产品技术，工艺技术更易于知识的传递以及新知识的快速掌握。更快的产品上线时间、更低的收支平衡点、更丰富多样的产品以及更快的市场变化响应速度，这样的结果让人叹为观止。

20世纪70年代末，美国一家知名设备制造公司意识到，与日本的直接竞争对手相比，它有着40%的成本劣势，具有讽刺意味的是，该公司是当前叉车行业的技术领导者。公司的成本结构由40%的原材料、15%的直接劳动力开销和45%的企业开销构成。企业开销（转制成本）几乎是直接劳动力开销的3倍。

公司决定削减20%的成本。计划减少5%的直接劳动力开销，再降低15%的企业开销，这样就能达到削减成本的目的。在经历了艰难的一年之后，直接劳动力成本被缩减了10%，企业开销却丝毫未减。当我们被问到该如何处理这样的情况时，我们的第一反应是，在有40%的成本劣势的条件下，为什么大家想到的是缩减20%的成本呢？为什么不想想这40%的成本劣势从何而来？很明显，即使所有的员工把薪水都放弃了，公司也将难以生存下去。

后来我们了解到，市场上同类竞争的产品仅需要1800个部件即可，而客户公司的产品却要用2800个。使用部件数目的巨大差异正好体现出了成本上的巨大差异。最让人瞠目结舌的是，作为竞争对手的公司之所以能用更少的部件的原因是利用了我们的客户公司在过去的10年中开发出的新技术。客户公司的问题在于不断把新的技术作为补丁应用到老的系统中去，从而形成了一个复杂、低效的产品，而竞争对手却是从零开始，把每个新技术的潜能给充分发挥出来。

这个故事告诉我们，人要学着时不时停下来，审视自身，然后再出发。

1.2 惰性

惰性反映了第二层内对新技术革命的迟缓反应的趋势和行为。举例来说，惰性使得美国罐头公司错过了采用双层罐头技术取代原先的三层技术的机会，击垮了这家曾经显赫一时的罐头大鳄。遍布全美的500个罐头工厂，三层技术罐头具有45%的超高市场占有率，照样无法抵抗对双层技术的迟缓更新所带来的致命打击。在不到3年的时间里，美国罐头公司宣告结束。

具有讽刺意味的是，如果一个公司在先前所主导的技术上越成功，那个公司不能应对新技术革命的可能性也就越高。换句话说，公司在某个技术上取得的成就越高，它对新的改变就越是抗拒，最初的反应往往是完全拒绝。面对不可否认的事实，我们却总是拥有一种神奇的力量将其否定，但是当公司最终决定想要去修复一些事情的时候，真正的危险来临了。不断地修复浪费掉了宝贵的关键时间，为其竞争者提供了一个传播新技术和占领市场的机会。此外，运营成本的增加及产品质量的降低，对公司来说，更是雪上加霜。

1.3 局部优化

夸大——假设X是好的，那么X越多越好。这个在第三层的流程中处于核心位置的谬论，会摧毁被证明过的竞争优势。物极必反，过犹不及。不幸的是，很多故事的结果都是成功的模式将备受赞誉，而缔造它的人只能成为幕后英雄。只有一个正确答案在主导。日益统一的公司文化使得企业的其他可选项不断减少，只得出一条通向成功的狭窄之路。这些有限的选择重新定义了企业文化、企业的设想和前提，并达成了共识，规定或形成了企业对自身和所处行业的理解，也引导着企业的竞争战略。

在丹尼·米勒（Danny Miller）的《伊卡洛斯悖论》（The Icarus Paradox）(1990年) 中，我们可以发现一个处理这种现象的有趣案例。米勒引用了希腊神话中的伊卡洛斯（Icarus）的故事，伊卡洛斯妄自尊大，越飞越高，直到飞到了无限接近太阳的地方，最终蜡翼融化，陷入死亡。书中，米勒向我们描述了一家注重产品细节和工艺的数字设备制造商，是如何变得终日痴迷于琐碎的细节和技术的修补的。当CDC和宝丽来的创新能力变成高科技空想和技术乌托邦时，夸大也在其中发挥着作用。在米勒的名单里面，已经陷入这种现象的企业包括了IBM、德州仪器、苹果、通用汽车、西尔斯（Sears），以及许多最负盛名的美国公司。

1.4 "游戏"的改变

游戏的改变，或者说问题的转变，是成功转化为失败的反直觉过程中的关键部分。换句话说，如何让游戏获胜的行为改变游戏本身。不能意识到成功带来的后果并依旧坚持先前的游戏法则，这就导致了悲剧。一旦获得成功，或者一个问题被有效解决，那么先前关于这个问题的顾虑就会受到不可逆转的影响。解决一个问题本质上就是将问题转化并生成一堆新的问题。这也就是为什么竞争的基础一旦发生变化，满足竞争挑战的新的竞争游戏就会立即出现。

成功的角色在第三、四层与前面几层大相径庭。在扩张时期（第三层），成功是基于解决方案的本身，并且其有效性会降低。相比之下，在第四层，则是在处理转化问题本身这个挑战。也就是——改变游戏。亨利·福特（Henry Ford）在大批量汽车制造上取得的成功，有效地解决了生产问题，使得不熟悉的市场顾虑取代了熟悉的生产顾虑。由于广泛的仿制，过去独特的大规模生产能力丧失了优势。由于竞争从对生产的顾虑转移到了对市场的顾虑，这就要求企业具备管理产品多样性和持续增长的能力。

亨利·福特（Henry Ford）并没有意识到他的成功所带来的影响，他也不愿意玩新的游戏（他说过"任何顾客可以将这辆车漆成任何他所想要的颜色，只要它是黑色"）。这给了通用汽车的阿尔弗雷德·斯隆（Alfred Sloan）占领汽车工业的机会。斯隆的理念——以产品为基础的部门结构，后来被证明是有效管理增长和多样性的设计。美国企业巧妙学习和应用的新游戏，被世界各地的企业纷纷效仿（Womack，1990年）。

在尝试复制美国企业的成功时，丰田公司首席工程师大野耐一，创造了另一个新的设计。他引入的精益生产系统极大地改变了绩效评估。改变一个汽车模具，美国汽车业需要3天，而丰田公司只需要3分钟，再一次成功改变游戏。这次的区分因素是灵活性和控制。

美国企业对自己所取得的辉煌的不可一世和过度欢喜，使其甚至都没有觉察到新游戏的到来。美国企业的漫不经心给日本提供了发起一个缓慢但却有效的挑战的良机。新游戏在演进过程中呈现出潜伏性，这也强调了另一个重要的系统动力学原则，也就是温水煮青蛙的故事所揭示的。

关于改变游戏的例子也可以从政治中找到。虽然海湾战争的成功把布什总统的支持率提升到了前所未有的水平，但却让他在选举上失利。他在外交上的胜利导致美国民众把注意力从国家安全转移到了国内经济上。没有理解这个转变带来的影响，是最终导致他失败的原因。

我们理解了成功改变游戏，那么想想看信息技术取得的巨大成功意味着什么呢？它的成功标志着信息时代开始走向终结。竞争的优势逐渐从获取信息的能力转变为产生新知识的能力，并最终朝着融会贯通的方向发展。

1.5 思维范式转变

模仿、惰性、局部优化以及改变游戏的累积效果，最终会在第五种力量中体现出来，它就是思维范式转变。

在学习和再学习的过程中，就会发生思维范式转变。在经历各种尝试后却发现传统认知无效而产生的挫败，进而对这种挫败的反应，是更为常见的产生思维范式转变的情形。面对一系列的无法再被忽视或拒绝的矛盾，以及（或者）越来越多的现行思维模式无法再提供有力解释的困境，大多数人接受了现行的模式已经不再有效，它的能力有限这一观点。

这是一个模糊分界区，在这个分界区，斯塔福德·比尔（Stafford Beer）（1975年）的格言听来真实可靠："接受的想法不再有效，有效的想法却还未被接受"。在这个分界区，巨大的危险和机遇并存；在这个分界区，伟大的企业崛起或陨落。

最后，一些具有非凡勇气的人会质疑传统的认知，并开始打破它。从此开始了一段痛苦的斗争，其最终结果是按自己全新的逻辑，把关键变量重新整合，重新设计出新的概念。

思维范式转变会在两种情况下发生：现实本身的改变和探究方法的改变。也有可能是双重转变，即两者同时改变。任何思维范式转变的意义和影响都是不容小觑的，面对双重转变则是更艰巨的挑战，它在测试人的能力的外部极限，这些能力包括理解、沟通以及面对问题。举例来说，从机械模式到生物模式的思维范式转变，不管产生如何大的影响，以我们对组织本质的理解来说，只算得上是一维转变，它只发生在探究的分析方法中（见图1.2）。

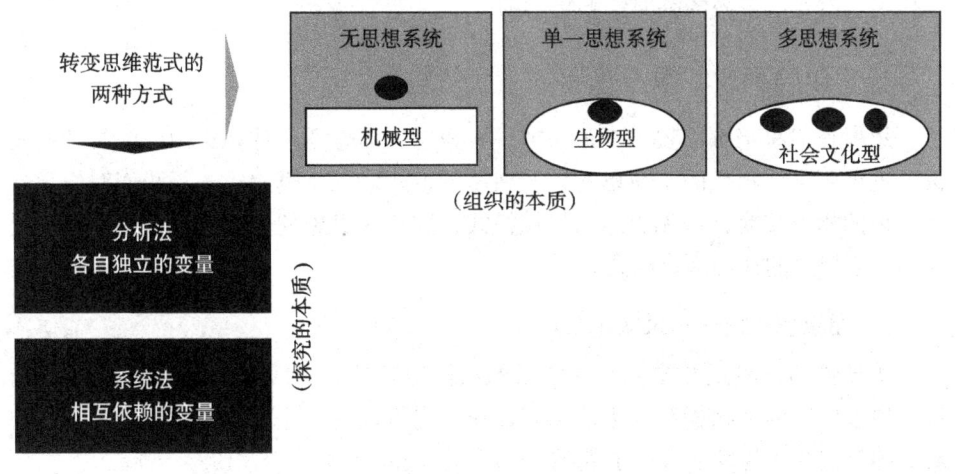

图1.2 思维范式转变

我们现在面临着思维范式的双重转变的巨大挑战。思维范式转变不仅存在于我们对野兽本性的理解——即我们对于一个组织从生物模式到社会文化模式的转变的观念，更重要的还有另一个深刻的转变存在于我们对探究的方法和知道的真正含义的假设当中，即从分析思维（处理多个独立变量之科学）到整体思维（处理相互依赖变量之科学和艺术）的转变。这两个维度的互补性是理解游戏如何演进和识别导致其变化的驱动力的核心。

1.6 依赖和选择

组织，作为一个整体，变得越来越"相互依赖"，而组织的各个部分又逐渐显示出"相互独立"的选择和表现。解决这个困境的方法就是需要思维范式的双重转变。

通过第一重转变，可以看到组织作为一个多思想的社会文化系统，是由一群以服务于企业的需求来服务自身的有志人士聚集到一起的自治组织。

第二重转变帮助我们看清混乱和复杂性，学习如何处理相互依赖的变量。如果没能意识到双重转变的影响，会导致严重的组织结构冲突、焦虑、感到无能为力以及对改变的抗拒。不幸的是，现行的组织结构，不管再如何粉饰，都是设计为阻止变化的。默认情况下，主流文化是在不断重复做着无效的方案。这也是为什么组织转型充满困难和挫折。组织设想的隐含性，存在于组织集体记忆的核心位置，是难以抗拒的。接受此信念，这些设想就会转化为毋庸置疑的实践，尽管这些实践可能会阻挡未来的发展。除非这些隐性的内容、影响以及组织文化密码变为显性的并且可以消除，否则，不管如何用心良苦，组织自身的野兽生命力将会比引入改变所带来的临时影响更顽强。

论组织的本质：第一重思维范式转变

思考任何事情都需要一个形象或一种概念；而思考一件像组织一样复杂的事情，就需要某些相似的、简单的以及熟悉的模式。三个模式代表了我们对组织本质认识的相继转换，从无思想的机械模式，到单一思想的生物模式，最终变成复杂的、多思想的社会文化模式。

1. 无思想系统——机械论观点

机械论的世界观在文艺复兴之后的法国得到发展，认为宇宙就是一台机器，规律地按照其内部结构和因果法则来运作。它不仅为工业革命提供了基础，也为组织的机械模式的发展提供了基础（Gharajedaghi 和 Ackoff，1984 年）。

在工业化的早期，机器大量地取代了手工的农业劳动者。缺乏技能的农业劳动者形成的无业大军，威胁到了西方社会的结构。接着，奇迹出现——一个关于组织的巧妙的概念应运而生。有人认为，这个概念和复杂的拖拉机是由各个部分构成的道理是一样的，每个部分只执行一个水平线、垂直线或环形线运动中的简单任务。一个组织也可以按此种方式运作，即每个人仅做一项简单任务。对此种观点进行逻辑延伸，就得到了组织的机械模式，组织的机械模式帮助了大量无技能的手工农业劳动力转为了半熟练的工人（见图 1.3）。

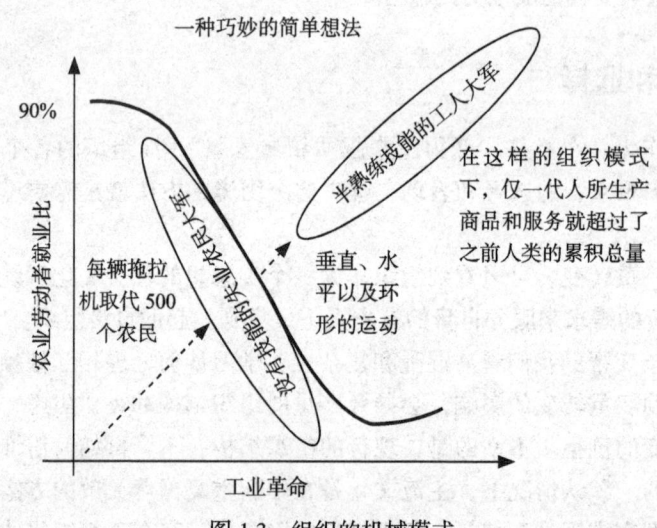

图 1.3　组织的机械模式

这个简单的组织概念带来的影响是如此巨大，使得仅一代人生产商品和服务的能力就超过了之前人类累积的总量。

组织的机械模式的实质是简练的。一个组织就是一个无思想系统，它没有自己的目的。它只是一个工具，其功能由使用它的用户来定义，其目的是使用户赚取利润。机械模式的重要特点是它的可靠性。它的性能标准就是简单地按效率来衡量的。部分不偏离整体的原则，在整洁、高效、可控以及操作的可预见性上都占据着核心位置。无思想的机械系统的各个部分，和整体一样，没有选择。它的内部结构已被设计在其中，无法自我重组。只有在它所处环境保持稳定或者很少受到影响的条件下，系统才能正常工作和有效运作。

2. 单一思想系统——生物学观点

从生物学的角度思考，或者从生命系统思维范式出发，则产生了把组织作为一个单一思想系统的观点。这种观点最先起源于德国和英国，最后却在美国发扬光大。组织的生物模式背后的假设和原则与机械模式一样简练：组织作为单一思想的生命系统，就如同人类一样，有自己的意愿。这种意愿从生命体与生俱来的脆弱性和开放系统的不稳定结构来看，就是求生。为了生存下去，根据传统观点，生物体必须要成长。而为了获得此种成长，他们需要和环境抗争，来达到一个正向的新陈代谢。

用组织的语言来描述，就意味着成长是成功的度量标准，是最重要的组织表现的度量标准，没有之一。而利润是实现成长的方式。因此，和组织的机械模式不同，利润不是终点。在生物模式中，利润只是达到终点的手段。利润增长的组织的发展壮大，对社会是有益的，它提供了社会急需的利润以及与美国人生活方式相适应的状态。

虽然单一思想系统有自己的意愿，能做出选择，但是组成它的各个部分并不能。他们在控制论的原则下，以一个自我平衡的系统方式在运作着，就像一个恒温调节器一样，以同样的方式对信息做出反应。事实上，单一思想系统之美就在于组成它的各个部分无法做出选择，只能按照预先定义好的方式做出反应。

举例来说，我的心脏不能自己决定是否要为我跳动，我的胃也不会变得疑神疑鬼，去猜测"肝脏这个家伙是不是想找我的茬"。没有意识，没有选择，也没有冲突，这些就是各个组成部分的特点。单一思想系统的运作完全只受控于一个大脑——执行功能，执行功能通过通信网络，接收来自各种传感部件的信息并发出激活系统相关部分的指令。人们认为，通常的单一思想系统出现故障是因为缺少信息或受到通信渠道上的噪声干扰。因此，单一思想系统中存在的绝大多数问题的答案就是得到更多的信息以及提供更好的通信。不过，一旦系统的组成部分开始有自我意识和选择，系统将会陷入真正的麻烦中。试想一下，如果你房间内的恒温调节器突然有了自己的想法，当收到房间内的温度信号时，"他"不喜欢，想忽略它，其结果必然是产生了一套混乱的空调系统。

当系统的组成部分表现出了不同的选择时，系统的核心问题则变为冲突以及解决冲突的能力。不过，只要是家长式制度依然是主导文化，"老爸大过天"或者"苹果给你妹妹"的规则就是一种有效的解决冲突的手段。家长式制度与单一思想系统的本质特征最为相似，它创造出了强大的组织。比如福特、杜邦、通用汽车以及IBM等企业巨头，在很大程度上都要归功于其家长式的开国元勋。

3. 多思想系统——社会文化观点

社会组织是多思想系统的典型代表。社会文化观点认为，组织是由一群有志之士组成的志愿团体，他们表现出对目的和手段的选择，这是一个全新的游戏。组成多思想系统的各个部分的行为表现出的选择，是不能用机械或生物模式来解释的，得按照自己的方式理解社会系统。

在社会文化系统中，关键的变量是目的。根据罗素·艾可夫（Ackoff）的观点（1972年），如果同时满足：①在相同的环境下用不同的方式得到同样的结果；②在相同或不同的环境下得到不同的结果，那么这个实体就是有目的的。对于目的性而言，拥有做出选择的能力是必需的，不过这还不够。一个实体，可以表现出不同的行为，但是无论在哪种环境中，最终唯一的结果是追求目标，而不是有目的的。伺服机制也是在追求目标，不过人们是有目的的。一个组织作为一个有目的系统，只是一个有更大目的的系统（社会）的一部分。同时，它也是由有目的的个体组成的。其结果是构成了有目的系统的三个不同层次的层级结构。这三个层次相互关联，缺一不可。使各个有目的的部分的利益达成一致，以及使整体的利益达成一致，是社会文化系统面临的主要挑战。

机械论把各个部分凝聚成一个整体是一次性的，而社会组织则与之相反。对于社会组织来说，一体化的问题，需要一个持续不断的奋斗过程。有效整合多个层次上的有目的的系统，需要在基于满足更大系统的需求之上，满足有目的的各个部分的需求，反之亦然。在这种情况下，组织的目的就是服务其成员，也包括服务其所处环境。

机械系统的要素是能量结，而社会文化系统的要素则是信息结。在能量结构系统里，经典物理法则管理着各个元素之间的关系。直到某个部分发生故障，否则各个部分的功能必须是被动运作和可预测的。举例来说，不管一个司机的驾驶技术如何，汽车都是被动服从他的。如果司机想要让汽车撞向一堵墙，汽车也会义无反顾地照做。而骑马则体现了另一个方面，它不仅和骑马的人有关，而且需要一系列马和骑马人的信息交换之后，骑马才能顺利完成。马和骑马人组成了一个信息结系统，该系统通过建立在心理契约之上的二级契约（基于共同的认知达成一致）从而实现了引导与控制。

社会文化组织的成员们为了某个或某些共同的目标和共同的追求方式聚集到了一起。成员们分享已经深入他们文化中的价值观。文化是粘合剂，把部分凝聚成整体。不过，由于各部分对整体组织众说纷纭，所以，共识是多思想系统能够达成统一的核心。

1.7 论探究的本质

第二重思维范式转变

传统科学专注于研究独立变量，认为整体就是各个部分的总和。基于此，要理解系统的行为，我们只需要找出系统中每个独立变量的影响（见图 1.4）。

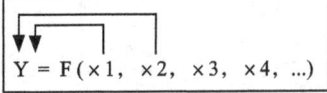

图 1.4 各自独立的变量

处理独立变量是分析思维的核心，在物理、生物和社会这三种情况下，分析思维的统治地位不可动摇，并且分析思维本身没有什么变化。为了享受传统科学的光辉，生物学和社会学都毫无例外地选择了使用分析法。这可能有助于解释为什么一系列现象（即我们所知的 II 型属性（自然属性））会轻易地被忽视，而一些别的属性（比如爱、成功和幸福）却不能用分析法来处理。

然而，我们越来越多地发现那些独立的变量已经不再独立，那些过去曾经为我们提供了至善服务的整洁、简单的结构已然失效。接下来的经验说明了这一点。

福特汽车公司曾经是最早从事质量改进的美国企业之一。"质量第一"是当时的宗旨。公司鼓励运营部门进行持续提高，来达到世界一流水平。以此为榜样的是福特公司位于 WoodHaven 地区的冲压业务，他们一共找出了 11 项可以提高的地方（见图 1.5）。

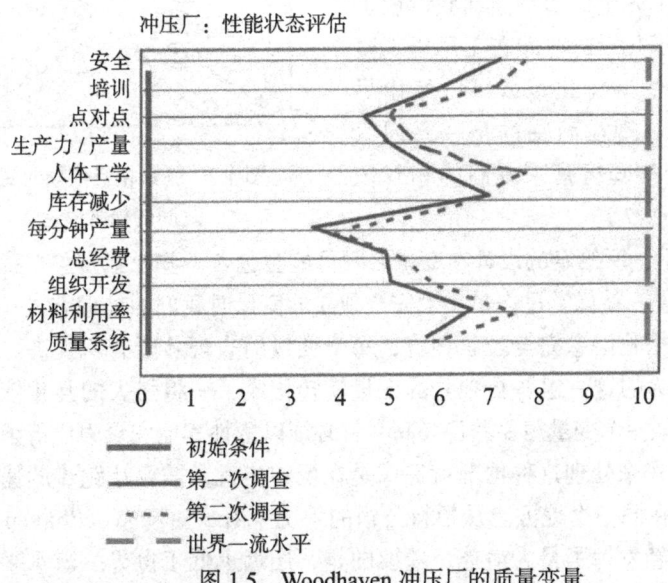

图 1.5 Woodhaven 冲压厂的质量变量

每个区域的初始值（基线）设置为 0，然后假设世界一流水平为 10。公司制定了详细而全面的计划，打算在 3 年内从 0 增长到 10。最初，公司业务确实获得了巨大的提升，不过仅在 18 个月之后，提升就开始趋于平缓了。

即使加倍努力来提高所选择变量的表现，依然没带来进一步的变化。在经历了 36 个月的巨大努力之后，公司保持在距离设定目标的中间位置上，低于世界一流水平（见图 1.6）。

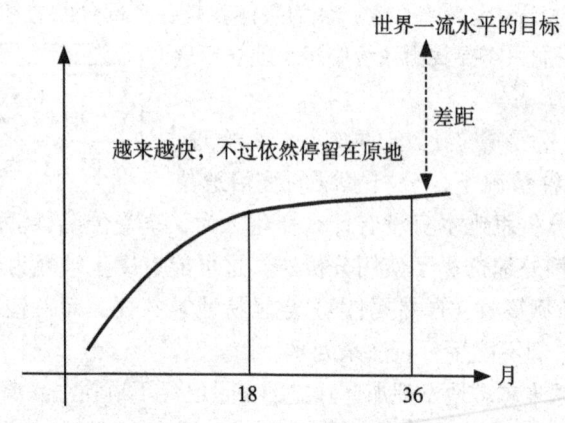

图 1.6 在完成目标前停滞不前

当时，我正在教授福特公司的管理发展课程。维克·利奥（Vic Leo）先生当时是这个课程项目的主管，他把我介绍给 Woodhaven 地区业务的工厂经理尤金·盖利斯（E.C. Galinis）先生。盖利斯向我诉说了他的无奈。我花了几天的时间在工厂里观察之后得出了结论，Woodhaven 厂已经用尽所有的闲散资源，现在面临的是一系列只能通过重新设计整套运营来提高的相互依赖的变量（见图 1.7）。

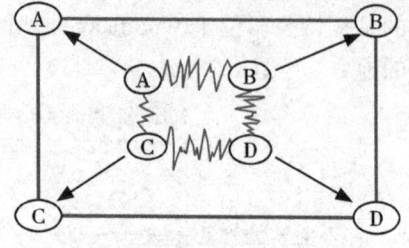

图 1.7 绷紧相互依赖的变量之间的松弛懈怠

如图 1.7 所示，所给定的设计在变量之间可能会包含一些松弛懈怠。我们可以单独处理每个变量，就像它过去是一个完全独立的变量时我们的处理方式一样，直到这些变量间的松弛懈怠完全拉紧绷直，每个变量的表现才能有所提高。这样的话，我们先前认为的这一组各自独立的变量就转化成了一组强大的互相依赖的变量。如果其中的某一个变量想要获得提高，就必须以牺牲其他变量为代价了。

用传统的方式来处理这种情况就好像是在玩跑步机，需要让跑步的速度越来越快，却始终待在同一个地方。从福特公司的情况来看，对于 Woodhaven 地区业务的现有设计已经发挥了最大潜能，遗憾的是，还远远低于世界一流水平。为了达到期望的性能目标，整个业务需要重新设计，而后来福特也这样做了。新的设计不仅帮助业务达到了预期目标，而且经过6个月的大幅度增长之后还超过了预期目标。

一组独立的变量，其实就是更广泛意义上的相互依赖的一种特殊情况。当系统变得越来越复杂，相互依赖性的存在性就会体现得越来越明显（见图1.8）。

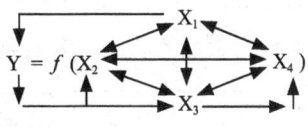

图1.8　相互依赖的变量

理解相互依赖性需要一种与分析思维不同的思维方式，它就是系统思维。分析思维和系统思维是截然不同的。

分析是一个包含三个步骤的思维过程。首先，它把需要了解的东西给拆开；接着尝试去单独解释被拆开的每一块的行为表现；最后，再把对各个块的理解汇集到一起，构成对整体的解释。系统思维则采用不同的过程，它把系统放到它所属的一个更大的环境当中，去理解和学习它在这个更大整体内所扮演的角色。

经历了近400年的分析思维仍然没有什么变化，而系统思维却已经历了三代不同的变化：

第一代系统思维（运筹学）处理在机械（决定性）系统中，相互依赖性带来的挑战。

第二代系统思维（控制论和开放系统）处理在生命系统中，相互依赖性和自组织（负熵）带来的双重挑战。

第三代系统思维（设计）处理在社会文化系统中，相互依赖性、自组织和选择带来的三重挑战。

除了有目的之外，社会组织还是一个生命系统。因此，和所有生命系统一样，他们具有负熵以及自组织的能力，他们从混乱中创造出秩序。生物系统主要通过遗传密码来达到自组织，社会系统则通过文化密码，而社会系统的DNA就是他们的文化。

社会系统可以按默认的方式或经过设计而组织起来。如果是按默认方式的话，在系统下的信仰、设想以及期望都是未经验证的。如果是经过设计而组织起来的社会系统，信仰、设想以及期望是显式的，会不断地受到检验和监控。因此，第三代系统思维需要处理的不仅是来自相互依赖性和选择的挑战，还包括了组织文化在减少混乱或在现有秩序上产生的烙印的影响。如果是按默认方式组织起来的社会系统的话，会更加麻烦。这也就是为什么组织的设计方式，加上参与者、迭代以及二阶学习，是系统思维方法论的新的核心概念。

我们会在本书的第三部分对这个令人兴奋的概念进行深入探讨，给系统思维下一个可操作的定义。本章剩余的部分将会探讨在6个不同的竞争游戏中，双重思维范式转化带来的影响。

1.8 六个竞争游戏

本节讨论的每个游戏都对应了下表中的一个给定范式（见图 1.9）。这些游戏的集合在过去的半个世纪占据着我们的管理意识。每一个游戏都给性能指标带来了翻天覆地的改变，并且都对我们的生活产生了深远的影响。

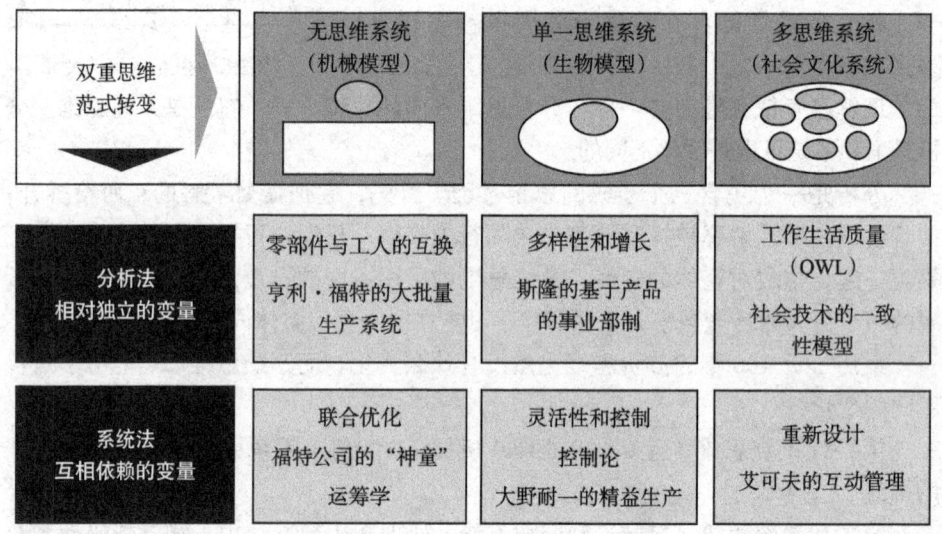

图 1.9 六个竞争游戏

每个思维范式都有自己独特的组织模式，而组织中的每个模式会凭借其对特定人才的需求建立自己的集团和特权成员。这些成员经常把他们的特权转化成权利和影响力。获得的成功越大，继续坚持现行秩序的意愿就越强，抗拒改变的心也就越强。不幸的是，对于一个公司的生存能力而言，没有能力去改变过时的组织模式导致的悲剧，就好比错过了一次改变生产线的重大技术革命。

1.8.1 大规模生产——零部件与工人互换

组织的机械模式直接导致了大规模生产。亨利·福特（Henry Ford）通过零部件和工人互换的方法，成功设计出了生产机器，从而产生了大规模生产系统以及全新的竞争游戏。他每天能够生产 6000 辆汽车，而他在法国的最直接的竞争对手每年总共也只能生产出 700 辆。生产能力成数量级的增加，使得仅一代人就生产出了超过之前人类的累积总量的商品和服务。

在生产商品和服务方面，这种组织模式的效果不仅创造了量变，也引起了问题本身的质变。问题已经不再是如何生产了，而是如何销售。这也揭开了营销时代的序幕，一个充满了全新挑战的环境来临。对于这些挑战，最重要的就是如何响应不断增加的对差异性和多样性的需求，以及如何管理在规模和复杂性方面的增长。

面临的挑战是如此之大，以至于即使是最优秀的机械模式的组织也无法承受。对无差异的需求，假设人性本质上是离经叛道的，要通过对严密监管的高度重视来确保组织内的个体行为的一致性、可预测性和可靠性。这种重视会破坏组织的创造力，限制了不断增长的对差异性和多样性的需求。这样的话，对消费者不满所产生的防御性反应会要求对现有规则保持更大的依从性和刚性，这就陷入了恶性循环。

另一方面，组织规模的增长往往会导致效率和组织效能的降低。因为组织规模和组织控制系统的效能是反比关系，这使得大企业不得不走向分权之路。但是这样的结果又违背了无差异及统一指挥原则。

没有任何司机能够驾驶前轮朝向不同的汽车。在一个要求其组成部分的被动职能具有高度一致性和可预见性的组织里，权力下放会导致混乱和局部优化。解决生产问题的最佳答案可能和解决营销问题的最佳答案相冲突，可能也不是公司财务和人事想要的最佳答案。这或许就是大多数企业总是不断在集权和分权之间摇摆震荡的原因。

1.8.2 事业部制——管理增长和多样性

与福特不同，艾尔弗雷德·斯隆（Alfred Sloan）认为竞争的基础已经从生产能力变为能够管理增长和多样性的能力。他不仅使用公共资金来产生必要的资本以维持经济增长，还利用新兴的生物模式来提供结构化车辆控制，使我们能够管理增长和多样性。

斯隆模型（有一些小的变化）现在已经是所有名校的 MBA 课程的基础，包括哈佛、沃顿、斯坦福以及麻省理工学院。从具体操作性上看，斯隆模型基于两个观点：事业部制和计划的预测——准备模式（见图 1.10）。

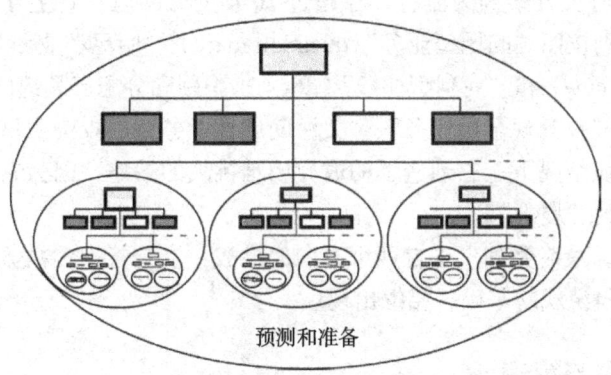

图 1.10　事业部制结构

在斯隆模型里，公司以其最简单的形式被分为两种类型：公司总部和事业部门。公司总部在传统的职能结构里就是公司的"大脑"，具有一种能产生期望结果并监督其执行过程的算法。事业部门，也就是"身体"。尽管是半自制的结构，却仍然没有选择和意识，它只能对来自大脑的命令以及（或是）其内部环境的某些事件做出反应。理想情况下，事业部门就像执行程序的机器人，其行为没有差异，所执行的程序都由公司总部预先定义好。

每个产品事业部门，按需生产商品和（或）服务并在特定的市场中销售，公司的所有产品部门都采用此种模式。产品事业部门一般都没有自行重新设计产品或者重新定义产品市场的权利，它们主要的职责就是"坚持到底"。不过，他们需要预测产品的需求量，调整自身的生产能力并与之相适应。因此，在我们追求公司最基本的能力——增长和需求的过程中，"预测和准备"的核心理念主导着管理流程，也是对事业部制的完善。

第二次世界大战之后提供的稳定和可预测的环境，为基于产品的事业部制提供了一个理想的发展条件。不过，他们的成功再一次改变了游戏。

组织的事业部制，尽管其成功毋庸置疑，当面临以下两个前所未有的挑战时，也显得束手无策。

1) 通过新知识的可操作性，缩短整个产品的生命周期。

2) 多思想并存的现实，或是对选择背后的隐含意义的理解，在各个组织成员之间造成的冲突。

知识，作为研究和发展时代的产物，越来越快的被生产出来。这就要求公司需要定期重新设计产品，重新定义市场。然而，这种能力相悖于精心设计来阻止变化和坚持到底的组织的事业部制模型。成功的事业部制把产品部门的命运与单一的、预定义的产品的生命周期绑定到了一起，那么，部门就和产品一样，会依次经历不确定时期，增长时期，成熟时期，以及衰退期。对于这个问题，一个叫做战略规划的解决方案颇为流行，在超过 10 年的时间里，它主导了美国的管理实践。战略规划按照"问题型业务"（question mark）、"明星型业务"（star）、"现金牛业务"（cash cow）和"瘦狗型业务"（dog）来识别和分配产品部门，并以"放弃瘦狗型业务"、"提升现金牛业务"、"关注问题性业务"、"投资明星型业务"为原则来执行。默认情况下，它创造了的放弃困难挑战的战略，因为它可以简单地把困难挑战标记为"瘦狗"。

事业部制，最终受到了来自两个方向的挑战：参与管理和精益生产系统。他们作为新的竞争游戏的基础，相继出现。

1.8.3 参与管理

前所未有的财富和知识的产生及分配，导致了更高水平的选择，这改变了美国的社会环境和个人行为。不过，选择的提升使得人际交往更加复杂，也让我们看到了生物模式思维的双重危险。把组织视为一个单一思想系统，不仅会使组织变得更难管理，还会在面对一些行为时显得更加脆弱。因为组织的成员，不会像生物体的各个器官一样，只是对接收到的信息做出被动反应。

在这方面，信息技术和通信作为控制手段所取得的发展，并没有生产出我们所期待的"万能药"，即使到了这种思维模式的终点。斯塔福德·比尔（Stafford Beer）著名的《Brain of the Firm》（1967年）中说道，"不管它如何光鲜亮丽，以我的经验来看，它还是不能解决人际交往中的复杂性"。不过此种模式在家长式文化中获得过成功。在家长式文化里，忠诚、顺从和承诺被认为是核心的美德，属于一个大家庭的安全感会加固这些美德，而这些美德又会保护家庭成员。例如日本，作为一个工业化国家，有着较浓厚的家长式文化，和单一思想系统非常类似。因此，它能够更有效地利用组织的生物模式的优势力量。

在一个很强的家长式文化中，冲突可以通过一个强大的"父亲"的干预来解决。高度发展的多思想社会系统的实际情况与之完全不同，已经超出了安全范围的社会成员，通过把家长式文化网进行统一，显示出了真正的选择。但是，这样的转化是要付出代价的，特别是在不安全和冲突的级别方面。有目的的行动者，个人之间或是在团体内部，因为对各自所选择的关于组织的终点和意义的不一致，产生了前所未有的剧烈冲突。

美国企业目前还没有能力来有效地处理其组织成员有目的的行为带来的后果，它发现它自己正不断陷入瘫痪。企业能量的重要部分都耗费在了解决冲突上，这一点都不奇怪。过多的冲突带来的挫折，使得组织改变难上加难。组织成员越来越各行其是，而管理人员呢，则以激励自主为由，放弃其权利和责任。没有人能够掌控整个局面了，对一切都无能为力，彼此关系逐渐疏离的气氛充满了整个组织。

追求一个组织不存在冲突的理想已经被证明是有问题的。创建一个没有冲突的组织，那就意味着更少的选择，把组织成员降低到机器人的水平。这样的情况即使可行，那也不是我们想要的。

就如同我们不能把烹饪得半熟的鸡蛋再恢复原样重头烹饪一样，我们已经拒绝了家长式文化，但是我们还没有找到行之有效的替换方法。不幸的是，工作生活质量（quality of work life）、参与管理、多功能团队以及其他一些社会技术所提供的观点，都没能告诉我们怎么样去管理一个多系统的复杂性以及如何有效地解决冲突。我们依然不停地在集权与分权、集体和个体以及整合与分化之间摇摆震荡，却没能意识到这些倾向之间的互补性。我们将在本书的第二部分来详细分析处理这些问题。

接下来的 3 个游戏代表了双重思维范式转换的另外一个维度，处理相互依赖的变量的挑战。他们刚好是对应了系统思维在组织的机械模式、生物模式和社会文化模式下的演进。

1.8.4　运筹学——联合优化

在凯斯理工学院，艾可夫（Ackoff）和丘奇曼（Churchman）取得了首个运筹学小组的成功，解决了相互依赖的变量之间的挑战。这次成功使得美国各高校纷纷开设运筹学这门课程。不过第一个完整的运筹学在美国组织的应用还是由一位福特公司的"神童"带来的，也就是当麦克纳马拉（McNamara）和他的同事们离开美国国防部到福特公司时。

麦克纳马拉和他的同事们的工作核心是使用模式，通过数学方法找到一系列相互依赖的变量的最佳解决方案。然而，对于组织本质的假设依然是机械模式。麻省理工学院的福瑞斯特（J. Forrester）所提出的系统动力学的概念也对这一代系统思维产生了重大影响。

直到新的质疑产生前，20 世纪 60 年代的系统思维基本是由运筹学主导的。具有讽刺意味的是，首先质疑运筹学的正是其发明之父艾可夫。他在自己的一篇著名文章中（1979 年）说道"运筹学已成为历史"。他的大批忠实粉丝瞬间就变成了势不两立的敌人。运筹学假设了被动或主动的组织组成部分，但是忽视了各个部分可以自主选择所带来的至关重要的影响。艾可夫正是基于此，否定了他之前所创建的运筹学。

社会系统的组成部分可以自主选择，这一断言让艾可夫领先于同时代的人四分之一个世纪。他的多思想的、有目的系统观点，有效地绕过了下一代系统模式，更重要的是绕过了比尔（Beer）的活性系统（Viable System）这个生物模式下的高超思维。

1.8.5　精益生产系统——灵活性和控制

在第二次世界大战期间，对组织研究的有效商业应用的发展，提高了产品开发的作用，从而开启了一个快速变化的时代。不可预测性和高变化率削弱了预测和准备的核心理念的作用。大通和沃顿计量经济模型（Chase and Wharton Econometric models）都曾经为各自的组织带来过名利，甚至是获得过诺贝尔奖的诺顿商学院（Wharton School），也被悄无声息地出售了。

研究和发展的时代产生了新知识的爆炸。这些新知识一旦得到成功的应用，便会彻底改变竞争游戏。只有那些有能力与环境相互影响、创造自己未来的人，才能成为新时代的胜者。游戏的名字变成了灵活性和控制。用灵活性和控制来缩短新产品推向市场的时间，增强产品/市场的差异化，提高产品的性价比，达到事半功倍的效果。

当丰田公司首席工程师大野耐一把系统思维应用在生物模式的组织里，创造出精益生产系统时，这个新的游戏在日本缓慢却有效地出现了。使用控制论的原理，大野耐一能够成数量级地降低收支平衡点，把竞争游戏提升到一个难以置信的更高的水平。在这个游戏中，灵活性和控制成为了竞争的基础。

1.8.6 互动管理——设计

设计是有目的系统范式的运营体现，由艾可夫（1972年）提出，用以响应那些有高度相互依存的社会组织中，有目的的成员之间因互动所带来的管理挑战。

就目前来说，系统设计代表了系统思维的最新的演进。在《 Redesigning the Future 》一书中，艾可夫（1974年）认为，有目的的社会系统能够重新设计自己的未来，他们通过重新设计自己来做到重新设计未来。接着，艾可夫提出了一种设计的方法：多思想系统的所有利益相关人员一起参与，设计一个他们都共同期望的未来，并通过逐次逼近法来实现。

在《 The Design of Inquiring Systems 》（1971年）一书中，丘奇曼告诉我们，学习一个系统的最好方法是设计它。之后，在《 Prologue to National Development Planning 》（1986年）中，格哈拉杰达基和艾可夫认为设计是社会发展的主要载体。设计模型明确指出，选择在人的成长中处于核心位置。成长是对选择能力的提升；设计是选择和整体思维的载体。

设计者寻求选择而不是预测未来。他们尝试从选择的理性、情感和文化等方面去理解并设计出能够满足多种需求的方案。设计的方法要求设计者能够了解如何运用他们已知的东西，学习如何实现他们未知的东西，以及如何学习他们需要了解的东西。最后，还要求具备对系统每个部分的活动是如何影响其他部分以及如何受其他部分的影响的意识，这种意识需要了解各部分之间的相互作用的本质。

不幸的是，尽管与所有的说辞相反，我们基于独立性的假设开发的风险模型，没有能够帮助我们抵御长期被认为极不可能出现的重复事件。纳西姆·塔勒布（Nassim Taleb）在他让人大开眼界的《 The Black Swan 》（2007年）中，展示了在事后，通过分析相互作用和对微小的相互依赖的差异的放大，人们可以为接下来的所有灾难性事件找到一个合理的解释。

- 1982年的经济衰退（美国各个银行几乎损失了所有之前累积的收益）；
- 20世纪90年代初真正意义上的国家崩溃（5000亿美元的储蓄和贷款的损失）；
- 1998年的股市崩盘（互联网泡沫）；
- 2009年的金融危机（房地产泡沫和次贷危机，可能损失上万亿美元）。

不幸的是，这项任务不是一个学术论述，它需要极大的情感挣扎和巨大的文化挑战。参与其中，除了能力之外，还需要勇气。

本书的剩余部分将尝试探索系统思维的操作意义并说明所示的系统思维的四个基础之间的相互作用（见图1.11）。同时，还将创建一个全面的方法，以应对新出现的混乱和复杂的环境所带来的挑战。

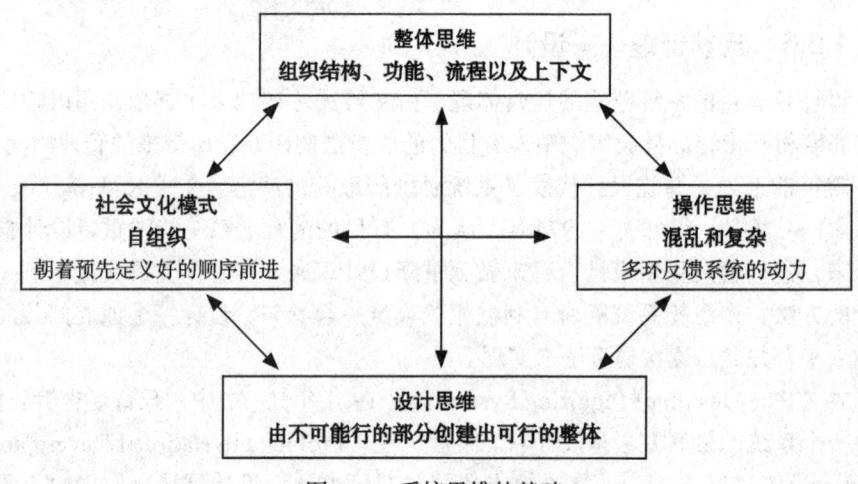

图 1.11 系统思维的基础

第二部分 系统理论：野兽的本性

SYSTEMS THINKING

"上帝已死"在英国牛津大学的一块告示牌上有这样的涂鸦。

"没有！"下面写道，"他只是换了一个不那么挑战的项目。"

或许上帝已经放弃了创造一个充满秩序和确定性的世界；或许他只是一时兴起，决定加入一些随机性和选择；也或许这一直是万物的状态而已。古代波斯先知索罗亚斯德（Zoroaster），早在3000年前就提出：

"在我们生命的方方面面，都存在偶然性、选择和确定性这三个要素。"

也许拥有选择终究不是一种错觉。然而，选择只是三要素之一。所以，在偶然性（随机）选择和确定性（自然法则）选择的相互作用下，会产生完全反直觉的后果。

自然科学发现了"混沌"，社会科学也遭遇了"复杂性"。但是混沌和复杂性并非是我们当前现实世界的特性，而是我们自己的认知和理解的特点。我们看到这个世界变得越来越复杂和混乱，是因为我们使用了不恰当的概念去解释它。当真正理解了某件事情，我们则不再视之为混乱和复杂。所以，在新的游戏规则下，我们也许需要学习一套新的描述形式。

我们曾经使用了各种方式来描述我们在这个世界上的不同生存形态。最初，我们将我们的生命赋予了神话色彩。我们为之歌唱，为之舞蹈，在各种铭刻了我们文化元素的神圣仪式上歌颂它，这一切也使我们在当时险恶的环境下寻找到某种程度的安全感。随着我们逐渐谙熟于学习和创造，我们开始学会了使用诗歌、数学、哲学和科学的描述形式，而音乐、文学和艺术也在历史上多次催生了人类最美好的文字。

但是，从20世纪开始，我们越来越专精于一种描述形式，即分析科学。我们对它过于钟爱，以至于我们不再使用其他的形式。于是，我们对事物的理解开始变得单一、枯燥而无惊喜可言。

如今，这种分析性的形式已经渗透到我们生活的方方面面。无论是构建生产系统和组织架构，还是开展互动和沟通，甚至是选择娱乐、运动和食品，都无一例外地采用了假设的方法和各种分析工具。寻找事物之间的相关性，是当今通用的法则。几乎所有行业中的热卖书籍，讨论的都只是简单地识别赢家的共性。没有人会否定这种分析性方法的作用，但是它获得了不成比例的重要地位，甚至成为了寻求答案的唯一方法。当一种游戏的规则变成了所有游戏的规则，不管创造出多少新的游戏，它们不过是和老游戏一样的陈词滥调。

不过，从历史可以看出，反复采用单一制胜战略的并不会一直成功，仅选择一种生存模式的人将付出巨大的代价。

在当前的新文化中，既得的知识产物如流水线一样大规模地复制观点，快速却大同小异。这带来了大量的潜在问题，如系统中的疏离、权欲、阻丧、不安和枯燥。

将审慎思考置之一旁而简化一切的趋势，使我们的政治体系转变成了投票产业。在这个产业中，人们选出了决策者，并假定后者可以替代所有人对他们的生活进行选择。我们放弃自己选择的权利，而让分析性文化中的默认价值观去决定什么是正确的、合适的和美好的。

不过，我们对生活的思考从某一方面来说是缺少了一些东西的。目前，我们所使用的主要思考方式只能部分表述我们对现实的理解，与我们自身的联系也是不完整的。我们需要一个完整的方式，一个可以使我们洞悉混沌、理解复杂性的思考系统，一种可以帮助我们学习新的生活方式的协同设计的方法，使我们可以用不同的观点看世界，不同的方法做事，不同的方式来生活。

我们可以通过这个系统设计新的探索方法、新的组织模式，甚至是新的生活方式，使相互关联而又独立自主的人类拥有或理性、或感性、或道义的不同选择。

这种系统的描述需要具备两个不同的维度。第一个维度是理解野兽的本性，也就是多思想系统的行为特点。第二个维度则是一个可操作的系统方法论。这个方法论并不仅仅是简单介绍一种好的方法，而是提供了一个可以定义问题和设计解决方案的通用方法。

为了构造第一个维度，我们需要建立一个系统的方式来梳理系统概念。在这个领域，我很难再现如艾可夫（Ackoff）的《目的性系统》（1972年）那样的必读巨作，不过，我可以通过分享一些关键的原理和概念，帮助大家构建关于社会文化系统的系统观。经过我多年对系统科学的摸索，这些原理一直在不断演进。概念中令人激动的细节，已经在不同的领域和文化中得以验证。而每一个概念的内容都极其丰富，甚至可以单独成书。为了达到本书的目的，我不得不冒着失真的风险尽量简化这些概念。

第2章将阐述5个系统原理；第3章将主要介绍信息关联系统、共享远景和文化的概念以及自组织的本质；第4章中将讨论发展和发展中的障碍；之后，社会文化系统的概念（本书第二部分的主题）和系统方法论——一个全面的、可操作的设计思维（本书第三部分的主题），将组成一个相互作用的整体。这也就是系统思维的核心。

请注意，如果你具备很扎实的全面质量管理（TQM）的背景，你需要明白全面质量管理和系统思维有着本质的差别。全面质量管理作用于已存在的范式，可作为一套独立的工具和方法进行学习和使用，而系统方法论无法和系统原理隔离开来。如果将系统中的工具方法与范例分离，则无法起作用，因为它们就是范例中不可分割的组成部分。

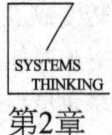

第2章

系统原理

系统的 5 个原理是：开放性、目的性、多维度、突现性（Emergent Property）和反直觉行为。这 5 个原理作为一个相互作用的整体，定义了一个组织行为的基本属性和假设。而这类组织就可被视为一个有意义的、具备多元思想的系统（见图 2.1）。

这些原理是第三代系统观中不可缺少的一部分。从定义问题到设计解决方案，这些原理的意义在各个方面都会有所体现，我们将在接下来的章节进行阐述。请多仔细阅读这些原理，并熟记在心。请尝试在不同的环境下面使用这些原理，这样你就可以将它们融会贯通。这些原理将构建你的心智模型，使你成为一个真正的系统思考者和系统设计者。

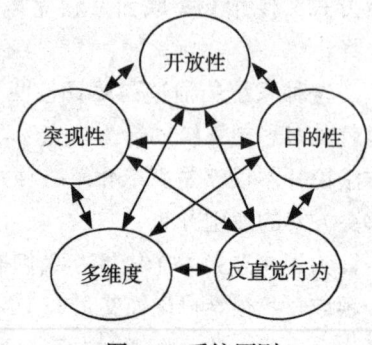

图 2.1　系统原则

2.1　开放性

开放性的意思是，一个有生命力的（开放的）系统的行为，只能在其环境的上下文中才能理解。这个世界确实是一个复杂的相互作用的整体。因此，就算是触及人本质的看似非常真实的问题，比如如何才能自由地爱，什么是权利的欲望，怎样才能寻求到幸福，在不同的上下文中都有不同的答案。离开了所处的环境或所属的文化，他们都只是非常抽象的问题，无法找到有意义的普遍性答案。

我们可以观察到，"所有的一切"都依赖于"其他的所有一切"。无奈中，我们得出这样的结论：我们不应该打乱"事物的自然秩序"，最好让那个可以控制一切的"它"来掌控。

但是，如果一切事物都有偶然性、选择和确定性这三种要素，我们需要明确哪些要素是确定的，而哪些又提供了选择的可能，我们又该如何处理随机的事件。就如我们所知道的，上升过程中存在阻力是一种自然规律，然而我们已经将这个所谓的上升障碍转变成了飞行的动力。

这里，我们将给出第一个结论。我们认识到，虽然一切事物之间都是相互关联的，但他们都可以归到两个类别中：可控的元素和不可控的元素。我们可以根据这个不同的类别，给出系统、环境和系统边界的定义。

系统，是所有可由参与者控制的相互作用的变量集合；环境，是不可控但会影响系统行为的变量集合。于是系统边界的概念变得随意且主观由参与者的兴趣、能力或权责而决定。

第二个结论：我们发现，环境中的不可控变量或多或少是可预测的。在很多情况下，环境变量越不可控，则会变得越容易预测。

这里形成了处理开放性系统的第一个准则：需要进行预测并做好准备。预测环境并依此预构系统是新古典主义管理学派的基石。沃顿商学院因开发了经济计量模型而获得诺贝尔奖，饱负盛名。大通银行紧随其后，创建了自己的预测模型。很快，成百上千的组织也开始专精于不同的行业预测。大家很快学会了这个新的游戏规则，几乎所有大大小小的企业或政府机构，都极具技巧地参与到这个游戏当中来（见图2.2）。

开放性
没有能脱离上下文而独立存在的问题和解决方案

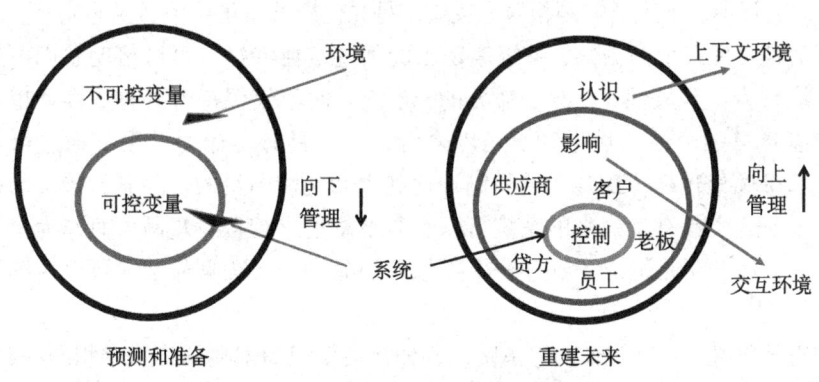

图 2.2　系统边界

但是，这个游戏的成功却以某种方式改变了游戏规则，有些事情不对劲了。在过去的10年中，我们不甚忧虑地观察到，由获奖模型所做出的预测都是错误的。这也就解释了为什么没有采用这些模型的企业比采用了的企业生存得更好。于是，我们再次回到原型图纸上，发现了我们不曾注意到的一类新的变量：不可控但可影响的变量。

控制，意味着采取必要且充分的行动获得所期望的结果。而影响，意味着采取的行动是非充分的，只是所获得结果的合力之一。

随着我们对环境的了解逐渐增多，我们将不可控变量转变成可影响变量的能力也得到了增强。当我们增强了对变量的影响能力，也就随之降低了对变量的预测能力。假如祈雨舞真的会对天气产生影响，我们将永远不需要预测天气；相反的，如果我们对天气的预测已经达到了一定的准确度，这就意味着祈雨舞也许并没有发挥其影响作用。

这类可被影响的变量形成了一个新的区域，我们称之为交互环境。交互环境对理解开放的目的性系统行为愈显重要。这个环境包括了和系统相关的所有重要利益相关者：客户、供应商、投资人、老板、甚至团队本身。

我们曾经认为只能对客户进行影响而很难控制他们的决策。他们所说的一切都应该是正确的。但是，客户正变得越来越易受影响，而他们的行为也越来越诡异而无法预测，这个世界就像被傻子接管了一样。

供应商们曾是我们忠诚的盟友，听从我们的指挥。而如今，他们都宣布自行发展核心技术。计算机行业中真正的霸主已不是 IBM 那样的巨型系统公司，而是如微软和英特尔一样的组件制造商。他们有更多话语权，并真正控制着整个行业。

我们慢慢意识到自己并不真正拥有控制权，而只是对很多事情具备影响力而已。考虑人自身的系统，由于会受到周围所爱的人的影响，一个人身上原本的自我可能所剩无几，一般系统也是如此。所以，对系统的管理需要加强对交互环境的管理，即向上管理。系统所需的领导力也应该是如何影响不可控关系人的能力。

开放性（具有生命力的）系统表现出的某些重要特征，可以帮助我们更好地理解系统行为。开放性（具有生命力的）系统之间不仅保持着共有属性，也谨慎地守卫着各自的个性。从生物学角度来看，一个具有生命力的系统通过可自我复制的基因遗传代码（DNA）的机制，达到生命延续的目的。除非遗传基因被中断，否则，这个具有生命力的系统可以永久不息地进行自我复制。而作为个人或者集体的实体，正是缺乏了这样一个类似的现象——无法预先定义可以持续发展的秩序。

作为开放性（具有生命力）系统，各种社会型组织都显示出一个相同的趋势，即朝着一个预先定义好的秩序发展。于是，文化密码就演变为了社会密码，相当于生物学中的 DNA。社会密码作为隐含的假设，深深扎根在我们最核心的共享记忆中。如果任其自组织发展，这些内部密码会默认成为组织的原则，并不无例外地不断再现既有秩序。

在早期的作品《系统的理论和管理》（1972 年）一书中，我用了整整一章来专门讨论混沌和秩序的主题，详细阐明了具有生命力的系统是如何逆转强大的热力学第二定律，从而走向复杂性和秩序性的。

热力学第二定律指出，宇宙（一个封闭系统）中总的趋势是消除所有差异。所以，宇宙的终极状态是具备同一性和随意性的混沌而简单的状态，而熵（S），作为度量不确定性的程度，将不断增加。然而，我们知道具有生命力的系统的熵值为负（-S）。这种系统不仅能消除强大的分化过程，还能将系统推向一个预先定义好的秩序，一种有组织的复杂状态。公式 I=-S，表示了一个具备负熵的系统一定包含信息。于是，人们可能得出这样的结论，只有当系统知道自己所期望变成的理想形象，才有可能朝复杂并有序的方向运动。这个结论是我们在第3章讨论构建社会文化系统的第一条线索。

以下几点是对前文的总结：

- 理解开放性系统必须放在其环境的上下文中。
- 领导能力是向上管理的能力，对不能控制的因素进行影响，并识别出不能影响的因素。
- 开放性系统在默认情况下，是受到内在行为准则（DNA或者文化）的指导的。如果任其发展，开放性系统往往会不断自我复制。

2.2 目的性

为了影响交互环境中的参与者，我们需要理解他们所做一切的原因。

理解不同于信息和知识。信息回答了做什么的问题，知识回答了怎样做的问题，而理解则需要回答为什么的问题。（见图2.3）过去一段时间里，拥有客户的信息是一种很有竞争力的优势，而如今却大不一样了。为了保持竞争优势，人们必须提升到一个新的高度，即知识的层次，去学习他们所做一切的方法。

随后，为了成为更加高效的玩家，人们必须再次提高到理解的层次，去了解他们所做一切的原因。

为什么的问题，也就是为什么做出各种选择的问题。选择，是各种因素在理性、情感和文化这三个维度相互作用的产物（见图2.4）。

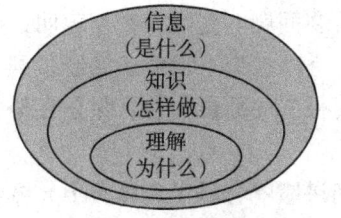

图2.3 影响的结构

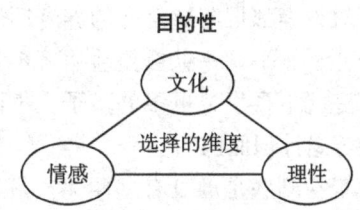

图2.4 理性、情感和文化的选择

理性的选择出自于自身或者决策者的利益，而非旁观者的利益。由于理性的选择只代表了决策者在某一时期的利益，所以它不一定是明智的选择。明智的选择是具备道德含义的，能从整体的角度衡量某个行为的后果。

下面的例子可以非常清晰地说明有关选择角度的概念。我年仅5岁的女儿Jeyran在我们的床上蹦蹦跳跳。我对她说："Jeyran，如果我是你，我可不会这么做。"她无辜地看着我，回答道："不，我不这样认为。如果你是我，你会和我做同样的事情。你根本不知道这有多么刺激。"

当我就职于 IBM 时，我们被告知，"客户是正确的，永远都是正确的。如果你不坚信这个真理，你就无法胜任这份工作。就算我们不知道原因，客户也是正确的。你的工作就是找到他的合理性，弄清楚客户所作一切的原因。"

事实上，在我努力寻找这个合理性的过程中，我学到我职业生涯中最重要的一课：在民主体制下的市场经济中，人们做出的都是合理的选择。最终的赢者并不一定是最优秀的人，却是那些最能适应既有秩序的人。所以，超前于时代的人往往落得悲惨下场，有时甚至比落后于时代的人更加不济。

我曾在印度了解到一个让我大开眼界的故事，发生在福特基金会的计划生育项目中。当时，我和我的高级合伙人罗素·艾可夫（Russ Ackoff）在印度出差，我们遇见了一群美国人，他们正在试图让印度人进行计划生育。然而，他们的工作毫无成果，对项目的失败感到非常沮丧。项目负责人这样告诉罗素，"他们明知道人口问题是他们的头号敌人，我们也在这里教他们如何节育，给他们所需的避孕药，并额外奖励一台半导体收音机，但是看看结果如何。他们回到家，打开收音机，听着音乐，继续生小孩。"罗素建议他们不能简单地将这样的行为归为不合理，而应该寻求更多的解释。于是，这个项目负责人展示了一个剪报，上面报道了一个印度女性生了 27 个孩子。他还加上这样的评价："如果这都不算是不合理的行为，那么我真的不知道到底什么是不合理的了！"

于是罗素提出以下观点："如果一个印度女性可以生育 27 个孩子，那为什么印度人平均只有 4.6 个孩子？这表明他们是知道如何节育的，只是不愿意这样做而已。也许你们正在尝试解决一个错误的问题。"如果把这个问题放在其上下文中，我们可以发现，在当时的印度，还没有任何社会保障，也没有退休制度或者失业救济，所以大家普遍认为只要养育 3 个儿子，自己就可以有养老保障了。于是，每对夫妻都把解决自己的养老问题作为首要问题。据统计数据表明，要想生育 3 个儿子，平均一共需要生育 4.6 个孩子。所以，毫不意外，已经得到 3 个儿子的家庭就不再生育更多的孩子。也许之前简报中的那位女性，只是在努力实施自己的养老计划而已。

那现在到底是谁没有理性呢？是只要参加讲座就可以得到免费半导体收音机的印度夫妇，还是那些认为通过发放半导体收音机就能让他们放弃养老计划的福特基金会？

充满情感的选择来自于我们对美和刺激的追求。我们完成了很多的事情，因为我们在过程中能体会到刺激，或者更准确地说，是因为它们富有挑战。如果你刚好在网球场上赢了我 10 局，我知道你不会再想和我对垒。你多半更愿意和那些比你厉害的人对抗，也就是那些很可能会打败你的对手。

阿隆·卡兹耐伦伯根（Aron Katselenenboigen）教授是我在沃顿商学院的同事，也是我的好朋友，他喜欢用象棋来解释有趣的社会现象。有一次我问他，为什么大多数的国际象棋选手都喜欢和比自己厉害很多的人下棋。"因为挑战，"他回答说，"只有战胜有挑战的对手，胜利才有乐趣。"

于是，我找来沃顿商学院的10名研究生来验证这个理论。我们采用了一款有9个难度等级的国际象棋软件。等级1是入门级。只要具备基本国际象棋知识的人都可以轻易赢得游戏。不过，越高的等级意味着越难的挑战。比如，要赢得等级6的比赛，需要非常精通下棋技巧。我们告诉每个学生他们可以在任何等级一共进行10次游戏，每赢得一次游戏，可以得到一美元；而每输掉一次游戏，则必须退回一美元。

所有学生都从等级1开始。不过大家在赢了几块钱后，都升到了更高的级别进行游戏。游戏结束时，大部分的玩家都在等级5，有2个玩家甚至到了等级6。

只有当人们为了追求刺激而选择面对巨大挑战时，生活才会有趣。换句话说，设置并追求一个可达到的目标，只意味着平庸。也许对众多"人力资源经理"来说，这听起来是非常不寻常的，不过这也可以解释人们总会把厌倦和无趣的工作与大的企业部门联系到一起的原因。

与理性选择体现了工具性（外在）价值观不同，情感维度和文体性（内在）价值观相关，是由个体的情感状态衍生出的享受和满足感。理智选择是可以规避风险的，而情感选择不会，风险恰恰是刺激与挑战的一个重要属性。

文化决定了一个群体的伦理规范，而群体的决策者也是群体中的一员，所以决策过程会受到伦理价值观的制约。同时，文化也会将其默认价值观强加上去，对决策过程产生深远的影响。如同程序员使用一种高级计算机语言编写代码，如果不进行额外配置，该语言就会使用其默认的参数。同样，如果不进行明确的选择，文化就会将它的默认价值观强加给其中的参与者。

目的性系统是一个价值导向的系统，也就是说，系统的目的性行为会努力追求自己的价值观。通常，这些价值观隐含在文化中，以致于决策者在做决定时都意识不到它们的存在。默认价值观常常被认为是既有事实，只要没有人去质疑，它们将一直存在。

艾可夫将系统行为分成了三类，只有了解了这些类型，我们才能理解目的性的本质。这三种不同类别的系统行为分别是反应、响应和行动。反应类系统行为是环境中的必要且充分事件。所以，反应类事件一定是由其他事件引起的（决定的）。响应类系统行为是环境中必要但非充分事件，所以，系统自身只是产生响应类事件的合力之一。行动类系统行为是环境中既非必要也非充分的事件。因此，行动类行为是自主事件。

反应类系统、响应类系统和行动类系统，依次与状态保持、目标追求和目的性系统相对应（见表2.1）。

表2.1 系统行为分类

行为流程	方法结构	结果功能
被动 工具	没有选择， 在所有环境中只有一种结构	没有选择， 在所有环境中只有一个功能
反应性 状态保持	没有选择， 定义好的不同结构	没有选择， 在所有不同环境中只有一个功能
响应性 目标追求	方法可选择， 可选择的不同方法	结果无法选择 定义好的不同功能
行动 目的性	方法可选择， 可选择的不同方法	结果可选择 可选择不同功能

在不同的环境条件下，一个状态保持系统会对变化进行反应，以维持状态的稳定。在特定的系统结构下，系统的反应（而非响应）完全由环境的变化所引起。无论在何种条件下，系统都可以通过不同的方式保持其原本状态和固有功能。例如，很多供暖系统都是状态保持系统。当室内温度低于一个设定值时，内部控制器就会开始运行系统。当温度高于设定值时，则将系统关闭。系统所保持的状态就是室内温度。这样的系统可以适应变化，却因为不能选择自己的行为而无法学习。所以，它不能随着经验增长而获得能力提升。

目标追求系统，可以对不同的事件产生不同的响应，直到在相同或是不同的环境下产生出某种特定的结果（状态）。系统的目标就是这个特定结果。这样的系统可以选择方法，但不能控制结果，因此，系统是响应式而非反应式的。响应式是自发的行为，而反应式不是。比如，低等动物可以在不同或者相同的环境下，以不同的方式找到食物。如果一个目标追求系统具备记忆功能，它可以通过一段时间的学习使自己更加有效地达到目标。

而一个目的性系统不仅可以在相同的环境中以不同的方式产生相同的结果，还能在相同或者不同的环境中产生不同的结果。它可以在不变的条件下改变其结果。这种在恒定条件下改变结果的能力就体现了自由意志。这样的系统不仅能学习和适应，还能进行创造。人类就是这种系统的最好例子。

目的性系统具备状态保持系统和目标追求系统的所有能力。同时，目标追求系统也具备状态保持系统的所有能力，反之推论并不成立。

最后，我们可以做一个合理的假设，决定权意味着真正的权利。权利是一个具备多方面含义和特性的概念。不过根据博尔丁（Boulding，1968年）的说法，权利大小的定义是决策对未来状态改变的程度。更进一步来说，假设什么都不做也是一种选择，一个决策者的权利大小，则是做了某件事相对于什么都不做对未来状态影响的差异。

另外一个和权利很接近的概念是自由，同样具备多方面的含义和特性。其中一个含义就是选择，或是选择范围。如果我没有其他的选择，我自然没有选择的权利，所以我就没有任何权利来改变未来的状态。

这也将把我们带入下一节的讨论，多维度的原理。

回顾

- 世界并不是由那些所谓正确的人所掌控的，而是由那些可以说服他人认同自己的人来掌控的。
- 选择具备三个方面：理性（自身利益）、情感（刺激）和文化（默认选择）。
- 理性选择是可以规避风险的，而情感选择不会，风险恰恰是刺激与挑战的一个重要属性。
- 如果没有人去质疑，既有现实将永远延续下去。
- 选择是一个能力问题，意味着即将行使的权利。一个没有能力的自由只是一个空洞的命题。

2.3 多维度

多维度㊀可能是系统思维中最有效的原理之一，使人能看到相反倾向中的互补关系，在无法调和的部分之上创造可运行的整体。

在大部分文化中，人们对待相反倾向普遍存在一个谬误，即"零和"游戏中的二元性。任何事情似乎都有正反两面：安全和自由、秩序性和复杂性、集体和个人、现代和传统、艺术和科技，等等。一方面的胜利一定表示另一方面的失败。

在"零和"游戏的背景下，相反倾向是通过两种截然不同的方式表示的。在第一种方式中，对立倾向被概括为两个相互排斥并且离散的实体把这种对应一分为二，用 X 或者"非 X"（见图 2.5）来表示。如果 X 是正确的，则 NX 一定是错误的。这是一种或的逻辑关系，表明在输赢争斗中，努力成为赢家是一种道德上的责任。而输家总是被认为是错误的，是应该淘汰的。

第二种方式中，相反倾向是由一个连续的过程表示的（见图 2.6）。在黑和白之间有无数的灰色阴影地带。这些灰色阴影中的问题需要妥协或是解决对立的方法。妥协是一场令人无奈的讨价还价的斗争。如果对立两极力量势均力敌，这个权利游戏会暂时停止。而妥协点是一个不稳定混合状态，包括两个极端的元素。随着权利结构的变化，妥协的点也会变化。

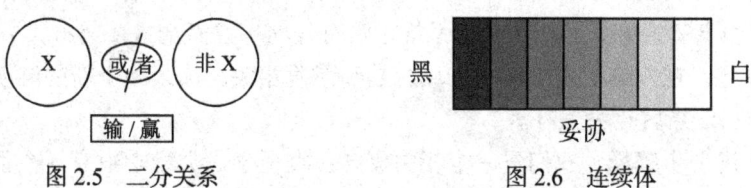

图 2.5　二分关系　　　　图 2.6　连续体

㊀ 在本书中，使用维度来表示可变量，同时也反映一个系统的不同方面和层次。

在社会现实面前，不同的人群因为对不同事情的重要而紧急程度的认识不同而时常产生冲突——是加紧生产还是扩大销售，是保护受害者还是保护被指控者的权利，是保护环境还是保护个体生存权利。这些都表明了我们需要一个新的指导框架。

丘奇曼（Churchman，1979 年）关注"环境谬论"，博尔丁（Boulding，1968 年）反对部分优化（1968 年），而艾可夫（Ackoff，1978 年）提出"分离的不可调和的部分可以形成一个可运行的整体"，都是在说明同一个问题。

看起来我们仿佛生活在一个充满悖论的世界，即使是自由和公正这些源远流长的价值观，也不能幸免。博尔丁（1953 年）通过观察认识到这样一个困境，有些人害怕自由，因为总是担心藏在后面的无政府主义幽灵。也有人害怕公正，不断畏惧随之而来的专制幽灵。

此外，再来看看安全和自由之间的关系。一个人无法在不安全状态下获得自由，也无法在不自由的情况下获得安全感。也许自由、公正和安全只是同一件事的不同方面而已，从一开始就无法分离。一直将它们分离对待的态度是有问题的。

互补关系可以进行相互补充使之有效形成一个整体。多维度的原理主张，相反倾向之间不仅要共存和交互，并且还应该形成互补关系。这种互补关系可以突破成对的关系，而允许存在两个以上的变量。自由、公正和安全之间的三项互补关系就证明了这一点（见图 2.7）。

相反倾向之间相互依存的关系应该是"和"而非"或"的关系。这表示每个倾向代表了一个独立的维度，从而形成一个多维度的方案。除了"高/低"和"低/高"，也有"低/低"和"高/高"的可能性。

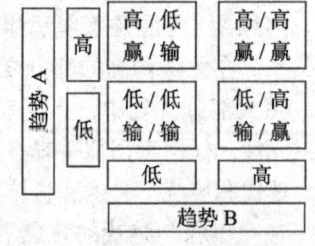

图 2.7　互补关系

这就是一个非零和的方法。一方面的损失并不意味另一方面的得到；而两个相反倾向可以共进退，共输赢。

使用多维度的表达方式，我们可以看到以前被一分为二的对立倾向是如何相互作用并整合成为一个新的整体的。增加新的维度，有可能发现新的可参考的结构，从而对立倾向集可以采用新的自身逻辑组合来重新诠释。

丘奇曼（Churchman，1979 年）说过："通常的'x'或者'非 x'的二分关系从来不具备普遍意义，因为社会系统中没有任何一方面会这么突出。"

请注意，在古典逻辑中，一个域总是和矛盾相关。加入一个新的维度可以扩展域，并将矛盾转化为互补。

为了进一步解释，我们看一个相关概念：类型学。类型学中有一个很好的方法，正好和我的想法一致。在这个方法中，为了定义研究对象的状态我们需要识别其相关变量，并将它们独立抽象为一个维度。

我们采用一个方向轴表示的一个变量维度，并可以在一个给定的范围内反映变量的量化大小。这个维度度量了由某个变量所定义的特性。同时，方向轴被分为低和高两个区域。区分的假设是，将变量赋予低值或者高值时，会作为合力之一对系统行为带来显著影响。

所以，低值和高值的区分点并不是任意的（见图2.8）。它是相关系统行为产生质变的区分点。这个变化相当于物理现象中的奇异性或者拐点（相位改变）。

图2.8 相位的改变

换句话说，如果收入变量会对个人的行为有影响，应该会存在一个收入水平点，它会使生活发生一个重要的变化，从本质上影响行为。

如果我每周赚10美元，我可以吃一个汉堡包；每周20美元，我可以吃两个；每周30美元我可以吃三个。不过，如果可以一周赚1000美元，我不会选择吃100个汉堡包，我甚至不会去吃任何一个汉堡包。所以，当收入增长到某一点时，会对我的生活方式产生质的影响。这个点也就区分了低收入和高收入。

如果我们可以认识到背后的假设和限制，类型学可以展现出一个多维度系统的行为在关注不同维度时的巨大差异。

比如，同时高度关注变化和稳定性的组合所产生的行为模式，和以下两种模式完全不同：高度关注变化而不关注稳定性，或者高度关注稳定性而不关注变化（见图2.9）。

高/高区域代表了一个成熟系统的行为，通过改变来追求稳定性。低/高区域则反映了一个激进的系统，不计代价地热衷于改变，它可以是

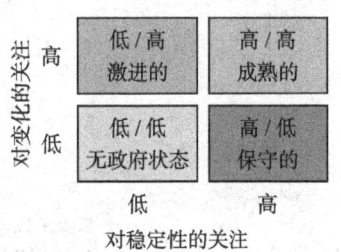

图2.9 多维度系统的行为

反动或者进步的，取决于所追求的方向。另一方面，高/低区域代表了一个保守的状态，满足于当前状态，于是更趋向于监管和妥协。而低/低区域是无政府状态，不怎么关心变化和稳定性，反对任何政府形式。

于是，对不同维度的不同关注程度可以有不同的组合，可以产生不同的行为模式。每个模式都代表了一个新的系统，这个系统的特点只有站在自己的立场上才能理解。

布莱克和莫顿（Blake 和 Mouton，1964年）发展了管理方格类型学，他们也强调了同样的观点，证明了虽然"1.9"和"9.9"的方格都反映了对人的高度注视，但是这两个方格表现出不同的关注（见图2.10）。

1.9是家长式的民粹主义领袖，他们对人的关注基本上是关注人的弱点。于是，这样的领袖会表现出一种防御式角色。不同的是，9.9类型的领袖对人的主

要关注来源于对人们的能力和个性的尊重。这种领袖就会表现出另一种不同的角色——激励者的角色。

在杰拉尔德·戈登（Gerald Gordon）和他的同事的著作（1974年）中，研究了有利于创新的因素。我们看到以下两种互补的能力使个体更倾向于创新：在相似事物中进行区分的能力和在看似无关事物之间发现相似性的能力（见图2.11）。

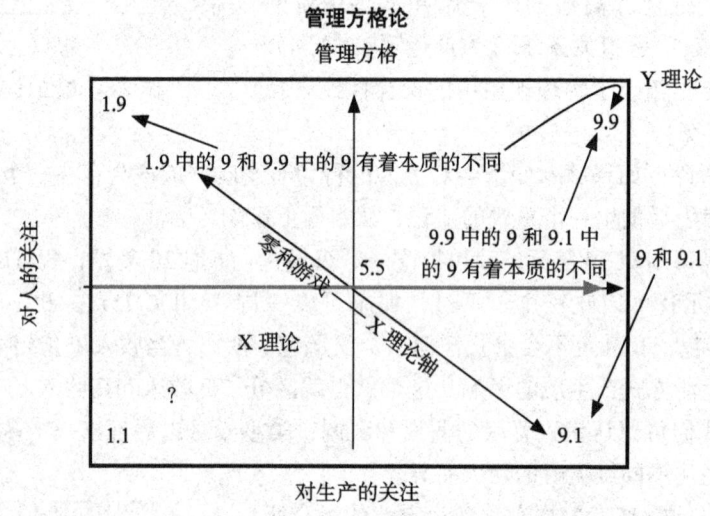

图 2.10　管理方格

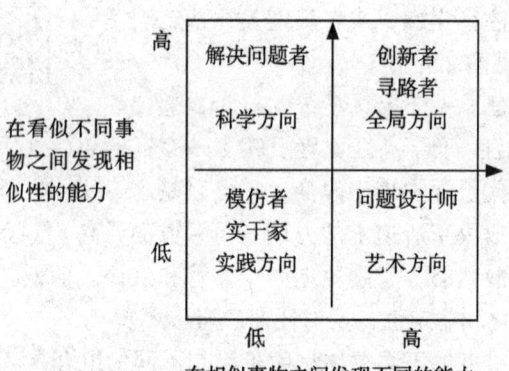

图 2.11　创新能力

采用同样的方法，我们也可以展现一个组织是如何同时实现达到秩序性和复杂性这对看似矛盾的要求，以及如何经过调整，同时实现稳定性和变化的要求。在不同情况下，所期望的特性并没有做出妥协，只是构成了具备自己特性的一个新的整体。

2.3.1 功能、结构及流程的多重性

多重性与多维度原理类似,并对其进行补充。在之后的章节中我们会看到,功能、结构和流程的多重性是系统理论发展的核心,这个概念使多维度中高/高区域的组合有可能成为现实。多重性从根本上说明了系统可以具备多个结构和功能,并通过多个不同的流程进行管控(见图2.12)。它推翻了系统中单一因果关系下只具备单一结构和单一功能的传统观点。

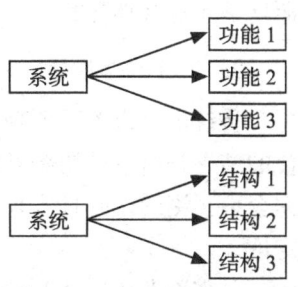

图 2.12 功能和结构的多重性

1. 功能的多重性

一个系统可以具备多重功能,隐式或显式的。例如一辆车,除了作为交通工具的显式功能外,也有一些隐式的功能,如身份的象征。对于很多人来说,一辆车决定了车主的生活方式,也满足了他的虚荣心。

我们再举一个例子,投资人可能会把一家汽车公司当做赚钱机器,而工会的领袖则把它看做可以刺激就业的体系。对于创业者来说,组织是他建造一个成功机构所要面临的一生的挑战;对于职场达人来说,组织只是他们玩弄内部权术的平台。确实,组织具备多重功能,创造并扩大财富、权利和美。但是,身处其中的人们,局限于他们的思维方式或是所担任的角色,只能看到其中的一个主要的功能。正是这样一个谬误,使企业在成功的运营下依然消亡了。

2. 结构的多重性

之前,我们提出了系统的结构决定了系统中的组件和组件间的关系。所以,多重的结构意味着系统中的组件和其相互关系也是多种多样的。

以盐(氯化钠)为例,它的组件氯和钠在所有环境中都呈现出一种单一关系,所以,盐只具备一种单一结构。但是,碳氢化合物不一样。氢和碳有很多不同的组合和关系,构成多种结构。碳的自我结合的能力带来了一个全新的进化分支(生物系统),创造了一个不稳定的稳态结构。

人类也展现出类似的倾向。人们相互之间形成了各种各样的关系,创造了一个互动性的结构,或者说社会体系。目的性群体之间的互动也存在多种形式。处于一对不同倾向的两组社会性群体在同一时间可能相互合作、相互竞争,或者与其对立面发生冲突。此外,社会性系统中的成员会不断学习,逐渐成熟,改变自己以适应环境的改变。最后,形成了一个系统中成员各异、关系错综复杂的交互性网络,并不断自我复制。这也就是多重结构的含义。

与多重功能相比,接受多重结构的概念并不容易。因为这违背了传统概念中

结构的持久不变性。不过，重新认识这个传统概念，对于体会目的性和多维度的原理是非常有必要的。

3. 流程的多重性

传统的因果关系原理认为，相似的初始条件会导致相似的结果。同时，不相似的结果是由不同初始条件造成的。所以，对于一个给定的结构，系统的行为是完全可预测的，并且未来状态完全依赖其初始条件和控制其发生转变的法则（决定论）。

贝塔朗菲（Bertalanffy，1968 年）通过研究开放性生物系统所具备的自我调节或者平衡（Morphostatic）特性，得出了"等效性"的概念，即一个最终状态可以经过任意多不同的发展路径达到。这个概念动摇了之前的传统理论。巴克利（Buckley，1967 年）在关于社会与文化的形态发生过程的讨论中，甚至提出了一个完全相反的"多效性"的原理：类似的初始条件也许会带来完全不同的结果。也就是说，过程将对未来状态负责，而非初始条件。因此，一个社会现象也可以看做是一系列交互式过程的最终结果。这也给我们的探寻过程增加了一个新的维度，这个维度可以帮助我们理解一个强大的概念：即整体性的概念。

2.3.2 回顾

- "不可调和的部分可以组成一个可行的整体。"⊖
- 在多维度的方法中，维度变量高低的差异意味着不同模式。比如，对"高/高"的区域和"低/高"的区域中所采取的行为是不同的。每个模式都对参与变量有各自的解释。
- 自由、公正和安全是同一件事情的不同方面而已，它们是不可分割的。我们一直将它们隔离来看，是有问题的。

2.4 突现性

我可以去爱，但是我身体的任意部分都不可以。如果我被大卸八块，爱的能力也就丧失了。此外，爱并不属于五感中的任意一种，它没有颜色、没有声音或者是气味，它不能被触摸到或者品尝到，那我们怎么来衡量爱的多少呢？当然，人们总是会通过爱的表现去衡量。比如，有人说，"如果你爱我，为什么不打电话给我呢？"。

不过，有的东西似乎并不完全正确。爱情这个现象并不符合属性的传统描述，并且爱情不是唯一有这个问题的现象。类似的如成功、失败和幸福，都显示

⊖ 这个概念的证明请见《解决问题的艺术》（Ackoff, 1978 年）。

出同样的特性类别。那我们就给这个特性一个名称，突现性，并把它放入一个特殊的类别中，第二类属性，使其和传统类型，第一类属性区分开（见图2.13）。

突现性，或者说第二类属性，是一种整体而非部分的属性，这种属性不会因为部分属性的减少而减少。然而，这类属性是交互作用的产物，并非是其组成部分活动的机械相加，应当从它们自身的情况来理解。另外，这类属性并不能通过五感中的任意一感进行感知，所以不能直接进行度量。如果一定要度量，那只能通过其表现形式来进行。

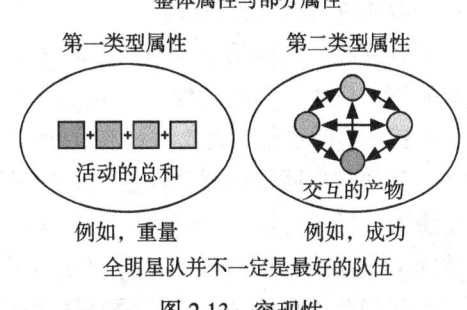

图2.13 突现性

突现性的本性决定了我们无法对它进行分析，也无法利用分析类工具进行操作，也不符合任何因果关系的解释。比如生命的现象，这个最值得注意的突现性属性，却没有人能够找到生命真正的起源。我们陷入了不停寻找相关性的陷阱。我们也许可以找到生命与其他所有一切的关系，然而，这些关系并不能真正解释生命的本质。就算依靠专业的分析方法，我们也无法真正理解整体性。

我之前提到，突现性是多个元素交互的产物。交互概念仅仅标志着某个动态过程会产生随时间变化的状态。换句话说，突现性的现象是持续实时再现的。

因此，生命、爱情、幸福和成功这些属性都不是一次性的概念，它们会持续再现。只有当产生这些属性的过程结束了，这些现象才不复存在。这些属性没有办法被存储以备将来使用。当然，它们也不是一直存在的。生命、爱情和幸福可能存在于某一时刻，又可能转瞬即逝。成功也是如此，只是比爱情和幸福更加脆弱而已。

如果突现性是当前过程的自然结果，那么，为了更好地理解它，就得去理解产生它的过程。死亡是一个自然的过程，而维持生命是一个奇迹。生命的维持是上百个过程同时交互的结果。那些试图用单一事件来解释生命的人们并不清楚他们到底在说什么。

如果成功是一种突现属性，那成功所需要管理的是交互关系而不是行为。一个全明星队并不一定是联赛中最优秀的队伍，甚至有可能输给同一个联赛中赛绩平平的队伍。成功团队不仅仅拥有优秀的选手，也包括选手之间良好的交互关系。几年前，新奥尔良圣徒橄榄球队拥有着四名职业杯（Pro Bowl）的防守队员，可这并不意味着圣徒队拥有联赛最好的防守。同一年，达拉斯牛仔队赢得了超级杯冠军，而该队却没有任何一个参加职业杯的防守队员。

各部分之间良好的协调和增强的交互作用会产生一种共鸣。而这种共鸣力量比每个部分的力量相加之和大一个数量级。

从另一方面来说，各部分之间的不协调将导致整体无法达到本应该产生的能量。同样的，在一个组织中，根据其成员间合作交互的特点，整个系统可能成为一个增值或者减值的系统。

我曾经在其他场合提出这样的观点，一个组织的成功取决于5个基本过程之间的相互作用：产出过程、决策过程、学习和控制过程、员工管理过程、冲突管理过程。这些过程和财富、权利、知识、美和价值观的产生和传播紧密相关。

例如，在通用电器公司这个成功案例中，我们不能只简单关注它的盈利和市场份额。任何时候，我们的成败都有可能源于错误的理由。理解通用电器的组织过程（特别是决策、学习和度量系统）也许能够更好地解释它的持续成功。

我们前面已经说过，突现属性无法直接度量，只能通过其表现形式来度量。但是，度量一个现象的表现形式也是有问题的。

比如，如果我们用通电话的数量来度量爱情，那么人们可以伪造这个数量。人们之间相互通话并不一定意味着存在爱情。

正因为大部分生命系统的行为特点都属于第二类型属性，伪造技术一直是行为科学近10年来关注的重点。这个时代是可以通过伪装成为不同的样子来赚钱的。比如，关于"怎么做"的书籍就在各种主题上给出建议，并且拥有众多读者。比如如何使一个冷酷的人看起来更具有爱心，比如一个人带上红色的领带，就能看起来更加具有权威。

度量一个组织的成功也不是一个容易的课题。作为成功的表现形式，组织扩张是一个重要的绩效指标。如果一个组织是成功的，那它很有可能会持续扩张。不过，如果一个组织只是扩张了，并不一定意味着成功。扩张很容易被"伪造"，比如组织进行了一次很糟糕的收购。很多情况下，三个臭皮匠是赛不过一个诸葛亮的，收购不同的成功的组织，也不一定能带来整体的成功。不幸的是，这正是很多组织实现扩张的方式，而结果却只是摧毁了自己。

为了避开在度量整体性时的各种陷阱，我们不能仅仅度量其表现形式。在这样的背景下，经济附加值（EVA）是一种比增长更加可靠的度量成功的方法：

$$EVA = 投资 \times (收益率 - 资本成本率)$$

EVA度量了成功的两个重要表现。它是增长和价值创造在资本成本上的展现。EVA为正，代表一个价值增加的增长，而EVA为负则代表了价值减少的增长。

最后，对整体现象的表现的度量，只能通过描绘隐含在当下系统中的行为的未来作出评定。为了更好映射这个未来，我们则需要掌握社会动力学。

回顾

- 我们不仅将一个属性从它自身的角度进行描述，也尝试从它的产生过程进行理解。
- 一个全明星队并不一定是联赛中最优秀的队伍，甚至有可能输给同一个联赛中赛绩平平的队伍。成功团队不仅拥有优秀的选手，也包括选手之间良好的交互关系。
- 各部分之间良好的协调和增强的交互作用会产生一种共鸣，这种共鸣力量比每个部分力量相加之和大一个数量级。
- 突现性是当前过程的自然结果。生命、爱情、幸福和成功这些属性都不是一次性的概念，它们会持续再现。只有当产生这些属性的过程结束了，这些现象才不复存在。

2.5 反直觉行为

社会动力学中充斥着反直觉行为，其中的复杂程度已经超过了分析方法可以处理的范围。

反直觉行为的含义是，行为产生了与预料完全相反的结果。就如常说的，地狱之路是由善意铺成的。事情可能在转机之前变得更糟，或者反之亦然。我们的成败都有可能源于错误的理由。

虽然国家在毒品非法化的过程中花了大量资金，以遏制滥用，使社会远离弊病。但与直觉相反的是，这也催生了价值数十亿美元的犯罪行业，毒品依然泛滥，刑事司法系统不堪重负。

为了认识反直觉行为的本质，我们可以看看以下断言的实际后果：

- 原因和结果可能在时空中是分离的。一件事情在某个时间和地点发生，可能会出现延迟效果，在另一个时空产生影响。
- 原因和结果可能相互取代，呈现出循环关系。
- 一个事件可能产生多种效应，其重要程度的排序可能会随着时间的改变而改变。
- 在某种效应产生过程中起到重要作用的一组变量，可能在不同时间，由另一组不同的变量替代。去掉之前的原因并不一定会消除其带来的效应。

为了减少贫穷家庭的数量，可以通过社会力量扩大社会福利体系。但是结果可能是反直觉的，即贫困家庭数量最后增加了。改善福利一般需要额外的资源，也就意味着税收的提高。过高的税收可能会迫使一些投资和企业离开该地区，于是税收基数被稀释，收入降低。

其次，一个具有吸引力的福利体系将吸引更多贫穷的人来到该地区，这可能也会减少工作的动力，在超负荷运作的系统上增加失业的负担。成本增加，同时收入减少,成为了灾难的温床(见图2.14)。

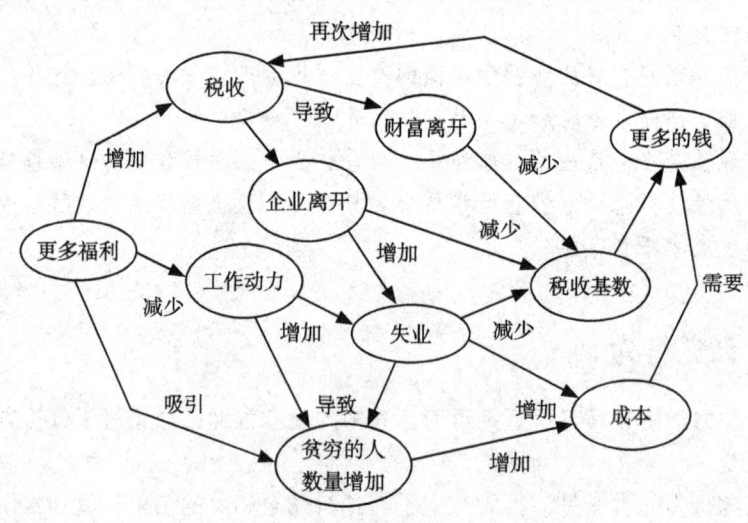

图 2.14　动态福利系统

例如,为了确认吸烟对心脏的整体影响,我们应该先考虑吸烟带来的多种后果。吸烟可以舒缓紧张情绪,所以,在短期内可能对心脏是有好处的。此外,吸烟可以减少对食物过量的需求,从而有利于维持体重,也对心脏有好处。但是舒缓紧张情绪的愉悦会形成一种习惯,带来重复吸烟的欲望。不过,长期来看,吸烟对动脉血管是有害的。由于遗传因素以及可能的其他氧化作用,吸烟可能造成动脉血管的硬化和粗糙。在身体的本能防御作用下,会分泌更多的胆固醇并多层覆盖在血管壁使之平滑,最终导致血管的堵塞和心脏病突发。

此外,吸烟对肺功能也有负面作用,使之无法给心脏传送最佳的氧气量(见图 2.15)。在这样的情况下,只是建立一个简单的变量间的关系并没有多大意义,还很有可能形成误导:到底胆固醇是真正的凶手,还是只是过度防御机制中的一个因素而已?

之前我们说过,多效性否定了因果关系,提出了包括确定性、机会和选择的不同组合的过程,才是对未来状态产生影响的主要元素,而并非是初始条件。

所有一切都表明,为了明确一个行为所带来的短期和长期的结果,都需要从整体上建立一个动态模型来模拟多环非线性的系统本质。这个模型可以捕捉到关键时间点间隔以及主要变量之间的交互作用。

这种方法明显不同于传统方法,传统方法只建立简单的相关性。正是这种谬论,使错误的信息大量产生并四处传播。反直觉的结果会带来大量的疑惑,这就不难理解为什么人们会把这一切都归结于宇宙本身的混沌。

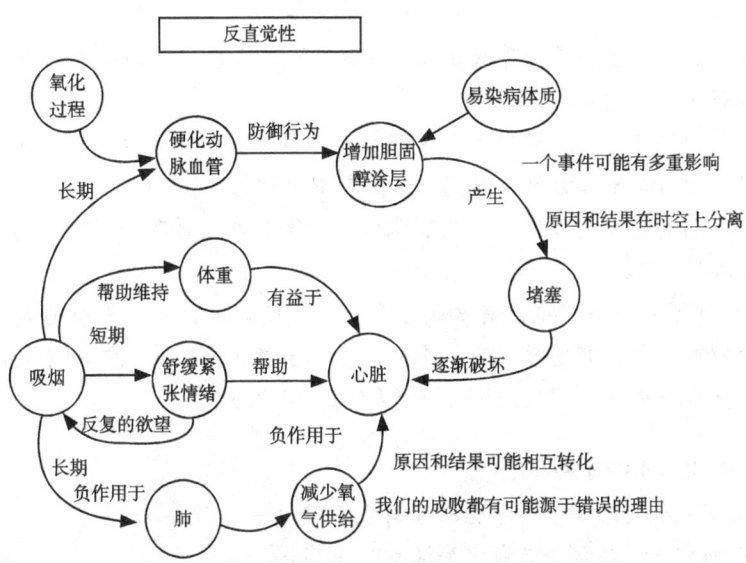

图 2.15 吸烟的影响

与此相反的是，葛雷克（Gleick，1987 年）提出了一个有趣的想法，即混沌理论。该理论提供了对认识这种现象本质的不同见解。在社会背景下，非线性系统的不可预测性与非直觉行为类似。

混沌理论的发展，源于不同专业（物理、化学和数学）的科学家[⊖]对复杂物理系统动力学的研究。刚开始，混沌理论看起来只是基于流体动力学的系统理论。不过，我发现它和社会动力学密切相关，是对系统思考领域很好的补充。它给复杂性和整体性思维带来了一个全新的不同视角。

混沌理论采用了一种完全不同的视角，解释了目的性系统的行为特点，并再次肯定了大约 40 年前艾可夫（1972 年）著作的重要意义。这项工作从本质上提供了理解选择权及社会性系统运作方式的基本工具和概念。我对混沌理论感兴趣还有另外一个原因，该理论肯定了迭代在发现复杂模式过程中的基础性作用。这与我长久以来坚信迭代是整体方法的本质以及设计方法学的核心的观点不谋而合（详情请见第三部分）。

以下是我对混沌理论中相关部分的理解：

- 分析非线性系统的行为，就如穿过一座神奇的迷宫，你每走一步，迷宫的墙都会重新排列一次（换句话说，游戏的本身改变游戏规则）。

⊖ 其中著名的有：爱德华·洛伦茨（Edward Lorenz）、伯努瓦·曼德布罗特（Benoit Mandelbrot）、威廉·M·谢弗（William M.Schaffer）和詹姆斯 A·约克（James A. Yorke）。

- 复杂的系统比传统数学更加复杂，却遵守一些简单的法则，如分形几何①和模糊逻辑②。
- 复杂法则具备普遍的等级量度（标量，自相似性），且不受其构成部分的具体行为的影响。
- 我们无法通过研究部分行为来解释一个复杂整体的行为；与之相反，我们可以通过对整体行为的研究，来解释部分的行为。
- 对时间有了新的理解，使我们意识到时间并非通过时钟来定义的，而是节奏和迭代③。
- "自然形成的模式中，有些是空间有序但是时间无序，而有些是时间有序但空间无序。有些模式是分形的，呈现出在不同规模上自相似的结构，而有些则是振荡的。"（Gleick，1987年，308页）。

确定模式本质的4种吸引子：
1）点吸引子（被一个特定活动吸引或者排斥）；
2）环吸引子（在两个或者多个活动中振荡）；
3）环面吸引子（不断自我重复的有序的复杂度）；
4）奇异吸引子（随着时间推移的不可预测的复杂模式）。

如果在社会学背景下尝试理解混沌学中的术语，这4种吸引子，从系统的角度可以有如下解释。

点吸引子代表了社会人追求个人内在本质的行为——恐惧、爱、恨、分享欲望或者自身利益。环吸引子（辩证的或自我维持）与多维度的原理相对应，寻求貌似相对却互补的倾向性组合，稳定和变化，安全和自由，以及普遍的区别和整合。循环性，或者周期性地从一个倾向到另一个倾向的关注转移，是部分优化的结果。环面吸引子（等效的/负熵值/目标追求）强调了开放性系统中的行为。这些系统由已定义的形象（DNA）所引导，也就是生物系统的生长模式。奇异吸引子（多效性/自组织/目的性）则反映了社会文化系统的行为，具备多种结果和方法的可能性。有目的性参与者不同的风格，产生了各种不可预测的模式。

值得注意的是，自组织并不总是有意识的行为。更多情况下，自组织行为会默认发生，或者在偏差放大的随机迭代过程中发生（进化）。所以，如果是通过隐含的文化密码默认产生的自组织，会更类似于环吸引子产生的模式。而再造的自组织形式，则是由奇异吸引子所产生的。

正是因为以上所列的4个吸引子，艾可夫（1972年）对被动、反应、响应和

---

① 有兴趣的读者可以参考必读原版《大自然的分形几何学》(Mandelbrot，1977年)。
② 定义和描述请参见《模糊集理论及应用》(Zadeh，1987年)。
③ 这个概念和古老的波斯语中时间的概念相对应。

行动系统的描述，才与行为模式如此完美地匹配。（请见本章 2.2 节）

在吸引子的作用下，迭代使秩序在混沌中逐渐展现出来。大自然自动产生迭代周期，但是社会性的人只能通过选择退回到零点，开始新的迭代。从原点进行设计，正是这个必要性的一个映射。

社会性系统的反直觉行为可以从以下的观察结果中进一步得到证明：

1）社会性系统表现出不断的自我复制，并重现相同的无解集合的倾向。

我们永远不能低估自身对变化的抵抗程度。"传统的观点就像守旧派，它宁愿牺牲也不会投降。"对熟悉环境的舒适感，加上对未知的恐惧，产生了一种强大的力量，甚至会超越变化可能带来的潜在的自身利益。人们可能因为美好的初衷而被打动，甚至全心全意地给予支持。但是当这个想法开始临近实施时，不安全感和自我怀疑便开始产生。支持者们潜意识中可能已经开始破坏自己的努力成果并阻止改变的发生。随之而来的，当权者也会为个人利益而带来一些病态行为。如果没有一个有魄力和魅力的领导人的支持，没有他对团队的充分信任，任何涉及根本改变的建议，都将有可能是自我破坏的提议。而那些选择承担这样角色的傻子们，应该认识到自己最终是孤独前行。

2）程度的差异会转变为类别的差异。

系统动力学中，一个被普遍认同的观点是，量变在某个关键点之后就会带来质变。同样，程度上的差异，也可能变成类别的差异。这并不表示增加某个给定变量会带来这个变量的质变。不过，如果一个系统的状态依赖于一个变量集，当某个变量的量变超过其拐点时，将带来系统状态的位移。这种变化就是质变，它代表了系统中相关变量全新的关系。比如我的生活方式（系统状态）由我的收入状况来决定。如果我的收入突然从每月 1000 美元涨到 100000 美元，就一定会改变我的生活方式。这种变化，当然是一种质变，代表生活的全新模式。给不同的人的生活方式带来质变的收入水平可能不同，但是这便给出了拐点这个关键点的定义。

突变理论（Zeeman，1976 年）也在物理学领域研究了同样的现象，它揭示了系统在拐点将呈现突变行为（尖点）。在社会学领域，当某个关键变量产生了一个数量级的变化，即比之前可以快 10 倍、便宜 10 倍、或者好 10 倍，拐点便出现了。

在《只有偏执狂才能生存》（1996 年）一书中，安迪·格鲁夫（Andrew S. Grove），英特尔公司首席执行官，非常出色地应对了一个现代科技公司所面临的变化。他解释了当某个变量（如技术、市场或者声誉）发生"10 倍"变化时，会给企业带来怎样的"战略拐点"和文化改变。而这时，企业既有事实将不再成立，并带来了否认、恐惧、不安全感和背叛感。这些都具有相当大的启发意义。

3）我前面提到，民主制度下的市场经济中，人们并不总是选择最好的方案。

他们会选择最能适应并令人满意的方案。有时候，超前于时代的人往往比落后的更加可悲。

下面的例子曾被格鲁夫用来说明市场发生10倍变化时所带来的影响。我认为，这也同样证明了市场经济体质下的反直觉行为的本质。

> 史蒂夫·乔布斯（Steve Jobs），苹果公司的合伙创建人，无疑是个人电脑行业的创始天才。当他1985年离开苹果公司时，正如他所创办的新公司的名字一样，他希望创造出"新"一代的超强硬件，包括比苹果公司麦金托什（Macintosh）界面功能更好的图形用户界面，比麦金托什更先进的操作系统。他的软件将使用户根据自己特定需要对现有软件模块进行重新组装，而不需要从头开始即可构建自己的应用。乔布斯希望创造一个自成体系、别具一格的计算机系统。乔布斯不喜欢已有的个人电脑，他认为他们笨拙且设计不佳。他确实是正确的，这项事业花费了他好几年的时间，他的目标初见端倪，Next计算机和其操作系统基本上实现了这些目标。
>
> 然而，当乔布斯全神贯注于他的"不可思议的伟大的电脑"时，微软视窗（Windows）系统上市了。Windows没有麦金托什出色，更不用说与Next的界面相比较了，它无法与计算机及应用程序无缝集成。但是，这个系统低廉并实用，更重要的是它可以运行于低廉且功能日益强大的个人电脑上。而到了20世纪80年代后期，成百上千的个人电脑制造厂家已经可以生产这种个人电脑了。
>
> 格鲁夫，1996年，59-60页

而Next电脑虽然精美之极，却从未上市。尽管持续注入资金，采用最先进的软件运营和全自动化工厂来量产Next电脑，乔布斯也无法遏制住由微软视窗系统和英特尔奔腾芯片联合，被形象地比喻为"WinTel联盟"的强劲势头。更具有讽刺意义的是，微软的成功得益于Intel，就如Intel的成功得益于微软，他们都为对方创造了10倍的市场。

同样值得注意的是，Next电脑和它的操作系统是现在非常流行并且成功的苹果电脑和苹果X操作系统的基础。

4）被动适应一个恶化的环境通向灾难之路。

人们常说，如果将青蛙突然放进煮沸的水中，它会立刻跳出来。而如果将同一只青蛙放入温水中，然后逐渐加热，青蛙将毫无抵抗地被沸水烫死。同样的道理也适用于社会性系统。我们具备逐步适应一个变化的环境的能力。但是，如果所适应的是一个恶化的环境，这就将成为一种灾难。在道琼斯指数百年庆典上，最初加入的公司中只有一家仍旧存在并能够参加，这就表明了，就算是在最成功的组织中，死亡也比我们所认为的更常见。事实上，逐渐的死亡比突然死亡更加常见。如果总是拖延和推脱，企业将慢慢适应这个难以察觉的变化，最后失血而亡，这就是所谓的"泛美综合症"（Pan Am Syndrome）。而突然的状态改变及其带来的结果，要比难以察觉的变化对组织的危害小。所有的组织在面临突然变化时，都会积聚能力来处理它。但是在被动适应的情况下，当组织意识到问题的严重性时，有可能已经失去了很多力量而无法再做什么了。

回顾

- 游戏的成功也同样改变着游戏规则，固执地坚持老的游戏规则会将成功转化为失败。
- 人们做出的都是合理的选择。最终的赢家并不一定是最优秀的人，却是那些最能适应既有秩序的人。所以，超前于时代的人往往落得可悲的下场，有时候甚至比落后于时代的人更加不济。
- 因果之间存在循环关系。事件总会有多个结果，每个结果都有不同的时间间隔，并相互独立。
- 去除原因并不一定能消除其带来的结果。
- 大自然倾向于产生迭代、形成模式以及在混沌中建立秩序，使这个系统有了对预期的可预测性。但是，由于在机会和选择之间不同程度的交互作用，以及系统的非线性，大自然仿佛逃离了无趣的可测性。

第3章 社会文化系统

3.1 自组织：朝着预定的秩序发展

自组织，或者说向着预定的秩序发展，是描述社会文化系统本质的关键概念之一。这个概念同时存在于量子理论，生命系统理论，混沌理论和系统论这4个当代重要理论中。

伟大的热力学第二定律断言：宇宙作为一个封闭系统，有着消除所有特异性的趋势。这样的话，宇宙的终极状态便是同一和随机（混乱的简单态）的。熵（S），用于随机性和同一性的度量值，将总是增加。

但是量子理论的一个重要发现就是认识到宇宙其实是一个开放系统。开放系统是负熵并且趋向于秩序化的。这意味着根据量子理论，宇宙其实是一个自组织系统，持续地朝着提升秩序性和复杂性的方向进行扩张和移动。在这种情况下，亚原子微粒也表现出开放系统的行为和自我参照的倾向。

尽管名为混沌，但实际上混沌理论认为秩序化的趋势是一种自然现象，是以下4种吸引子作用下的结果，即：点吸引子、环吸引子、环面吸引子以及奇异吸引子。其实，在混沌中内含秩序，而混沌理论的目的就是去发现隐藏的秩序，或者说去研究那些导致混乱秩序的吸引子。

生命系统理论学家斯图尔特·考夫曼（Stuart Kauffman）在他的《宇宙为家》（At Home in the Universe，1995年）一书中把自组织系统看作是我们身边令人惊叹的生物复杂性的制造者之一："各种分子参与到代谢之舞中来创造细胞，细胞和细胞交互形成了生物，生物和生物交互形成了生态系统或者社会。这种宏伟架构的设计从何处而来？"（考夫曼，1995年，第7页）。他进一步强调："在超过一个世纪的时间里，科学家对这种秩序的产生所给出的唯一解释就是自然选择。但是在形成生命系统时，自然选择总是作用于表现出自发性秩序的系统上。这种之后会由自然选择所磨练的内在秩序，其构成也同样需要科学的解释。"然后他总结到，自组织的自然倾向，必然在这种初始秩序的构成中存在。

考夫曼的观点中最引人注目的就是个体发生学，讲述从受精卵到新生幼体的发展过程：单一的细胞类型通过耗散和分化形成了 256 种不同的细胞类型，然后 256 种细胞类型就如同多进程的化学计算机一般，经过 50 次的分裂和组合来形成新生幼体（见图 3.1）。

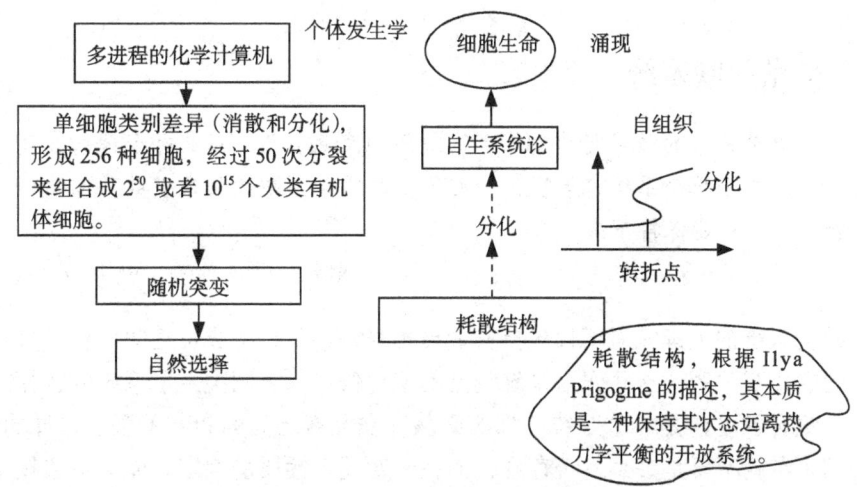

图 3.1　一个以生命为中心的现实世界构图

卡普拉（Capra，2002 年，34 页）曾提出，生命系统的组织活动，对于所有层次的生命而言，都是个智力活动："生命系统和环境之间的交互是认知活动。生命的过程即是认知的过程。生活就是一个知识的积累过程。"在这种对于生命的新认识中，最重要的一个含义即是对思维和意识的全新认识，这是对笛卡尔式思维物质二元论的巨大超越。哲学家威廉姆·詹姆斯（William James）早在 19 世纪末期就指出，意识并不是一种事物，而是一种过程。

圣地亚哥学派（Maturana 和 Varela，1980 年）的中心观点也在于认知识别，以及伴随生命的知识积累过程。根据圣地亚哥学派的理论，意识是一种特殊的认知过程，是认知达到一定复杂性后呈现出的结果。意识反射牵涉到一定程度的认知抽象，包括了形成精神意象的能力。卡普拉认为，在社会学领域，这是对生命认知的新扩展，这让我们认识到社会文化系统的自组织倾向。

在之前的研究（Gharajedaghi，1972 年）中我反复强调，如果要形成自组织并向预定的秩序发展的话，社会系统必须能够有自我意识——能形成自己理想未来的内在图景。我还建议，如果 DNA 是生物系统的图景来源的话，那么，文化（共享图景）就是社会文化系统未来形态的蓝图之源。这个未来的图景提供了所有决策的默认值，是变革过程的中心。这就是为什么在种种阻碍之下，社会文化系统仍然表现出追寻一个预定秩序的倾向。而默认值的持久性也能够解释为何引起社会文化系统的变革是困难的。

为了理解这个概念的实用性意义，以及潜在文化密码在变革中的关键角色，还有社会系统的动态特性，我们必须要加强对信息关联系统的关键特征以及共享图景的关键功能的理解。

3.2 信息关联系统

> 社会系统的很多行为都和其成员间的交互有关，而非每个独立成员本身。每个社会系统都展现出一些固定的特征，即便其每个成员都被替换后，依然能保持下来。
>
> 欧文·拉斯洛（Ervin Lazlo），1972 年

社会系统的关键元素不仅包括其成员本身，还包括了成员之间以及成员和整体之间的相互关系，这些作为系统定义的隐含假定，共同决定了系统的特征。如果一个集合被看作是一个系统，那么必然存在元素之间的相互关联。这样的话，问题的重点就不再是关系是否存在，而在于对关系性质的假定。而关系依赖于那些维持和连接系统所有组件的关联纽带所具有的性质。这样考虑的话，机械系统和社会文化系统所具有的关联纽带的性质是有着本质的不同的。

机械系统的元素是"能量关联"，而与之不同的是，社会文化系统的元素是"信息关联"。在能量关联系统中，经典物理理论主宰着元素之间的相互关系。各部件的集成是可以一次性解决的问题。把两块木板钉到一起，它们就保持那样，直到木头腐朽，铁钉锈蚀，或者被撬杠拆开。在机械系统中，每个部件的功能必然是被动的，可预知的，直到其中某个部件损坏或者被足够的外力分开。但是，信息关联系统中的活跃部件的行为却是另一回事了。要想紧密地结合它们，就需要终生的努力。想象下这些情况吧：维持婚姻，家庭，或者其他任何人类的紧密组织，其中每个人都有自己的想法。这样便能想明白为什么维持社会系统的成员，使他们保持紧密结合是巨大挑战了。一个拥有多种意识的社会文化系统组织，是有各自目标的成员基于二级契约（基于共同认识形成的协定）所自愿组成的联盟。一级契约是指契约的各方可能会因为完全不同的理由来达成共识。而二级契约却要求在为什么要这样做上达成共识。所以，即便有时表现为相反意见，却也能视为遵从了二级契约（译者注：即根据潜在的共同认识提出反对意见，也视为是对契约的遵从）。

巴克利（Buckley，1967 年）基于信息的作用解释了社会文化系统的结构特征，而不是基于我们在机械中发现的能量传递。社会文化系统几乎完全看做通过信息互联来形成的元素集合，它是在由个体的交互网络中涌现出来的意义所形成的组织。

要明白社会关联系统，我们必须要深入理解以下文化和社会学习的概念。

3.3 文化

意象的建立和抽象是人类的主要特征，不仅能使人类形成和分析真实事物的意象，同时还能通过这些真实事物的意象来构建那些虚构事物的意象。这些意象接着合成为统一的、有意义的心智模型，并最终形成了人类的世界观。当人感觉到饥饿时，注意到逃走的猎物，之后意识到自己无法将其捕获。当观察到其他客观事物（木头、石头，等等）时，他开始思考，并在主观意识中形成了一种工具的意象，可以用来帮助自己捕获猎物。之后从主观意象到客观事物的转换中，弓箭被制造出来，而弓箭又会作为新意象的灵感来源，并一直这样发展下去。这种主观和客观之间的辩证关系，是设计思维的核心过程，带来了人类社会的动态发展。我们之前通过生命过程提出了几种可以识别认知（即知识积累过程）的假定。我们也提到过意识是一种复杂的认知过程，而意识反射牵涉到一定层次的认知抽象，包含了形成精神意象的能力。我们应该感激这种神奇的能力，它使我们能创造精神意象来把这种对生命过程的新理解给映射到社会领域。它提供了线索让我们能够掌握社会关联的性质，以及社会化过程，还有人类的发展。

个体能够生存的前提是必须要观察和理解周围环境中不断发生的事件，这样他们才能掌握好机遇，并且准备好应付危险。尽管必要，但只是理解分散的现象碎片不足以使人类能充分地适应环境。所以，寻找分散现象中逻辑联系的努力，促使人把分离的信息组合成统一的、有完整意义的精神意象，并最终形成世界观。在博尔丁（Boulding，1956 年）的书中有对意象信息的深入和有趣的讨论。

在环境和人类特用的创新过程共同作用下，意象（自然造化的妙物）使人类和他们所处的环境形成了联系。它和价值观，审美观，以及人对环境的感知一起，构成了以现实世界因果律为隐含假定的系统。

对于生活在相同社会环境下的人，这种对世界的意象或者说心智模式，大部分是与他人共享的，剩下部分属于隐私及个体特有。共享的意象构成了人类团体成员间关联的重要部分，并且为有意义的交互提供了必要条件。个人精神意象和团体共享意象间的一致程度决定了他对团体的融入度。这部分共享的意象，就是我们所谓人的文化程度。文化是经验、信念、态度、想法的超级组合，反映了人们的过去以及他们的个性 —— 人创造了文化，同时文化也创造了人（见图 3.2）。

尽管文化先于个体存在，但是人们的有意识行为却可以改变和再造文化。在人类改变文化、创造未来所需要的协作能力和诉求里可以发现影响发展的主要障碍和机会。人

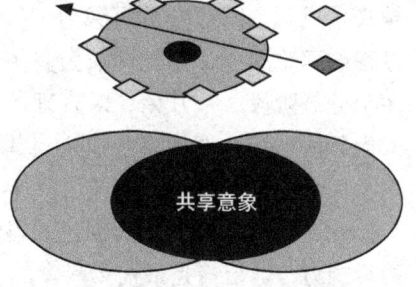

图 3.2　共享意象和文化

类文化的复杂性，含糊性，以及无限的可能性，是变革过程的核心。变革过程在脱离了其诞生和交互的文化环境后，将难以被理解的。这种过程是如此的根深蒂固，以至于个体行为的成功与否总是由他们对"共享意象"的了解和修改程度来决定。

文化对运营的影响体现在其作为默认决策系统的角色上。比如说，如果你没有主动去选择要成为怎样的父母，那么文化传统会给你答案。如果人们重复使用默认决策，那么他们会忘记自己也拥有决定权，并且，他们会认为这样的默认决策是现实所迫，却忘记了如果没有人站出来提出异议的话，这些"现实"就会一直存在，无法改变。这就是问题所在，这种"潜规则"阻碍了人们质疑自己行为的正确性，于是，默认决策难以被质疑，会一直保持直到最终变得过时。

文化的潜能和活力在于其创新力，使之能直面持续出现的诉求和理想的挑战。这个过程需要有意识的、主动的适应力，而不是单纯的被动接受事件。要创建新的维度，意识到现实的变化，并且最终添加到共享意象中去，这是异常艰难的。这是一个学习过程，必须要协调地改变动机、知识以及对整个社会系统的理解。

3.4 社会学习

社会成员通过映射新的现实，并观察自己行为的实际或者潜在的社会学习结果，来调整自己的世界观，这就是社会系统的学习方式。但是，每个成员的学习总和，只是他们协作和共享学习的那部分。社会文化系统在变化方面，表现出比每个独立成员更高的惰性和阻力。

当公共或者私有的意象起到过滤作用，发展出有选择性的认知模式时，文化的惰性便显现出来了。这个过程强化了对特定消息的接收，和意象一致的消息被吸收并加强，而有矛盾和冲突的消息则无法产生什么效果。这个现象尽管是变革的阻力，却也起到了防御和保护已有结构的作用。从好的方面看，惰性让文化保持弹性和可持续性。

社会系统无法成功学习，还会陷入其他重大困境。比如，随着社会系统变得越来越成熟、问题变得更深刻，科学和公众意象间的分歧会持续扩大，成为民主过程的两难问题，并长期成为其主要的挑战。分歧的发生，在动态过程中伴随着多个分裂阶段，一开始，对真理的识别通常是通过判断其简单性和易懂性，一旦人们无法理解，那就简单地认为其并非真理。随着科学的高度专业化，使得其远离了大众的常识意象，形成了一个小的、分离的子文化圈。最终，因为无法顺畅与公众交流其深刻见解而创建的科学子文化圈，又进一步削弱了科学对公众行为的影响力，这恰恰是最需要科学的时候。

最近，我参与了一个团体发展项目，致力于给所有相关者创建期望未来的共享愿景，在其中，我见到这种观点："普通人无法理解这些美妙的概念。他们最适合的还是那些他们能明白的、直观和熟识的东西。"我的回答是："让普通人能够理解，这通常是发展过程的最终结果，而不是起始。如果让普通人理解成为了引入一些'美妙'概念的先决条件，我向你保证很快我们便会走到平庸的谷底。日常生活通过获取和寻找可达到的目标而维持，这使其很难脱离所谓熟悉感的制约。"

发展过程的最大障碍通常并不在于缺乏普通人的理解，而在于缺乏所谓专家群体中的普遍共识。在普通人中达到需要的理解程度通常比在专家群体中更容易，这并不是因为他们比专家少了自尊的问题，而是因为学习新东西比忘记旧知识更容易。这种保护普通人不被新概念困扰的高姿态，不过是谬论而已。

最后，害怕被否决，以至于社会系统中成员间趋向于保持一致的趋势严重，这成为了社会变革的另一障碍。一个例子如下：一个禁酒的郡县，其成员要进行关于禁酒的投票。一项投票前的调查显示，75%的投票者更乐意取消禁令，但是，每个独立投票者却认为大多数其他人希望的是一个禁酒的郡县。投票结果公开时，60%的投票者选择了保持禁酒，毫无意外的，当之前提到的调查结果被公布后，下次关于同一事件的投票有65%的人选择了取消禁令。

回想一下，知识在社会系统中扮演的角色就如同能量之于物理系统。但是和能量不同的，知识并不遵循"守恒定律"。一个人传授知识给别人，并不会失去所传授的知识，而能量却不然。能够学习并传授知识使社会文化系统可以持续发展到更高级的组织形式，这就是社会发展的意义。集体和共享的学习使社会能够再设计其自身——通过在更高级的秩序和复杂性下成功创造新的模式。比如说，在美国独立革命时期，13个殖民地不再简单地认为他们只是从属于英国的一些经济实体，而开始意识到自己是一个需要对独立这个共同意象负责的统一组织。这种新的统一和内部依赖，相较于殖民状态而言，是更高层次的秩序和复杂性。

创建组织的新模式需要牵涉到文化转型。更确切地说，它需要改变组织原则的默认值。但是挑战传统智慧是一个痛苦的过程，它需要质疑神圣的习俗，并发展出一种集体能力，能够重构相关的变量到一个新的拥有自我特征的新聚合。这是一种基于第二秩序的学习，必须和第一秩序的学习区分开来。在第一秩序的学习中，那些控制了选择的内在假定从未被质疑过。而第二秩序的学习，却引入了对假设的质疑，这代表了一种质变，即认识新的机遇和事物的可能。第二秩序学习推翻了第一秩序学习的规则，并保证了社会文化系统的秩序化转变和发展。在商界，流传着各种质疑传统带来创新和新兴产业的故事。比如弗雷德·史密斯（Fred Smith）质疑了如何邮递信件和包裹的传统，于是创建了联邦快递；美国西南航空公司则挑战了如何运营航空的潜规则；在线学习挑战了传统教育的时间和场所限制。

3.5 文化作为运营系统

重新组织下我们之前的结论，文化最重要的功能或许就是作为预定秩序的生产蓝图。这有些类似于计算机的操作系统，如果没有操作系统的话，计算机就是堆无用的废铁。如果没有可变和动态的文化的话，那么社会系统也将面临灾劫。作为一个生命系统，社会文化系统必须要具有其存在目标的意象。这保证了系统可以持续调整定位，以循着其预定秩序前行。这些系统除了向预定目标前行外，它们还警醒地保持着其独特性。除非它们保有的意象改变，否则社会系统会持续复制它们自身，永无止境。

共享意象在这种情况下就成为了变革过程的核心。任何行为的成功始终依赖于对"共享意象"的了解和改进程度。这也是为什么试图加快社会转型的行为，总是面临很多的挫折。无论变革力量如何协同努力，旧行为模式的成功复苏将是挫折的持续来源。这种顽固的反弹之所以如此强大，事实上是因为一堆让系统保持独特性，并维持独特行为的组织原则（即文化密码）是隐藏着的，而且这些原则通常被认为是神圣不可侵犯的。

隐藏的文化密码中，用于重新生成已有秩序的子集，我们称之为"第二秩序机"。第二秩序机就等同于混沌理论中吸引子的概念。要创建社会系统中一个行为模式的改变，需要质疑其潜在的假定，需要产生一组新的选择，并且需要修改行为中的吸引子。那么，改变是如何进入到一个社会系统的呢？

在开放的负熵系统中，改变并不会随机发生，它们总是和系统的历史以及特征保持一致。这个现象被称为自引用，正是它促成了有序的改变发展为有组织的复杂性。自引用、迭代过程、随机突变以及自然选择，一起为美妙和神奇的进化过程提供了更完整的解释。

有人说过，我们最有效的生存技能只能通过社会学习获得，这种通过社会学习获得的技能，也就是文化，有着两个维度：

1）认知：认识，学习，解意，推理的过程；
2）规范：价值，信念，以及社会契约。

自组织，有目标的社会文化系统必须自我进化以存活下去，它们不能只是被动地适应环境，而应该和环境共同进化。它们应该能够随着进化过程改变交互的规则。

要能生存下去，一种文化必须能够主动适应新兴的事物。主动适应是个迭代学习的过程，它遵循能自由质疑神圣假定的二级秩序。不幸的是，就是在这里存在着社会文化系统发展的最大障碍。很多传统社会的成员缺乏质疑他们神圣文化密码的自由。有时胁迫势力表现出对发展的巨大阻碍，以至于付出任何代价来清除它们都是合理的。这毋庸置疑，即便通过外部力量的入侵式介入，如果其结果能毁灭掉顽固的胁迫势力的话，那么也还是能成为有效的社会革命的转折点。（日本和土耳其提供了这个论点的清晰事例）

另一方面，混乱的秩序展现了一种看上去稳定但实际失败的社会系统，其随时会经历突发的、不可预知的变革。这种现象，在一个很小的扰乱被反馈回来形成巨大影响时发生。对任何系统而言，扰乱刚发生时都会被抵制掉，但如果它逃过了第一轮压制，并且和系统已有的不满发生共鸣的话，那么反复的逆反增强过程就会开始。如果没有形成对所憧憬未来的一致共享意象，则混乱的斗争并不会带来朝向自我进化、目标明确的社会文化系统的转变。高度发展，并突破了家长式文化制约的社会文化系统，显著区别于那些仍然被困在这种文化界限中的系统。除非家长式的文化密码被正确地质疑和修改，否则重复出现的独裁统治者和社会疏离者模式会不断涌现。

根据哈贝马斯（Habermas）的说法，解放，在人们能够克服过去因为意识形态偏差而产生的制约时总是会发生。

不幸的是，无论什么形式或者类型的意识形态，都是社会系统发展的主要障碍。所有意识形态最显著和共同的特征都是以预定的一组目标和意义来断言终极真理，其信徒们都不会质疑潜在的假定，这显然背离了需要质疑神圣假定和挑战隐含的默认价值的二级秩序学习原则。

悲哀的是，我们时代中的很多人，都绝望的见证了相互竞争的意识形态毁掉了数百万人的生活，并摧蚀了很多生机勃勃的社会。作为例子，下面由两位当代社会科学家作出的挑衅性声明，显现了我们对意识形态险恶本质的关注程度。

弗兰西斯·福山（Francis Fukuyama）在外交事务杂志中发表的一篇题为《历史的终结》的著名文章（1992 年）中提到："我们将见证的并不是冷战的结束，而是一段历史的终结。意识形态战争的时代已经过去，世界将向着全球经济和资本主义前行，民主和人权将散播到全球各个角落。"一年后，塞缪尔·P·亨廷顿（Samuel P. Huntington）在同本杂志上发表了一篇广为流传的反驳文，预言了冷战结束后，"文明冲突"将取而代之，在他称为"伊斯兰文明"和"基督或者西方文明"的两种文明之间存在。

毋需赘言，以单一的意识形态视角去预言复杂社会系统的反直觉行为模式，是一种过度简单化的作法。根据肯尼斯·博尔丁（Kenneth Boulding，1981 年，18 页）的说法：

> 对那些尝试以单一原因来解释人类历史的一元论视角，都不喜欢社会动态性的系统化观点，无论犹太圣经中的简单有神论诠释，又或者是

以简单抨击形成的末世论诠释。对革命的简单修饰，也应该被认为在本质上是发展中的人类和社会革命的次要元素，尽管有些时候在特殊情况下它也会很重要。

系统思维认为，文明是文化（软件）和技术（硬件，见图3.3）交互中涌现出的产物。技术是无国界的，不受阻碍的增长，而文化是局部的，固执的抗拒变化。在开放社会中，随着技术的进步，文化也会进化。但是在封闭社会中，技术和文化的不兼容性导致了反动斗争。这个问题被一个不幸的事实进一步扩大：即有些文化是技术的创造者，而另一些只是消费者。引进的技术同时会带来对传统生活方式的改变，这不受欢迎，而总被反动势力认为是"外来侵略"。这进一步导致了隔离运动，并产生出敌对思维。

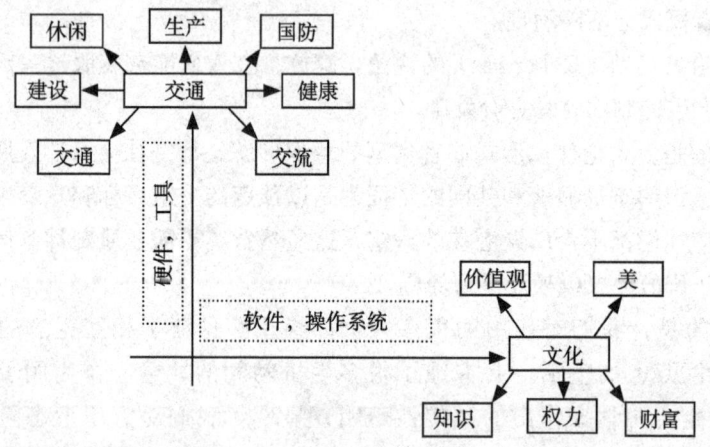

图3.3 文明的两个维度

最后，关于社会变革和共享意象的主题，不能不提到玛格丽特·J·惠特莉（Margaret J. Wheatley）的著作《领导力和新科学》（1994年）。惠特莉以简单的语言，从量子世界到场论，回顾了引人入胜的相关概念，为理解社会文化系统带来了新的见解。这种以充斥组织空间的"场"视野为基础的隐喻延伸，给予了文化在社会系统发展中所处角色一个新的见解。

如同惠特莉指出的那样，世界由无数独立存在的粒子构成的牛顿视图，被世界由很少几种活动介质充斥的"场"视图所取代。过去，空间是宇宙的主要成分，因为原子的99.999%都是空的。但是在量子世界观中，空间被赋予了新的意义，不再有所谓的空无一物，空间中的任何地方，现在都被认为充满了各种"场"。不可见，不能摸，听不见，尝不着，没气味的"场"我们的五感觉察不到，却如同存在于其中的粒子一般真实。通过引用场论，Wheatley（1994年）还引用了下面来自鲁伯特·谢尔瑞克（Rupert Sheldrake）的话，这些充分呈现出了包含在他妙论中的主要信息：

- "有些处理方式，并不是来自于我们自己后天的学习，而是来自我们接触过的、积累到人类物种'场'中的知识。"
- "整个物种群体之所以能改变他们的行为，是因为他们的'场'的内容发生了变化，而不是因为他们中的个体花时间学到了新的行为。"

要通过影响共享意象和文化"场"的方式来重建未来，以便能引入更符合预期的行为模式，是交互式设计的内容。第 7 章我们会讨论交互式设计。

第4章

发　展

发展是世界系统观的核心概念。机械和生物的观点分别重视效率和增长两个方面，而与之不同的是，系统观主要关注发展。

对主要的传统发展观的一个批判观点是，它们一般都有以下的问题：① 种族中心主义；② 单维度；③ 决定论观点。

首先，很多发展理论都是带有种族偏见的。作为模范的理想型发达社会，都显而易见地带有了西方历史经验的印证。另外，在相互矛盾的学科的作用下，发展理论被打碎了，使单一学科发展观只具备单一的维度。每个学科都倾向于将其他的变量排除在自己独有的分析领域之外——比如经济学中的物料数量，政治学中的权利，以及社会学中的秩序。

也许最严重的问题来自于这样一个事实，大部分的发展理论都始于先入为主的社会变革规律。这个规律被认为在所有的时代和环境中都适用，因此，这条发展之路已经被事先规划好了。

发展，在世界系统观中发挥着核心作用。于是，消除人们对发展本质和其特点的既有误解，是非常重要的。

虽然将不同的发展理论放在一起讨论是有风险的，不过从实用角度出发，我们需要把它们放在一起进行分类。这些理论之间既有很多的不同，也有明显的连续性。另外，这些理论并不一定相互排斥。在很多情况下，它们或互补，或彼此可替代。

图 4.1 所呈现的图表，将发展理论分成了 8 种类型。分类的依据是对各个发展理论的功能、结构和过程是单一性还是多元性的基本假设（显式或隐式）。

单一性理论表明其发展具备特定的结构、功能或过程，并且在所有的环境中都是基本不变的。而多元性理论，可以在相同或不同的环境中具备多种可变的结构、功能或过程。

需要注意的是，第一类型中的发展观（功能、结构和流程单一性）都是描述性的，不会受到任何形式的干扰。而其他类型中的理论，都会假设在某一维度上具备多元性，都会有一些干预方式。第八类型（目的性系统，代表了系统中的发展理论）假设在所有的三个维度，即功能、结构和过程上，都具备多元性。所以，第八类型的理论是一种兼容并包的理论。它可以提供一种框架，将其他 7 种类型的理论作为特例进行解释。下面我们将总结每种类型的假设和主要特性，以及它们的发展观。

	功能单一性		功能多元性	
	过程单一性	过程多元性	过程单一性	过程多元性
结构单一性	古典主义 新古典主义	行为主义	结构功能主义	通用系统
机构多元性	正统 马克思主义	激进 人文主义	新左派	目的性系统

图 4.1　发展理论的类型

4.1　理论传统的示意图

如果不加以解释，将很难体现图 4.1 所展现的类型学的重要性。本小节将解释其中的每个因素，并尝试进行区分。

1. 功能、结构和过程的单一性

模型：在自然状态下确定的、机械的、描述性的人，即经济人；他们会形成社会契约，通过持续增长的生产力和分工劳动，增加财富收入。

理论传统：古典主义和新古典主义。斯密（Smith）、李嘉图（Ricardo）、马尔萨斯（Malthus）、米尔（Mill）、马歇尔（Marshall）、凯恩斯（Keynes）、熊彼特（Schumpeter）和罗斯托（Rostow）的著作中都有所论述。

发展过程：增长的稳定性受到资本积累、人口增长和有限的自然资源等条件的制约；可以进行自动的调控。凯恩斯介绍了为了保持稳定的增长，对生产力有意识控制的原则（新古典主义）。罗斯托则考虑了阶段理论，即传统阶段，起飞前提阶段、起飞阶段、成熟阶段以及高消费阶段。

2. 功能和过程的单一性，结构的多元性

模型：基于线性的因果关系下的确定性及机械性的模型。冲突，作为产生变化的主要源头，产生了阶段理论，并形成了新的社会结构。

理论传统：正统马克思主义和激进的韦伯主义。恩格斯（Engels）、列宁（Lenin）、考茨基（Kautsky）和普列汉诺夫（Plekhanov）、韦伯（Weber）、达伦多夫（Dahrendorf）以及雷克斯（Rex）的著作中都有所论述。

发展过程：在正统马克思主义社会中，经济被认为是社会的主要功能，而阶级斗争是主要的过程。历史决定论说明了可以通过阶级斗争和激进的社会改造，将原始社会推进到古代奴隶社会、封建主义社会、资本主义社会、社会主义社会，最终实现共产主义社会（无阶级的社会）的理想。在激进韦伯主义中，权利是主要的功能，而合法化是主要的过程。不同的社会结构是由不同的权利机构所决定的。根据不同的社会类型，社会结构可以分为三种：传统型、感召型和法制型。权利机构从父权制度、世袭制度、封建制度到现代社会，变得越来越合理化，并朝理想的政治制度（无摩擦运作）方向发展。达伦多夫认为，权力所有者的利益是与无权利者的利益完全不同的。于是，冲突成为了社会生活的主线，根据不同的作用程度，可以产生大规模的革命或者小规模的改革。

3. 功能和结构的单一性，过程的多元性

模型：人类及社会行为（环境主义）的输入/输出（应激-反应）模型；利用偏差放大或者正负反馈回路进行改变的有机模型。

理论传统：行为主义。华生（Watson）、斯金纳（Skinner）、艾瑞克森（Erikson）和拉斯韦尔（Lasswell）的著作中都有所论述。

发展过程：通过引导性的动机和行为改变，加强社会秩序。人类破坏性的本能升华为创造性的工作，最后形成了对生存至关重要的由"行为技术"主导的世界文化。华生强调了通过学习来控制行为的重要性。他认为，这种控制可以通过"条件反射"来达到。斯金纳建议自由是人类再也无法承受的一个幻象。他宣称，行为只是一种化学反应，是完全可以预测和设计的。但是艾瑞克森认为，物理环境、社会环境、文化环境和意识环境和与生俱来的生理心理过程相关。

4. 功能单一性，结构和过程多元性

模型：只有人类才能改造他所生活的社会秩序。解放人类是最首要功能，而过程和结构则可以是多种多样的。

理论传统：激进人文主义。马尔库塞（Marcuse）、卢卡奇（Lukacs）、萨特（Sartre）、弗罗姆（Fromm）、葛兰西（Gramsci）和法兰克福（Frankfurt）学派的著作中都有所论述。

发展过程：通过改变认识和意识的模式来改变社会秩序。打破了人类发展过程中所受到的现有社会结构所带来的局限性，强调的是统治、解放、剥夺和可能性的模式。

5. 结构和过程的单一性，功能的多元性

模型：一个综合性的生物学动态均衡模型；所具备的多种功能主要通过动态平衡过程来维持非稳定但固定的结构（稳态）；主要代表了分析科学、实证主义以

及经验主义的世界观。

理论传统：结构功能主义。例如孔德（Comte）、斯宾塞（Spencer）、涂尔干（Durkheim）、帕森斯（Parsons）和艾森斯塔特（Eisenstadt）的著作中都有所论述。

发展过程：整合、适应、目标实现和模式维护，是社会系统的持续性和成长进化的四个必要功能。

6. 功能和结构的多元性，过程的单一性

模型：多功能的、有机的非线性的因果关系。冲突是导致变化的主要源头。不同的结构已由各个经济、政治、意识形态和理论的子系统间的互动所决定了。

理论传统：新左翼。阿尔都塞（Althusser）、普兰查斯（Poulantzas）、德拉-沃尔佩（Della-Volpe）和考莱蒂（Colletti）的著作中都有所论述。

发展过程：通过"不平衡的综合发展"、"逐次逼近法"、"征服事实"不断加强整合，并不断积累人类的自然知识。

7. 功能和流程的多元性，结构的单一性

模型：一个整体的、开放的、具备多循环反馈机制和输入/输出模式的社会系统。利用生物学中类似的概念来探索底层的规律和结构的统一性。

理论传统：一般系统理论和控制论。贝塔朗菲（Bertalanffy）、阿什比（Ashby）、米勒（Miller）、比尔（Beer）和波格丹诺夫（Bertalanffy）的著作中都有所论述。

发展过程：等效性的负熵过程推动系统走向有组织的复杂性。学习、适应、引导性动机和行为改变带来系统的改变。

8. 结构、功能和过程的多元性

模型：目的性、社会文化性和信息关联系统。可以通过新的功能、结构和过程进行自我再造，在更高程度的秩序性和复杂度水平上建立新的组织模式。

理论传统：系统观（第三代）。艾可夫（Ackoff）、博尔丁（Boulding）、巴克利（Buckley）和丘奇曼（Churchman）的著作中都有所论述。

发展过程：具备多结果、交互性和目的性的运动不断增加系统的分化和整合。学习和创新的过程增强了改造未来的能力和愿望。组织的理想探寻模式是通过高层来解决冲突。发展的系统观，涵盖了功能、结构和过程这三个维度的多元性，而其他 7 个类型只是它的一个特例。从系统的角度来看，发展不仅是多功能的一种现象，还涉及了多种不同的结构和过程的概念。

4.2 发展的系统观

组织的发展是一个有目的的改造过程，同时向着更高程度的整合和差异化发

展(见图4.2)。这是一个集体学习的过程，通过这个过程，可以提升社会系统服务其成员和环境的能力和愿望。分化过程代表着艺术的方向（在明显相似的事物之间寻求差异），强调文体价值观，意味着增加复杂性、多样性、自主性和形态发生（新结构的创建）的趋势。而整合则代表了科学的方向（在明显不同的事物之间寻求共性），强调工具性价值观，意味着加强秩序、统一性、一致性、集体主义和形态静止（结构的维持）的趋势。

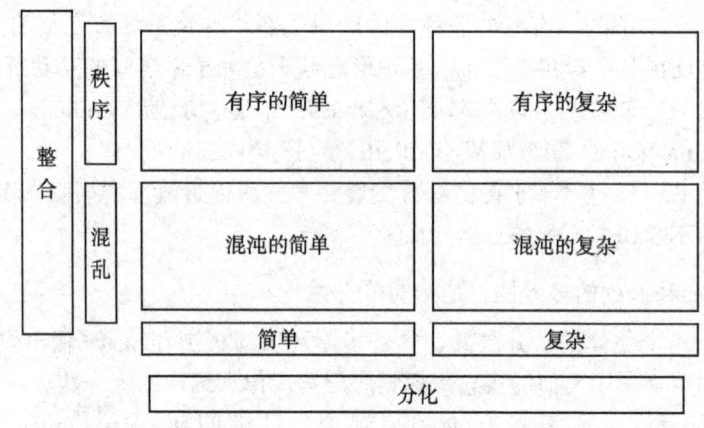

图 4.2　分化和整合的层次

根据特定文化的特点，社会系统可以通过牺牲差异化的整合过程，从一个混沌的简单状态朝向有序的简单状态方向运动。如果通过牺牲整合的差异化过程，则社会系统会朝混沌的复杂状态方向运动；或者也可以朝有序的复杂方向运动，即通过同时向复杂性和秩序性方向运动，组织可以达到的更高形态。这表明，在差异化的各个层面上，都存在一个最低水平的整合，使系统不至于瓦解而陷入混乱。相反，更高水平的整合需要更高程度的差异化以避免能力缺乏。

在给定的文化边界内，存在各种不同的前进方向。每个社会团体和政治党派中所存在的"左翼"和"右翼"就是这种不同力量的表现（见图4.3）。

在一个灵活的社会背景下，小幅的震荡在文化边界内持续发生。例如，英国的政府权利周期性地在工党和保守党之间交替，而美国则在民主党和共和党之间进行。不过，如果某种力量企图跨越文化边界，就会有一个强大的反作用将它推向另一个极端，产生进一步的震荡并猛烈地进入相位改变的阶段。遗憾的是，在对立僵化的意识形态所产生的两极分化的社会中，社会变革总是经过了暴力的相位变化（尖点突变）。从这样的情况下回到常态一般是极其困难的，因为其成员的关系已经无可挽回地破坏了，那些陷入永久内乱的社会就是例证。

社会系统的发展，是一个连续的组织模式的转变。其中，每个模式都是完整的系统，其特征由更高程度的整合和分化所决定，并有可能化解较低程度上的矛盾，将矛盾向其对立面转化。和物理系统不同，决定社会系统组织模式的不是能量水平，而是知识水平。于是，知识在社会系统中所扮演的角色，相当于能量在物理系统中的角色。不同的是，知识并不遵循热力学第一定律（能量守恒定律）。知识并不会因为分享给他人而减少。相反，知识的扩散可以增长整个社会系统的知识水平，并有助于创造新的知识。正是因为具备这样的能力，社会系统才得以自主地不断重新创建它的结构，重新定义它的功能。

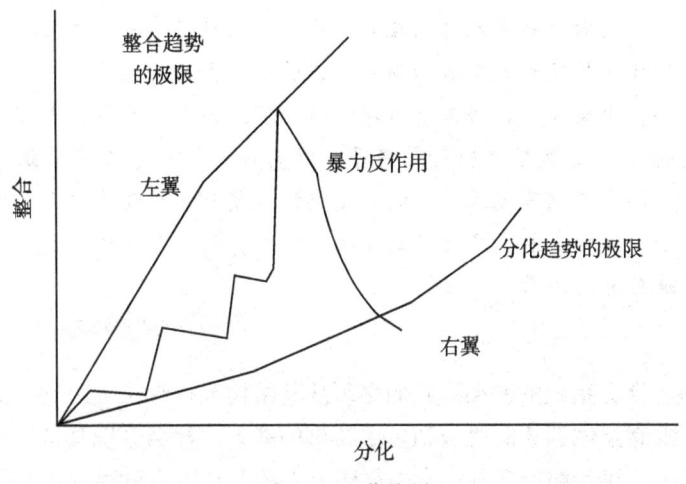

图 4.3　文化边界

为了定义什么是发展，我们首先识别出了两个活性剂：欲望和能力。欲望是由令人兴奋的未来愿景所产生的，而这个愿景可以通过创造性的互动和娱乐性（愉悦的）的过程不断增强。人们的创造力以及分享的愿望，带来一个共享的理想未来图景。这会引起人们对现状的不满，并激励人们追求更具挑战性和更加理想的结果。否则，生命只是简单地设置和寻求可达到的目标，也就很难逃离所熟悉的环境的制约。

遗憾的是，在一些宗教的原教旨主义的解释中，创造是上帝专属的特权。人类不允许涉足任何创新活动。任何形式的艺术，无论绘画、雕塑、音乐或者戏剧，都是禁止的。娱乐活动（享乐）也被认为有罪的。这种与美学的对立态度阻碍了发展，因为人们没有任何机会去表达和扩大自己的视野，只剩下对生存的迫切需求。这种自我局限性是有的社会拥有大量资源却无法发展的原因之一。

虽然对现状的不满是改变的必要条件，但并不足以保证社会的发展。对自身能力的肯定也是必要的，这有助于部分控制事态的发展。那些畏惧周围环境的人，将改造未来的力量置于身外，无论他们的现状有多么凄惨和痛苦，并不能主动或有意识促成变化。

所以，所谓能力，应该具备识别影响系统存在状态的因素的潜力，并对它们产生控制或影响。不过，如果只是具备这样的能力，那么是无法确保发展的。没有一个共享的理想未来前景，广大群众的苦难会很容易转变为一种统一的变革活性剂——仇恨，它可以成功地摧毁现状，但不一定会向更美好的未来迈步。

这里的核心概念是发展与成长的区别。艾可夫这样说：

> 它们是不同的，甚至不一定是相关的。成长的发生，与发展与否无关；而发展的发生，也与成长与否无关。一个墓地可以不断壮大，但无法发展。同时，一个人可以在其停止生长后很多年继续发展，反之亦然。人们使用了优良的工具和材料，建造出了更好的房子；而一个发展良好的人，无论使用何种工具和原材料，都比一个欠发展的人在使用同样的资源下，更能建造出好的房子。换句话说，一个拥有有限资源的发展良好的人比拥有无限资源的欠发展的人更有能力改善自己的生活质量。一个系统的成长，主要受到环境的制约，而一个系统的发展则主要受到系统自身的制约。

贾姆希德和艾可夫（1984年）

为了理解社会系统的发展，我们必须从其结构和过程出发。这些结构和过程会提升或者限制集体创新的愿望和追求结果的能力。社会系统具备5个维度：财富、知识、美、权利和价值观，合力创建未来的各种因素就存在于它们之间的协同作用之中。5个维度的相容性决定了所产生的组织模式的有效性。组织模式又决定了整合的水平，以及其成员创造未来的集体能力。这也就意味着将个体聚合成为有效的系统需要一个最低水平的整合程度。具有讽刺意味的是，所有组织理论的主要关注点都在定义将一个整体分解成部分的标准。各种主要的理论中，都隐式地假设了整体不过是其组成部分之和，并轻易地忽略了一个事实，即有效的差异化需要引入一种方法来整合不同的部分，使之成为紧密结合的整体。在这一点上，古典的管理学派仅仅依靠统一的指挥，并要求完全的无差异化。而完全相反的例子是，自由市场的倡导者依赖于一个假设，即完美的理性微观决策可以自动地产生完美的理性宏观条件。两种方式都是有缺陷的，因为他们都没有意识到，有效的社会整合需要持续地积极重建成员之间的相容性。最终，组织所达到的整合和发展的水平将取决于成员间协同的方式。

差异化不会带来任何问题，因为社会系统之间的不同是非常正常的。从家庭到城市再到国家，不同的人类群体都可以轻松地表述"我们是不同的或者独特的"。不过，整合需要技巧。整合需要认识到系统的本质，明白对立趋势间的协同作用。例如，安全和自由，这对二分概念，其实是同一现象的不同方面而已。没有安全，就不可能有自由；没有自由，安全也没有任何意义。但是如果选择分开对待这两个方面，它们之间的冲突也就显而易见。假如一分为二地对待这两个倾向，最简单的安全方案就是限制自由，于是自由就成为了破坏安全的因素。两个尽管看似矛盾、目的相悖的要求，却可以通过一系列的过程同时满足。例如，参与过程可以同时达到自由和安全的目的，适应过程可以同时达到稳定和变化的目的，组织过程可以达到秩序性和复杂性的目的。类似的是，财富的产生和分配也是互补的一对趋势。没有一个有效的生产系统，就不可能存在有效的分配系统。如果不能意识到相互之间重要的依赖性，也就忽视了问题的最重要方面。如果没有适当关注生产，那对分配的难题只不过是如何公平分配贫穷。如果只是强烈关注生产而没有同样地关注公平的分配，将会导致社会成员产生疏离感。

这些兴起的趋势——创新、学习和适应、社会化（平等）、参与和组织化，都不是独立的过程。它们一起组成了一个整体，共同带来了发展过程（见图 4.4）。如前面所述，社会发展需要 5 个方面的社会功能——知识、权利、财富、价值观和美的产生和传播之间的协同发展，并利用前面所提到的 5 个互补过程。

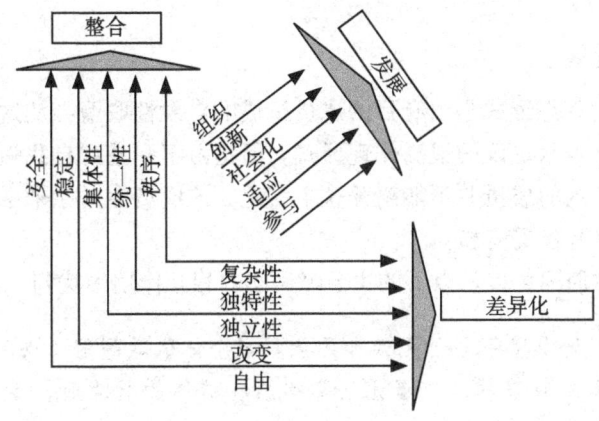

图 4.4　发展过程

4.3　发展的障碍

社会系统发展中所遇到的障碍，可以认为是 5 个社会维度中某一维度出了问题。其中，在 5 个社会功能（即产生并传播知识、权利、财富、价值观和美）中，任何功能的缺乏、分配不公和不安全感都是最主要的或一级的障碍。疏离、极端、腐败和恐怖主义这些社会现象则代表了次主要或者二级障碍（见表 4.1）。

二级障碍是由主要障碍之间的相互作用而产生的。如何处理主要障碍已经超出本书讨论的范围。有兴趣的读者可以参考《国家发展规划序幕》（A Prologue to National Development Planning（Gharajedaghi 和 Ackoff，1986 年），其中对以上概念都有完整的讨论。不过，既然二级障碍（疏离、极端、腐败和恐怖主义）在当前现实中大量存在，那么下面将按序对这4种现象进行简要讨论。

表 4.1 发展障碍

社会系统的维度	发展障碍			
	一级			二级
	缺乏	分配不公	不安	
财富 经济	贫穷	不等	剥夺	疏离
知识 科学	无知	精英主义 文盲	淘汰	极端
权利 政治学	无能	专制	违法	腐败
价值观 伦理	规范缺乏	歧视	狂热	恐怖主义
美 美学	无望	仇恨	害怕丧失认同感	

4.3.1 疏离

社会系统的理想形式是由有目的成员组成的自发性联盟，从这个系统中外迁被认为是该成员表示抗议的最高体现形式。但是由于一系列自我强加的或来自外部的约束，不满意的成员并不能离开这个系统。该成员由对原来系统的自发性变成了和这个系统有着疏离感。

疏离的根本原因可以从以下的主要障碍间的相互作用中找到。

- **无力感**。无力感等同于无效和无能。当个体感觉到他（她）对群体成就的贡献是无足轻重的，或者无法影响所在群体的行为时，就会慢慢变得冷漠，并失去对群体的兴趣。
- **角色丧失**。不胜任或者缺乏必要的知识去承担所接受的职责，会带来过度的焦虑和沮丧。
- **无价值感**。缺乏对生活的热情，对生活中的创意和娱乐毫无兴趣，则很有可能产生无价值感。
- **剥夺**。当某个个人或群体认为，自己被剥夺了公平分享系统成就的权利，就会感受到不公平，并产生有害的敌对行为。
- **冲突的价值体系**。如同前文所述，个人价值形象和所在群体的共享形象的一致程度，决定了个人在社区中的地位高低。一个极端麻烦的例子，某人需要成为价值体系中存在冲突的两个群体的成员。社会整合的程度，依赖于其化解不同群体价值冲突的方式。显然，这个挑战是无法通过立法的方式来解决的，以下例子可以说明。

在最近研究中，我的研究生们发现，年轻的非洲裔美国人陷入了一个非常麻烦的困境。为了被自己的群体及群体中的同龄人所接受，他们需要证明自己没有遵守白人的规则。但是"不遵守规则"或者离经叛道都是有代价的。一般这些行为都会受到过于严厉的惩罚，但对他的惩罚与其带给社会的危害程度并不成比例。遗憾的是，如科林·鲍威尔（Colin Powel）、康多莉扎·赖斯（Condoleezza Rice）、奥普拉·温弗瑞（Oprah Winfrey）、比尔·考斯比（Bill Cosby）以及众多的个人成功案例，似乎并不是年轻非洲裔美国人的榜样。反而，他们因为遵守了白人的游戏规则而备受指责，甚至被认为不是真正的黑人成员。这个不幸的二级障碍带来了一种恶性循环，它破坏了其他极具天赋的黑人群体的发展。认识到这种冲突，可以帮助我们理解，为什么一个卓越的篮球运动员，拥有着显著的成功和知名度，却有时给人"坏小子"的形象，因为他需要保持他在自己群体成员中的地位。

4.3.2 极端

由冲突的意识形态所形成的高度极端群体，可能是最具破坏性的发展阻碍之一了。极端常见的表现形式是宗教与世俗倾向的对立，并进一步分成左右两个方向。这种极端分化在民族冲突和政治家的"分而治之"的策略下愈演愈烈。在政治家追求名利的斗争中，自私和愤世嫉俗的知识分子操纵并煽动大多数群众，把他们像钟摆一样，从一个极端推向另一个极端。但是这里存在的问题是，所谓的反对组织，它们中的任何一个群体都有足够大的权利去干扰和破坏当前统治群体的有效性，但自己也无法在没有他人合作的情况下统治国家。这个问题部分源自系统不断增加的复杂性，一方面更容易遭到破坏，另一方面却更难以管理。对统治集团的仇恨，一般都会成为变化的活性剂。于是，随着各种反对力量的重组，新的周期再次启动。像这样的震荡不会结束，除非各种对立的意识形态修正了各自的教条观点，放弃对权利垄断的需求，并学会通过整合过程（不以分化为代价，而是与之并驾齐驱）努力创建一个共享的未来前景。

如何产生质变、如何更有效地处理社会病态现象的问题，需要通过在社会系统中引入二阶学习来解决。这也就要求创建一个新的组织模式，使它具备寻求理想系统的形式，而不是理想状态。对这个表述之后会有更进一步的澄清。

在整个人类历史上，人们曾多次尝试按照某种理想化的形象来塑造人类社会。先知、哲学家、社会改革家以及多个近代国家机器都做过这种尝试。在所有情况下，定义理想形象的都是当权者，他们都曾试图通过如科学或者宗教这样的终极权利，将自己的权利合法化。但是，在终极权利的保驾下所确定的理想状态却阻碍了改变的自由。这也就是社会病态的本质，即在社会环境下，我们将它定义为变化失能。

在接受由终极权利所定义的理想状态的前提下，我们可以区分以下两种不同的接受方式。第一种方式是制定一套规定个人行为的详细而全面的规则，如果社会成员遵守的话，则理想状态自然会出现。这种方式打着终极真理的旗号，其目的是创造一种"新人类"，他们可以更好地遵守自己在理想社会中应有的形象。具有讽刺意义的是，虽然改造"人类本性"使之成为有预设程序的机器人的尝试总是不断失败，但是并不会减少"真正的信徒"对这个追求的献身。当面对大量的抵抗时，他们反而去指责人们面对失败的软弱，并迫切地认为需要建立一个集权主义秩序对现状进行全面控制。第二种方式的特点是通过斗争来建立新的社会结构，其中假设是人本身仅仅是环境的产物，而他的行为只是对环境做出的应有反应。

虽然这两种方式差异明显，但却殊途同归地带来相同的实际结果。他们最根本的问题是对理想状态的本质和其产生过程的误读。他们都主张：

1）有且只有一个由终极权利（宗教或者科学）预先定义的结果（理想状态）；

2）不仅理想状态是可达的，而且追求理想的运动也是会必然发生的。

在这两种方式中，因为最终状态是不可避免的，并且与到达的过程是没有关系的，所以也就得到了"为了正当目的可以不择手段"的概念。人们认为，特定阶级或者群体所进行的政权夺取，就是实现这个状态的前提条件。

但是，从系统观的角度来看，理想是应该随着时间动态改变的。由社会系统成员所决定的理想未来的共享前景，反映的是特定历史时期下的时空现实（当地和当下）。这个共享前景，在临近实现之前，都是可以改变的（移动目标）。人本身是一个目的性系统，会选择自己的目的和方法，他的系统思维会抗拒任何将他变成机器人的尝试。类似的是，社会系统行为中也存在可以进行选择的元素，我们相信这些系统有能力选择自己的未来，并可以通过持续的选择找到合适的方法来逐次逼近这个未来。在系统观中，任何一种现象都是某个所选择的过程的结果；因此，为了达到一个理想的结果，需要选择一个适合的过程来实现它。举例来说，否认某个结果的过程，是无法有效达到这个结果的。比如，以捍卫反英雄主义的名义来创造一个英雄就是一个弄巧成拙的想法。所有的方式都会合力产生最后的结果，并直接影响到结果所产生的现象的基本属性。

4.3.3 腐败

腐败不仅仅是价值系统的功能障碍，还是一种二级障碍。腐败是社会系统中多个维度的结构化缺陷，其中包括权利、财富和知识的产生和分配。社会系统为了履行其重要职能，必须得有组织性。社会系统的组织方式决定了系统克服当前障碍的能力。在这样的背景下，当某个发展障碍带来了对那些负责移除它的人有利的因素时，社会病态就出现了。不幸的是，官僚机构就代表了一种组织的病态模式，这些有组织的利益群体往往受益于自己所制造的阻碍。比如，官僚流程越复杂，就需要越多的员工来管理它，管理机构的控制力也就变得越来越广泛和强大。同时，当前的系统中所存在的关联性和复杂性，需要更高的复杂程度和精细程度的管理，这已经远远超过了当前官僚系统已知的能力。在这样的情况下，只有源自官僚机构外部的力量才能重新创建系统内部运动。于是，每个人都在寻求并支持这些外部力量源。随着时间的推移，这些当权的统治阶层需要一定的奖赏，以交换他们宝贵的支持。这个奖赏机制使腐败在整个系统中蔓延，最终变为一个合理的方式。

查尔斯·汉迪（Charles Handy）写过一篇有意思的文章，"商业的目的是什么？"（哈弗商业评论，2002 年），对当前公司的行为进行了审慎观察：

> 当前的疾病不仅是不可靠的个人道德问题，或者一些个别公司捏造来历不明的亿元收入。当前英美股票市场的资本主义下的整个商业文化，已经变得扭曲了。我们现在可以看到，在 20 世纪 90 年代的繁荣时期，美国经常从无到有地创造价值，将公司的市值哄抬到其营收的 64 倍，甚至更多。

如果将这种说法进行合理推论，我们会发现美国企业正在面临两个严峻的挑战。其一是关于企业管理的有效性。不出席的股东，也就是查尔斯·汉迪所说的"赌徒"或者投资者，本应该参与选出董事会的成员。大部分的"赌徒"并不会对自己所投资的企业有长期的付出。他们今天可能对甲公司有兴趣，但是没人知道明天又会是哪个公司。他们甚至可能找到自己的方式参与到甲公司的直接竞争对手乙公司的投资中。事实上，董事会的成员正是由本应受其控制的管理层所推举的。因为董事会会重选首席执行官（CEO），而人选就是最初将他们推举成为董事会成员的人。

第二个挑战是由短期内巨大的管理压力带来的。除非下一季度的财务报告能符合股市预期，例如呈现再一次的两位数增长，否则已经高估的股价将开始摇晃，而"赌徒"们则开始抛售股票。在这样的压力下，不正当保持股票价格的行为将成为常态，而非例外。

4.3.4 恐怖主义

恐怖主义，也许是在和平的国际秩序下唯一的、最主要的发展阻碍。这是一个二级阻碍，由大部分的一级阻碍——贫穷、不公、剥夺、无力、无望、歧视、无知、仇恨以及狂热合力产生。目前还没有任何一种对恐怖主义达成一致的可操作定义。某些人认为的恐怖分子可能是另一些人心中为自由而战的斗士。

然而，无论出于何种原因，恐怖主义毫无疑问是基于错误的"零和博弈"

（zero-sum game）的假设。在零和博弈中，输赢的总和为零。如果你输了，我就赢了，反之亦然。当系统变得越来越复杂，系统对少数行为的承受力也将变得越来越脆弱。这也使弱势方更容易失败，而无法找到通向成功的道路。这也就是为什么当弱势一方遭遇到更强大的敌人时，恐怖主义成为他们最喜欢的手段。所以，为了理解恐怖主义，我建议把它看作一种达到目的的手段。

在这个背景下，根据目的的不同，可以把恐怖主义分成三类：复仇、求援或者意识形态的斗争。俄克拉何马城的悲剧就是一个将复仇作为手段的恐怖主义例子。复仇是一个难以察觉的随机行为。求援则代表了绝望人群的斗争，他们往往陷在不幸和不公平的政治经济的混乱中。这种类型的恐怖主义是一个民族持续遭受挫折的一个表现，他们无法通过正常渠道来解决他们的无力感。阻止这种类型的恐怖主义最有效的方式，就是去化解这个瘫痪的僵局。

堕胎诊所爆炸事件就是恐怖主义中的意识形态斗争的例子。意识形态的恐怖主义的所有表现形式（世俗左翼或者原教旨主义）都是利用恐吓和随机恐怖活动，将他们的价值系统或者偏好的生活方式最大可能地强加给大众。这个策略是基于这样的假设，即要想麻痹大众，需要让他们感到内疚和不安。这种类型的恐怖主义通常需要树立对一个强大的敌人的仇恨。仇恨，会转变成为一种需求，成为生活的一种方式。采用这种方式，就可以产生出如同目标探寻机器人一样的追随者。这些如机器人般的信徒们，能够做出常人难以理解的暴行。不幸的是，第一类和第二类的恐怖主义者，都成为了第三类恐怖主义的走卒。

各种形式的原教旨主义风起云涌，在世界各地呈现出快速发展之势。在各种群体中，最使人担忧的是坚定不移地认为世俗的生活方式是"地球上的腐败"的运动。这个运动反对美好、快乐、选择、多元化和自由。他们的追随者反对所有使这个世界更加美好的价值观。

不幸的是，在20世纪70年代末期，宗教原教旨主义从美国的中东政策中获得了巨大的推动力。第二次世界大战之后，虽然美国取得了战争的胜利，却在意识形态斗争中失去了阵地。多年来，左倾意识形态已经成为了知性主义的代名词。在大多数的第三世界国家里，左倾运动得到了年轻人的拥护。那个时候，美国政府认为与某个意识形态抗衡的唯一方法，就是加入另一个强有力的意识形态。

无民族的原教旨主义组织反对妇女追求平等和自由的运动，并对全人类都产生了严重的威胁。这些虔诚的信徒们已经准备好不惜采用任何形式的恐吓或残暴手断，以维持妇女的附属地位和受控状态。化解这个困境的是人权的义务，应当被视为是超越党派政治斗争和经济利益竞争的。只要有坚定的信念和整个国际社会的坚决的支持，我们就能促进文明社会的形成和发展。是否被接受成为国际社会中的一员，要根据是否接受并成为文明社会而决定。

在全球化的时代中，没有任何一个国家可以承受被排除在国际社会之外的代价。这也许是解决目前所面临僵局的最可行的方法，也是发展文明社会的强大动力。文明社会应该是一个世俗社会，政府不应该支持任何宗教或意识形态。其权利的基础是人制定的法律，而不是宗教教条、神的启示或者一个在世神。宗教的自由（包括无宗教的自由）以及不相信任何神的自由，是形成一个多元秩序的先决条件。在这样的秩序中，如果没有能力保护少数人的权利，则处于主流的多数人就不配享有统治权。

当前的社会形式可能是严峻的，但本章也并不会以绝望收尾，我们相信，通过对社会文化系统的交互设计，可以给大部分的难题提供实际有效的方法。以更高程度的复杂性和秩序来创建一系列连续性组织模式的概念性框架，这在改造组织的系统理论方面有重大的实际意义。我们将在第7章中讲述这个令人激动的概念。

4.3.5 回顾

- 组织的发展是一个进行目的性改造的过程，向着更高程度的整合和差异化方向发展。这是一个集体学习的过程。通过这个过程，可以提升社会系统服务于自身、其成员和环境的能力和愿望。
- 在差异化的各个层面上，都存在一个最低水平的整合，使系统不至于瓦解而陷入混乱。相反，更高水平的整合需要更高程度的差异化以避免能力的缺乏。
- 只有当一个组织可以有效地满足其子系统和有目的性的部分的目标时，这些子系统和部分才能有效工作。我们需要设计一个组织，使它能够允许其构成部分作为一个独立系统来工作。这些独立系统具备一定的自我控制能力，同时作为一个整体的有效部分，拥有做出集体选择的权利。

第三部分 系统方法论：疯狂的逻辑

SYSTEMS THINKING

在过去的 50 年里，我们的世界观经历了两个方面的深刻转变。其一，对组织本质的理解发生了根本性的转变，从无思想的机械系统到有目的的社会文化系统；其二，对探究问题的方法发生了彻底的转变，从处理各自独立的变量的科学——分析思维，到处理互相依赖的变量的科学与艺术——系统思维。

不幸的是，不管如何粉饰，新的发现却没有给我们的选择带来多少影响。处于主导地位的分析思维，打着科学的标签，不断地反复使用，却无法真正解决问题。有效应用系统思维既要清楚理解社会文化系统的操作原理，也要明确认识到分析思维的短处。

在与不同文化下各种级别的不同系统的多年斗争中，我从自己的切身经验中明白，以下四个系统思维基础之间的相互作用是开发有效系统方法论的关键，是分析思维的补充，而非替代。

以我的经验来看，这四个基础相互联系、相互补充。要想应对新的混乱系统的复杂性，这四个基础缺一不可。艾可夫（Ackoff）的交互设计（1974 年）和福瑞斯特（Forrester）的系统动力学（1961 年）所阐述的观点都包括在了这个综合的方案里，他们的学说也包括了对社会文化系统本质的深入理解和整体思维的操作意义。

感到这个世界越来越混乱和复杂，因为我们无法用恰当的概念来解释它。事实上，当我们真正完全理解之后，则不再认为它混乱和复杂了。有效的系统方法不仅可以处理好相互依赖变量的必要性和动态系统的复杂性，还能解决多思想系统的目的性行为的问题。

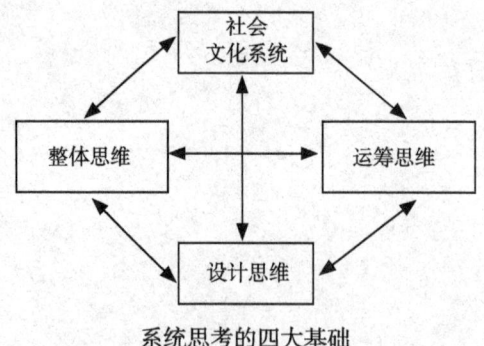

系统思考的四大基础

正如我们在第 3 章中所看到的，除非我们能理解社会文化系统的自组织行为，否则多思想的兽性是无法被驯服的。

本书的第二部分包含了对系统思考第一大基础——社会文化系统的完整论述。在第三部分的第 5 章到第 9 章，我们将探讨一下其余的三大基础——整体思维、运筹思维以及设计思维。

这个版本的系统方法论（与之上所提到的四个基础交互）将要创造一种用于交互和设计的整体操作语言，以此看清混乱、理清复杂，并能直面系统整体越来越相互依赖，而其组成部分的选择和表现却越来越独立的困境。组织的决策者和领导者每天都在思索如何让组织在各个方面都能不断提高，从而使他们能为其成员、组织以及所服务的客户提供更多价值，这正是他们梦寐以求的。系统方法论并非一些晦涩难懂的理论，而是由一组操作性极强的思维工具组成的。

我们将试图明确定义可操作的系统方法论，正如我们在INTERACT中所实践的那样。虽然这些实践源于艾可夫的丰富理论，不过其现在的形式在很大程度上已经受到了杰伊·福瑞斯特（Jay Forrester）、肯尼思·博尔丁（Kenneth Boulding）和斯塔福德·比尔（Stafford Beer）的工作的影响，也受到我自己对复杂而又充满着不可思议力量的文化现象的迷恋的影响。富有韵味的交互设计，充满魅力的整体思维（迭代的结构、功能以及过程），与系统动力学一经结合，便创造出了一种有能力的和激动人心的方法，通过反映开放性、目的性、多维度、突现属性和反直觉行为的社会文化系统的操作原理，帮助我们应对新的挑战。

第5章

整体思维

5.1 迭代式探究

系统思维与众不同的地方在于它关注的是整体。不过在大多数情况下，这一直被当成一句空话，没有具体可行的方法。什么是系统方法？我们怎么样运用它来处理整体问题。似乎我们对使用系统思维的愿望是一致的，而没有对其可操作性的定义达成一致。

与大家所熟知的并不一样，全局的、多学科方法并非系统方法论。将每个独立的成果整合为一体，远比从不同的方面获取信息重要。如果没有良好的整合方法，采用全局、多学科方法的过程将会和盲人摸象一样让人挫败。盲人们摸到了大象的不同部分，根据自己摸到的部分，每个盲人都说出他的发现，"这是一条蛇！"，"这是一根柱子！"，"这是一台风扇"，"这是一柄矛"。如果没有"大象"这个整体概念，整个过程也只是徒劳无功。如果讲故事的人一开始就已经告诉你故事的主题是大象，你就不会在处理并整合大象的各个部分信息的过程中，感到任何挫败感了。看来我们需要一个预想的概念，方能使我们拨开混沌的云雾。

同一故事的另一版本来自波斯文学，由智者鲁米（Rumi）所讲述。它同样说明了没有预想的概念会产生更复杂的结果。故事是一群人在漆黑的夜里遇上了一个奇怪的物体，由于故事的讲述者也在其中，所以他不能为这个不明物体提供任何线索。大家用尽浑身解数，通过触碰这个物体的各个部分，都是徒劳。直到有一个带着火把的人经过。在这里，火把就是我们所说的系统方法论的一个隐喻，它使我们最终拨云见日。

鲁米的版本告诉我们，若想看清整体，有时我们需要一束光，采用可操作的系统方法论的形式作为启迪之光。鲁米的神秘智慧告诉我们，要想获得这束启迪之光，需要洞察宇宙。对于我们而言，洞察的可操作意义则是每个人能够明确并验证他对社会文化系统的基本假设。

不论启迪之光的本质如何，在我看来，它必须包含两个维度。第一个维度是一种指导我们应对现实情况的框架，系统概念的系统可帮助我们产生关于主题的初步可行假设。第二个维度是一个交互式探寻过程，以此来验证和（或）调整最初的假设，并扩展和演进新兴的概念，直到产生出一个对整体的满意愿景。正如辛格（Singer）1959年的一首歌中的完美诠释，"真理总是潜伏在全面探究的最后，而非之初"（Truth lies at the end, not at the beginning of the holistic inquiry.）

三种著名的探究方法（分析思维、整体思维和动态思维），虽然都有各自的优势，但却没有统一洞察整体的方法。

分析思维一直都是传统科学的核心。传统科学方法认为整体是由部分组成的，要想了解整体，则必须要了解其构成，并且这就够了。整体思维一直都是功能方法的主要工具。以系统的产出来定义系统，整体思维把系统放到更大的、包含它的系统之中，去研究它所产生的影响。动态思维，从另一方面来说，则一直关注过程，它通过研究如何质疑和优化关键的答案来定义整体。

不过，我认为需要同时理解结构、功能以及过程，才能真正洞察整体。它们分别代表着同一系统的三个不同方面，再加上其外围的环境，就构成了一个互补集。因此，结构、功能和过程以及所处环境共同定义了整体，或者使理解整体成为可能。结构定义了系统的组件及组件之间的关系，功能定义了系统的产出或者结果，过程明确定义了各项活动的次序以及需要怎样做才能产生结果，所处环境定义了系统所处的独特环境。

把结构、功能和流程这三个方面作为整体思维方法的基础，在理论层面和实践层面都可以得到验证。本章将就此展开阐述。

在更熟悉和更易于操作的领域，我们可以看到古典管理学派在处理结构时是以输入为导向的。新古典管理学派则以目标为管理的核心概念，关注功能。而整体质量管理中则关心的是如何管控，专注过程。分析思维、整体思维和动态思维，在各自擅长的领域，产生了大量的知识和信息。不过，如果我们同时从结构、功能和过程三个方面来分析同一个现象，那么就能够更深入地从整体来理解它。因此，我们可以合理推出：整体思维方法必须把结构、功能和过程都考虑在内。

在理论层面，根据以下论据，我们也能得到相同的结论。在现实概念中，一种结构（S）产生一种功能（F），不同的结构会产生不同的功能（见图5.1）。

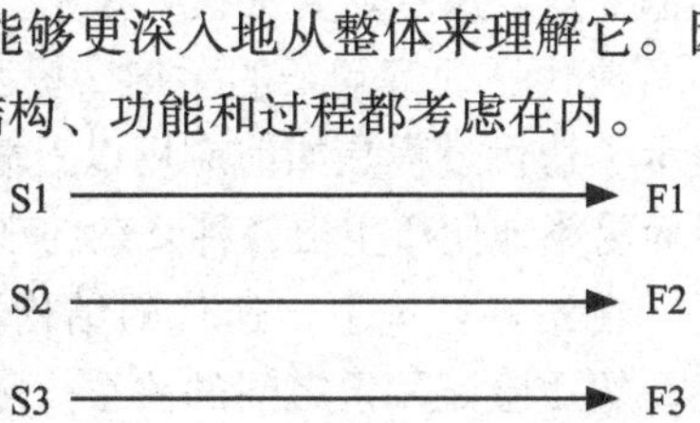

```
S1 ───────────────→ F1
S2 ───────────────→ F2
S3 ───────────────→ F3
```

图 5.1　一种结构产生一种功能

因此，我们假设，要理解一个系统，我们只需要了解它的结构。这也是为什么分析思维（理解结构）是传统科学的主导方法的原因。

但是根据艾可夫（1972年）的以下结论：

1）在相同的环境下，一个给定的结构能产生多个功能（见图5.2）。举例来说，当前的教育系统的结构除了能提供传授知识的功能之外，还可以提供保姆功能和学前教育功能。

2）不同的结构也能产生同样的一个功能（见图5.3）。举例来说，运输这个功能可以通过火车、飞机或者汽车来提供。

传统意义上的因果关系——有因必有果，但这却不足以解释这个现象。同样环境下的一种结构可以产生多种功能，这只能解释为不同的过程在其中的作用。

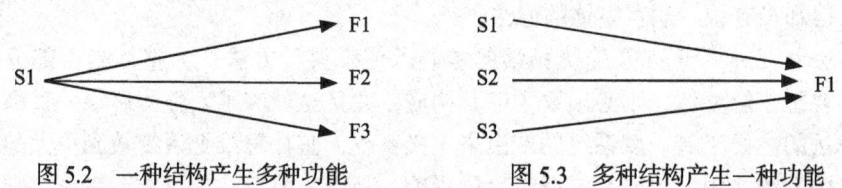

图5.2　一种结构产生多种功能　　　　图5.3　多种结构产生一种功能

一个简单的例子可以证明此观点，一把螺丝刀是用作凿子、锤子或者还是别的工具，将取决于如何使用它。

这种观点与系统概念中的生产者和产品（辛格，1959年）吻合，对于产品来说，生产者是必需的，但并不是全部。这也就是为什么结构不能完全解释它所产生的结果，也是为什么需要引入环境作为生产者的一部分的原因。在相同环境下，当一种结构产生出多种结果时，我们就需要引入过程来理解整体，因为过程和环境、结构和功能缺一不可。结构、功能和过程，再加上所处的环境或背景，形成一组彼此独立、完全覆盖的相互依赖的变量。这四个因素共同定义了整体，或使我们能够理解整体。

这组相互依赖的变量形成一个循环关系。每个变量都作用于其他变量，同时又受到其他变量的反作用。它们之间的先后次序并没有多大关系，因为彼此之间是相互依存的，它们必须同时存在。忽视这些变量的影响也就忽略了洞察整体的最重要因素。因此，从整体角度处理它们需要同时理解每一个变量，以及相关的其他变量。这就需要迭代式探究。

迭代是理解复杂的关键。史蒂芬·沃尔夫勒姆（Stephen Wolfram，2002年）演示了迭代过程是如何应用以上简单规则，这是自然神秘力量的核心，这种力量轻而易举地便产生出各种复杂的现象。

在给定环境下，迭代的结构、功能和过程将检测每个元素自身的假设和属性，然后验证元素之间的关系。随后的迭代将建立对假设的验证，进而达到对整体的理解（见图5.4）。

例如，为了整体地理解人类的心脏系统，我们必须了解在人体这个环境下，它的功能、结构和流程。从功能开始探究，我们很容易知道系统的输出是血液循环，因此，它的功能和泵类似。这个泵的结构是由四个肌肉腔室和一系列瓣膜、动脉和静脉组成。过程呢，则解释了如何通过结构产生功能，利用腔室交替性地收缩和扩张，推送血液到动脉，再由静脉流回心脏。

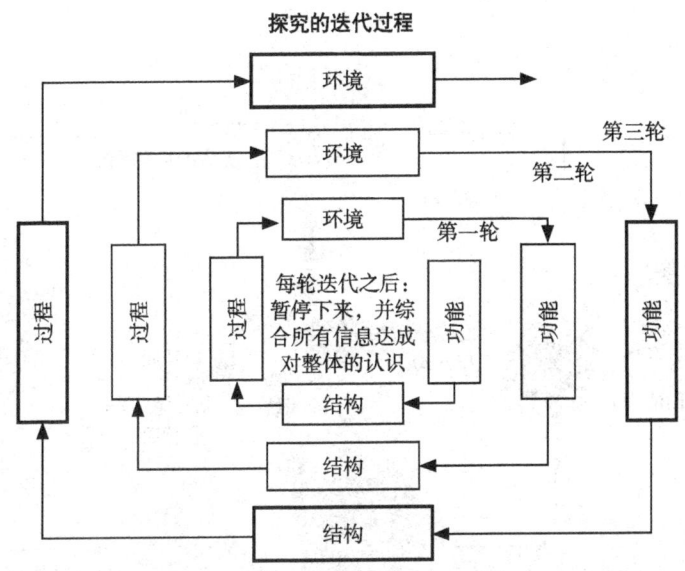

图 5.4 通过迭代式探究来理解复杂

我们对心脏功能的描述就此打住，现在把我们对功能、结构和过程的理解放到一起来分析一下：为什么心脏会做这些呢？如果我们把心脏放到它所属的更大的系统环境下，我们或许可以得到心脏是循环系统的核心。

循环系统的目的是使人体和所处环境之间进行物质和能量交换。心脏与自我再生紧密结合，实现生命系统的新陈代谢（见图 5.5）。

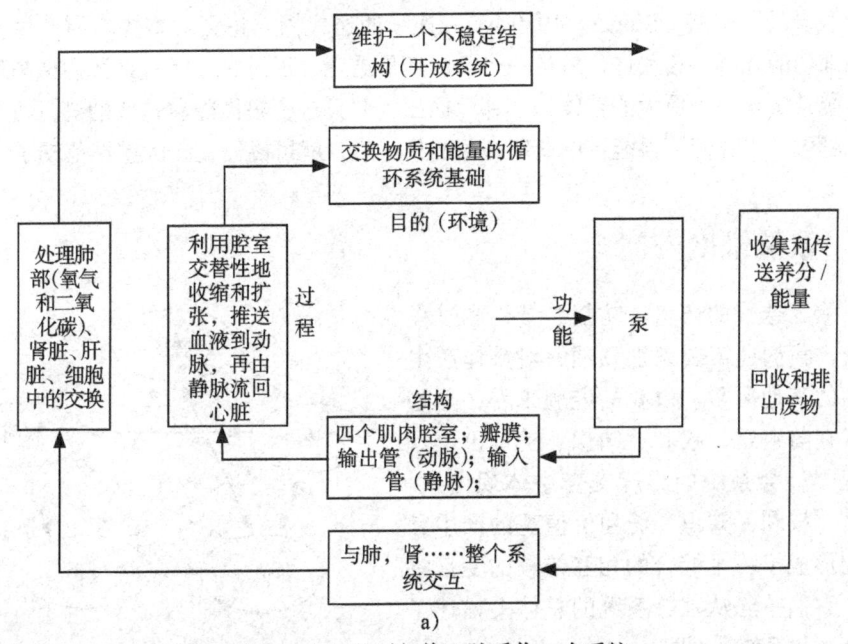

a)

图 5.5 （a）和 b)）将心脏看作一个系统

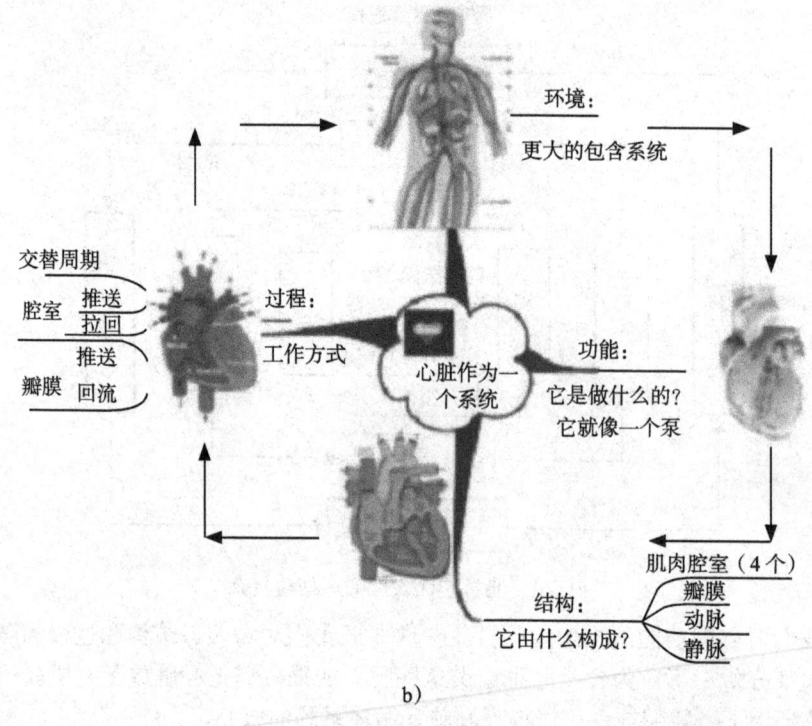

b)

图 5.5（续）

个人经验主义加强了迭代式探究的原则:"世上本无真理,对事实的理解都是基于假设的"辛格（Singer，1959 年）。连续的迭代探究将会对整体本质产生更深入和确切的理解。这些迭代就像一个反向变焦透镜,透过它,能看到我们试图理解的系统其实是一个更大的整体的一部分而已,并且这个整体随着迭代的进行将变得越来越大。当我们不再能从中获取有用的见解时,就可以停止扩大整体范围了。

5.2 系统维度

除了迭代的环境、功能、结构和过程之外,我们还需要识别和理解对整体产生作用的其他因素。以我的经验来看,这些因素在与财富、权利、知识、美和价值观这五个社会系统的维度交互中体现出来。财富、权利、知识、美和价值观的产生和分配形成了一个综合的相互依赖的变量集合,它们一起从社会系统的总体上描述了社会文化系统（见图 5.6）。

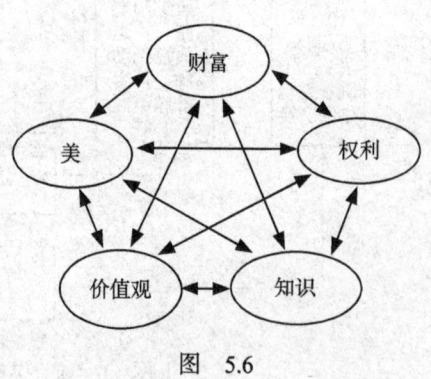

图 5.6

从历史上看，对社会文化系统的维度的识别经历了被动（对社会生活的一些问题的反应）和主动（追求至善）两个时期。这五个社会系统的维度对应了人类社会历史上所面临着的五个方面的问题：经济、科学、美学、伦理以及政治。

尽管一些著名的社会思想家在他们的分析中已经考虑到了多个维度，不过绝大多数还是选择了单个维度，所以不足为奇的是，他们将所有社会现象的主要起因都归结到其不同的功能上。例如，韦伯（Weber）考虑到了权利，认为权威和合法性是首要关注问题；巴格达诺夫（Bagdanov）把知识作为社会的组织原则；而宗教思想家则把价值观作为一切的核心。

从积极的方面来看，艾可夫在他寻求理想系统的讨论中，识别出了四类个体必需的社会活动：对真理的追求（科学功能）、对富足的资源的追求（经济功能）、与人为善（伦理道德功能）和对美的追求（美学功能），如果将它们整合起来就能向着理想或全能的系统迈进。

不过，来自不同文化背景下的我则有不同的观点。除了知识、财富和价值观之外，我还要加上权利，更确切地说，是主动权（power-to-do）（自由和选择的能力）作为社会系统非常关键的一部分。令我意外的是，我竟然忽略了美这个维度。

在20世纪70年代初，当我遇到艾可夫时，曾就此讨论过数日，然后他认为我需要好好上一堂关于美的课。事情的结果是，课程美妙极了，而我也意识到我确实忽略了美，与艾可夫忽略了权利的原因是一样的。

认真思考之后，我认为美定义了生命的活力。美于我是一体的，或者说是突现属性。另一方面，选择的现象一直是我和艾可夫讨论的重点。他认为满足需求和欲望的能力等同于能力（competence）。能力于艾可夫实际上是主动权（power-to-do）（区别于控制权（power-over），后者有控制之意），也是整体的突现属性。也许鱼儿永远都不知道水的存在吧。

回过头来看看亚里士多德（Aristotle）关于"美好生活"的概念，对幸福的追求，以及他所详尽计划的达到美好生活的必备元素（Adler，1978年），这都证实了我早先的断言，即这些维度将形成一个完整的集合，并共同定义出整体。

与我们所说的权利、财富、知识、美和价值观这五个维度相平行的是亚里士多德的一系列观点。他认为自由意味着选择权和实现选择的愿望；他探讨了财富之下的健康、生命力和活力；他深刻论证了求知愿望和思维技巧；他主张无爱的生活是没有意义的；他对美德的真知灼见（习惯于做出正确选择）。

在大概2000年后的另一个不同背景之下，美国哲学家约翰·杜威（John Dewey，1989年）讨论到自由和文化之时，明确指出国家的政治、经济、科学、艺术和道德都是文化的组成元素，文化决定了社会。他对艺术的理解包括了情感范围，他认为在设计公众认知方面，感性更胜于理性。

与这些传统的实践不同，要将这五个维度看作彼此独立又极度完整的集合，并不是要把它们单独拆开来分别研究，而是要强调它们之间的互动。尽管一个维度代表着唯一功能，不过它们之间的相关性是如此之强，以至于其中的任意四个维度可以共同产生出第五个。比如权利会受到财富、知识、美（魅力）和价值观（世俗）的影响，可以是正向积极的，也可以是反向消极的。

认识到社会系统的多维性，以及这五个维度的必要性及其之间的相关性，是整体思维最重要的特性之一。正向和反向的反馈回路帮助我们创建出稳定和秩序，同时也使各个维度之间产生协同，使得系统性能大幅度提升。组织的系统理论认为，社会文化系统发展中的主要障碍是因为社会系统的某个或者全部维度出现了问题。

最后，意识到每个维度的产生和分配之间的"与"关系，会让我们对现有的一系列问题和机遇产生全新的看法。

5.2.1 财富的产生和分配

我们来思考一下财富是如何产生和分配的这个经典问题。传统上，产生和分配这两个互补的功能是被一分为二的。关注财富的产生多于分配的右派认为，劳动力成本是问题的根源，个人全权负责其所拥有的财富，政府则是作为财富的守护者、自由的授予者和法律和秩序的维护者。在此种观点下，市场是唯一的仲裁，由它来决定生产什么，为谁生产以及如何对产生的财富进行分配，从而导致了社会的两极分化。

另一方面，关注财富分配的左派，则认为财富的生成是理所当然的，公司利润才是万恶之源。它认为集体应当承担所有的灾祸，政府则通过建立和维护一个必要的社会体制来提供公正和平等。如果只由政府和行政控制作为唯一手段来减少公司固有过剩，可能会不幸地导致共同贫困。

但实际上，财富的产生和分配就好比一枚硬币的两面。如果没有后续的购买力来消费，财富的产生也将无法继续。长远来看，没有哪一个社会所消费的财富会大于它的产出。失去财富的有效产生，分配最终也只能走向共同贫穷。忠实于多维性的原则，如果我们一分为二地看待互补的产生和分配，我们看到的只是它们之间的冲突。幸运的是，如果我们愿意同等地对待财富产生和分配来回馈组织，那么对财富的产生和分配都给予相同的关注也是很有可能的。比如，如果我们的社会计算允许我们考虑某些特殊类型的工资，某些高失业率的行业，不仅从成本方面，也包括组织带给社会的价值，这样考虑会让雇主减免的企业所得税相当于其新员工（在公司已定义的类别内）所要交纳的联邦所得税。要想消除持续的 10% 的失业率的话，那还有很长的路要走。按此计划，企业所减免税的总额将抵消员工的联邦所得税、工资税，以及州、城市消费税的支出。政府将会节省下失业救济金的支出，同时新增的购买力对商品和服务的需求将会加大（见图 5.7）。

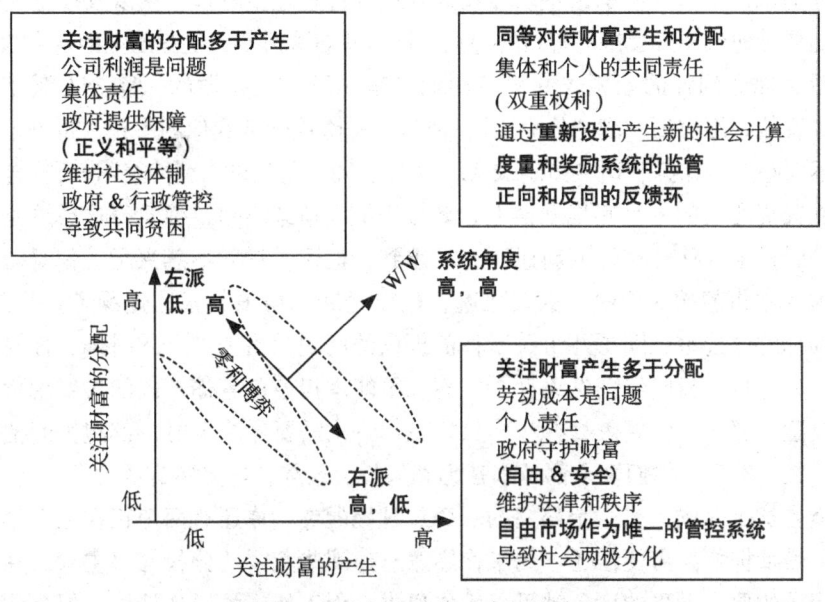

图 5.7 是 "与" 而非 "或" 的关系

在这样的情况下，对权利的重新认识（即有主动权而非控制权以及双重权利的概念）将会唤醒集体和个人的责任感。这个结果把我们的话题带入到权利的产生和分配上。

5.2.2 权利的产生和分配（集权和分权的共存）

处理多思想系统需要理解选择，选择即自由和主动权。我们之前讨论过，多思想系统会逐渐显现出各种选择和各自的行为，整体变得越来越相互依赖。

这就陷入了一个两难的困境：选择集权（中央集权）或者分权（地方自治）。这样的选择所带来的要么是覆灭（权利过于集中），要么是混乱（纷纷放弃权利）。而另一方面，如果选择折中"共享权利"，则会产生挫折并停滞不前。

这个问题的答案在于集权和分权就好比一枚硬币的两面，它们都是同时存在的。因为权利就如同知识，所以集权和分权同时存在是可能的，权利是可以复制的。权利是一个非零和实体，认识到此概念是理解授权的本质和管理多思想系统的关键步骤。授权并非权利的共享，共享带来的是一种零和关系，故而使得众人纷纷放弃权利。授权其实是组织或社会文化系统内的权利的复制。它需要集体共同理解我们如此做的原因。这样的共同理解，不仅使成员更和睦、自主，也使领导能够更好地代表集体作出有效决断。

接下来的例子可以说明此观点。假设你将要开始为一个严肃认真、以目标作为管理的家伙工作,他承诺将以分权的方式进行管理,并且"只以成败论英雄"。你很期待借此机会去尝试一些新的想法,而这些想法需要一定程度上的自主权。几周之后,你遇到你的老板,并决定向他分享一下你正在做的一些令人激动的事情。尽管他始终摆出一副"扑克脸",但是还是隐约察觉到他的不快,也许他现在心情不太好。"当他看到最终结果之后,肯定会赞不绝口的",你这样告诉你自己。

在几周之后的一个鸡尾酒会上,老板看上去情绪不错,你觉得这或许是一个正确的时机来与他分享你的新想法。没想到,他还是对此不感兴趣。你觉得或许要让他单独再想想。但是,为时已晚,他已经表现得很紧张和焦躁了。几天后,他来到你的办公室,问了几个关于你的提议的问题。当他离开的时候,你知道他并不高兴。自主权已经荡然无存了,你也不能承担控制着你未来的人发现你不合格的风险,那么,你要怎么办?你只好在你每次需要做决定时,都跑去问他想要你做什么。然后,你们两个都越来越感到失望。最终,你决定辞职。

就在这个时候,另一个部门的一个经理提醒你,你还有两个正在上大学的孩子和一份抵押贷款需要偿还。如果你愿意忘掉那些荒谬的分权与自主权,并且完全按照她的要求做事的话,她可以给你提供一份工作。虽说不情愿,但是你没有别的选择,只好接受了这份工作。你的新老板,有着自己的做事方式,她不仅告诉你要做什么,还告诉你为什么她这么想的。一段时间之后,你开始觉得她想对你洗脑,也可能她对你存有一些不安全感,想向你说明些什么。为了表示自己的忠诚,你向她说道,"你只管告诉我要做的事情,我就会去把它做好的"。但是,她对你还是没有多少改变。显然,她喜欢说教。通过与她的相处,你了解到了她是如何做出决定的,也学到了她的做事方式。你开始理解她的价值观了。直到有一天,当她正在冥思苦想告诉你做什么的时候,你主动上前问到,"这样如何?"。"太棒了!"她回答道。分权悄然发生了。

这个故事告诉我们要共享决策标准,而非共享或放弃权利,这样就会产生授权和使得集权和分权同时存在。要达到更高层次的个体责任或分权决策就需要更高层次的集体责任或决策准则上的集中一致。

1. 参与设计:艾可夫的环状组织

制定一个让组织所有成员都能理解的决策准则是一项不可能任务。授权的过程不得不制度化。接下来的方案,也就是艾可夫(1994年)的环状组织,是为参与而设计的,已经有效地应用在各种环境之下。它建立了一个嵌套的"学习和设计单元格",让组织成员参加到互动的过程之中。

每个经理在组织内作为一个设计格,格子的成员由经理、经理的董事会、经理的老板以及其所有下属构成(见图5.8)。因为每个格子都包含了三个级别的成员，所以就形成了一个嵌套网络。这个嵌套网络给每个人都提供了与组织内最多五个级别的人打交道的机会（同级别的人、老板、老板的老板、所有下属以及他们的从属）。

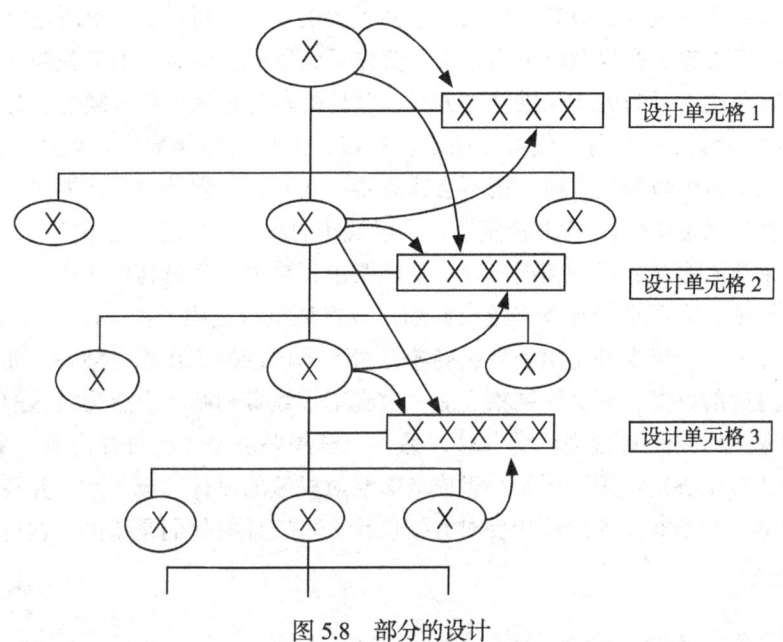

图 5.8 部分的设计

这些格子的主要作用就是对组织为什么要如此做事达成共识，培养组织文化的默认价值意识，并对决策准则采取集体所有权。

2. 决策准则

决策准则明确定义了决策制定的隐含规则，而决策本身其实就是决策规则（rule）在不同情况下的应用。至少一个自由度的缺失，在实质上会把决策准则转化为了决策。政策是决策准则更高的一个抽象。政策本质上是在处理选择维度（涉及各种变量），回答"为什么"，做潜在假设，并预期结果。政策的决定是一些累加价值的选择，应该把它们对人、财务和技术领域的影响明确出来。决策准则需要包括以下四个特点才能有效。

自由度：决策准则需为决策者留有一定的自由度。它们需要足够具体来保证行为的一致，以及保证目的和方向的恒定。同时，它们还应该允许一定的灵活性和学习空间，避免过于束缚。自由度让决策者能够做出选择。

一致性：决策准则应该内部一致，这样才不会因为矛盾的准则导致结构的冲突。比如基于输入的补偿和面向输出的性能之间的冲突，或者成本中心（如生产部门）和收入中心（如销售部门）之间的冲突。

明确性：引导政策决定的决策准则应该是明确的。它们应该指出在政策制定上的所有假设，告知期望的结果。期望应该至少从三方面表现出来：财务（财务表现）、人员（人力系统）和客户（输出质量）。

共识：任何决策的有效性都依赖于共识程度。对一项特定政策决定所达到的理解和共识决定了在这项政策实行上的集体贡献程度。凝聚共识事关领导力。在理性、感性或者行为的文化维度等方面，领导的角色都是不可或缺的，并不会在获得某个神奇公式之后，就可以减少。最终，共识将在领导力之上建立或者瓦解。共识不是少数服从多数，也不意味着要一致同意。它是一份行为协议，没有人可以以过程相要挟。"没有决定"也是对现状的决定，也应该要遵守。

如果有不服从共识的情况出现，这就要求领导力以其最高形式进行干预。没有共识的话，将要求领导者来给出判断，以保证执行过程不被中断。然后他/她将会召开一个会议来制定出一套明确的针对不同职位的工作综合细则，如果与会人员没有别的方案，则会议结束之后，这套工作综合细则将会成为默认的决策准则。如果组内还是有很强烈的分歧，另一个解决办法是让反对方同意一个试验，由试验的结果决定决策。所有小组成员需要对试验的设计达成一致，并且制定出评判标准。开始时，如果能让反对方指出什么可以证明他们是错的，这也将非常有用。

5.2.3 美的产生和分配：社会融合

美的维度是人在情感上，为其所作所为或者本身感觉到有意义和兴奋。它是个人意愿的"我喜欢"或简单地追求快乐。马图拉纳（Maturana，1980年）就透彻地指出，"所有生命系统之路，尤其是人的发展，并不是由资源引导的，而是情感。简单的快乐在指引我们向前"。约翰·杜威（John Dewey，1989年）说道，"在设计公众认知上，情感比理智有力得多"。著名的波斯哲学家阿维森纳（Avicenna）的断言："生命的本质在于爱，在于对美的爱，美就是我们所追寻的全部"，再次加强了对美的理解。

在社会融合下，如果不能理解美，那就很难去理解整体思维。与机器的整合不同，把所有部件组合到一起的机器整合是一次性的，而对于组织来说，整合需要不断斗争和持续关注。无论彰显个性和独特性的意愿有多强烈，作为感情脆弱的社会成员，我们总是有着融入集体的强烈倾向。我们中的大多数人都强烈渴望与其他人一样，希望自己被别人接受，希望我们的选择能够符合大众的规范。

这一融合现象似乎植根于我们的情感深处。一本有趣的书，一件漂亮的东西，一段英勇或悲壮的遭遇，所有的这些都会让我们产生强烈的分享愿望。个人与集体的边界——有多少我是真正的我，而有多少我是附和别人的我的问题，留在了我们对美的表现的最深处。所以，美是社会融合最有力的代言。组织所能达到的融合程度取决于组织成员之间产生的兴奋和贡献程度。

回想一下，在之前的讨论中，我们指出欲望是创建出追求成就的社会的关键因素。没有欲望的能力是无力的，就如同没有能力的欲望是无望一样。在此情况下，美学与我们普遍的看法相反，并不是一种奢侈。纵观历史，与美学对立的社会总是被证明是违反人类和违背发展的。

成员关系

成员关系（家庭、团体、组织和国家）在社会文化系统中的意义在于这些系统的组成单元并非个人，而是所赋予他们的角色。在不同的社会结构和不同的情形下，个人表现也不一样。好朋友不一定是好员工，成功的副总裁之上可能是差劲的总裁。这些角色的性质受到了社会结构、文化以及所对应的各种现实环境的期望和限制的影响。

多思想系统中的有效成员关系需要有角色、归属感，还要能为团体的未来做出贡献。它们是如此之重要，以至于我们认为无角色性是社会系统融合的最大障碍。

当个人感到他（她）对团队的贡献是无关紧要的，又或者是他（她）觉得在系统之中无力发挥自己的有效作用时，一种漠不关心的感觉悄然产生，随后他（她）与本应该在其中表现积极的系统变得越来越疏远。

在这样的情况下，无法履行角色的责任（或无法胜任）导致了焦虑和沮丧。要想胜任某种角色，比如医生或木匠，就必须要学习和掌握一定程度的专业知识，否则，个体就会被疏远和孤立。一条锁链的坚韧程度是由最脆弱的那一环决定的，成员之间的不和睦往往会使成员关系中较强的那一环变得最薄弱，并向外扩散各种无能或无效的消极思想。社会系统内部不一致的价值观也会造成成员的疏离。个人和团体之间价值观的一致程度决定了个人在团体内的成员关系程度。

多思想（multi-minded）组织是由有目的的成员组成的自治组织（voluntary association）。组织的目的，除组织的生存能力外，都服务于它所包含的整体目的，以此来服务其成员的目的。组织的成员加入组织，是为他们自己服务的。如果组织不能为他们服务，他们同样也不会对组织尽心尽力。

虽然，在有限的时间内，可以说服有目的的社会系统成员，让他们做出一定的牺牲，但是要想他们接受这些条件作为以后的生活方式，那是万万不可能的。这里就需要有一个交换体系，使得个人奋斗的回报通过他（她）所做出的贡献满足更高的系统和其他成员的需求程度来衡量。

不过，要能正常运作，多思想组织还需要一个隐含的威胁体系。换言之，系统之中的持续成员关系应该取决于避免发生对组织整体生存有害的行为。对待组织成员，交换机制，还有威胁机制。这是博尔丁（Boulding，1968年）之所见。

5.2.4 知识的产生和分配

任何社会系统的成功，最终都取决于它产生和传播知识的能力，这需要一个三维的学习系统。

学会学习：学会学习是在传统框架内外，学习、抛掉以前的观念和再学习的能力。现代社会生活中，万事万物都在不断加速变化，在知识维度，其真正的竞争力是产生出具有自我导向能力的学习者。要重新学习新的东西首先就需要抛掉你以前的观念，不幸的是，忘却要比学习困难得多。一个人可能得经过重重磨难才能去除掉先前错误学习给他（她）带来的影响。

学会自我实现：学会自我实现涵盖了整个学习经历，使个人和集体在愉悦的生命质量提升活动中得到发展。它既是欲望，同时也是能力；更多的是内容，而非容量；是方向，而非速度；是为什么，而非怎么样。它是关于人生，关于明确理解当前的自我状态和发展的过程。学会自我实现，在本质上，它关系着价值观、世界观和人生观；更具体地说，它是关于一个人是否有勇气去质疑那些习惯的假设。如果历史是一堂课，那么它告诉了我们：国之衰落源自文化停滞。

学会应用：学会应用是运用知识的能力，在真实和纷乱的世界中定义问题并找出答案。但是真实世界中的问题不是我们在大学里所见的那样。工作环境通常是让人懂得学会应用的最有效的地方，商业提供了这种功能。当我在20世纪60年代加入IBM公司的时候，IBM对我的假设是我能为它工作30年。这是为什么他们愿意花上1800个小时的时间给我做正式培训，来让我成为它的一名系统工程师。不幸的是，公司业务对这个关键职责的放弃，并随着喜欢对越来越少的事物做越来越多研究的专家的扩散，以及他们无法将所获得的知识联系起来正在成为公司的主要问题。学会应用就是要培养一种能把某项事物关联到相对应的正确场景之下，理解其他相关部分或者行为是如何共同作用于整体，以及每个部分的行为是如何受到其他部分行为的影响的能力。

5.2.5 价值观的产生和分配：冲突管理

当系统的各部分都表现出自己的选择，他们之间的冲突也就不可避免了。理想的无冲突社会不仅不可能实现，而且也不可能满足需要。只有当系统中的所有成员的行为都退化到机器人的水平，才可能产生没有冲突的系统。所以，社会文化系统需要发展能持续解决冲突的能力。

融合一个多思想系统是设计出一个组织，其成员能够作为具有个人选择的独立部分而工作，同时，也能作为具有集体选择的紧密团结的整体中的负责任的一员。

因此，一个组织的有效性，主要不是取决于管理成员的个体行为，而是管理成员之间的交互。组织成员之间的交互可以有多种形式。他们可能为相同的倾向合作,与其他人竞争,与不同的人存在着冲突,同时也保持着尊重。一般而言,成员之间对他们各自的目的、方法,或者两者都有的兼容性的同意或否定,从中将会(以个人或小组的形式)产生出四种类型的关系:冲突、合作、竞争和同盟⊖(见图5.9)。

图 5.9 关系的四种类型

- 在冲突中,每一方都降低了对其他方结果的期望值。与之相反的才是真正的合作。竞争体现的是用较低的冲突去为双方获得共同想要的更高目标的情形。它是方法上的冲突,而非目的。有目的冲突的成员们同意一起移除公认的阻碍时,便形成了同盟。在这样不稳定的情形下,冲突暂时转换为了合作,只有在更高层次上有更加剧烈的冲突时才有可能成功。
- 如果组织既为其成员服务,同时也为其环境服务,那必须要能够处理冲突。创建一个无冲突的组织或许不可能,但是创建一个能处理冲突的组织是可以的。
- 冲突可以以四种方式来处理:裁决、解决、消除、解除(见图5.10)。
- 裁决冲突就是选择相信可能产生最好结果的一边而牺牲另外一边的做法,也就是说,这是一场输赢斗争。
- 解决冲突就是选择产生足够好的产出的行动方向,让双方都能最低限度地满意,也就是折中。
- 消除冲突就是在等待中期望冲突能消失。如果被忽略了,那冲突就自行消失了,这是温和的忽视。
- 解除冲突就是去改变冲突所处的实体的性质和(或)环境,以此来移除冲突。

如何选择不同的做法取决于冲突双方之间的关系是如何形成的。正如我们之前讨论过的(多维性原则),这些关系的形成至少以以下三种方式:一分为二、连续统一体和多维度方式。一分为二体现的是一种非黑即白的"或"的关系,一场输赢的斗争。这就需要一个解决方案来处理冲突。失败的一方,往往就被认为是错误的,淘汰出局。连续统一体要求的是一种折中,或者是对冲突的决议。而对

⊖ Definitions for cooperation, conflict, coalition, and competition as well as those for solving, resolving, dissolving, and absolving are from *On Purposeful Systems* (Ackoff,1972).

于多维度概念来说，对立双方的交互则是一种"与"的关系。以此形成的冲突需要解除。

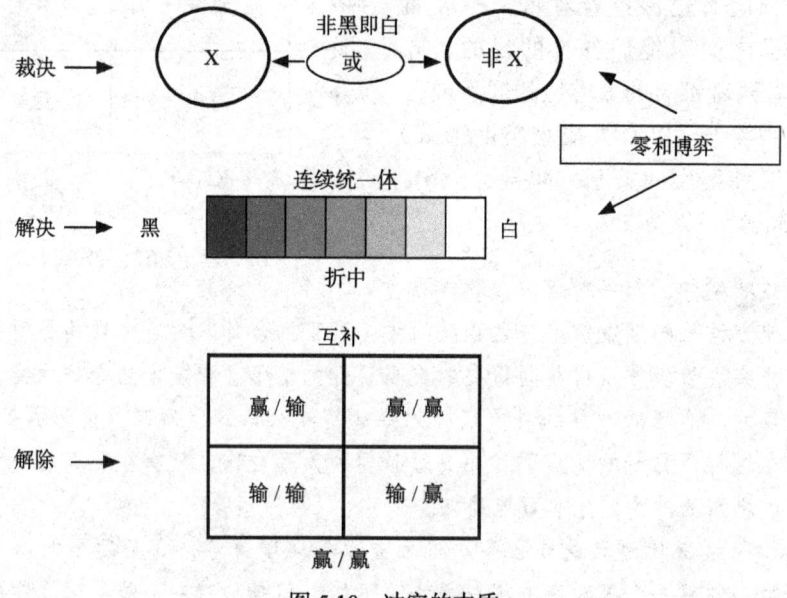

图 5.10 冲突的本质

当冲突是以零和博弈而形成，则冲突的双方，一方得益，一方必受损。不过在多维度中，双输和双赢以及输赢斗争都是很有可能的，一方受损，另一方未必总得益。对立双方都能同时得益，或者同时受损。

解除冲突就是去发现新的角度让对立方以新的逻辑去看待自己在这个新的关系中是互补的。它需要重塑，更确切地说，重新认识所涉及的变量。

最终，要解除冲突就是重新设计这个包含冲突的系统，创建出"一个由不可行的部分组成的可行的整体"。

1. 从双输到双赢

输赢斗争的一个重要特点是将输赢斗争转化为双输或者双赢的局面的可能性。在现今复杂和高度分化的社会系统中，产生双输的局面现在占有很大的可能性，而且比重还在日益增加。

今天，获得胜利所需要的能力比任何时代都要多。对于团体来说，阻止别人获得胜利比自己赢得胜利要简单得多。越来越多的小利益集团正在稀释着传统的权利中心的实力。甚至许多弱势群体已经被迫学习如何阻止他们的对手获胜。让对手失败等同于帮助自己获胜的假象延长了输赢斗争，并使斗争的结果走向了双输。具有讽刺意味的是，双方都能意识到使输赢斗争的局面扭转为双赢是有可能的。这从著名的囚徒困境（Rapoport，1965 年），为什么囚徒最后选择了双赢的策略而避免双输的结果就可以得到确认。囚徒之间的动态交互，加上对可能产生的双输局面的意识，创建出了一个指引双赢策略的亚对策。

2. 化冲突为竞争

目的和手段是可以互换的概念。目的就是为了达到下一个目的的手段。化冲突为竞争要找到更高的目标，并且这个目标是冲突双方都接受的。原先对立的目的被转化为了有着更高共同目标的有冲突的手段，结果就是竞争。

寻找共同更高目的可以一直持续，甚至包括理想情况下的，直到目的和手段变得相同。寻找的层次越高，找到共同目标的可能性就越大。现在，如果都已经到了理想情况下，还是没有找到冲突双方共同的目的的话，那么，可以认为这个冲突在当前已知的世界观内是无解的。解除这样的冲突就需要对当前的世界观做出改变。这种改变可以是对进入新时代的现行假设都已然不成立，一系列事件印证了传统观点已然无效的沮丧所做出的反应，或者发生在有目的转型的主动学习-忘却过程中。

3. 民主挑战

对一个基于民主公约的发展社会来说，定义少数服从多数原则的概念和因素是至关重要的。对什么是合法的多数：它的权利、边界以及是否有权利去无视个体，或者以整体的名义压倒少数，制定出一个广泛认同的协议是势在必行的。应该对少数和多数的权利做出限制，使它们可以相互补充，而不是彼此侵犯。如果规则的合法性代表着多数人的意愿，那么多数派专制就是一个既定事实，除非它的统治高高在上，超出多数本身。而多数是没有权利去脱离它对于民主的权利的，因而，民主地破坏了民主自身。

个人和集体都有各自的相互独立却又相互关联的权利和义务。权利和义务之间不仅不彼此互斥，而且还相互补充。它们之间是如此的互相依赖，缺一不可。

集体在安全、可行性和主权方面有着不同的权利。它有执行权，它的决策过程不受到任何劫持。它同时有义务去保证为个人，甚至是少数派中的某一人提供足够的选择空间来做出他（她）的有意义的选择。

个人具有一些不可被剥夺的权利，比如隐私权和不受歧视的权利。除了这些权利之外，个人还可以享受到某些特权，他（她）可能从中获得或失去，为其提供一些满意或不满意的条件。而如果个人滥用特权，则也必将会失去该特权。不负责的驾驶就是个明显的例子。

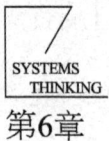

第6章

运筹思维(动态系统:处理混沌和复杂性)

现实中,关系就是一切。

运筹思维研究的是关系映射。它捕捉各种活动间的交互、互连、活动的顺序和流以及游戏的规则。它是关于研究系统怎么达成其行为,或者利用系统结构的元素产生所需功能的动态过程的。简单来说,它旨在研究如何揭示系统输入和输出之间的黑盒(见图6.1)。

图 6.1 开启黑盒

在复杂系统的行为中,有一部分东西并非和这些系统独立部件的特性相关,而是与它们如何组织相关。我们把这些东西称为整体属性,因为它们是整体而非局部的属性。比如爱、生活、成功和发展都是这种属性的例子。在另一种环境下,自我维护、目标探索、自组织以及有目标的系统,都展现了另一种形态的整体属性。

整体属性是一种实时在线的动态过程的最终结果。当一个生命系统死亡时,它便失去了这种"生存属性",因为将其整合到一起的自组织行为已经不起作用。

更进一步说,社会动态性体现了传统思维无法企及的复杂程度。近代的巴瑞·理查蒙德(Barry Richmond),iThink模型⊖的创造者,相信"我们的思维方式已经过时了。所以,我们的行为会导致问题,并且因为我们这种思维方式,我们会以错误的方式去处理这些问题"(Richmond,2001年)。

显然那些被我们高度重视的传统工具没在发挥其作用,否则怎么解释在过去50年间,我们始终在以无效的解决方案来处理如吸毒、贫穷、犯罪、文盲还有财富分配不公这些重要社会问题,而完全没有使用新思路的迹象。为什么这么多基于良好意图的改进努力,且由这么多聪明人来构想,却仍然达不到目标?大多数的重塑努力都失败了,几乎所有项目都有巨大的经费超支,收购也没有实现双方预期的增益。要回答这些,先让我们来看看理查蒙德关于改进思维的主张吧。

⊖ iThink是美国新罕布什尔州汉诺威市的高性能系统公司(High Performance Systems)所生产的软件。

要思考任何事情，都需要形成它的意识映像或者心智模型。"心智模型"是一种选择性的对现实的抽象，至多是一个极度简单化的抽象。除此以外，遗憾的是，我们的认知能力还演变为处理关于"此地"和"此时"的静态模型，它总是围绕单向因果或者开环思维的假定来进化。所以，我们在试图创建关于最简单动态现象的可行心智模型或者试图设想相关变量的行为时，都感受到了极大的困难。

要理解相关变量的多向交互，并且映射一个动态过程，首先需要使用一种绘图语言。这是基于德内拉·梅多思（Donella Meadows，2008 年）的美妙发现：

> 不可避免的，单词和句子必须以线性和逻辑的顺序一次只出现一个。而系统行为则是同时发生的，它们的元素不仅呈现单向连接，而且同时保持多向连接。所以绘图比词句更能适用于这种描述，因为你能一眼见到绘图的全貌。

所以，要映射动态过程，我们会更多地依赖绘图表示，而不是文本语言。我们还必须对复杂性的来源和特性有更好的了解。最后，我们还需要一种运筹建模工具，以便清楚地显示要学习的相关变量、隐含的假定，还有动态现象的丰富性。

6.1 复杂性

复杂性是个相对的概念，它依赖于所牵涉变量的数目和交互特性。可以认为具有线性、独立变量的开环系统比由相关变量形成的非线性、延迟响应的闭环系统更简单。上面陈述中的关键词是：开环、闭环、线性、非线性以及延迟响应。

6.1.1 开环系统和闭环系统

理解复杂性的第一步在于意识到闭环系统的迭代性和由此产生的动态特征，还有其反直觉的行为模式。试想以下两个简单的例子：

一个利率是 10% 的单利银行储蓄账户表现了开环行为模式。年息和本金（1 万美金）都为常数，而且总额（本金加利息）会以很低的速率增加（见图 6.2）。56 年后，账户的余额会是 6.6 万美元。

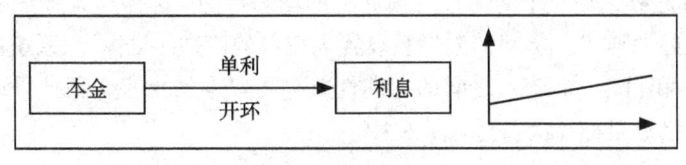

图 6.2　开环系统

但是，如果储蓄账户是10%复利的话，那么它就代表了一个闭环行为模式，而且账户中的金额会以指数模式增长，每7年翻倍。1万美元的初始本金会在56年后增长到12万（见图6.3）。

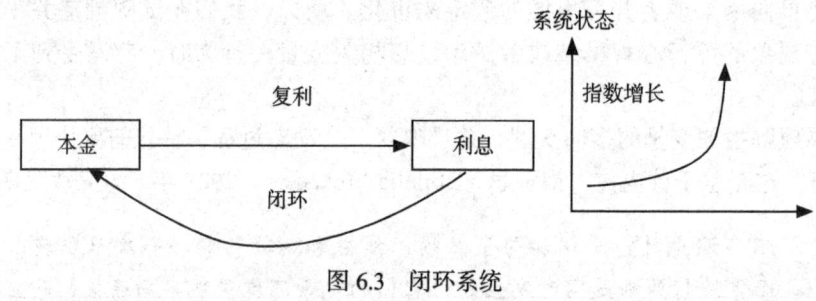

图6.3 闭环系统

现在用这个金额与单利下赚到的6.6万美元比较一下，以便更好地理解两种行为的巨大差异。

6.1.2 线性或非线性系统

假如前面例子中的利率会因为市场条件发生变化，则我们面对的就是一个非线性系统。在闭环式思维中，线性和非线性表示变化的比率，而不是系统的状态。（见图6.4）

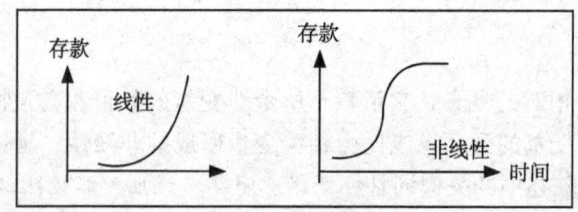

图6.4 线性与非线性系统

需要注意的是，我们的数学工具大多是基于线性的，而不是非线性的。在线性系统里，整体的取值可以由其部分的值（第一类属性）累加而得到。相反，非线性系统是典型的突现属性，整体由其部分的交互产生。

因为在系统的动态行为方面的先驱性工作，J·W·福瑞斯特（J.W.Forrester，1971年）发现增强（正）和抑制（负）反馈回路导致了反直觉的行为。

我们首先来看看一个简单负反馈回路的动态行为（称为"目标搜寻"）。恒温器能提供最好的描述，房间的温度被设置为想要的度数（目标）。系统的当前状态（房间温度）和目标（状态）之间的周期性差异可以度量出来，据此采取纠正措施使系统状态接近目标（状态)(见图6.5）。

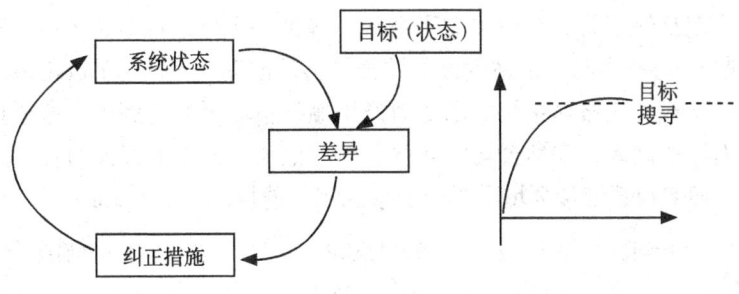

图 6.5　目标搜寻行为

1. 延迟响应的作用

在简单负反馈回路中加入一个延迟，将产生意料之外的波动（反直觉行为）。比如，在发现差异和采取纠正措施之间插入一个延迟，房间的温度就会产生波动（见图 6.6）。

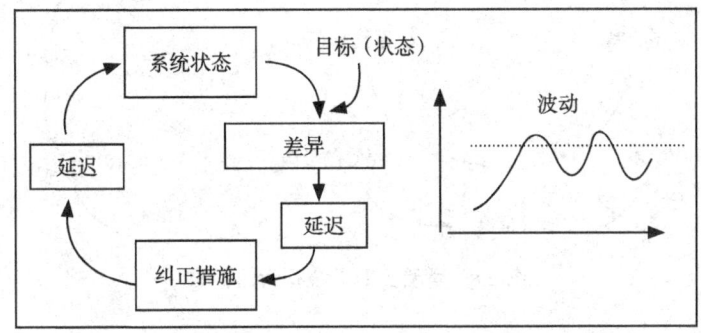

图 6.6　反直觉的延迟影响（波动）

接着，我们来研究一个正反馈回路的常见现象，比如一个赚取复利的银行账户，或者一家有着固定年增长率的公司。我们提到过它会产生一个指数型的增长曲线（见图 6.7）。

一个因为正反馈回路而产生的指数型增长曲线假定资源是无限的。但是在现实中，资源总是受限的，因此所有的指数型增长曲线最终都会被承受力影响，并最终转换为 S 形曲线。

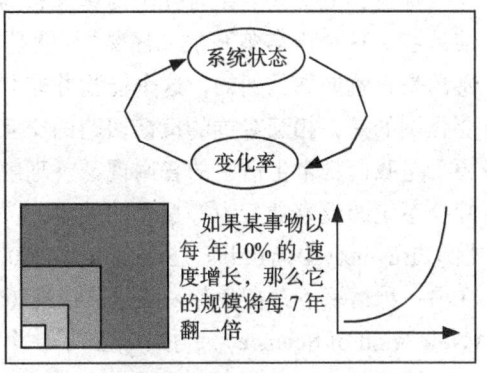

图 6.7　正反馈回路产生的指数型增长曲线

2. 承受力的影响

现在，如果我们把承受力的影响考虑进我们的简单正反馈回路，那就能创造出一个互斥双反馈系统，产生出 S 形曲线。施加一个延迟函数（又一个不可回避的现实问题），将产生与之前遭遇过的同样类型的波动。过冲（overshoot）和崩盘的情况是反映成长战略对系统的承受力产生额外负面影响的例子。这个现象可以解释网络泡沫的破灭、安然公司的惨败、房产泡沫，成千上万公司盲目追求长期发展战略，而忽视系统和环境承受力所形成制约的执念（见图 6.8）。

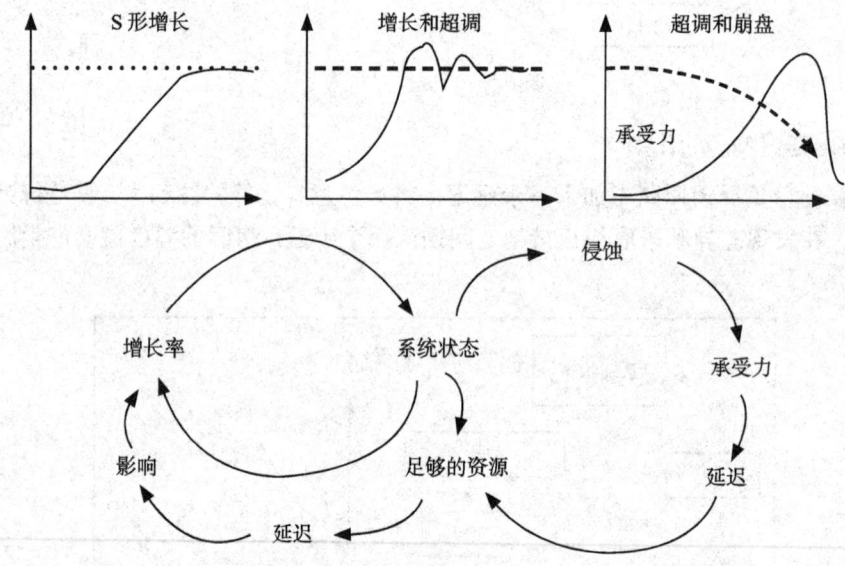

图 6.8　承受力对系统行为的影响

3. 理解多回路非线性反馈系统

注意，只要我们组合几个简单和普通的现象，就能创建一个多回路非线性反馈系统。这个声名狼藉的"怪物"，就是在混沌理论中提到的混乱行为之源。遗憾的是，就如你见到的，这个怪物并非罕见，它比我们所认为的要普遍得多。需要强调的是，相互对抗的反馈回路的交互行为——这个生成混乱和复杂的主要来源，是我们日常生活中的普遍现象。理解这些动态性是掌握复杂性、相互关联和社会系统的反直觉行为等概念的关键。关于反馈回路的动态特性，在《商业动态性》（Business Dynamics，Sterman，2000 年）一书中可以找到深入的讨论。另外，在另一种情境下，史蒂芬·沃尔弗拉姆（Stephen Wolfram，2002 年），在《新科学》（New Kind of Science）一书中提到了一个重要发现：

> 在行为足够简单时，用数学等式来描述行为的想法是足够有效的。但当行为足够复杂时，则难以避免失败。实际上，很多常见现象理论科学都只能提供极少的解释。对现象进行数学表述的难度，随着复杂性的增加，呈指数级上升趋势。

沃尔弗拉姆接着展示了对传统数学来说复杂到难以处理的系统，却仍然可以遵循简单的操作规则。通过使用他著名的细胞自动机（cellular automata），沃尔弗拉姆演示了如何通过相当简单的规则，进行迭代来产生高复杂性的系统。通过开发计算机软件，他可以重现复杂现象的关键特征。他的"新科学"使得捕获自组织系统的活动成为可能，也使得理解无序系统如何自发地组织自身去形成深度复杂结构成为可能。

运筹思维是一种解决构建和模拟复杂心智模型中所遇困难的巧妙方法。在实践中，单纯依赖数学表示来处理复杂的现象简直就是个噩梦。通过运筹建模，以及使用类似 iThink 这样的软件，为相关的复杂现象提供了处理的可行性。

尽管多回路非线性反馈系统显示出混乱的行为，但是也内含秩序。这些系统似乎会产生特别的行为模式，而发现目标系统的行为模式是识别出制约系统保持当前轨迹的隐藏秩序的关键所在。除非揭露并去除这种隐藏秩序，否则无论干预的临时效果是如何有用，当前的行为还是会继续存在下去。

在这种情况下，认识到闭环系统的节奏或者迭代周期，是理解变化的动态性以及组织化复杂性的出现所需要迈出的第一步。记住，要映射系统的动态行为，关键是要捕捉到正负反馈回路之间的交互。本质上，那些交互定义了相关性，进而导致了系统中的非线性。正是相关性造成了我们认知能力的最大挑战，而这种挑战，就需要我们以运筹建模来应对。模式识别是理解和改变这种不受欢迎行为的关键，这直接促使我们产生了对要研究的现象开发交互式运筹绘图的需求。

让我们来考虑一下对学术成就有贡献的因素。传统的做法，通常是用清单列出方案，并且假定这些成功因素（良好的教育、优雅的教养、优秀的同龄群体以及得当的学业规划）都是独立作用的，并且直接影响到我们的学术成就（见图 6.9）。

但是，良好的教育、优雅的教养、优秀的同龄群体以及得当的学业规划，并不是产生学术成就的唯一贡献因素。

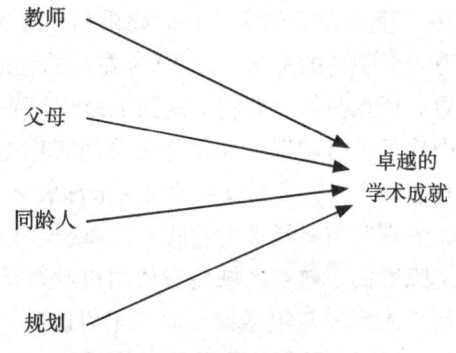

图 6.9　不相关变量，开放回路，以及细目清单式思维

我们都很清楚，学术成就本身会创建出好的环境来吸引好的老师、父母以及同龄人，同时会增强学业规划。更进一步说，我们也能认同，好的教养能够提升学校教育和优化同龄群体。类似的是，好的教育会增强学业规划和好的教养，等等。所以，图 6.10 是这种动态情形更现实的表述，它捕捉到了相关性，以及这些关系中的闭环特性，并且强调了出现协作的可能，以及变量之间的共鸣。

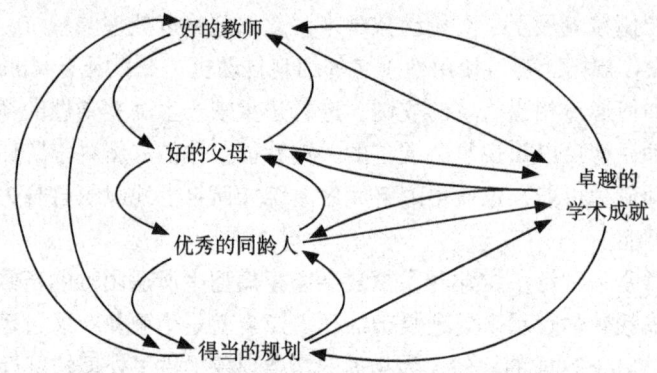

图 6.10　相关变量——更现实的交互运筹建模

下面是当前金融危机的一个"交互式建模"。它再次强调了一个古老的真理：地狱之路都由善意铺设。一个用于发展中低收入阶层房产权的两党同盟，创造了两个加强反馈回路，最终导致房产泡沫，以及之后 2008 年的金融危机。第一个回路来源于次贷证券化：房贷都由美国政府支持的机构（房利美和房地美）来提供保障，这种幻象使得贷款提供方解除了他们对所提供贷款的责任和可靠性的风险，不良贷款几乎立即在规模数万亿的证券市场中被出售。投资银行家本着他们无视风险、交易量至上的商业模式，以贪得无厌的需求把这些可疑证券推到最后。美联储的低利率政策（第二个回路）助长了虚假的房市，从而进一步加强了这个游戏。假如你能支付 1000 美元的月供，以 10% 的利率计算，则你可以承受 10 万美元左右的房价。但如果利率降到 5%，同样是 1000 美元，你能供得起 20 万美元左右的房屋，而 2.5% 左右的利率，足以使你关注 40 万美元左右价格的房屋。现在假如可变利率跌到 1.25%，而且放贷方愿意给予足够的贷款并完全不考虑你的经济状况，你将毫无疑问将你的目标定到 80 万美元左右。这个游戏会一直进行下去，直到虚假的房产泡沫破灭（见图 6.11）。

那些需要经常出差的人，都难以掩饰他们对航空旅行现状的沮丧感。航空业解除管制、航空区域免费使用以及航班时间表自治，再加上缺少划算的替代品，使得旅行通常很糟糕，而且难以改善。美国东海岸的大部分机场都超额 20% 运作，所以，延期和取消航班就如同天气变化一般常见。一个耗尽了它所有缓冲的系统，脆弱到哪怕最小的偏差也能使之受损。9·11 事件引发的安全顾虑，增强了东海岸的航空管制，再加上过时的航空管理系统以及小型私人飞机的增多（只能乘坐几名乘客的小飞机需要占用与乘坐 500 名乘客的波音 747 同样的升降跑道），严重导致了航空交通拥堵。再考虑到全球经济的需求，以及日渐增多的富裕阶层和老年人的旅行需要，这些凑在一起，给已经超负荷的航空交通带来了如图 6.12 所示的恼人混乱。

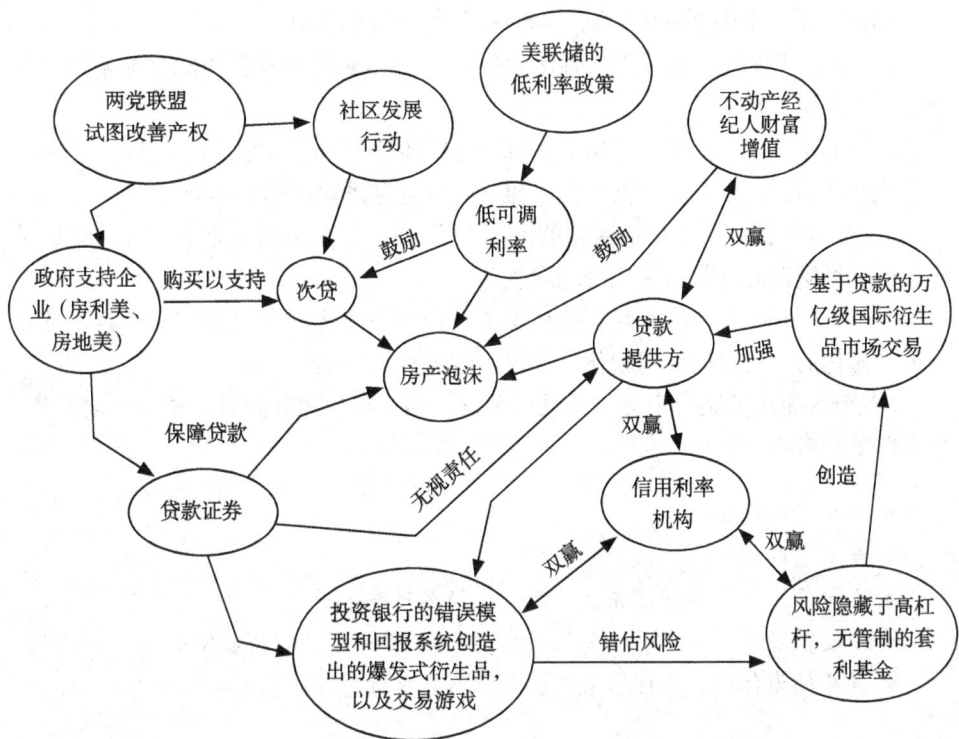

图 6.11 房产泡沫的交互式运筹建模

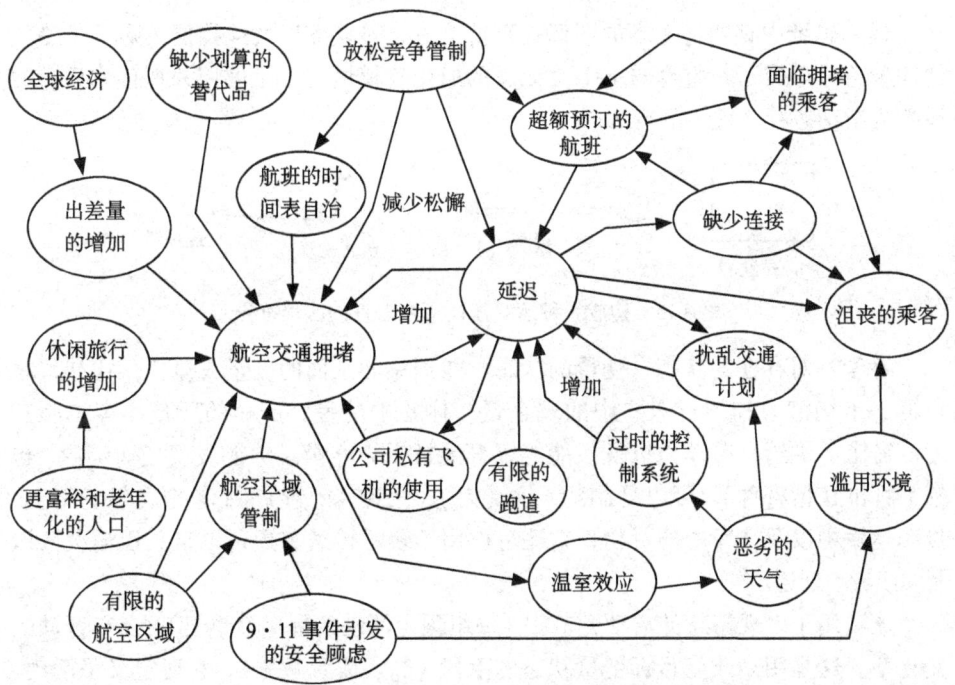

图 6.12 航空交通混乱的交互式运筹建模

总结一下，掌握下面的原则是与运筹思维共舞的关键。

1）通过理解部分的行为来预测整体的行为比通过理解整体的行为来预测部分的行为会更容易。

2）对运筹思维真髓的了解，源于意识到时间并不应该被认作单向的箭头，而是更如同节拍，或者说节奏，同时也认识到复杂现象的迭代本质。

3）掌握节拍（一组预定活动的周期性重复），本质上就是把握闭环系统，并且发现重复制造混乱行为模式的隐藏秩序。

4）人需要通过心智模型来进行思考，但是心智模式只是现实的抽象，并且是过度简化的，使它们更明晰化是学习和改进它们的唯一可能。

5）个人无法控制一个复杂的社会系统，但是可以重新设计，或者与之共舞。要掌握复杂系统，需要：

- 观察它的行为；
- 学习它的历史；
- 引导你进行动态思维分析，而不是静态思维分析；
- 不要仅限于"发生了什么"，而需要进一步分析"如何会发生"；
- 始终问为什么，为什么系统会表现出此种行为方式。

6.2 运筹思维，iThink 语言

运筹思维中有四种基本的图标：存量、流、转换器以及连接器（见图6.13）。这四种符号形成了一整套与上下文无关的通用建模语言，足够用来抓住本质，并模拟复杂动态社会现象的行为。

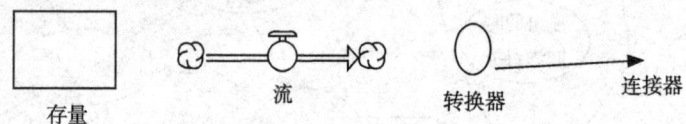

图 6.13 构成一种运筹建模通用语言的四种符号

存量：对存在的状态、变量的状态、能积累的东西的度量或量化。比如，客户群、市场潜力和银行账户中的现金量，你心中的爱、产品的质量、客户满意度、需求、供给、劳动力以及技能等级都能被视为存量。它能表现任何资源（包括 I 型和 II 型资源），可以是制约（承受力）、缓冲（闲置），或者是卖场货架上、货车运输中以及仓库中的货物；它还可以用于表示传送装置，以定义运输次数以及（或者）延迟。

流：用于表现持续的活动，节拍（一组预定活动的周期性重复），还有行动的变化率。这是用来改变目标变量状态的手段（加入或者减去）。它还定义了活动、

运动的事物、收入、消费、生气、变得沮丧、学习、销售、聘用以及解聘。

要注意要改变存量值的唯一手段是通过入流和出流（见图6.14）。但是流本身也会被存量、其他流或者转换器所影响（见图6.15）。流同时也可能受存量制约（承受力）。

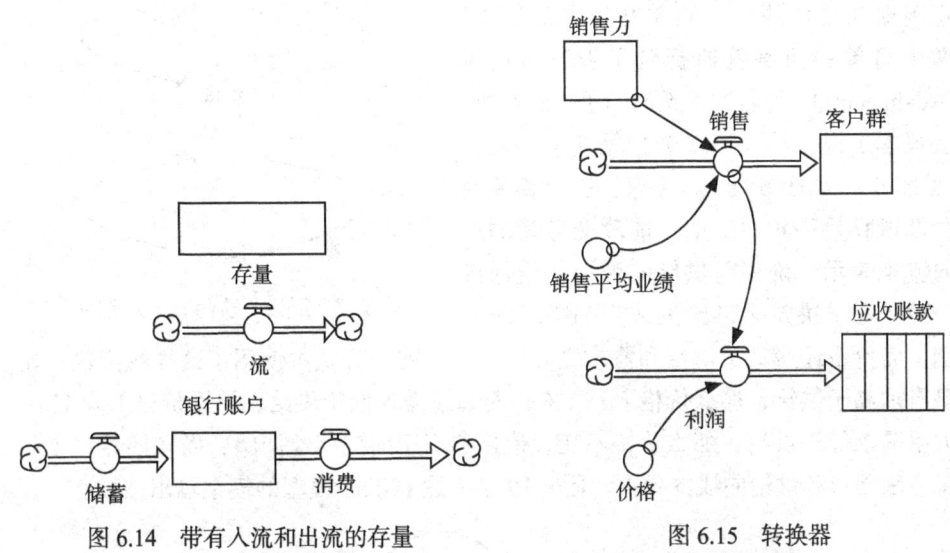

图6.14　带有入流和出流的存量　　　图6.15　转换器

转换器：以圆环来呈现，用于表示常量、换算表、等价条件、图形关系、iThink函数，以及所有不能累积但会影响流的行为的因素或者变量。

6.2.1　连接器

连接器：以箭头来呈现，本质上定义了关键的反馈回路，以表示相互关系，以及变量间的相关性。它们清楚地定义了：什么依赖什么，以及什么影响什么（见图6.16）。

6.2.2　相关性建模

iThink运筹建模可用于各种问题场景中，不过我特别喜欢将其用于下面的两种环境。

1）规划混乱——以当前的活动来隐现未来（具体见第8章）。

2）调查相关变量的行为，捕获被

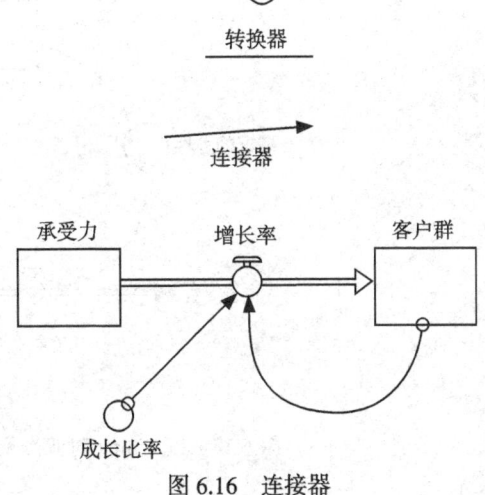

图6.16　连接器

研究现象的动态交互。要达到这个目的，我会给每个关键变量指定一个存量，以及对应的入流和（或）出流，然后用必要的转换器和连接器来构建它们的关系，并且定义反馈回路。

下面的模型是 iThink 运筹建模如何处理现象相关性的一个简单却经典的例子。两个简单的回路就捕捉到了亚当·斯密（Adam Smith）著名的"无形的手"的本质，从根本来说，是关于三个相关变量的交互（见图 6.17 和图 6.18）。注意，三个相关变量都以存量和相对应的、能改变存量的双向流来表示。价格与供给的弹性曲线保持一致，需求决定了供给的改变和需求的级

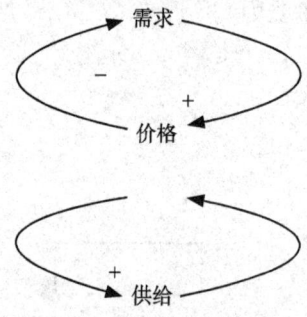

图 6.17 亚当·斯密的"无形的手"

别，而价格最后又被供给和需求之间的关系影响。公式中使用了这样的函数：如果需求高于供给，那么价格上升 1%；而如果需求低于供给，那么价格下降 1%；如果需求等于供给，那么价格不变。连接器用于捕捉反馈回路，而转换器主要用于表示需求和供给曲线的弹性。图 6.19 是上述 iThink 模型的模拟输出结果。

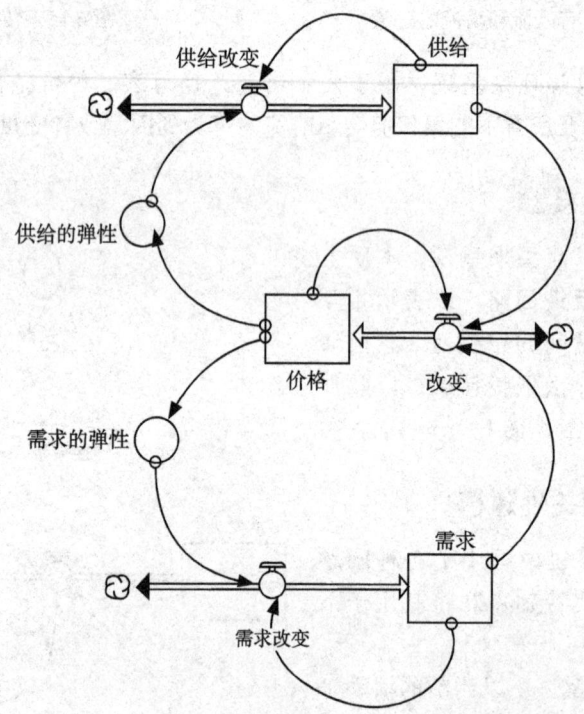

图 6.18 以 iThink 对亚当·斯密的"无形的手"建模

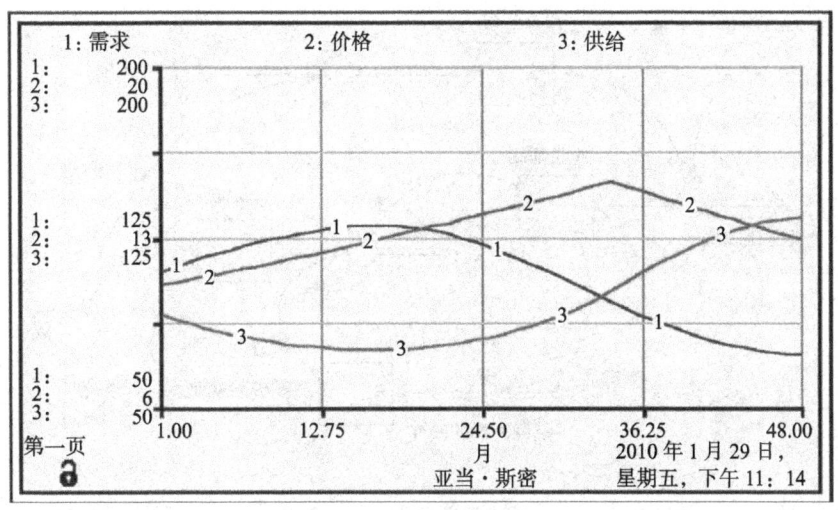

图 6.19 "无形的手"的 iThink 模拟产生的图形输出

地区福利系统是一个使用交互式运筹建模和 iThink 运筹模型来规划"混乱"的例子。它演示了一个有吸引力的地方福利系统，基于对财富分配的干预，会产生两个交互反馈回路，相互抵消并逐渐削弱最初的良好意图。增长的税务（用于支付福利支出），导致了商业和富有人群搬离这个地区，于是减低了税收基数。而在另一个回路中，有吸引力的地方福利系统从邻近地区中吸引了更多的穷人，所以进一步增加了福利系统的开支。增加的支出加上因为税收基数减少而降低的收入，使得需要进一步增加税务，这导致了一个恶性循环（见图 6.20 和图 6.21）。

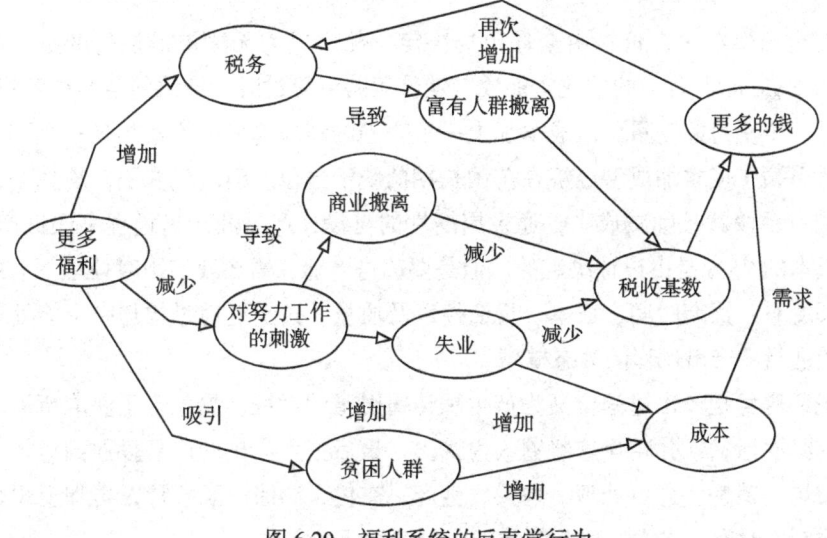

图 6.20 福利系统的反直觉行为

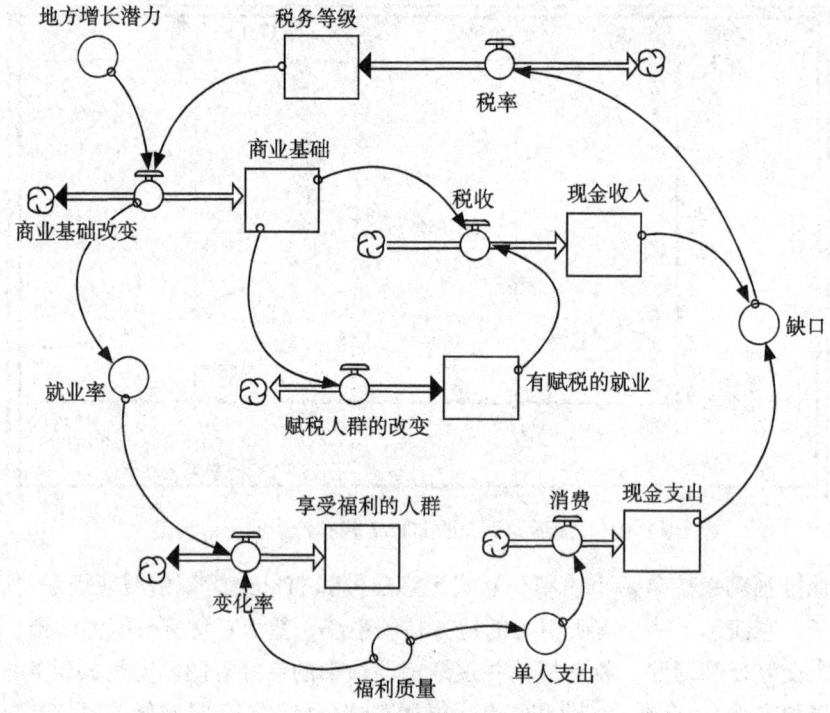

图 6.21 福利系统的 iThink 模型

6.3 产出系统的动态性

在全球经济中，价格由全球市场决定，使之成为无法被操控的变量。这使得斯侬（Sloane）著名的"成本加成"定价策略变得过时。斯侬的著名论断指出：成本是一个不可控变量，由成本加上一个合理的利润构成的价格却是一个可控变量，这引领了成本加成型经济在美国长期的统治地位。但时代变了，现如今，竞争的唯一手段就是削减成本，通过周期性的再设计产品和产出过程来改进产能。记住成本的 75% 是由设计决定的。但是要改进产能，需要我们同时处理下面的四种相关变量：周期时间、成本、灵活性以及质量。这只能通过构建一个能处理相互依赖变量的产出过程的动态模型。

我们已经把产出过程定义为产生和传播财富的过程。它包含了获取所需输入的所有必要活动，并转换这些输入为输出，最后把生产出的产品投放到市场。所以，市场、销售、订单处理、购买、生产、交付、结账以及会计，再加上现金管理、质量、时间、成本，这些都处于产出链的活动之中。

服务行业的活动列表会略有不同。比如，教育的产出活动包含选择学生、注册学生、安排课程、教学、考试和颁发证书；而健康护理系统的产出则包含与病人的接触、与健康护理产品供应商的接触、与第三方付款者的接口、提供健康护理、对病人进行照料，还有对医保系统的管理。

尽管如此，一个哪怕最简单的产出都会明显包含一个需要整合的消息和活动链，因为那些活动通常都由组织的不同部门和不同项目组来实施，它们之间的有效接口和连接是形成有竞争力产出的必要条件。

事实上，要设计一个产出系统，我们需要：

- 了解技术的发展水平，以及替代技术的可用性和可行性，它们与即将出现的竞争之间的关系。
- 理解流、有效元素之间的接口以及衔接功能是如何工作的。
- 知晓系统的动态性，比如时间周期、缓冲、延迟、队列、瓶颈以及反馈回路。
- 操纵关键变量之间的相互依赖性，处理开环和闭环、结构化规则和系统约束。
- 拥有产出会计的运营知识，包含目标成本以及可变预算。

图 6.22 描述了设计一个产出系统的完整方案所要包含的元素。这个方案的基本元素是过程的关键属性、过程的模型以及检验和学习系统。

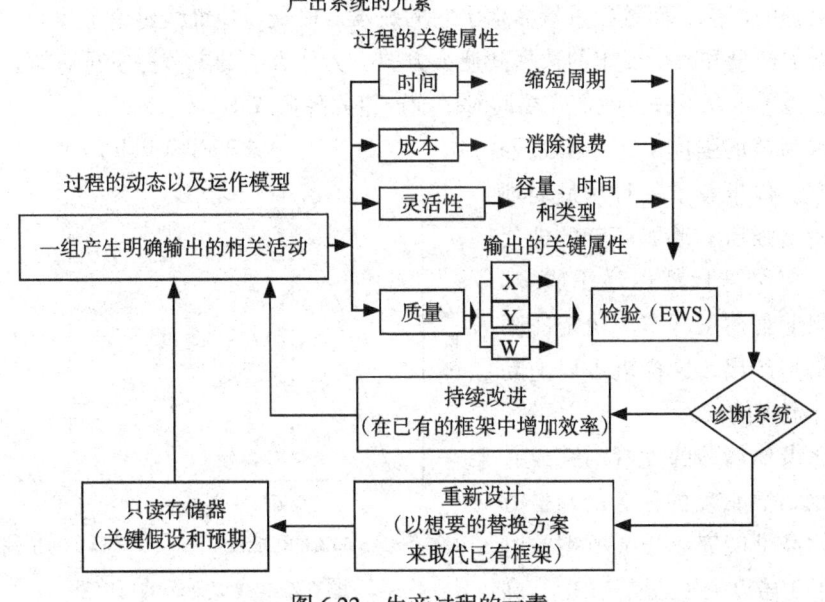

图 6.22　生产过程的元素

6.3.1 过程的关键属性

产出方案中最重要的元素是确认过程的关键属性。时间、成本、灵活性和质量通常是成功产出过程的主要因素。它们组成了一组相关变量，所以改进一项意味着牺牲其他项。如同通常的做法，把它们当做无关变量是一个不可接受的错误。遗憾的是，在周期缩短、成本控制、减少浪费和质量管理中，通常只能专注一个领域。不同领域的专家都试图操控过程来局部优化他（她）关心的方面，这可能导致解决方案之间难以兼容。挑战在于同时减少周期时间并消除浪费，保证输出的有效性（在类型、产量、空间和时间等方面），并且以保证其随时"可用和可控"的方式来管理过程。要做到这些，必须通过建构动态模型来模拟产出过程。

6.3.2 过程模型

产出过程模型的最简形式就是一组用于产生明确输出的相互关联活动。可以采用不同方式和多种层次的融合来给过程建模。最通常的形式就是流程图。不过，要掌握相互依赖性和系统的动态性，我喜欢使用 iThink 软件来模拟产出过程。除此以外，我相信艾利·高德拉特（Eliyahu Goldratt，1997年）的制约理论，或者更具体地说，他的《关键链》（Critical Chain）是必须阅读的，并且是产出建模构想的恰当补充工具。

在《关键链》一书中，高德拉特通过介绍多维性和突现属性的原理，完美地演示了为何局部优化不会带来全局优化。通过链来类推产出，他断言链的强度体现了过程的产能，而链的重量体现了它的成本。接着，他继续讨论了我们为什么会在增加产量和减少成本的选择间迷失方向，为什么老的二分法不再有效，并且为什么为了生存下去，我们需要同时增加产量并降低成本。

因为链的强度决定于其最弱的元素。他推荐了一种从最弱环节开始增强所有薄弱环节的迭代过程，每个迭代都以最小成本，根据当前最薄弱环节所决定的限制来提高产出，这样就可以消除过设计带来的成本。

凭借他精妙的发现，完成一个有80%置信度的任务的预告时间要比最可能完成任务所需的时间多了3倍以上（见图6.23）。高

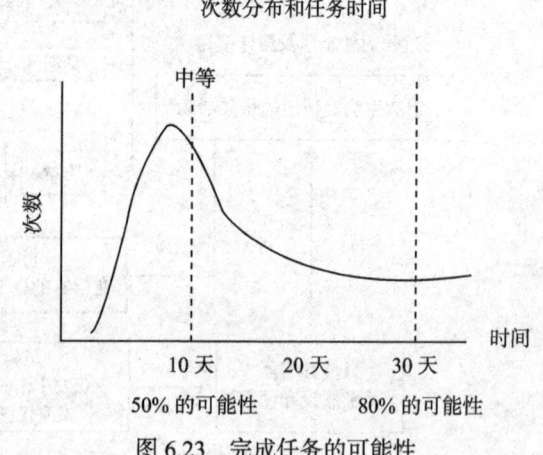

图 6.23 完成任务的可能性

德拉特开发了一种简洁的方案，巧妙地利用缓冲来大幅缩减时间，消除浪费，并且增强产出过程的灵活性。

注意，曲线下方的区域是按时完成任务的可能性。不确定性越高，分布的尾巴就会越长。"中等"的意思是只有 50% 的可能性按时或者提前完成。

重申一下，我们之前关于开发产出过程动态模型的讨论，我想再强调一点，构建动态模型的最简单办法就是去识别并映射相应产出变量的行为、变量改变的方式以及它们的关联方式。使用 iThink 程序所提供的简化版惯例和图标，即存量、流、转换器和连接器，我们可以单独地映射每个变量的行为，最后再把它们合并到一个相互依赖的网络中。

下面的例子展现了一个使用 iThink 来对产出建模的真实例子。1997 年，我从一家著名的通信公司接到一个需求，帮助他们解决一个产出系统中的重要挑战：已有架构无法满足互联网时代所带来的快速膨胀的用户需求。史无前例的需求导致了产出系统处于难以接受的障碍状态，其后果是客户投诉数量一路攀升，迫使美国联邦通信委员对该公司征收了严厉的经济罚款。

4 个相互关联的生产活动：安装、维修、保养以及计划好的扩容，不仅受快速增加的客户群所影响和干扰，还面临需要分配有限并且超负荷工作的技术资源来应对竞争活动的困难局面。

iThink 模型（见图 6.24）的模拟，捕获了之前提到的所有变量之间的交互，揭示了下面提到的 4 个方面的问题。

1）闲置因素：传统上，在一套已安装的电缆中，25% 的电话线路会被保留以在日后故障中替换在用线路。但是已有客户因为互联网活动而导致了对额外线路史无前例的需求，使得公司不得不使用备用线路。这样，一旦某条在用线路因为任何原因出现问题，在客户压力之下，就必须被切换到另一条在用线路。毫无疑问，这只会带来几天的缓冲，直到新的投诉出现。

2）功能型组织结构：在下面模型中捕捉到的每个相关活动都是独立部门所导致的。所有的奖励机制都基于数量，而不是基于结果。相互责怪是所有参与者都擅长的"游戏"，而且总是存在要求额外资源的斗争。

3）对工厂的干预持续增加：不同功能部门间的竞争导致"对工厂的干预"增加，再加上不负责任的糟糕文档，逐渐削弱了每个工厂的"记录质量"，并且增加了系统的障碍程度。一段时间内对工厂的干涉数量与投诉数量的增加有很高的相关性。

4）基于数量的奖励机制：工人也同样乐于赚取加班工资，充分享受了基于数量的奖励机制的好处。

在使用建模设计把所有相关活动移到社区（neighborhood）中心，并以基于结果和客户满意度的奖励机制来取代基于数量的奖励机制后，混乱的情况在 3 个月内消失了。技术团队被指派到社区,并被告知只要一定时期内的投诉数量能降到普通水平,他们会拿到全额的加班工资。模块经理被授权以根据工厂的状态、质量以及闲置因素来限制对新线路的安装,并且在工厂扩容时着眼于最薄弱的环节,而并非简单地使用生产力扩容组。第 7 章将详细讨论建模设计。

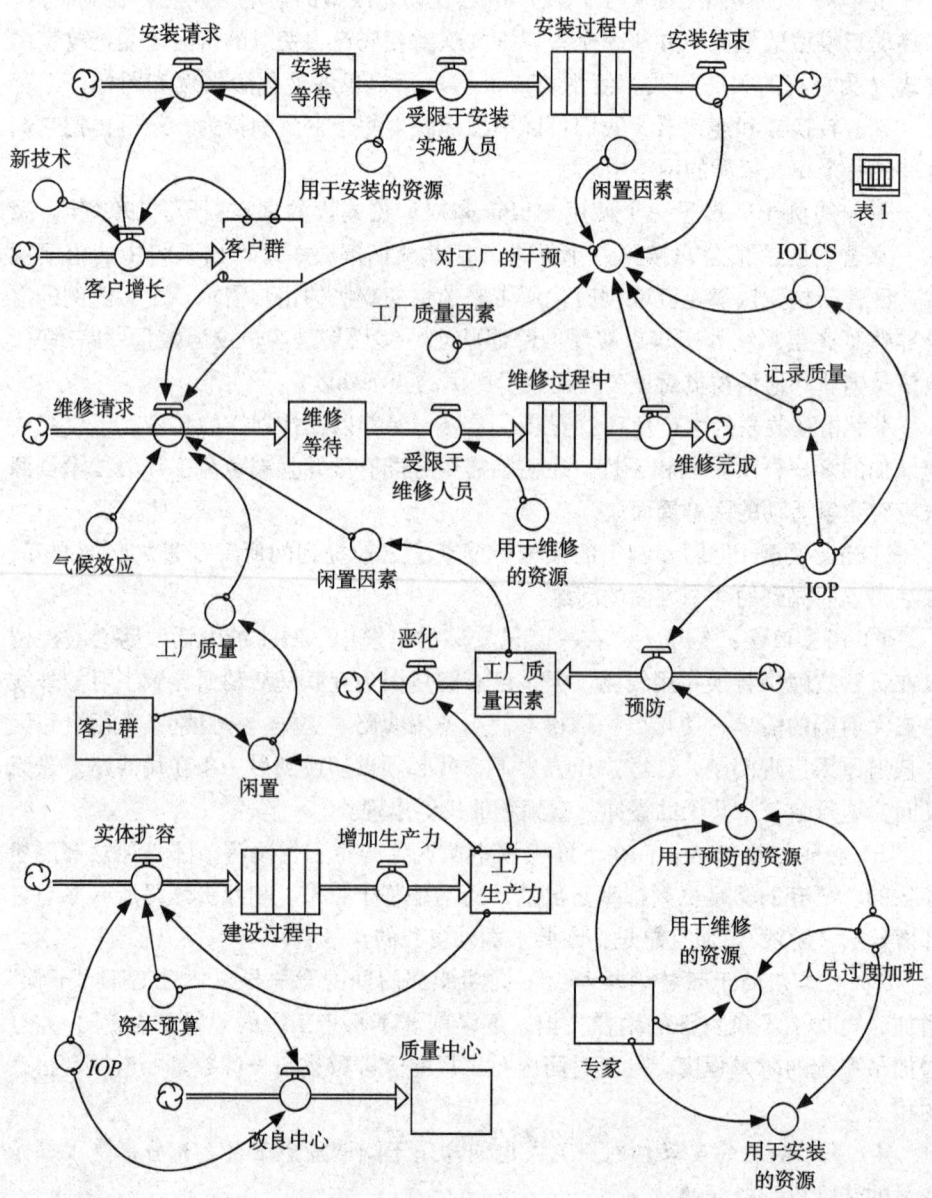

图 6.24 通信公司的 iThink 运营模型

最后，我们都认识到商业的主要功能就是产出，即产生和传播财富。不过，一个有效的产出设计不能脱离提供了平台和基础架构的组织流程（见图 6.25）。全部方案都需要设计者清楚地定义子系统的因素，并且理解不同设计的行为化隐意。

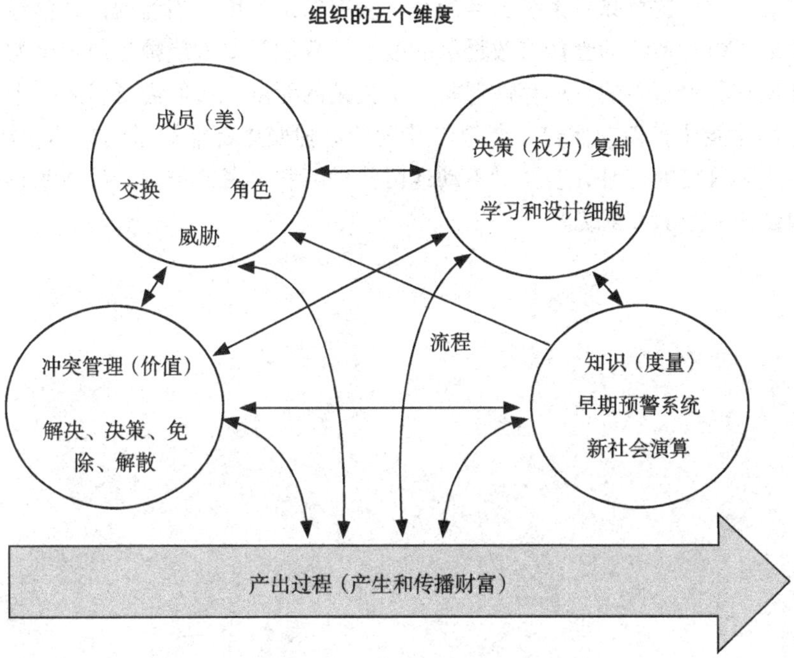

组织的五个维度

```
        成员（美）              决策（权力）复制
      交换    角色              学习和设计细胞
         威胁

                      流程

   冲突管理（价值）              知识（度量）
   解决、决策、免                早期预警系统
     除、解散                    新社会演算
```

⟹ 产出过程（产生和传播财富）

图 6.25　产出和组织流程

组织流程的设计因素与特性基本上由组织中占支配地位的文化或者范式的默认假定和规则所定义。4 种组织流程的相互依赖性很强，并且都是价值驱动的，它们在一起定义了组织文化的关键属性。通常而言，那些属性都源于自发而非人为设计。一旦就位，那么无论技术怎么变化，它们都会保持不变。

而产出流程则是由技术驱动的。在给定的技术背景下，它们明确定义了一个组织的输出会如何产生。对每种输出都有独特的设计，生产流程受到持续的变化和改进的约束。

既然经常重复设计产出，那么新一代的产出设计很可能会与已经运作的传统组织流程产生冲突。这是近代的工程后天努力中已知的最主要的失败原因。对产出流程的再设计，如果不恰当地考虑与已有秩序（即已经运作的组织流程）的相容性，那必然无法有效地实施。毋庸置疑，任何模型的有效性都依赖于"图标"背后用于开发运筹公式的隐含假定的有效性。

6.3.3 度量和学习

策略的第三项元素是度量和诊断系统。仿真模型需要有在线能力，同时同步地监控所有的相互关联的成功因素，以保证它们间的相互关系能随时监控。这是一个有效分析系统的必要条件。分析系统需要能识别出一个改进流程是否进入了停滞期，因为这意味着系统已经用尽了所有的闲置度，当前的设计已经耗尽潜能。如果要想对系统的性能有数量级的改变，我们需要替换掉当前的框架，并重新设计流程。策略中的只读存储器是一个关键的元素，我们需要引入一个学习系统，这样才能让我们的假定、期望以及设计流程变更都能记录到只读存储器中。那些不能再改变的记录，会原封不动地留作学习和参考的依据。第 7 章将详细地讨论和设计一个学习系统。

第7章

设计思维

20世界60年代,我有幸成为IBM的一员。那大概是IBM最为辉煌的时期了吧!我记忆犹新的一项任务是学习运筹学(Operations Research,OR)来使我们的客户对公司的产品产生兴趣。这也使我对罗素·艾可夫(R.L. Ackoff)这个名字变得熟悉起来。不过,我对OR的兴趣只持续了几年。在和一群客户完成了一些项目之后,我认识到,决策者(尽管他们愿意为工作出一大笔钱)是不会对最佳的解决方案感兴趣的。他们唯一感兴趣的地方是确认他们已经做出的选择。在这时,我开始意识到世界不是按正确的人的想法在转,而是按那些能够说服别人的人的想法在转。掌控世界的,不是那些正确的人,而是那些让别人信服的人。

在这次大开眼界的经历之后,我开始深入思考"人为什么在做他所做的事情"这个问题之中,这把我带到了"选择"这个令人着迷的概念。尽管有大量证据证明了理解选择是理解人类系统的必要条件,打着科学标签的主流分析文化却无意去打破它那精美包装的分析方法,来涵盖关于选择的繁杂概念。

这里面的关键问题是如何把选择加入到具备相互依赖性、自组织倾向和社会变化动态性的这个方程中去。很巧,又是罗素·艾可夫给我指明了方向。当我们在1974年会面的时候,我已经拜读过他的巨著《Purposeful Systems》(Ackoff,1972年)。经过了一整天的激烈讨论之后,他为我提供了认清这个问题的线索和洞察力,这也成为了我职业生涯的核心。他让我明白了为什么"设计"是形成选择的手段,以及为什么"设计思维"能有效地同时处理相互依赖性、自组织和选择。

在和艾可夫保持了35年的友谊、工作伙伴还有密切合作之后,我在想,在以后的道路上,哪里是他的结束,而哪里才能是我真正的开始呢?

7.1 作为系统方法论的设计思维

在哈伯特·西蒙(H.A.Simon)的经典著作《The Sciences of Artifical》(1996年)中提出了两个深刻观点:第一个观点是"自然科学所关心的是事物已有的形

态,而设计,是从另一方面出发,关心的是事物应有的形态";第二个观点是断言设计思维具有一个特质,使得它可以被"普遍化"。这就意味着设计可以用作跨学科的沟通工具。

所有涉及创造、解决问题、做出选择以及综合分析的职业都和设计思维有关。从物理环境和人工制品到音乐(创作)、哲学(探究系统的设计)以及政治和经济的格局,在各行各业都有着非常精美的设计。一些伟大的思想家还会把整个社会作为一个可以重新设计的系统来看待。

奈杰尔·克罗斯(Nigel Cross)在他出色的著作《Designerly Ways of Knowing》(2007年)中,提出以下毋庸置疑的观点:

我们身边的一切都经过了设计之手。

设计能力,其实是人类智慧的三个基本维度之一。设计、科学和艺术构成了一个"与"而非"或"的关系,从而创造出人类超凡的认知能力(见图7.1)。

- 科学——发现不同事物的相同之处。
- 艺术——发现相同事物的不同之处。
- 设计——从不可用的部件中创建出可用的整体。

设计思维正是人类在创建远景上所体现出来的独特能力。在此背景下,设计思维的显著优势是能够产生新的选择。它在默认方案之上寻求更好的机会,而不是从现有的选择里选出最好的。现有的选择通常会有一个或多个性质是基于决策人在相似经验中获得的显式或隐含的假设或约束所得到的。使用高级分析工具来帮助做出最好选择的常规做法,只是在重复分析相同的已知行为模式,因为控制选择的基本假设并没有受到质疑。

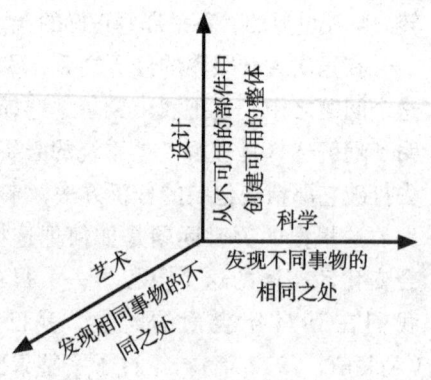

图7.1 人类智慧的三个维度

从另一方面来说,设计思维包含了对假设的质疑。它体现了一种质变,这种质变包括对美和欲望的理解。按照这样,设计就能识别出新的选择和目标,寻求对未来更加期望的可能性。爱因斯坦对此有很美妙地诠释,"如果我们用一种思维创造了问题,那么我们就不能再用此思维去解决这些问题"。

设计需要对所设计的东西有核心的概念和基本的理解。设计一辆汽车,需要有汽车的概念以及掌握顶级知识和相关技术。若设计一个社会系统,则关于社会文化系统本质的实用知识是必需的。因此,没有什么比一套好的可操作理论更实用了。没有一套关于野兽的本性和为什么做事的明确理论,那就只是在不断重复相同的无解方案而已。所有的行动都基于对现实的一些精神意象或者理论。也许除了新生儿之外，不管是如何原始和隐性，所有人都受到理论的指导。那些宣称他们没有任何理论的人，要么是期望别人毫无疑问地就接受他们的观点，要么就是不知道他们有默认的理论。不要陷入理论的迷宫，并不意味着就要陷入到另一个盲目行动的极端。只要行动背后的假设是明确的，就有机会去从经验中学习，并提高我们的实践能力。本书第二部分谈到了一些关于社会文化系统本质的关键假设的细节，它是我们设计理论中不可或缺的部分。

设计过程中的关键是整体思维的迭代过程。设计，就是在给定的环境中，创建结构、功能和过程。环境由直接用户的反馈来定义，它为设计过程提供了选择标准。要强调的一点是，环境、功能、结构和过程，我们不能相互独立地去处理它们。我们需要使用迭代过程去保持它们之间彼此交互和有意义的关系。

开始设计时，设计师必须站在一个更高的抽象级别上，以防止细节上的迷失倾向扰乱了他们从整体上思考的能力。

在第一轮迭代中，设计师要集中精力去开发系统期望的规则来取代现有的秩序。从明确功能开始——也就是在包容了这个系统的更大系统之上，设计师想要达到的输出或者期望的影响。这就要求理解上下文背景，特别是利益相关者的行为。谁是利益相关者？他们对什么感兴趣？他们控制哪些变量以及他们对哪些变量有影响？

设计师接下来开始试着理解和定义众多的且通常是多样的需求规格。他们将找出初始规格中哪些是相容的和相互增强的，哪些是互补的和彼此平衡的，以及哪些是有冲突的。他们也会去重新定义有冲突的需求来试着消除冲突。在第二轮迭代中，设计师将会发挥丰富的想象力来创建出表征了可能的结构和过程的抽象精神意象，其可能会产生期望的输出。然后，他们需要暂停下来，把得到的意象综合成构想（只定义出主要功能的粗略近似整体）、基本结构以及大概的生产过程。

回想一下，我们在指导定义问题的探究过程时所使用的迭代的整体过程，同样也可以用到设计方案中来（见图 7.2）。

在第三轮迭代中，设计师将做出一个设计的符号模型，用来与设计本身进行沟通，以及和利益相关者进行沟通，以

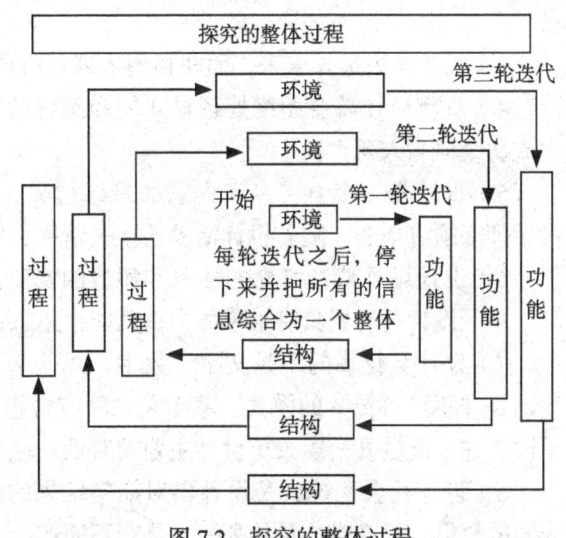

图 7.2　探究的整体过程

保证设计满足各方的需求。下一轮迭代将会把这个初始的粗略设计转化为下一代的期望系统。在后续的迭代中，在测试过操作可行性之后，更多的细节和特性将被加入到设计中。如果没有彻底理解设计的动态行为，那设计必将是不可行的。理解设计产生的非预期结果，有能力去对应正和反反馈循环的表现来控制系统，将使操作思维成为我们设计理论的关键部分。

因此，整体思维、操作思维和社会文化思维与设计思维一起形成了一个交互集（见图7.3）。它们之间互相补充，创建出了行之有效且令人兴奋的方法论。在处理（看上去）可能极其复杂和混乱的社会系统所带来的新挑战上，方法论还有很长的路要走。

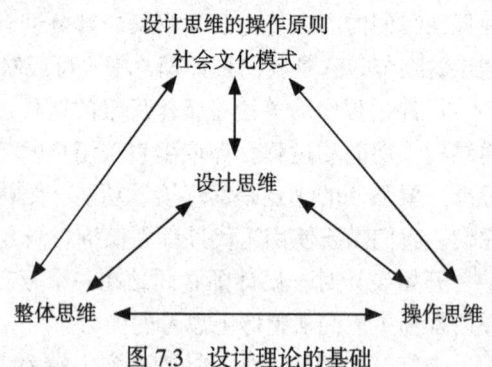

图 7.3　设计理论的基础

7.2　设计思维的操作原则

设计是一个从已有的纷乱复杂的不可用部件中，创造令人兴奋的可用整体的直观过程。它选择了一个期望的未来，然后发明出实现的方式。在处理现实世界中不明确的、结构不良的或者是"邪恶"的问题时，设计显示出与生俱来的能力。

以下是设计思维的十条操作原则：

1）离开了所处背景，所有问题或答案都是没有意义的。

2）系统的表现本质上是由设计驱动的；要实现数量级的提高，需要重新设计。

3）设计是去选择未来，而非预测未来；所选择的元素之中包括了期望。

4）重新设计需要始终处理显式的和隐含的功能；忽略隐含功能的结果是手术成功，但病人死亡。

5）设计是一个自然结果：它的最终边界、功能、结构和过程交互地演进。设计师必须有信心，随着设计活动的演进情况，定义、重新定义以及改变问题。

6）设计思维涉及概念的抽象和积极的实验。它既是一门艺术，也是一门科学。系统设计师需要具有抽象能力以及能被新想法的力量推动的敏感性。

7）设计文化靠的不是文字、数字，或是基于语言的思考和交流形式，它依赖的是"不可言传"的模式。草图是"反应猜想"（reflective conjecture）的一种手段，并以此展开一段关于设计主题的对话。

8）设计社会系统就是设计出对期望结果的清晰和明确的意象。它要消除对未知的恐惧。母亲哄小孩的那一套是行不通的。

9）设计是创新的工具。创新始于对技术和市场机会创造性的看法，质疑不可动摇的假设，否认普遍接受的约束。

10）最后，设计思维同时具备分化和整合能力。设计是整合的最有效工具：设计就是从各个分化的部分创建出一个有机的整体。

在这里，我们及时地回想一下多维性的原则和整合与分化彼此互补的讨论。它们之间的依赖性是如此强烈，只要存在一种级别的分化，必然就有相对应级别的整合存在；否则，系统将陷入混沌、复杂的状态。

遗憾的是，每一学科内日益增加的精细分科数量，已经达到我们所产生的亚文化的总和水平，这使得相同学科内的沟通都变得不太可能，就更别谈不同学科之间的沟通了。作为现代科学文化，我们没有关注整合方面的需要就做出了分化，这也难怪我们在众多领域都丧失了融会贯通的能力。尽管与所有的说法相反，大多数当代的组织只不过是一些分化的职能部门的集合——每个单独的职能部门都有非常高水平的专业知识或技能，但职能部门之间却没有真正意义的整合。我们天真地认为协调就是整合。我们也错误地推断，如果几个职能部门都是向同一个负责协调的老板汇报，他（她）就能把它们整合为一个新的整体，并可能做到融会贯通。最近的金融危机、房地产泡沫以及我们在教育、移民和医保系统所面临的明显混乱，应该已经提供了足够的证据可以说服我们：我们在整合上的努力是失败的。

整合组织的各个专业部分的失败使我们接下来对模块化设计的讨论变得尤为重要。模块化不仅是设计复杂系统的伟大工具，同时是操作级别上的功能整合的完善机制，还是社会系统架构级别上创建动态结构的有效形式。

7.3 模块化设计

20世纪60年代中期，IBM引入了强大的架构来设计其360系列电脑。这是一个转折点，它引领出了创造信息技术当前不朽地位的道路。这个设计包含了一个革命性的概念，也就是我们所知的模块化，它把复杂系统设计领域转变成为了具有巨大可能性和潜力的状态。

在正确的时间和正确的地点，我很幸运地成为蓝色巨人IBM公司中少数有机会首批学习"360架构"和奇妙的模块化设计的一员。这次的学习经验对我的职业生涯产生了深远的影响。在几年之后，这成为了我试图研究的组织系统理论的基础（Gharajedaghi，1985年），并且把多维模块设计的美和巨大潜力带到了社会的背景之中，更确切地说，是商业架构的设计。

模块是架构中的一个元素，它具有很强的内部依赖性（完整的功能集成）和较弱的或者最低限度的外部依赖性和交互。这个完全集成的模块被连接成一个专门的平台，这个平台是用来简化模块、平台本身和系统的其他部门之间的交流或交互的。因此，一个模块就是一个整合工具，来帮助和管理所有分化的功能之间的内部交互，进而形成一个整体（一个信号或某种结果）来传送或者转移给这个模块所属系统的外部元素。

平台是为某一类模块预先定义好的宿主。这类模块中的每一个都可能有自己独特的功能，但是它们都有一个共同特征，这个特征定义了它们与系统的其他平台和模块的关系的性质。从本质上说，平台是一个预先定义好的接口，它的关键功能是简化和管理其所有模块类与整体架构中其余部分之间的交互。

多维模块设计是动态结构的架构。它是一个整合分化平台（每个平台都有自己的模块的类）的系统，具有动态但是简化和预定义的关系。这个架构组合了来自不同平台的不同模块，在必要时把系统转变成一个不同的设计。比如，在乔布斯的伟大作品 iPhone 中，我们看到了一部电话、一部音乐盒、一套 GPS（全球定位系统）系统、一部照相机，还有无数很炫的应用程序。

图 7.4 表示了多维模块设计中对输入平台、输出平台和市场平台三个维度的最低要求。输入平台是代表系统内部资源和竞争力模块类（如知识库、生产单元和共享服务）的宿主。输入模块同时也要通过不断培训和研究，来持续提升内部资源和竞争力。除了掌握功能方面的专业知识外，知识库的人员还需要学习设计方法。而另一个方面，市场平台包括了有能力进入不同的市场和寻找到市场需求和机会的模块类。最后，输出平台拥有一组通过不断调整和利用内部竞争力来满足外部需求的动态模块，这些模块对设计产品、系统和项目有最终权利和责任。产品、计划和项目有不同的寿命，可能是从几天到几个月，如果需要，甚至是几年都可以。虽然输出模块控制资金流，不过它们却不拥有任何资源（所有的重要资源都归输入模块），这将改变的阻力降到了最低。

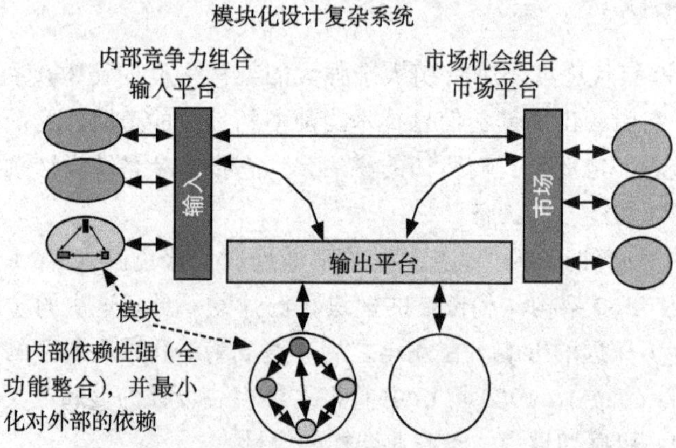

图 7.4 输入、输出和市场平台及模块

接下里的例子可以解释模块化设计的错综复杂性并回答我们如何做模块化设

计的问题。我的一个客户是做电子行业的,他在为他的客户设计净化水的可定制分离装置。客户公司的核心是由公司首席工程师所带领的工程部。机械工程部、电气工程部、化学工程部还有工艺过程部都要向首席工程师汇报。每个工程部依次都有各自的总工程师,还有一位副总工程师、一位资深工程师和一些真正干活的初级工程师。首席工程师是第一个接到来自公司销售部担保的客户订单的人,经他同意之后,设计过程就开始了。四个工程部门都会参与到设计过程之中,不过是按照先后顺序。首先,订单被转交给化学工程部的总工程师,接着到其部门的副总设计师,然后再转到资深工程师,最终,资深工程师选择一名初级工程师,开始做设计。化学工程部的这位初级工程师,在完成他的设计之后,开始逐级往上递交,首先是资深工程师,接下来是副总工程师,最后到达总工程师。化学工程部总工程师再把批准的设计转给工艺流程部的总工程师。这一模式接着又重复发生在工艺流程部、电气工程部和机械工程部中。最终完成之后,把设计返回会计和销售组来做成本计算和定价。在计算出最终的预算并告知客户之后,客户和公司的销售及工程团队之间的反复讨价还价过程便开始了。

  这个过程通常会用 6～8 个月的时间来完成,消耗的成本约为 500 000 美元。随着时间的推移,每一轮出价的时间表和相关费用以 5% 的年利率在增加,这将成为公司和客户之间摩擦的主要来源。

  在观察到这些情况之后,很明显,我们需要模块化设计。但是公司牢固的功能结构所形成的传统文化还没有准备好接受模块化设计所带来的改变。为了减少改变的阻力,我们提出一个简单的试验来检验是否有别的过程可以用来降低成本和提高效率。由分别来自不同工程部的 4 位初级工程师,再加上一位成本会计师和一位销售人员组成一个学习小组,每位成员都需要教小组的其他成员他(她)日常工作中的本质和关键的功能,更确切地说,每一个定义的变量是如何影响最终结果的。为了不影响小组成员现有的工作,这个任务不能占用成员的工作时间。作为激励,如果小组的所有成员都能证明他们已经互相学习到了现在设计过程中所有的功能和关键的问题,并且可以成功完成一个安排的项目,那么每个成员都会获得 10 000 美元的加薪。

  三个月之后,这个小组已经准备好接受他们的第一个项目考验。在接到项目之后,6 位成员作为一个团队,与客户见面,一起了解其业务、主要问题、目标并获得第一手需求。

  这个模块化设计团队在拜访完客户之后,仅用了四周的时间就完成了第一个迭代的设计。在一星期之后,这个设计在做了一些小的修改后,就被客户接受并最终确定下来。所有成本加起来只有 120 000 美元,总共花费的时间是 6 周。我们重复地进行这个试验,还是得到相似的结果。以此作为铺垫,整个公司朝着模块化设计的方向转型。

7.4 社会变迁的设计和过程

我们谈到过：自组织、有目的性的社会文化系统是自我演进的。它们并非只是简单地适应所处的环境，而是在与环境一起演进。随着它们的演进，它们可以改变交互规则。不过，正如所有的生命系统一样，它们表现出朝着预定秩序发展的倾向。它们隐含的共同前景引导着其行为。它们非常趋向于接近和重现一个既有行为的给定模式。要改变这样的行为方式，就需要改变隐含的共同前景。

共同前景，本身是一个复杂的设计，它是变化过程的核心。一旦形成，它将起到一个过滤器的作用，任何可能产生改变的行为的成功总是取决于此种行为对共同前景的渗透和更改的程度。

艾可夫的系统方法论就是针对这个概念的核心所提出来的。它的最终目的是取代歪曲的"共同前景"，通过更期望的前景来纠正这个有问题的秩序。与"交互"打了几十年交道，我们的互动管理学院已经使用交互设计过程来重新设计了很多歪曲的共同前景，使得很多社会系统中的行为方式产生了持续的改变。

设计师通过规划令他们最振奋的未来前景来取代现有秩序——下一代系统的设计。一个对于未来的明确和令人振奋的设计/前景是改变的有力工具。这样就能越来越接近期望的未来（创造出减少现实和期望之间的差距的方法）。

这种"自命不凡"和大胆的乐观是基于以下假设的：

- 渗透共享前景更多的是一个关于情绪振奋而非逻辑的问题。一个对未来令人振奋的憧憬再加上人类本能的共享欲成为改变的强大工具。这正是为什么在做设计时，积极参与的成员（利益相关者）是最根本的，这是交互设计中不可妥协的操作原理。
- 挑战人们之间已经建立好的关系并不容易。不过，如果人们参与到设计的过程当中时，可能会更愿意接受改变。
- 学习和理解一个系统的最好方法是设计它。

德内拉·梅多斯（2008年）卓有远见地观察到"不能预测未来，但是可以构想和创造未来。不能控制社会系统，但是可以设计和重新设计社会系统"，这是普遍接受的对设计思想的肯定。

7.5 交互设计

交互设计是由罗素·艾可夫提出的，是其著名的目的系统方法论的核心。交互设计的最终目标是为复杂和混沌的系统定义问题与设计解决方案。根据他所描述的，"我们失败，往往不是因为不能解决所面对的问题，而是因为我们没有找到真正的问题",我们经常学习如何解决问题,但是很少接受如何定义问题的教育。

传统来说,有三种方法来定义一个问题。最常见的方式是把问题定义为偏离正常。这种方式的最大问题是,除了很难定义社会文化系统的"正常"之外,还有就是反而强化了现有秩序。虽然强烈怀疑问题的根源可能是现行的秩序,但是强化现有秩序的行为通常还是会发生。一个简单的例子就是教育行业的"回复本原"(back to basics)运动。

"缺少资源"是另外一个经常用来定义问题的方式。看起来,在某种程度上,我们获得的信息或者金钱总是不够,最肯定的是,我们总是没有足够的时间来处理大多数情况。这也并不稀奇,因为时间、信息和金钱是万能的约束。我们永远都不会有足够的钱;我们永远都不会有足够的时间;我们永远都不会有足够的信息。我们知道得越多,我们就明白自己不知道的越多。美国的经济部长有一次要我帮忙评估一下某个决策对他关心的三个重要因素所带来的影响。我告诉他,这可能需要一个月的时间去计算出合适的模式。他怒斥道,"没有你,这个决策也会制定出来的。如果有你想对此产生任何影响的话,那就星期一上午7点到我办公室来给我你的模式,否则的话,就给我滚。"

第三种,可能是最有障碍的方式,那就是按照我们已有解决方案的倾向定义问题。已有的解决方案很容易把我们"保护"起来,让我们没能认清现实,所以我们接受了问题的表象。对于某种情况而言,操作研究员可能认为是分配问题,而会计人员则认为这是个现金流问题,这样的情形屡见不鲜。

我们这些人都是经培训成为专业人员——工程师、医生和律师,然后随身带着一个工具包。在每一个领域,我们都有一系列的经典案例,在我们的职业生涯中会遇到类似这些案例的问题集。在专业学校里,我们学习这些问题的解决方案,把它们装进我们的工具包里以备将来使用。在现实生活中,我们需要做的是从所有的案例中找出一个和当前情况类似的案例,接着把提出的解决方案简单地应用在当前的问题上。这种指导我们做事的方法在我们的心中是如此根深蒂固,以至于如果我们不知道某个问题的答案的话,都不愿意接受这个问题。一位重要的客户曾经抗议,"为什么你要逼我面对这个问题呢?你明明就很清楚我并没有任何解决方案"。很难去说服他今天的问题已经不再只是使用已有的解决方案了,他的工作已经从工具的使用者变成工具的制造者了。我不得不提醒他,现在他正在付给我丰厚的薪水来帮助他。然而,遗憾的是,即使我们手上有一个强有力的创新方案,大部分时候,我们却缺乏去应用它的信心。我们需要知道谁之前做过这个方案。话虽如此,但是我们确实是不敢为天下先。斯塔福德·比尔(Stafford Beer)睿智地阐述了这一现象:"接受的想法不再有效,有效的想法却还未被接受,这是我们这个时代的困境。"

我们之前说过，一旦脱离了背景，所有的问题或解决方案都是无效的。同一种情况，在一种背景下是问题，可能在另一种背景就不是。同样，同一种解决方案，可能在一种背景下证明是有效的，而在另一种背景下就行不通。不过，依据解决方案来定义问题的倾向和对被证实过可行的、与背景无关的解决方案的强烈偏好，形成了一个闭环。整个过程只是不断重复产生相同的行为的模式而已。

在一个混沌和复杂的系统中，我们面对的不是某个单独的问题，而是一堆相互依赖的问题，或者是艾可夫所说的混乱。混乱既不是某种差错，也不是一种预测。它是隐含在现在的操作中的未来，是可能破坏未来的种子。

厘清混乱就是要抓住迭代性质和形成关键依赖性的多反馈循环，定义出负责重新反复生成问题模式的二阶机（second-order machine）。也许规划混乱的最好例子就是"资本论"了。然而，卡尔·马克思（Karl Marx）最重要的成就并不是他所提出的解决方案，而是他所定义的问题。

一个优秀的混乱规划为彻底的改变提出了一个有说服力的例子，并且为实际的重新设计提供了舞台。有关如何规划混乱的详细讨论将放在第 8 章。本章剩余部分内容将会围绕设计解决方案展开，由两个不同的阶段构成：理想化和实现。

7.5.1 理想化

理想化的基本思想是倒推式计划。它从系统已经瞬间破坏的假设开始，设计师们有了从零开始重新创造下一代系统的机会。新的系统只有三个要求：① 技术可行性；② 操作可行性；③ 学习和适应性。

1. 技术可行性

虽说是理想化，但是我们面对的并不是科幻小说的场景。我们的设计只能应用现有的可行技术。不过，除了掌握现有的顶尖技术之外，交互设计师也不回避去积极进行新的试验。好的设计将使用一个平台，这个平台不仅允许创新的试验，而且不用多余的接口或高额代价的打补丁过程即可将技术应用在新的功能中。

2. 操作可行性

如果下一代设计成为现实，那除了对已有环境的自支持外，它还必须能够消除当前的混乱。设计必须能够产生足够多的现金来满足现金流的要求。此外，一个真正的可行性测试需要模拟动态模型。第 6 章对动态建模有详细的介绍。

3. 学习和适应性

我们的设计是为现有环境所用的。我们没有水晶球，也不能预测未来。因此,理想化设计要学习各种充足的资源,并能适应可能出现的环境。要记住,精神意象只是我们设计的基础,充其量是一种现实的抽象。要让设计有效,它必须还要有学习和适应系统,以验证我们设计之初的假设,并适应不断变化的环境。在这样的背景下,以我的经验来看,艾可夫的管理体系(1981年)是设计学习系统的最好框架之一。图7.5是这个丰富而周密的方案的简化版本。为了能把学习和控制关联起来,并强调"社会计算"的重要性,我将它修改了一下。

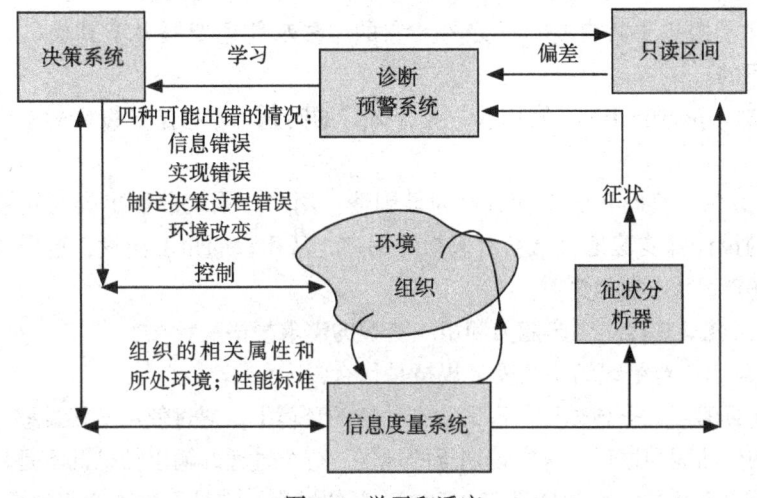

图 7.5 学习和适应

从检测期望发生的与实际发生的之间的不匹配所获得的意外结果中学习。如果能理解为什么会发生不匹配(诊断),就在以后避免这样的情况再次发生(处方)。

为了在最开始就检测到不匹配,需要一个正式的过程来记录期望的结果。它只用于记录重大决策,将会记录如下信息:

- 决策制定时所做的假设;
- 性能指标;
- 期望产出。

尽管不匹配的原因千千万万,但它们都可以归为以下四类:
1)错误的数据;
2)错误的实现;
3)错误的决策;
4)已变的环境。

因此，在诊断过程中，这四类必须要检查到：数据、决策、实现和环境条件。

如果学习系统能包含一个可以在问题发生前就要求采取纠正措施的预警系统，那将会是最有效的。这样的学习系统能持续不断地监控决策制定所提出的假设的有效性，以及实施过程和中间结果。

交互设计过程分为三个步骤：选定目的、指定系统期望的属性和设计寻求理想化的系统。

目的指出了系统存在的原因。它回答的是"为什么"的问题。目的的声明还需要指定对各类利益相关者来说，他们希望系统有什么样的作用。组织是一个由有目的的部分组成的有目的系统，组织本身又包含在更大的且有目的系统之中。除了服务于其自身目的之外，它的主要功能还要服务于其成员以及所处环境的目的。

规格（specification）则回答"是什么"的问题，它指定要设计的系统应该具有的特征。

1）功能：我们在创造什么？为谁创造？用户对系统的输出的期望特征是什么？好的设计师能够把自己变成假想的用户，从用户的角度出发，这样他们能更好地理解产品/市场的关系。

2）关键过程：对生产能力和组织流程的需求规格是什么？

3）结构：对组织结构的需求规格是什么？

设计回答了"如何做"的问题。在给定的环境下，通过使用迭代过程，设计创造出结构、功能和过程，来实现期望的规格。这个过程的输出结果既不是乌托邦式的，也不是理想的，因为这是一个旨在改善的过程。它是寻求理想化的最佳系统，其设计师能构想当下，而非以后。

4. 参与设计

我们之前说过，交互设计的最终目标是取代歪曲的"共同前景"，通过代之以更期望的未来前景来纠正这个有问题的秩序。这也是为什么在交互设计的设计过程中，成员参与是不可妥协的原则。图7.6在第5章讨论双重权利的时候就已经提过（见图5.9）。它代表了嵌套的设计单元，这些设计单元作为参与设计活动的主要

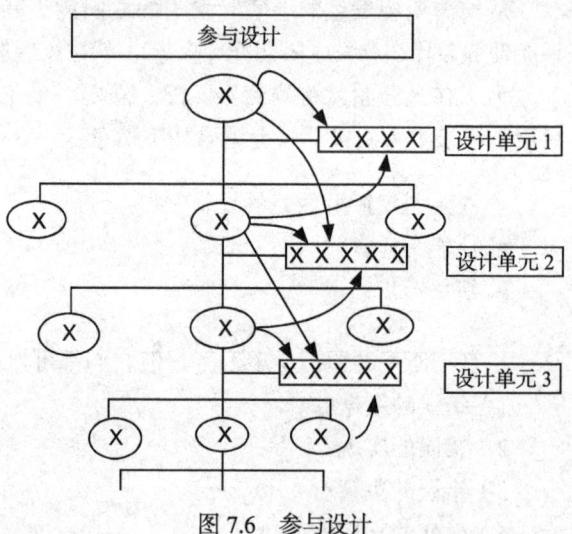

图7.6 参与设计

组织工具。每一个设计单元将其上一级的设计单元作为它处所的环境,并按照这样的背景来重新设计它的活动。你可以回想一下这些嵌套的设计单元是如何提供一种机制来实现水平和垂直整合的。

7.5.2 实现——逐次逼近

正如交互设计的理想化阶段采用迭代的方式,实现阶段也是如此。逐次逼近是实现理想设计的核心。

设计的实现发生在现实世界的环境中。当我们从美梦中醒来,我们会觉得梦境中的情景依旧活灵活现,犹如映入眼帘一般。而对下一代系统的憧憬是如此让人兴奋,以至于我们不忍心让它消逝。因此,我们必须找到一种方法来尽我们所能地实现设计。要想圆梦,则我们需要识别出阻碍我们完成期望设计的所有约束。

所有参与者,对主观或客观上认为在这个时刻阻碍成功实现设计可能存在的约束,参与者表现出最大程度的坦诚去识别它们,这对整个设计取得成功是至关重要的。在整个理想设计过程中,如果存在某个时刻,任何事情都不该隐瞒,那就是这个时刻。强烈建议把任何阻碍实现的东西都提出来,让每个人都知道,并且立即解决。这些约束通常可以分为三类(如图 7.7a) 和图 7.7b))。

逐次逼近
识别阻碍完成理想设计的约束

	第一类约束	第二类约束	第三类约束
行为上的 考核和奖励制度 负责从现有秩序中变更收益 对未知/不安全的恐惧 不信任/疏离/冷漠 文化的默认价值观 **结构上的** 法律约束 缺少重要组成部分 **功能上的** 技术能力不足 输出(产品)不足 市场接入有限 操作不可控 缺乏领导力和影响力	它在现有条件下不能移除 逐次逼近理想设计以产生目标设计 在目前的条件下无法实现预期的设计元素	普遍存在的时间、金钱和知识约束。要移除这些约束需要做大量的准备 制定战略计划来移除约束,达到目标设计	自我妨碍,如果强烈渴望成功,它们可以移除 识别和解除二阶机,负责生成现有秩序

a)

图 7.7 逐次逼近

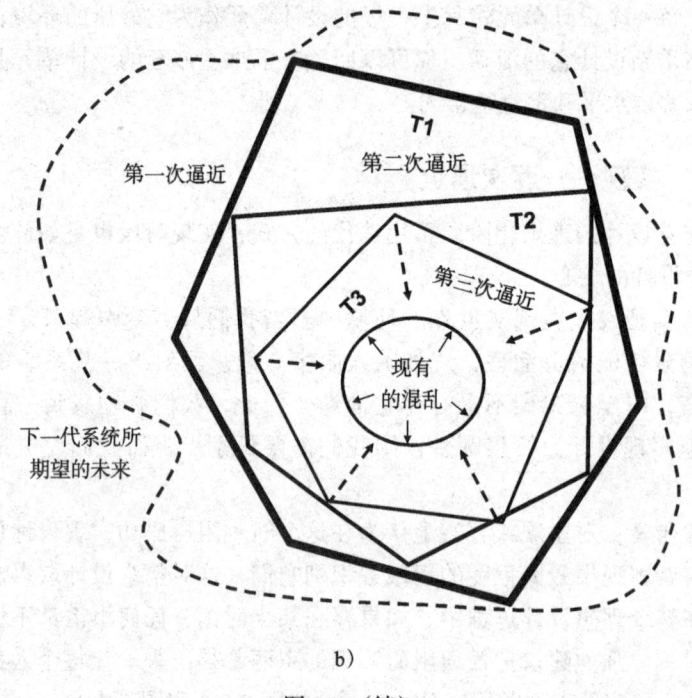

b)

图 7.7（续）

1. 第一类约束

现有的框架不能移除第一类约束。这类约束需要修正和完善设计来创建出能够实现的目标设计。目标 I 将会是无约束设计的第一次逼近。如果有必要，随后的逼近将会识别出期望设计的目标 II 和目标 III 的生成。第一类约束需要持续监控，只要这些约束移除，目标设计就能更进一步地逼近理想化设计，这是至关重要的。显然，实现理想化设计不是一蹴而就的，通过影响当前现实将其转化为期望的未来，逐次逼近所期望的状态构成演化过程。在实现期望设计之前，可能需要很多次的尝试。

2. 第二类约束

第二类约束本质上关注于普遍存在的约束，移除这些约束需要大量的准备。它们由一些耗费时间和资源且需要知识和管理才能的活动组成。这些相关的活动一起制定出将现有系统转化为目标设计的策略计划。策略计划通常是为改变所做的努力中最耗费时间和资源的部分。为了达到控制的目的，关于行动的选择过程的所有关键假设与期望都必须明确记录和持续监控。

3. 第三类约束

第三类约束本质上是行为的本性。销售理念、移除对改变的阻碍、保证验收、培养支持以及扩大所有权，这些努力成为自我妨碍的约束。如果没有事先的信任和贡献基础，系统将会简单地拒绝接受对其安排的改变。这些加强的约束凑在一起，代表了自始至终反复产生当前混乱的组织的默认文化。在面对第三类约束时，消除"二阶机"(second-order machine)是实现设计的最重要的阶段。

重新设计社会系统，如果通过关键的人积极参与完成，那么将是一个不可逆转的重新设计精神意象的过程。它带来的影响深远，远超过按照设计文档立即完成的价值。理想化设计的一个重要结果是让我们能看到"隧道尽头的灯光"。这些灯光指引我们，告诉我们未来一旦有机会来临，该如何抓住。不过，如果一个设计没有任何约束，那它其实也不能产生出期望的结果，最后可能的是，问题隐藏于环境之中，那我们就应该将关注的焦点转向外部环境。

7.5.3 消除二阶机

实现理想设计和推动现有系统朝着目标设计发展的最关键阶段是消除当前的混乱或消除产生不希望的行为模式的二阶机。消除二阶机由两个独立却又相互联系的过程组成：自我发现和自我提升。它们要求：① 识别出什么和我们未来所期望的共同憧憬是相关的并能给它提供支持；② 分析什么样的结果会成为"混乱"的一部分并以此阻碍我们的重新设计和进度。我们要保留前者而处理后者。

因此，成功的文化转型需要：① 明确通过公共论述和对话来制定关于企业生活的基本假设；② 通过严格的检测之后，对当默认值过时、有错误的引导以及（或者）如果不改变将会彻头彻尾谬误时，可以发生哪些行为来获得共识。这是一个高层次的社会学习和忘却的过程。只有通过发现和解释我们根深蒂固的假设行为，才能让我们以全新的方式认识我们自己。这是解放思想之旅，因为它使我们重新评估生活的目的和过程，通过这样，使我们能够对期望的未来做出明智的选择。

举例来说，在设计医疗保健系统的过程中，我发现，简单的组织假设的主导集合（比如，护士只向护士汇报，医生只向医生汇报，或者整合只是单一的归类）是系统混乱的根本。对相关性和该医疗保健系统行为的假设后果展开一个坦诚、开放和深入的小组讨论，是消除二阶机和实现目标设计的第一步。

7.6 关键的设计元素

7.6.1 考核和奖励制度（社会计算）

如果没有一套合理和有效的考核与奖励制度，那任何设计都不会成功。获胜是一种乐趣；为了取得胜利，我们必须保持得分，保持得分的方式定义了游戏规则。如果到了组内成员都期望的程度，那通过小组评估其成员的表现的准则对个人的行为本身有深远的影响。

我们都很清楚如何玩一个零和游戏，我们清楚如何以顾此失彼的方式获胜，或者以明天为代价来赢得今天的短暂胜利。在生物思维的背景下，通过理解集体的生存能力，我们知道如何利用环境资源。

在多等级的目标系统中，通过使用监管的方式来控制有目的的个人行为已经不再可行，或者不再是我们所期望的。管理多思想系统中具有自控能力的成员，我们需要一种新的社会计算能力。这种计算应该为组织成员之间创建垂直、水平以及前后的兼容提供一种新的框架。

垂直兼容处理成员之间在不同级别上的兼容程度；水平相容则关注在相同级别上成员之间的兼容程度；而前后兼容关注系统中过去、现在和将来的成员的兴趣兼容程度。

7.6.2 垂直兼容性

我们已经讨论过，如果没有实现成员的需求和期望，那依赖于是否满足更大系统需求的性能指标是不能有效整合多等级目的系统的，反之亦然。

换言之，个人努力的回报，应该依据他们对更高级别系统的需求的贡献程度提高，他们也是这个系统的自愿成员。这将会改变成功的衡量标准，也会改变对于成员来说相对具有优势的各种行为（趋向于同时满足两个级别的需求）。

看看下面的简单交换系统。一个生产单元消耗其所处环境的稀有资源；作为回报，它产生出了能部分满足环境需求的输出（商品或服务）。假设是这样的，只要产出的总量大于或等于其输入的消耗总量，这个生产单元将一直存活下去。以"美元投票"(dollar votes)为原则的计价系统被认为是决定生产与分配的优先级的可靠和完备的准则。

这些假设能够站得住脚基于：① "美元投票"会更公平地分配；② 最终价格未被操纵。无论如何，价格控制或政府保护等因素会使得服务的真正花费远远高于我们所想。换句话说，输入以较低的价钱从环境中被买入，输出（按照古典会计方法衡量）则设计得看起来更物超所值。

此外，即便是为社会系统的所有成员创造出一个高效的就业机会，这也是一个同时实现财富产生和分配的有效方法，但是现有的社会计算只把就业当成一种开销，于是会无一例外地试图最小化就业。为了纠正这种情况，我们需要一个新的框架，这个框架会把就业同时放到方程的两边，作为输入，同时也作为输出。我们还需要一套绩效指标，除了有效的财富生产外，还要明确考虑到社会财富的恰当的分配，以作为一项社会服务的形式得到充分的回报。如果没有对生产的恰当考虑，仅是醉心于分配，则将带来共同贫困的结果。

以下规划是一个试图从国家层面上衡量每一项主要经济活动的真正支出和效益的简化版本。通过加强分配功能，它补充了市场经济的生产能力。这种模式记录了那些不能通过"美元投票"提出需求的成员的需求。它也明确地凸显了财富的分配（支付薪水）作为社会服务的价值。

为了简单起见，我们把输入限制为两类：① 原料；② 人力资源，然后对应的输出有两类：① 生产出来的成品；② 创造的就业机会。我们把每一项从环境获得的输入给定一个"稀缺系数"，并为每一项产生到环境的输出（商品/服务）给定一个"需求系数"，通过使用表 7.1 的方法，我们就能计算出每一项主要的经济活动的相对贡献值。

表 7.1　计算贡献率

输入消耗	产生输出
原料	生产出来的产品
原料 A：Q × A 的价格 × A 的稀缺系数	输出 D：Q × D 的价格 × D 的需求系数
原料 B：Q × B 的价格 × B 的稀缺系数	输出 E：Q × E 的价格 × E 的需求系数
原料 C：Q × C 的价格 × C 的稀缺系数	输出 F：Q × F 的价格 × F 的需求系数
人才利用	创造的就业率
技能 G：Q × G 的成本 × G 的稀缺系数	技能 G：Q × G 的薪资 × G 的需求系数
技能 H：Q × H 的成本 × H 的稀缺系数	技能 H：Q × H 的薪资 × H 的需求系数
技能 L：Q × L 的成本 × L 的稀缺系数	技能 L：Q × L 的薪资 × L 的需求系数
消耗总值	创造总值
贡献率 = 创造总值 / 消耗总值	

一旦计算出贡献率，新的社会计算的想法是奖励具有更大社会贡献的活动。假设某一生产单元生产面包的贡献率是 2，但是只有 8% 的较低投资回报率（因为消费类的购买力疲弱）。另一方面，假设另一个生产单元生产溜溜球的贡献率是 1，但是投资回报率是 18%。因此，我们的激励系统应该能够倾向于有利于生产面包的方向，来改变相对的投资回报率。

这个问题可以通过一些众所周知的手段进行整合和协调来解决，比如差异化贷款结构、差异化利率结构和差异化税收结构。根据贡献率（从表 7.1 计算得来），分配给每一项主要经济活动不同的贷款权益比率、不同的利率和不同的税率。决定稀缺系数和需求系数的方法是基于逐次逼近的。不过，对最初的原始系数需要经常修正和更新，以确保反映新的情况。

如表 7.2 中的例子所示，这种方案会使面包的投资回报率提高至 18%，而溜溜球的则会降至 12.6%。这种方案的优点是最大限度地规避随官僚主义而来的集中计划所带来的风险，同时通过促进更公平的分配和分发来增强市场经济的优势。

表 7.2　基于贡献率来调整相对资产收益率

产品	面包	糖果	溜溜球
贡献率	2	1.5	1
当前投资回报率	8%	12%	18%
初始投资	1 000 000 美元	1 000 000 美元	1 000 000 美元
产权（贷款）比率	1/4	1/2	1/1
贷款总额	4 000 000 美元	2 000 000 美元	1 000 000 美元
利率	5%	9%	15%
贷款成本	200 000 美元	180 000 美元	150 000 美元
使用资产总额	5 000 000 美元	3 000 000 美元	2 000 000 美元
收入	400 000 美元	360 000 美元	360 000 美元
收入减去贷款成本	200 000 美元	180 000 美元	210 000 美元
税率	10%	20%	40%
税额	20 000 美元	36 000 美元	84 000 美元
税后净收入	180 000 美元	154 000 美元	126 000 美元
最终资产收益率	18%	15.4%	12.6%

7.6.3　水平相容

大多数组织理论都隐含地假设了完全理性的微观决策自然就会产生完全理性的微观条件。如果各种各样的不相容绩效指标不存在（如成本中心、收入中心和经费中心），在组织内部各单位之间也不会产生结构冲突，那这也许是可以接受的。

我们考虑一下，比如一个公司内部的典型配置。对生产单位来说，绩效指标旨在最大限度地降低生产某项特定输出的成本；对于市场单位来说，绩效指标旨在最大限度地提高销售的收入（这些单位通常称为成本中心和收入中心）。从直观上看，我们希望这两个中心的交互是互补的，从而达到最高效。遗憾的是，事实并非如此。在绝大多数组织中，市场和生产的关系都是无休止的摩擦。

原因很简单：这样的设计违背了基本的整体性原则。孤立地局部优化一组相互依赖的变量中的每一部分，并不能够优化整个系统。分别对待成本最小化和收入最大化这两个目标，在系统内部产生了一个基本的矛盾。为实现收入最大化，销售人员就偏向于增加产品的种类，添加定制化的功能，短时间内交付产品，等等；而另一方面，为实现生产成本最小化则可以简单地通过标准化生产过程来达到，但这也意味着减少产品的数量和长期的生产进度。因此，基本矛盾就产生了：解决市场问题的最佳答案是牺牲生产，反之亦然。

具有讽刺意味的是，这样的设置在今天的组织之中正常工作的唯一原因是组织并没有认真对待绩效指标。（有目的的组成部分，这可是这个系统优于机械系统和生物系统的主要优势。这样的不相容性，在机械系统中是完全不可能容忍其存在的。）

对于这个问题，大多数公司通常是采用折中的方法。由比这两个中心更高级别的职权来决定在某些特定时间内，哪一类指标起主导作用。由一方可能的收获来弥补另一方造成的损失。

对这个问题的一个完全不同的解决办法是寻求绩效指标的兼容性，而非在不兼容的集合之间寻找折中。一种方式是可以改变市场和生产的绩效指标，这样使它们都能最大限度地提高成本和收入之间的差异。这就意味着两个互补的单位都能是盈利单位或者市场和生产的关系是基于交换的绩效中心，就好比客户和供应商一样的关系。现在期望两个单位都完成增值业务。

我们再考虑一下两种设计如何灵活处理交付时间表上的差异。灵活性对于一些用户来说是价值，这些用户愿意为此付一定的费用。对成本中心来说，这些费用微乎其微。对成本中心最重要的一件事是产品时间表的改变会增加成本。即使存在灵活性，最后使公司整体获得正的净值，但是因为不关心收入，成本中心终将会抵制灵活性。此外，由于转化的成本是基于平均成本的，而非边际成本，平均成本对需要（或不同程度地需要）灵活性的用户和不需要的用户来说，没有什么差别，平均成本对他们来说，都是相同的。

另一方面，利润中心用边际成本与边际收益的比值作为基础，审视着每一个机会。客户愿意为额外的服务所支付的钱要与供应商将需要承担的边际成本取得平衡。

成本中心本能是抗拒由市场要求的任何操作变化的，而利润中心则期望能提高其对系统的净贡献。

需要注意的是，在利润中心的设计中，可能还是会存在单位之间此消彼长的情况。现在的关键不同在于，双赢的局面现在有可能实现。生产和销售可以同时都受益于满足客户需求，更重要的是，绩效指标现在已经是相容的了。另一点要注意的是，虽然我们期望完全统一的绩效指标，不过这并不是必需的；我们关注的真正重点是相容性，也就是绩效指标必须按照一方成功不会导致另一方失败的原则来设计。

7.6.4 前后相容

随着时间的推移，在社会系统中对相容性的考虑则集中在了连续性和可持续性上。组织的利益相关者们是过去的成员和未来的成员。讨论过去、现在和将来成员之间利益的兼容性，特别是基于道德背景的讨论，远远超过了本书所讨论的范畴。这里主要关注务实的本质。

我们不难意识到社会系统可以以牺牲明天的代价赢得今天，或者用今天的苦难换取明日的辉煌。也可以证明，社会系统过去的成员能够对设计系统的现在具有深远（正确的或错误的）影响，尽管在利益方面现在成员和未来成员对系统兼容性的需求或多或少取决于今天决定中的见解，但是今天的这个决定不应该限制未来成员的可用选择。不过，相同的认知并没有扩展到现在成员和过去成员利益之间的相容性需求。

在一些文化中，过去成员的利益仍然主导着现在，而另外一些文化中，则不需要考虑那些已经不在组织中的成员的利益——"眼不见，心不烦"。然而，拒绝接受过去成员的利益和完全接受它们的主导都不是我们所期望的。作为由有目标的成员志愿组成的组织，其有效性取决于成员对它的贡献和归属程度。在这样的背景下，疏离感严重地阻碍了组织发展。而组织过去、现在和将来成员利益之间的不兼容，是产生疏离感的主要来源。这是因为那些认同组织未来成员利益的成员会持续产生焦虑感和不安全感，进而对组织的长期生存产生持续威胁。

但是现在成员也会以史为鉴。他们从曾经给系统提供了良好服务的卓越成员的命运中能看到自己的前景。一个不期望的和不幸的前景是不安全感的重要来源，它是疏离、腐化和权迷心窍的核心。这正是为什么对过去成员利益的关注是必不可少的，最低限度是以可接受的退休制度的形式。在这方面，逐步退休的观念及其各种后果，应该比以往更认真地考虑。

总之，管理多思想系统，我们需要做到以下几点：

- 与有目标的成员利益保持一致，对整体的目的产生振奋和贡献，反之亦然；
- 通过分权的方式来授权，而非让权；
- 基于服务的独立控制，并把它转化为一个学习功能；
- 预防输赢斗争，消除破坏性的冲突。

7.6.5 目标成本计算

任何设计的最后考虑都是目标成本计算。因为运营成本中的很重要一部分是由设计驱动的，所以系统的设计师必须对成本负责。如果没有目标成本，那人人都可以当设计师了。运营一个生产系统，目标成本计算和变量预算的结合往往是胜败的关键。

在传统的成本会计系统里，定价根据成本加利润的公式得到。它做出的假设是，成本是不可控的，生产商有权收回成本并再加上合理的差额利润。故而，价格是根据依然设法留在竞争游戏里效率最低的生产商花费的成本来设定的。如果一家垄断了市场，价格越高，获得利润也就越丰厚。因此，在这种模式之下，价格是一个可控变量。

恰恰与此相反，假定目标成本的计算价格是由竞争基础上的市场来决定的。在市场经济中，价值是由用户来定义的。随着我们朝着经济全球化的发展，价格逐渐变为不可控变量；而成本，因为技术的进步，正逐渐变为可控变量。这是一个全新的游戏。

在决定进入豪华车市场，与梅赛德斯－奔驰（Mercedes-Benz）展开正面竞争后，丰田（Toyota）公司在设计和生产雷克萨斯（Lexus）时使用目标成本计算。丰田发现，65 000美元的奔驰中的20 000美元的价格标签是虚荣价值。客户，愿意花超过20 000美元的价格，只是冲着梅赛德斯－奔驰的这个牌子。这意味着雷克萨斯至少要做到，同样的质量，但是价格不超过45 000美元。于是，丰田的定价为40 000美元。不过，雷克萨斯刚进入市场，需要一个全新的分销渠道。预估的销售成本将近25%，大概是每辆车10 000美元。暂不考虑10%的销售提成，设计团队为生产一辆雷克萨斯给出的目标成本是26 000美元，做到"在目标成本范围之内生产出来，否则滚出豪华车市场"。

目标成本需要一个变量预算方案（见图7.8）。通过变量预算，在该过程中的每一个活动的元素都会是一个绩效中心。没有一个元素会给出固定的预算，但是每一个元素都会有运作资本和月收入。这些收入将成为月产量的百分比，这也会反过来决定活动的花费水平。

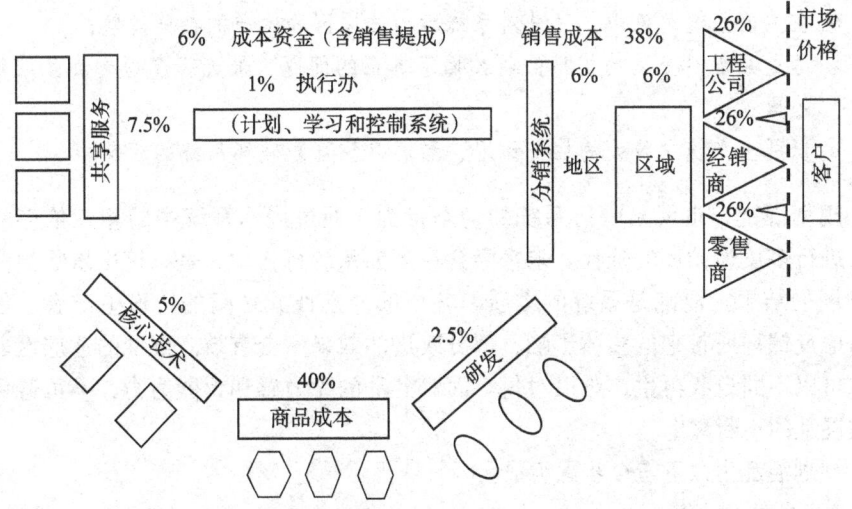

图7.8 对空调的目标成本计算和变量预算

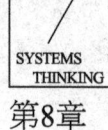

第8章

规划混乱[⊖]

> 我们的失败,一般不是因为我们无法解决所面临的问题,而是因为我们无法面对真正的问题。
>
> R.L 艾可夫

系统很难面对现实,这是自己强加的障碍。真正的现实隐藏在我们意识的核心中,遥不可及,只能通过心智模型、假设或者影像进行表达。这些障碍欺骗了我们,设计了我们的世界,绘制了我们的未来。它们负责维持系统原状,使改变系统的努力付之东流。

规划混乱是为了达到以下目的:

- 理解基本假设,并强化不断重现问题模式的活动;
- 在主要系统角色中,促进对系统行为的原因和本质的共同理解;
- 尽量减少对变化的抗拒;通过揭示真正的问题,最大程度地增加采取行动的勇气;
- 识别出系统中最大的杠杆作用、漏洞以及可能破坏系统的萌芽。

规划混乱,也就是映射系统的动态行为。通过展示系统中的相互依存的本质,进行多反馈循环的迭代。未来隐含在当前系统行为中,是系统中事物当前状态发展的结果。混乱是系统的本质。各个部分是彼此之间的协作生产者。如果不考虑反馈环所带来的整体影响,部分改进的效果不会有效。混乱的适应性非常强,可以不断自我再生,难以对付。面对混乱的无力感和无能为力,不可避免地导致混乱的不断滋生。

规划混乱由以下三个步骤组成:

1)搜索;

2)映射;

⊖ "规划混乱"和"理想化设计"都是艾可夫的代名词。但是在和他长期的交往过程中,我们很多次规划了混乱并产生了理想化设计,以至于我们每个人都不可避免地发展了自己独特的版本。

3）讲故事[1]。

8.1 探索

探索是迭代进行的考察，以产生信息和知识，并理解系统及其环境。这都是为了观察系统实际的行为，学习它的历史，并理解系统行为的目的和内容。在混乱规划的探索阶段，包括以下三类探究方法：

1）系统分析；
2）障碍分析；
3）系统动力学。

这三种探究方法反复迭代演进（见图8.1）。在每个连续的迭代循环中，我们会尽量获得更多的细节。在第一个迭代中，尽量把握整体的感觉，定义系统的边界，识别重要的变量，关注达成共识或者冲突的地方，并找出信息、知识和认识的缺口。在每个迭代中尽量填补这些缺口。后面的迭代中也会验证前一个迭代所做出的判断，取得对关键问题的一致意见，并建立了解系统行为的交互模型。

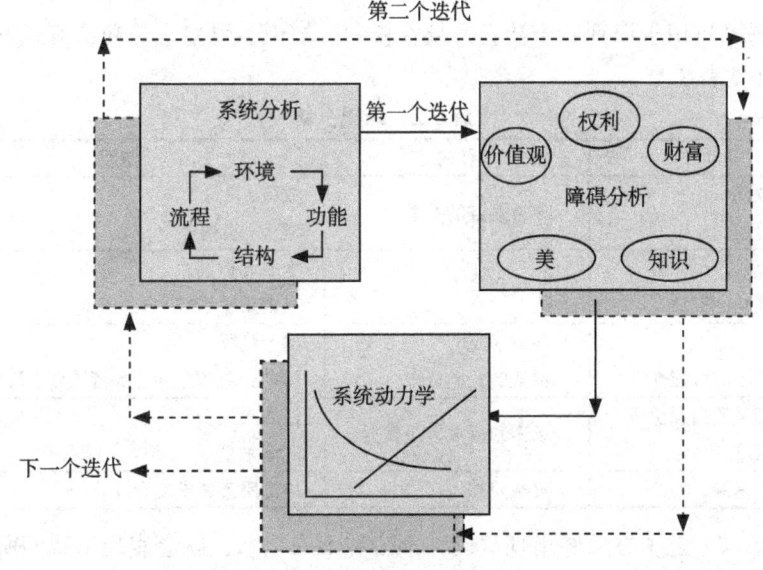

图 8.1 探究方法的交互流程（搜索）

---

[1] 这里我采用了我的老朋友，也是我的同事，约翰·波德纳（John Pourdehnad）的分类建议。更详细的分类请见约翰·波德纳（1992年）。

8.1.1 系统分析

系统分析用于快速构建当前系统及其环境的映射，描述系统的结构、功能和行为，而不做任何价值判断（见表 8.1）。

表 8.1 系统分析

结构（输入）	成员	利益相关者
主要作用人及其利益 每个作用人可控制或影响的变量，所占利益大小，以及利益的组织形式	主要构成部分及其关系	客户、消费者、供应商、贷方、政府、法律制定者 其他的利益群体
功能（输出）	产品/市场	市场潜力
产品受益群体是谁以及为什么？明确的、隐含的或者潜在的产品需求	差异基础 竞争基础 市场门槛	需求的可靠性 竞争激烈程度 竞争力分析
流程（知识）	核心技术	行业标准
做事方法	生产流程 组织流程	行业最低门槛 销售成本、产品成本、运营成本

8.1.2 障碍分析

障碍分析用于识别一个社会系统在权利、知识、财富、美和价值观方面的故障如图（见表 8.2）。

表 8.2 障碍分析

功能	结构	流程
输出效能 客户价值	与价值链的关系	权威/责任 耦合/去耦合
适用范例 衡量成功的标准	核心竞争力	学习和控制 早期预警系统
奖励 细分市场的可能性	钱的来源 稀缺的关键资源	生产流程 周期、瓶颈缓冲、等待队列、反馈延迟
输出结果的内在价值 （虚荣心）	承诺和成员等级高低	挑战 厌倦水平
风险和漏洞	策略差异	内部服务需求的合理化

如果以上五个方面中出现缺乏、不公和不安全感，就会表现出我们所说的一级障碍，以及在相互加强作用下所产生的二级障碍：极端、疏离、腐败和恐怖主义。详见第 4 章。

8.1.3 系统动力学

系统动力学是一种动态分析。我们不仅需要认识到问题的存在，更要知道问题的根源。这也包括寻找问题本身：为什么系统是按照这样的方式工作的。这需要了解多循环反馈系统的本质，以及相互依赖的变量之间在特定时间背景下的相互作用（见表 8.3）。关键是捕捉由重复操作所产生的累积效应中的复杂性。比如两位数增长，在一个相对较短的时间内，不仅是有利的，也基本不会带来任何负面隐患。但是，在很长一段时间内不断追求两位数增长，不仅是难以克服的挑战，而且会带来很多负面和不利的后果。

表 8.3　系统动力学

	过去	未来
事态的发展	识别过去 5～10 年中，对系统产生重要影响的关键事件	识别未来 5～10 年后，可能使系统具备明显优势或劣势的事件
改变的驱动	改变自：	改变到：
成功因素	改变自：	改变到：
识别冲突、竞争、合作或增强（协同）的行为		
识别行为的基础：理性的（私利）、情感或者文化（习惯）		
识别模式形式：周期性或随机性，正向或反向趋势		
识别因果关系或反馈循环		

表 8.1～8.3 只能作为探索过程中提问的指导或者样例。如果这些问题对你的案例或者上下文有用，则使用它们，但是不要拘泥于形式。相信自己的直觉，考虑目的性、多维度以及反直觉的行为。记住，这是一个迭代的过程。小心别在信息的丛林中迷失。先从三万英尺高空往下看，然后再产生足够的信息，建立变量之间的相关性。

在探索的过程中，时间是一个重要的考虑因素。探索可用的时间决定了探索结果可以达到的通用性和专业程度。不过，应该进行合理分配，保证有时间两轮探究，这样才能充分理解整体的情况，并识别混乱中的重要元素。

当完成第一个迭代的系统分析、障碍分析和系统动力学研究后，要停下来总结之前的经验。我们需要对一系列的关键驱动力、重大事件和相互关系做出明确假设，能够制定一个初步的整体图。随后的迭代可以对这个整体图不断进行澄清、验证和修正。不过我们使用这个图只是为了制定初步的计划，指导以后的迭代所需要了解的细节。

8.2　映射混乱

在探索阶段，一般可以找到很多的问题、障碍和驱动力。为了对这些结果进行分析和理解，我们将它们进行分类，以方便研究它们之间的相互作用，并理解混乱的本质。

这个过程将把不同的现象划分到不同的集合或子集合中，然后为每个集合确定主题。每一个主题将是其构成要素（集合成员）的突现特性。

经过讨论达成分组条件的共识后，主题就被确定了。每一个主题应该：①边界明确，其所代表的含义没有混淆；②具备普遍性。主题不应该只反映某个孤立事件。如果主要利益相关者看到某个主题有恍然大悟的感觉，这就证明了主题的有效性，这可以作为验证主题的试金石。

最后，当所有相关主题都证实后，需要分析元素之间的相互关系。

一般来说，每个主题自身就是一个微型混乱；不过为了研究主题之间的相互关系，先将每个主题看做一个整体。在随后的迭代中，当关注到某个主题时，我们再将它分解成更小的主题，这样才能理顺与其他混乱元素之间的相互关系。我们将利用图表来呈现主题间的关系，这样可以清楚展现混乱当中所存在的关联性和整体性的本质⊖。在图 8.2 的例子中，我们定义了以下的主题：

- 封闭的产品部门文化；
- 利基市场中的技术革新；
- 产品效能；
- 运营效益；
- 夸大预测；
- 补丁。

我们可以把序号标在图中表示互动的线条上，以方便构造关系和理解。

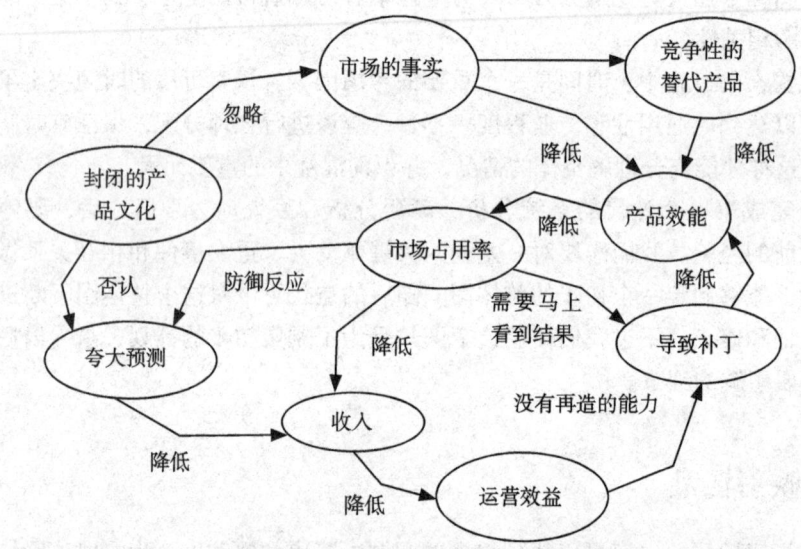

图 8.2　一个成功产品部门的陨落

当可替代产品逐步获得市场的认可，原本产品本身的作用会逐渐降低，导致市场需求降低。在封闭的部门文化中，每个部门的地位都是由其细分市场所

⊖ 彼得·切克兰德（Peter Checkland，1981 年）采用了类似的映射方法来描述"系统运动形态"。

决定的。任何来自市场的威胁，都有可能影响到对应的那个部门。于是，大家对这个利空消息的第一反应就是否认。为了保护自己的利益，该部门会不断进行夸大预测，而又再次验证失败并影响自己的声誉。同时，这也增加了内部压力，使得部门成员不计代价地降低成本来增加销售。但是，应对市场的变化所需要的是产品的再造，提高产品作用。同时，出于短期利益考虑，人们总是倾向于采取临时补救措施。在市场压力下，不高效的系统没有能力对产品进行快速再造，所以只能在现有产品上增加补丁。而这又更进一步地增加了维护成本，影响销售，并把宝贵的时间浪费在如何与别人竞争来稳固自己的市场地位上。于是，恶循环开始形成。

一旦理清了混乱中的元素和它们之间的相互关系，当前的混乱形成的原因及其发展过程也就清楚了。以上例子中的混乱是一个众所周知的现象，即一个成功的产品部门错过了该领域的一次技术革新。遗憾的是，正如小沃森所说，"一个组织在之前的技术浪潮中越成功，就越有可能错过新一次的技术革新。"

混乱的映射是一个定义混乱的关键特性和突现属性的启发式过程。这个过程会寻找系统中存在的"第二秩序机"。现存秩序可能会产生无法预料的麻痹性的"第二类"属性，而其带来的惰性会阻碍变化，抵制对关键改进进行的尝试。为了大幅度提升系统性能，我们需要识别并破解系统中的第二秩序机。第二秩序机的核心是一系列看似简单而正确的假设，包括过于强调制胜策略、游戏的变化、错误的成功标准和奖赏机制。

图 8.3 映射了公共教育系统中的混乱。虽然这个关系图只代表某个特定状态，但仍然可以描述一个普遍的事实，即系统是如何从市场和政府监管中剥离出来的，又是怎样推翻金钱可以解决教育中的所有弊端的假设的，如何将系统从公认的失败转变为成功的。

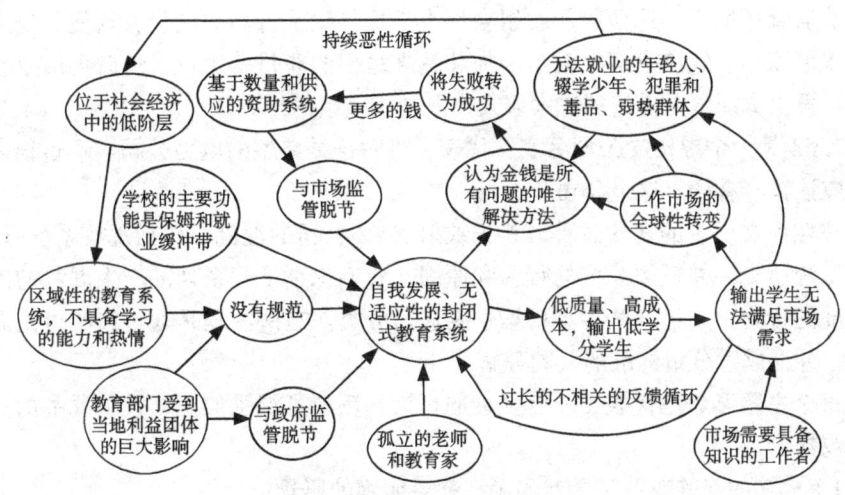

图 8.3　公共教育系统的混乱

8.3 讲故事

混乱不是预测，而是早期预警系统。信息的适当封装和流通，与信息内容本身一样重要。规划和扩散混乱是解决混乱至关重要的一步。理解混乱往往有利于解决混乱。我们需要讲述一个令人信服的有吸引力的故事，来揭示隐藏在当前状态下的问题。如果可能，假设所有事情都同时出现问题，通过揭示系统是如何崩溃的，来与听众产生共鸣。其中的挑战是建立关于现实和将来不幸结局的可信图景，以形成共同的理解，刺激人们对变化的期望。故事中应该考虑到各个利益相关者的权益大小、影响能力和利益范围。同时，不应该进行责难或使人产生防备心理。应该将混乱描述为过去成功的结果，而不是失败的结果。记住，这个世界并不是由自认为正确的人来运作的，而是取决于那些可以说服别人认同自己的人。

管理层一般不愿意告诉其他的利益相关者有关混乱的事实，特别是团队的成员。一般采用的借口是承认混乱会影响团队的士气。但是，这样做不仅仅会破坏规划混乱的目的，还是反直觉的。在我的经验中，组织的成员往往都能意识到混乱的本质，在很多情况下，他们只是不能谈论或者无法通过规划混乱的过程清楚表述混乱而已。其实，他们真正不清楚的是管理层是否已经意识到混乱的存在。一般来说，分享和沟通混乱是愿意面对并解决混乱的信号。

8.3.1 规划混乱：案例回顾（电力行业的故事）

本节是一个真实的 20 世纪 90 年代早期的关于电力行业的混乱规划的例子。

图 8.4 描述了当时电力行业的背景。1979 年的石油危机给整个行业带来了风险。这个风险导致过量的电力供应和减少的政策型的需求的双重问题。在固定成本的监管环境下，这两种问题组合反直觉地导致了过高的电价，致使竞争力下降、规模缩小、经济衰退、裁员增加和越来越多的非付费用户，然后再形成恶性循环，再次增加电力供应的成本以及产业结构重组的压力。

XYZ 是一个虚构的公司名字，代表了当时这类典型的电力公司。不过很多美国人应该很容易认出这个公司。

按照前文所说的迭代过程，首先映射 XYZ 公司的混乱。包括观察系统行为、了解系统历史，并理解系统的行为和原因。我们识别了一系列的产生混乱的内部和外部的行为，并将这些行为根据主题进行分类。这些主题是通过广泛讨论而确定的，并形成对分组标准的共同理解。

每个主题形象地代表了一套复杂的行为，反映了混乱的主体性。混乱的关键元素包括：

1）成功的经验改变了游戏规则，缺乏明确的愿景；

2）成本加成的垄断环境；
3）非竞争性文化；
4）平庸，容忍不胜任；
5）输入型人事制度；
6）结构不兼容和冲突；
7）对未来的不确定。

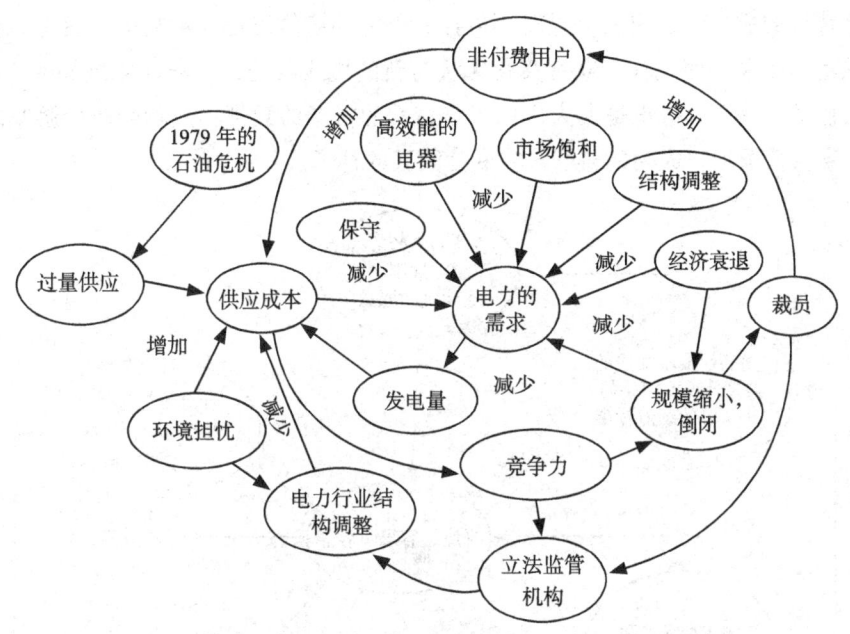

图 8.4 电力行业的背景

不过关键的步骤通过图示将混乱元素之间的相互作用和增强影响表现出来。回想一下，所有的混乱元素都在同一时间发生，很难用表达连续和线性关系的描述性语言进行恰当的表述。而主题之间的相互作用的模式可以采用关系图来表示（见图8.5）。然后，通过深思熟虑，对当前系统行为的方式和原因进行深入的解释。

最初的研究结果表明，XYZ公司混乱的源头与整个行业中的混乱息息相关。同样可以清楚地看出，产生这个混乱是如此深刻和剧烈，需要对它进行深入理解。如同前文所指出的那样，混乱之间是高度相关的，是涉及整个系统的现象，无法对部分进行单独处理。所以，混乱的问题是无法被局部化解的。如果通过局部化解而去掉混乱的中的某一个元素，余下的部分马上会产生新的问题。所以我们不难理解，尽管多年来管理层一直在努力尝试解决混乱，而混乱的状况从没有结束。混乱是夸大、增强的过程。对主要障碍过分关注,导致系统的某个死锁问题蔓延到局部。认识到混乱的存在是解决混乱的前提条件。一旦理解当下行为的长远效应,我们会更倾向于采取必要的方法进行提前预防。混乱的系统性属性就表现为过去的成功所带来的非预期结果。混乱是过时的游戏的遗留产物。在电力行业监管的背景下,混乱自然是这个行业或多或少存在的典型现象。XYZ公司的混乱也就是其长期处于安全环境中的后果。如果当时没有采取那么严厉的监管,没有昔日的成功,公司就可以对不可控的外部环境做出适应性响应,而将不会存在混乱的问题。而现在,既有文化无法与新的挑战匹配,并充斥着意外的(也是灾难性的)后果。这正是人为机构兴衰背后的古老的教训:成功会改变游戏的规则,默认情况下,成功的秘密终将变为毁灭的种子。

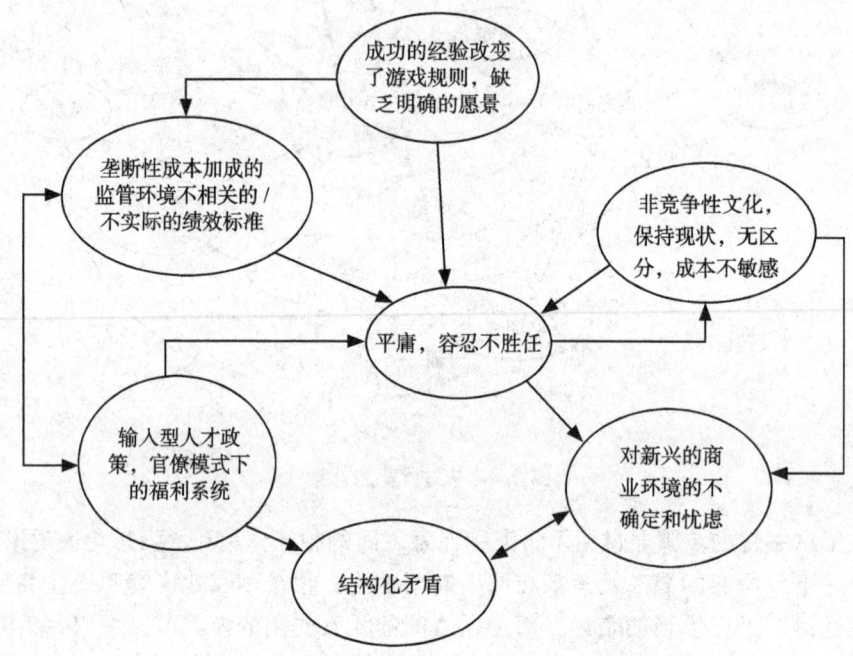

图 8.5 反映电力行业问题的关联系统

XYZ公司的混乱是由不平衡的加剧所引起的:过度关注系统的某一方面(成本加成、输入驱动、无摩擦、消除多元化、追求稳定),并严重忽略其他方面(追求性能、创新精神、市场驱动、变化导向、强调多元化)。如果一直采取局部优化的方法,会使原本的优点变成缺点。为了使XYZ公司的绩效有数量级的提升,需要识别并破解系统的第二秩序机。所以,理解混乱的事实是XYZ公司实现转型的有力手段。

8.3.2 成功改变游戏规则，缺乏明确的愿景

虽然美国的电力系统受到很多批评，但仍然是全世界羡慕的对象。在短短几十年间，依靠卓越的远见、非凡的领导力和巨大的努力，目前该电力系统覆盖了整个广阔大陆，为源源不断的需求提供电力。即使在今天，要达到同等的、一致的内部技术和可靠运营，对于其他任何一个工业社会都是严峻的挑战，更不要说在如此庞大的规模之上。在美国，电力行业曾被视为现代管理学的标志。他们没有坐等盈利率的提升，而不断提升效率降低成本。但是，成功带来自满。提升一个完美的系统不再有意义，系统停止了发展。于是，电力行业感觉不到任何改变的动力，关闭了对外的人才库。

最终，战略思维发生了转变：

- 沉醉于过去的成功；
- 重心从致力于新发现和前沿探索转移到维护已取得的成就；
- 危机管理，组织只对当前出现的问题进行处理；
- 核心竞争力受到侵蚀。

XYZ 公司每年都开展战略年度计划，但是所产生的战略计划实际上只是运营计划，并衍生为来年的"任务"列表。由于缺乏明确表述的战略，XYZ 公司错过了新的商业机会。没有一个令人兴奋的未来愿景，系统只能朝后看，努力维持过去的辉煌。

8.3.3 垄断、成本加成和监管的环境

XYZ 公司实质上是在成本加成体系和监管环境下的特许经营。没有任何其他因素会影响 XYZ 公司的形态和行为。

电力行业监管的初衷是为了纠正该行业过度的商业行为，以恢复公众对垄断体系的信心。一旦遏制行业中的弊端，费率的制定就演化成为了成本加成定价体系。从第二次世界大战后直到 20 世纪 60 年代，成本加成体系在电力行业中一直发挥着很大作用，开发廉价的新能源并降低费率成为了行业规范。价格下降推动了经济扩张，刺激了市场需求，并提升了行业的形象和股东投资的价值。但是，进入 70 年代后，开始出现资源短缺、贸易禁运、通货膨胀、创纪录的高利率、环境监管，所有这一切都带来成本增长，并使行业与客户和环保人士之间形成了更为紧张的关系。为了应付高涨的价格、环保人士的抗议和舆论的压力，监管者将"社会公正性"带入了费率的制定和监管过程。到了 20 世纪 80 年代，环保人士和各种利益集团通过监管领域来推行自然保护项目，使社会公正性更进一步地附加到费率制定过程中，并颁布法规以取代电力行业作为行业建设者、拥有者和

运营者的传统角色。在成本加成的监管环境中,监管者的万能作用崭露头角。它几乎影响了电力运营的所有方面。与监管体系打交道能力越来越重要,甚至成为了一种官僚能力,可以控制成本,并在系统中以最佳方式分配资源。这种技能,如完美的艺术,使所有的运营政策、程序和流程都围绕它而进行。这种情况下,会产生不清晰或者不相关的绩效衡量指标。在成本加成的监管环境下,典型的商业指标都被忽略了。例如,定义不清的社会和经济计划无法建立一个有意义的绩效指标。在良好的竞争环境下,如果指望一个公司不仅要降低对产品的需求量,还要为带来的损失买单,是非常荒谬的。当一个系统的生存状况和它的绩效表现不再相关时,系统奢侈地运营在成本加成的第三方买单的环境中,形成了具备独有的规则和激励方法的游戏。随着时间的推移,人们认识到他们可以忽视任何早期的预警,只需要仰仗于监管者所提供的生存的可能性,而不需要再去关注组织的有效性和市场真正的规律。

成本加成体制已经病入膏肓了。客户对它非常不满,而政治机器也会最终宣布它的死亡。以后的费率监管和整个行业的未来模式还需要进行重新设计,我们相信一定会出现新的可供效仿的行业领袖或者标准。任何新的绩效标准将很有可能从竞争中脱颖而出,将会开始注重成本效率的提高,并鼓励创新型的创业努力。

8.3.4 非竞争性文化

XYZ公司的组织文化受到了成本加成环境的影响,具备以下的特点。

- 非竞争性监管环境有利于同行的和平共处。
- 相互尊重对手已建立的不可侵犯的领土。
- 遵守规范,主流文化倾向于中庸;倾向于与其他同类保持一致,不带来任何威胁;反对标新立异。
- 长久受到尊重的共同价值观是稳定、和谐和友爱,而非胜任能力。
- 习惯性地认为持续的盈利和增长是理所当然的。
- 不言而喻的假设是,系统的生存与运营的效率无关。
- 将"监管者"作为唯一的变化来源,即使是良性变化。
- 将监管者作为可以决定未来的客户,而真正的用户却没有任何话语权。
- 将输入(人员多少、教育年限、资历深浅等)作为福利待遇的基本考量,而非输出(创新、生产力、绩效等);认为变化是对来之不易的安全地位的威胁。
- 对差错的容忍度比遗漏更低;潜意识地否认组织失败的真相是因为没有做到而不是做错了。

- 对权利的需求超过了对成就感的渴望，个人地位和特权的增长是由资助或者忠诚度来决定的，而非竞争行为（人际关系比生产力更加重要）。
- 无法清楚认识到重要人才和相关技术的关键作用。
- 只在防守森严的内部范围获得身份认同，而外面的世界则被忽略了。
- 采用压倒一切的统一命令在组织中进行管理冲突、消除混乱、达成协调和修正偏差。
- 认为上下级关系是组织中唯一的构成方式，形成层级型一维组织结构。

8.3.5 输入型人事制度

XYZ公司采用的是机械型薪酬体系模型。这个模型源于早期强势的工会对大工业企业的要求，要给工人提供公正、公平和安全的待遇。这个传统的模型目前仍然在制造行业中盛行。尽管这个模型有明显的缺陷，但是由于工业行业中的竞争特点所带来的平衡效应，这个模型仍然管用。遗憾的是，在成本加成的非竞争性环境中，这个模型带来了最坏的结果，即官僚保护主义。在XYZ公司中，发展的主要障碍是缺乏明确的绩效考核制度。这已经成为了二阶机中不可分离的一部分，并决定了XYZ公司的特点和行为方式。比如，表现不佳的员工可以获得不错的评价并持续多年留在XYZ公司中。而为了抵消绩效不佳所带来的后果，又需要招聘额外的人员来完成指定的工作任务。这样的人事制度一旦形成，很难更改。虽然这个制度已经对组织造成了灾难性后果，但是因为组织中的任何一个方面都不足以构成流程再造的理由，所以传统的薪酬体系作为默认价值，长久以来一直存在。之后我们会总结XYZ公司传统薪酬体系的特点。就如前面所提到的，这些现象并不是XYZ公司独有的。很多采用了传统薪酬体系的组织都有类似的情况。这个体系的特点是进行"工作"评估。评估的重点是工作本身，而不是相关员工。固定工资基本工资是由工作内容和其资格所决定的。在同一职位上的不同员工基本有着相同的收入。这样的体系反映了强调公平的机械性概念，即"同工同酬"，而忽略了不同员工的差异性表现。其最主要的考量是稳定性和衡量的易操作性。由于大部分的员工都表现平平，一个基于平均水平的薪酬制度最不会引起不满，并带来一个更加稳定的工作环境。这个体系有选择性地倾向于认同所有工作的共同特点，而真正的员工个性却被有意地忽略了。因为对员工个人的天赋、技能和兴趣，包括他的绩效和对组织的贡献的评估，都会涉及个人性格、无形价值和复杂的主观判断。所以，"无论本身有多好"，都有必要刻意地把个人判断从评估过程中去除。这种评估体系是机械年代思维的产物。他们认为组织是由结构定义的任务所组成的机器，而它的产出也是由结构所决定的。于是，所有的输入是由所谓的岗位说明书所决定的。而所有的人为因素，如经理的个人判断或者职员的个性，都不够客观，也一直被排斥在体系流程之外。体系最为关心的是如何方便地进行精确度量。以客观为由，评估流程中囊括了最容易衡量的指标，如工作年限、教育程度、员工数量、预算大小，等等。这里再次确定了广泛在人为系统中被忽略了的事实，"精确度量的错误指标"产生了意外的弄巧成拙的后果。以下列出了传统评估体系的部分后果，这些后果在很多采用类似模型的企业中很常见。

- 鼓励建立帝国组织（过度扩张的预算和人员以达到薪资增长的目的）；
- 鼓励官僚主义，抗拒变化；
- 奖励平庸，阻碍人才多样化和绩效差异化；
- 将无法胜任的员工进行提拔以增长薪资；
- 产生了过度膨胀（上层和下层机构臃肿）的组织；
- 产生冷漠感和疏离感；
- 通过平衡体系内组织，整体提升所有人的薪水；而不是有选择性地根据员工的绩效进行区别对待；
- 对权利的渴求取代了对成就感的渴求。

8.3.6 平庸、容忍不胜任

XYZ仿佛工作在一个力场中，将一切都拉向平均水平。这股趋于平均的拉力来自于以下几个独立而又相关的方面：

- 成本加成的监管环境，以及环境中与绩效无关的考核方式；
- 认同非竞争性文化；
- 输入型人事制度。

这些增强驱动力的汇聚点形成了熵过程（entropic process），并产生趋于同化和一致的系统性拉力。于是，公司的福利系统需要维持可测和一致的状态。在这样的状态下，任何可能带来风险的紧张状态是不能被接受的。比如，增强自身实力的愿望或者好胜的心态是有破坏性的，会给平和、良性的平衡带来威胁；标新立异与既有规范格格不入，而创新和革新被认为是偏离正常状态的一种社会病态。为了维持一致和相同的理想状态，系统不得不接受不胜任。于是，成功被定义为保持平庸、低调、安静。最后，在惯性的作用下，系统最终陷入了组织性低效的漩涡。组织的生命力在慢慢消亡，而陈腐之气开始蔓延。能力的高低变得无关紧要，没有人是不可或缺的。于是，与当权者保持良好的关系成为了成功的最终标准。如果任其发展，系统最终会变得毫无作为。为了保证必要的输出，系统需要一定程度的分化。遗憾的是，在这样的状况下，唯一可行的分化方式就是多层级组织结构。于是，真实的任务被分解成很多具微的职位，使无法胜任的人得以连续提拔。过剩的劳动力所带来的副作用，进一步阻碍了工作流程的开展。由于各个组织之间的关系链条非常薄弱，沟通乏力，每个组织越来越固守己见。过于庞大的组织架构，忙于自己制造的内部工作，自寻出路。流程又带来新的流程，浪费四处可见。而那些想做事的人永远得不到及时有效的支持，所以只有不断重复做同样的事情。这归结于以下自相矛盾的体验：一方面，人们潜意识中希望维持优厚的待遇、安稳与平和的系统；另一方面，又渴望着合理的机会，通过卓越的表现获得不凡的赞誉、职权和认同感。于是，面对着当前组织的荒废，触痛着大家的社会良知，沮丧和指责在组织内部大面积扩散。人们无法解决这个僵局，否认、消极的情绪开始盛行：人们更倾向于指责组织内部的个人，而不是组织系统本身。

8.3.7 结构化不相容

XYZ 公司的体系（组织结构、功能和流程）中存在各种不相容的情况，这是由新环境下产生的新需求所带来的。XYZ 当前的组织结构源自于组织的历史经验，而这个历史经验正是组织在过去平稳发展环境下取得的非凡成功。这个结构是非常典型的当今主流的美国企业的组织结构形式，最初是由通用电器的阿尔弗雷德·斯隆（Alfred Sloan）所提出的，可以很好地适应多元化市场下的增长。这个模式的基本体系是由强大的中央总部（公司的大脑）及受其控制的一系列的半自治部门所组成的。每个部门是一个微型的整体，负责运营特定的细分产品或者市场。所指定的细分产品或者市场决定了每个部门运营的地位、生存状况和范围。各部门需要具备对需求的预测和准备，然后按照预先定义好的模式进行无偏差运营。总部主要通过行政职能对其他部门进行控制。这些行政职能在所有组织中复制，而不同的部门中的技术能力则大相径庭，形成各自的技术。由于每个部门运营着不同的产品，具备不同的技术和特定市场领域，相互之间的交流最大程度地减少了。这样可以减少冲突和复杂性，并专注各自的重点和责任感。于是，成功在各个产品部门的不同市场上不断复制和维持。这样的组织结构在稳定增长并可测的商业环境中是完美的。不过，这个完美的组织结构在这个动荡不安的、充满着新的挑战和机遇的环境中，却遭遇滑铁卢，不再有效。在新的环境中生存需要适应性和核心竞争力。注意，那些所谓最先进的技术，如果只在特定背景下有效却无法有效复制到不同的环境中，则不能称之为核心竞争力。企业层面上的监管和服务职责的不相容，导致了不必要的混乱和两个职责的失效，如服务公司在提供服务的同时，还兼顾着监管的职责。为了避免控制和服务之间的冲突，本来简单、高效、可共享的服务却被冗余影响，造成了不断的责任不清和边界争端。而另一方面，由服务公司来执行的控制职责，则失去了适当的法定权利，无法被认真对待。在报喜不报忧、追求和谐的文化中，很难建立可以有效自学习并进行早期预警的系统。同时，控制职责被最小化，最多是一种形式（即监督）。所以，确定系统各个部分的共有特性和能力及各部分的特性，异常重要。然后组织需要解决如何实现这些目标的过程（方法）。不过，中央集权和地方分权这两个互补的方法，都可以有用武之地。所以，现在的问题不是决定采用集权还是分权，而是区分采用集权或者分权的对象。这个问题无法脱离上下文来解决；比如，如果企业是在监管环境下运营，则应该采用集权管理，有利于建立对于监管很重要的内部连贯性和一致性；如果是在非监管环境下运营，现有的集权管理模式会扼杀新业务，应该采用分权的方式。

8.3.8 未来不确定性

XYZ公司，如同能源行业中的其他公司一样，开始进入了未知的市场领域。过去所习惯的稳定的公共监管环境，突然变得多变难测。以前熟悉的封闭环境开始变得开放，市场管制开始放松，而竞争正在重新设计这个行业。未来的格局还未确定，没有人知道它将会是怎样的。而唯一可以肯定的是，电力行业的未来一定和过去不一样。唯一的确定性就是不确定。现在的挑战是如何在这个以竞争力决定机遇、最终用户选择胜者的环境中胜出。英国与加拿大已经处于电力行业转型的阵痛中；华盛顿和威斯康星州领跑美国电力开始做出改变，尝试采用新的方式和建立新的关系；康涅狄格州采取了"等待和观望"的态度；而其他地方，如马萨诸塞州，正在准备迎接即将到来的动荡。

没有人知道电力行业的未来会何去何从，但是可以做出以下推测：

- 能源行业将进一步放开，将以市场为导向地进行内部管理和外部竞争；
- 出现独立生产商，并成为主要的玩家；
- 中间经纪业的崛起：批发贸易商；
- 成本核算中有望加入对环境成本的考虑；
- 价格的区分；
- 兼并和收购；
- 传统能源业务的增长前景非常有限。

新格局的面纱正在逐渐被揭开，无论是怎样的未来，都将同时孕育挑战和机会。根据新格局可能带来的影响，各个利益相关者已经开始重新评估他们的预期。最为重要的是，能源是组织增长的基础，而有限的能源增长正是组织所有的股东和利益相关者担忧的根源。不足的增长将带来两个令人担心的后果：对内，这会扰乱系统本身的成本机制；对外，兴起的新规则会破坏当前和平共处的各个电力组织。这场比赛最终会成为零和游戏，部分企业的成功基于其他企业的牺牲。焦虑开始增长成为各个组织的家常便饭。

8.4 当前的混乱

8.4.1 当前经济状况下行为模式的成因

讨论混乱的形成，无法避开不谈的是，它是造成当今经济格局的关键成因。下面的交互模型就尝试描述了主要成因之间的关联关系，并演示了当前混乱的复杂性本质。

8.4.2 游戏规则的演进

第一个模型（见图 8.6）呈现了以下四个关键问题的动态交互：

- 全球化；
- 股票市场资本主义；
- 人口老龄化；
- 社会文化系统的格局。

全球化带来了两个重要影响。首先，它终结了位于主导地位的阿尔弗雷德·斯隆著名的成本加成模型。价格不再是一个可控的变量，而将由全球市场所决定。成本则逐渐成为控制变量。为了达到竞争优势，需要降低成本，提高产量。但是成本和产量是由系统设计所决定的。为了实现成本数量级的降低，产品的生产过程需要进行再造。第二个影响是，全球化的过程使得人们更容易获取信息、知识甚至逆向工程的技能。技术扩散的同时，也带来了仿制品。为了应付这样的双重挑战，我们也需要对系统进行再造。

迭代的系统再造以及持续的改进，可以不断减少系统中的闲置时间和冗余流程，使系统各部分之间的关联越来越紧密。这也就是兴起的复杂性的本质，要求一个全新的领导模式——管理相互关系和无法控制的因素。向上管理要求理解社会文化模式、自组织和非线性动力学，并进行相应的模式转变。而这正把我们带回了设计思维。

人口的老龄化也带来两个影响。医疗保健的成本增加和退休所享受的义务也增加了不少医疗成本压力。同时，退休人员倾向于依赖基金经理管理其存款，以在更长的寿命期间得到收入。基金经理一般不会从长期的股东权益出发，而更像是赌徒，投机地将现金压在更有前途的赛马身上。

对股票市场资本主义的两位数增长的预期和短期的盈利绩效，使得季度绩效和不断的兼并和购买成为关注的重点，而这与股东的长期稳定性利益相悖。为了解决这个矛盾以创建一个双赢的局面，使得短期和长期的利益都得以实现，这依赖于系统再造的能力。

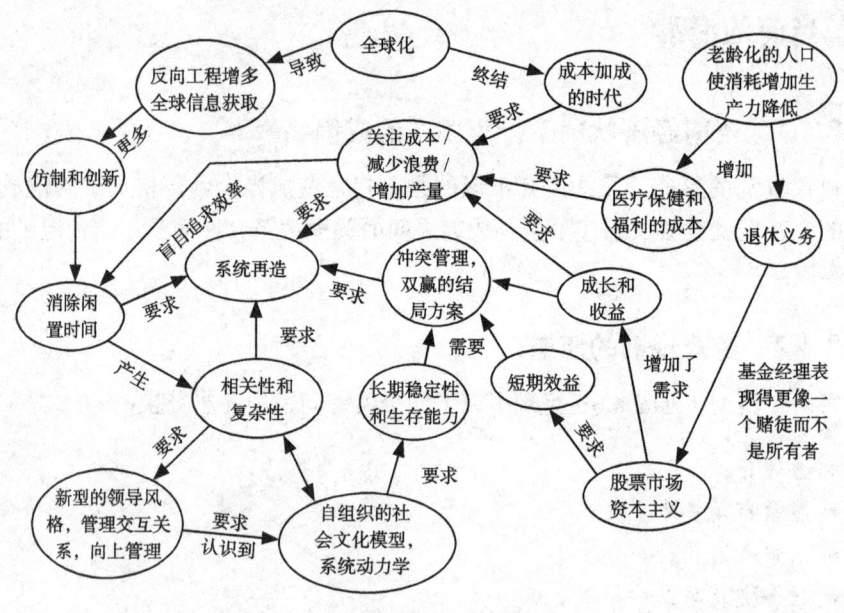

图 8.6 游戏的演进

8.5 当前的危机和未来的挑战

在第二个模型中（见图 8.7），我尽量抓住其他的成因和阻碍之间的相互关联性，这些阻碍对当前的混乱和未来的挑战都有关键的影响：

- 增长成为唯一的成功标准；
- 金融体制的行为；
- 公共教育的失败；
- 全球化和外包；
- 结构化失业；
- 极端思潮群体；
- 永远处于选举状态的政治体系；
- 美国消费者的承载能力。

为了维持增长的模式，根据生物学思维，这需要持续增长的消费水平。遗憾的是，维持两位数增长，已然是"股票市场资本主义"毫无疑问的预期，却是无法长期实现的。这个主导的增长模式，虽然取得了巨大的成功，却已经达到了承载能力的上限。同时，各个金融机构也是以量为基础的运营模式，受其影响，这个问题更加凸显出来。

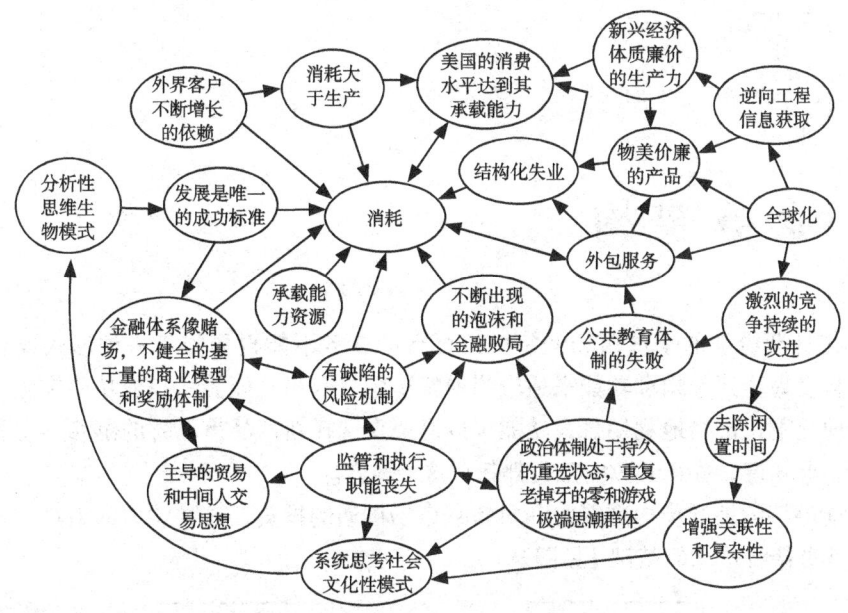

图 8.7　当前的危机和未来的挑战

　　银行机构，不仅没有为经济运营提供必要的贷款，还涉足业务中进行中间人的交易，享有高达 57% 的利润，并通过不成比例的高额奖赏体制，收敛大量人才；与此同时，经济却在衰退，失业率高达 10%。公共教育的失败（25% 的退学率）加上全球化的外包趋势，产生了持久的结构化失业。而最为重要的是，政治体系在极端思潮群体之上，一直开展选举的零和输赢游戏，而不会真正处理出现的系统复杂性以及即将面临的挑战。

　　遗憾的是，解决这个复杂的混乱已经超出了任何个体努力的能力范围。似乎到了挑战当前发展模式和分析性思维的时候了。模式的转变也许即将出现。

第9章

业务架构

在日渐纷杂的全球市场经济中,可行的业务不能再局限于一种形式或者功能。自发地构建架构和功能来适应当前情况的自我更新能力,是成功的来源。在这个前提下,恰当地利用自我功能可以避免在选择新产品市场时的游移不定和随意性。要知道,曾经无数的公司都栽在这个地方。

能够持续地同步内部能力和对新兴市场机遇的投资,这种能力的培育,是新兴的业务架构概念的基础(见图9.1)。

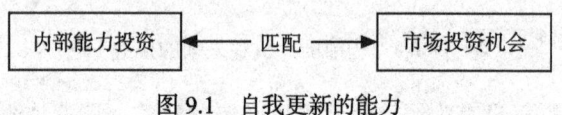

图9.1　自我更新的能力

业务架构是对系统的一种综合描述,它定义了目的、必要功能、有效元素、关键流程以及它们之间交互的性质。业务架构由一组差异明显、却又互相关联的平台组成,创造出了一个多维度的模块化系统。每个平台都代表了系统的一个维度,表示着一个独特的行为模式,并包含了一组预定的性能标准和衡量方法。业务架构的设计需要遵循第7章中描述的交互设计的基本原则。也就是,一开始我们要假定需要重新设计的系统已被销毁,但是其外在环境中的一切保持不变,设计者能够从头来设计整个系统。

图9.2概述了业务架构设计的过程。

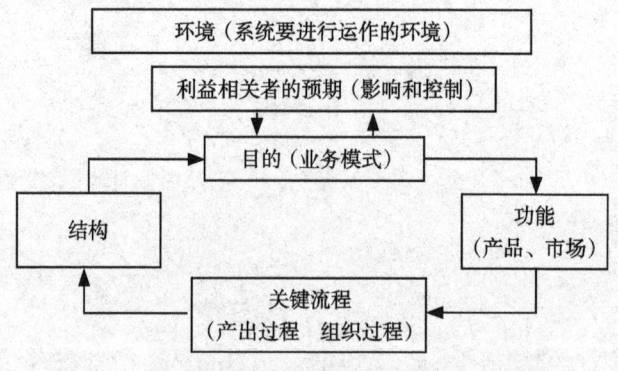

图9.2　设计过程的图示概述

9.1 系统边界和业务环境

设计系统架构的第一步就是定义系统的边界，并认清其运作于其中的外部环境。

要定义系统的边界，我们需要理解其利益相关者的行为。一个组织的利益相关者是指那些会被组织行为所直接影响，与组织的绩效有着直接关系的个人或者团体。所以，我们需要知道下面这些事情：谁是主要的利益相关者？他们的期望是什么？从他们的角度看来，系统的哪些属性最为重要？他们的影响力是什么？他们可以控制（或者影响）的关键变量是什么？比如，在经济市场中，客户提供了运营所需的收入，而老板定义了组织关系，股东提供资本，供应商是补充技术的来源，还有分销商提供客户渠道。但是，利害关系和影响力未必一定有联系，很多时候，高利益相关者反而影响力小，反之亦然。举例来说，有高度影响力的客户（可以选择拒绝光顾），却只与系统有着非常低的利害关系。另一方面，雇员与系统有着很强的利害关系，却往往只对系统有很小的影响力。股东有着非常高的影响力，却有着最少的利害关系。假如不高兴，他们可以很简单地撤资走人。

如同我们之前提及的一样，系统的边界是由参与者的兴趣、影响力和（或）权力所定义的一个主观结构。因此，系统实际上是由那些能被参与者极大地影响和（或）控制的变量所组成的。同时，对于系统赖以生存的环境，组成它的那些变量尽管影响着系统的行为，却无法直接被设计者所影响和控制。

在这种构想中，业务环境必须保持不变，所以要了解其行为，理解下面提及的问题异常重要：游戏是如何变化的？变化的驱动力是什么？竞争的基础何在？图 9.3 描述了一个医保系统的情况，游戏仍然在变化，行业仍然在寻找第三方支付者、成本和报销，以及服务费用这三个问题的替代方案。通常认为，这三个问题导致了难以满足的过量需求。这里需要注意一个反直觉的情况，通用汽车公司与工会协定保障工人的医保开支，以换取工会在工资上的一次让步。一旦这个情况和美国总统约翰逊提出的医疗保险和医疗补助计划放在一起，就导致了"医保繁荣"以及到目前为止还没人知道要如何应对的变化。

关于竞争的基础在改变这个情况，考虑下这个事实：我们正在挥手告别部件和劳动力可替换的大规模生产时代，开始进入大规模定制化年代。在新的时代里，成功来源于在更低的收支平衡点上生产小批量定制化产品的能力。在 1999 年，本田汽车公司针对一个型号的收支平衡点是 2000 辆车，而福特汽车公司却需要生产 50 万辆同型号的汽车才能达到收支平衡。大规模生产的基石是规模经济和精通于简易程序。但是对于大规模定制，掌握多种技能的知识型工作者才是核心需求。全球化意味着参照全球市场定价，所以，价格需要被认作是不可控变量，而成本将成为可控变量（目标成本）。"成本加成型经济"认为，成本不可控而价格可控（目标价格）。快速地执行例行程序的能力，在过去被认为是优势，因为自动化成本远高于人力成本。但是数字化革命扭转了这种情况，越来越便宜的计算机使得"单一技能"和"简单程序"的方案变得过时。当需要运行一个特定的程序时，计算机是最理想的执行者。今天的知识工作者需要有能力把任何解决办法拼凑到一起形成集成解决方案。

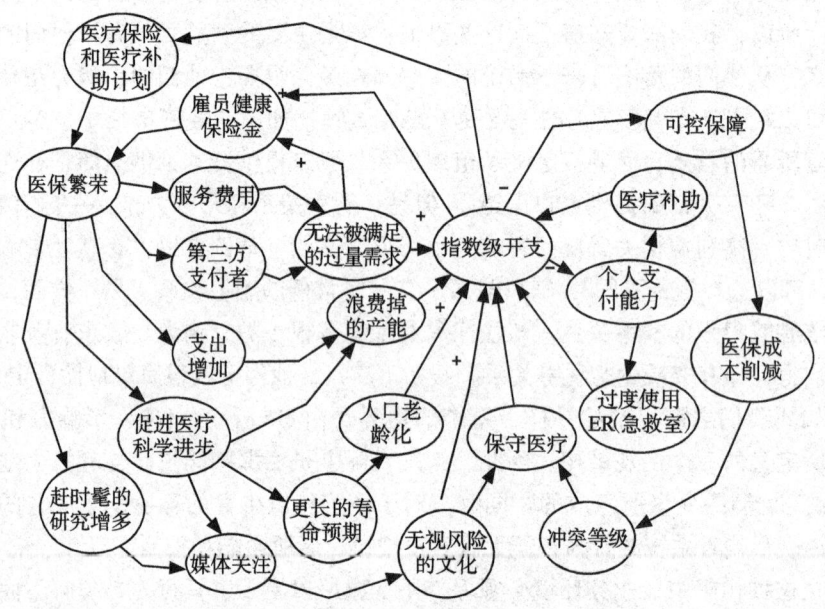

图9.3　游戏在医保系统中如何演进

曾经有那么一段时期，问题能被简洁地描述出来，并轻松地在单一的学科或者部门内解决，但今天的问题却更复杂和相互关联。这些问题混乱不堪，它们整批出现，并且需要不同的解决方案应对。现今的知识工作者不仅需要自己职位上的能力，同时对他们需要参与的事物，也需要对其全局和总体流程有充分的了解。

9.2　目标

很多用于组织发展流程中的常识判断都被证实为反直觉的。让人意外的因素并不是众所周知的人性反复无常。之所以涌现出后果与预期的冲突，是因为运营原则所基于的假定来自于不同的范式。除非隐含的前提能浮出水面，并且指出它们最后会导致的后果，否则这样的意外不可避免。

商企的目标本质上由它隐含的范式来定义，假如被研究的组织以机械化的方式运作，那么它可被视为其所有者的一个工具，其目标就是去满足其所有者的目标。一个工具的绩效指标，显然是效率和可靠性。而一个以生物模式来运作的组织，其目标便是生存，所以它的绩效指标会是不计任何代价来成长。把盈利视作成长，这有着额外的社会价值，并且可以消除机械时代造成的负面烙印。因为一个以社会文化系统方式来运作的组织被认作是一群有抱负成员的自愿组合，那么它的目标将是以最小的代价，来让其成员和环境得到最好的服务。

如同米尔顿·弗里德曼（Milton Friedman，1962年）的精妙陈述：最终"企业的事务即是业务"（business of a business is business）。所以，对于业务架构的设计者而言，理解企业的未来愿景，以及其业务模式是首要的任务。

在交互设计的第一轮迭代后，通常就可以整合未来愿景的初步草图。虽然俗语有云，所谓愿景，不过是白日梦者的逃避手段。但是没有愿景，那就意味着失去对前进方向的感知，也意味着所有的可能性都变得等价，这就相当于失去了判断恰当机遇的基础。

而业务模式，在另一方面，定义了业务生成价值的方式，创造了一个可交付的方案，并将之转化为金钱。在当今的业务模式开发中，涌现出了很多让人惊喜的原创，彻底地影响了传统的商业概念。比如谷歌（Google）搜索引擎的案例，通过提供免费的服务给一群用户，就可以从广告商那边获取巨额的收入，甚至超过了道琼斯指数中列举的众多工业巨头。还有微软（MicroSoft），通过开发、打包和销售独立于计算机硬件的软件操作系统，创造出价值数十亿美元的业务。对于我们这些在20世纪60年代为IBM工作过的人而言，简直难以置信。在20世纪90年代早期，我作为顾问参与了一家财富100强公司的百亿美元级收购项目，包括法律、财务、管理等所有服务提供商对客户的总收费金额还不足50万美元，这笔费用的计算基于花费时间和费率的乘积。现如今，同样规模的任务需要花费超过2亿美元，费用基于以收购规模百分比为基础的业务模式。

一般而言，业务通常以三个维度来定义：专业技术被转化为一组有形的产品或者服务，并以某种渠道机制交付给目标客户或市场。业务架构定义了技术、产品和市场这三个维度的关系性质。

传统上，三个维度的其中一项被选为首要目标，其他两项只能充当配角。

当以产品来定义业务时，技术需求和目标市场由产品的特质所决定。这种情况下，制造产品的替代技术以及销售产品的不同市场成为了追寻的目标（见图9.4）。

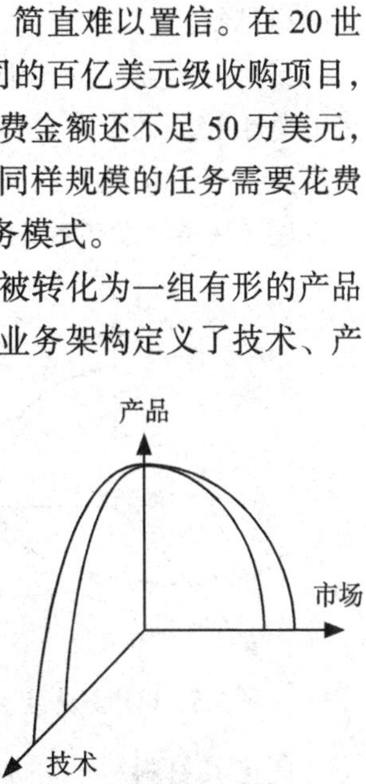

以产品为基础的业务，其成功通常以其产品部门的成功来衡量，这也就是一切都会为产品妥协和让道

图9.4 以产品来定义的业务

的原因。但是，一旦某个技术的潜在价值突然超过了其支撑的产品价值，那么业务将面临两难处境。

历史经验很不幸地表明，在这种情况下，技术总会妥协。在以产品为基础的业务中，产品经理说了算。他们只是把技术看做产品的一个竞争优势。所以，在以产品为基础的业务环境中，技术永远得不到实现其潜能的机会。这个论断虽然事例不多，但是其中之一却异常显眼：即初代苹果操作系统（以其图形界面闻名）的命运。为了销售苹果电脑，这个卓越的操作系统被限于只在苹果电脑上使用，但是其潜能却远高于其支持的所有初代苹果产品的潜能总和。这最终被微软证实，视窗95（Windows 95），这个使微软声名远播的通用计算机操作系统，正是对初代苹果操作系统的一个模仿品。还有，根据报道，IBM花费数十亿美元解雇了大约20万人（据说是最优秀的知识工作者），但是却没有去考虑投资其领先的"数码技术"以及业内顶尖的"C4技术"，以成为当时最具爆发潜力的"电子封装"（electronics packaging）市场的主要参与者。

当市场被用作业务定义的基础时，市场的特质决定了产品的组合，以及用于生产的技能和技术类型（见图9.5）。宝洁公司便是这种情况的例子，凡是能在超市销售中获利的产品，它都会尽可能地生产。

但是，国防产业的市场在一夜之间萎缩的前车之鉴，再次证明了选择单一存在模式的代价是非常高的。整个行业在新兴的互联网科技的使用和知识上无法获益的糟糕表现并不令人吃惊，因为管理技术需要不同于管理产品和（或）市场的另一组准则。

最后，当业务由技术来定义时，围绕某个核心技术，不同的产品会被开发出来，基于相同的专业技术，并销售到不同的市场（见图9.6）。比如，3M就认为自己置身于"粘性"业务中，公司以将不同事物"粘结"到一起的技术为中心进行发展（从透明胶带和结构复合材料，到电子封装）。

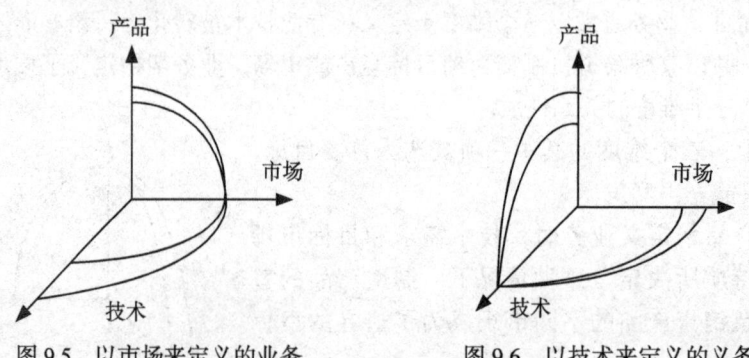

图9.5 以市场来定义的业务　　　　图9.6 以技术来定义的义务

凭借其材料科学和加工技术，3M不断寻找它有能力生产，并投放到不同市场的新产品。管理基于技术的业务不仅需要更广阔的规划视野，同时也需要把相同的知识应用到不同环境中的能力。

每种方案的成功或者失败，取决于它如何去处理同时代中涌现出的竞争挑战。因为竞争游戏随时都在改变，这导致企业需要在不同维度间切换战略重心。既然每种战略在权力和责任上都有其对组织的潜在假定，那么对战略的改变，也就需要对组织结构和业务核心文化进行改变。因为竞争增强，所以改变日渐频繁，一维的解决方式变得不再高效。不断从一个维度变换到另一个维度，以寻找有效的竞争基础，这导致了组织的混乱和战略的模糊。伴随这种周期性结构调整所带来的浪费和挫折，使得对替代方案的寻找变得异常必要。

交互式系统架构以交互的方式来使用产品、市场和技术。它可以识别出在所有三个维度（即市场、产品和技术，见图 9.7）中实现竞争优势所需的必要条件。

目的在于充分利用价值链整体，并积极地促成三个维度间的交互协作。交互式架构基于技术、产品和市场间的交互进行管理。

新兴的多维模型结构，加上针对每种维度的不同业务模型和奖励系统，消除了对单一业务维度的妥协或者局部优化情况，避免了周期性的结构调整，以及为搜寻有效竞争基础而进行的维度切换。

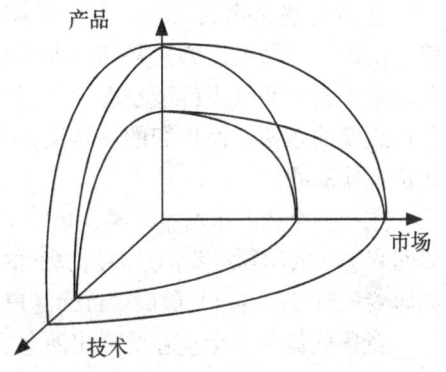

图 9.7 以三个维度共同来定义的业务

在一个不可预期、剧烈变换的环境中，沿着价值链探索和开发机遇的能力，决定了任何设计的生存可能。而这些机遇，是从技术、产品和市场的交互中涌现出来的。对一维的文化和架构而言，无法把握到这种机遇。一个能够清晰分辨多文化架构中基本维度的平台，是价值链的初始元素进化的起跑线，随着业务的成熟和稳定，会加入新的元素。

在描述一个企业的战略意图时，我们必须牢记，竞争优势是一个动态和相对的现象，它在不同的环境中意义并不相同，并且针对不同的用户类别。比如，时间作为竞争的基本元素，对于早上 10 点和下午 5 点的超市购物者却意义不同。通常前者是为了消磨时间，而后者却意在节省时间。在一种情况下的优势很可能是另一种情况下的劣势，这解释了尽管便利店商品更贵，却也能成功的原因。

现在回忆一下经验曲线的概念，其实质就是基于量的学习。从经验曲线中能够学到的一个重要概念就是流程控制。基于量的控制系统在一个给定的环境中，通常在使用了相当的时间和资源后能够实现。在这个环境改变或者只是简单修改后，控制一个特定流程所需的所有知识就会无效。现在假定，以某种方法，我们开发出一种能力，使这种技能知识可以传输到别的环境或者应用中去，而不需要每次耗费构建经验曲线所需的时间和资源。假如我们真的可以做到这个事情，那么我们就创造了一个核心能力，或者说一个形成竞争优势的无敌机遇。设计和开发可以运用到不同环境中的顶尖知识，比如加工科技，依我所见，是一种更为深远的竞争战略设计之道。比如，使数码技术小型化，作为新的核心竞争力，这给索尼公司提供了竞争战略的全新维度。

战略意图可以描述为核心竞争力，这种情况下，核心竞争力就是组织整体的一个属性，它不能被局部所垄断。创造拥有转移知识到不同环境的能力，需要多种来源的学习和应用。

9.3 功能

作为利益交换的条件，一个有明确目标的系统需要回馈一些东西给外部环境。所以，它需要能够接触到一群有足够购买力，并且对它所能提供的产品和服务，抱有需求和欲望的潜在客户。真实的客户是极为让人头疼的，他或她拥有一些你想要的东西，而他们的满意度，因为和其他供应者间的竞争，是你需要付出代价来换取的。

选择一个产品市场生态圈，是定义企业的功能、设计其架构的第一步。我们需要回答下面的问题：我们是要解决谁的问题？我们可以提供什么解决方案？我们要如何接触到目标客户？最后，目标客户是否有足够的购买力以支付这个解决方案？

竞争优势是一个企业的产出所包含的属性，它通过有区别地影响一组给定用户的选择，形成了差异化，它必须可以被转化为供应者的价值。

为了选择期望的产品市场生态圈，需要对客户群进行区分。划分市场的方法多种多样，每个方法划分出的市场都揭示出了一些关于市场性质和目标客户行为的新东西，你应该使用尽可能多的条件来区分用户的特质，并识别出他们的购买习惯，最有用的市场划分区间可以识别出：

1）产品的期望属性能更好地与组织的潜在能力相匹配的恰当客户群。

2）那些与老的产品系统有更少利益相关性，展现出更少的惰性，并且更容易通过渠道接触的潜在客户。

传统的钟形分布曲线可以用于进行客户群的区分，它基于大的分类中的多数人定义了市场（见图9.8）这个假设。这组多数人的行为通常被视为标准，用于决定输出的期望特性，而剩余少数人的行为，被认为是边缘者，通常被视作毫无价值而忽略不计。

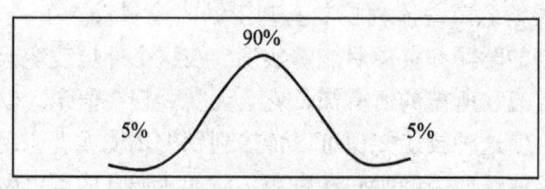

图9.8 客户群分布的传统假设

为了在这个单一的市场中分上一杯羹，通常都需要在有力的竞争对手间进行紧张角逐。不过，近来的发展趋势是边缘者开始渐渐占据重要地位，钟形曲线开始被拉平（见图9.9）。寻找并理解快速涌现的小群体的行为，这提供了最佳的（甚至某些时候是唯一的）可以让新玩家进入市场的机会窗口，并且能技巧性地避开进入市场早期所需面临的紧张竞争。

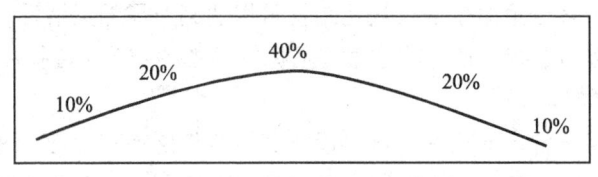

图9.9　客户群的新型分布

9.4　结构

传统上，组织理论主要处理两种关系：①职责（谁对什么负责）和②权力（谁向谁汇报）。

结构，如同这种构想，可以被表示为一个二维的图表，每个方框表示职责和等级，线表示权力的位置和流动（见图9.10）。

用于划分出不同的职责，并且决定他们相对的重要性（权力线）所使用的标准，这体现了不

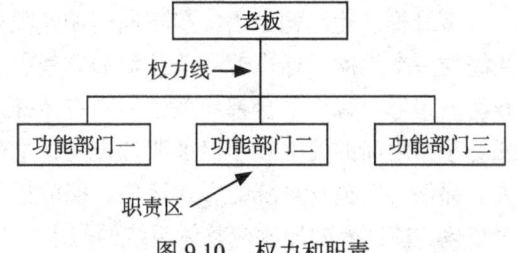

图9.10　权力和职责

同组织理论的主要区别。这些标准，毫无疑问，主要围绕系统的三个部分演化：输入（技术），输出（产品），以及环境（市场）。

基于任意时代的竞争游戏都拥有的性质，根据优先级策略会选出一个首要部分，而视其他两个为次要。比如，当生产能力是竞争的关键因素时，输入就被认作主要的考虑对象，使得市场和产品成为生产的附庸。而在市场为主的时代，重心从产品切换到市场，于是生产成为了市场的附庸。这就如同一个自我强加了一维概念的组织，总之会阻碍实现多维的转换。

对于大多数设计者而言，组织的一维模式是基于结构化定义的任务、划分以及功能的层级协调，这似乎是组织工作的唯一可行之道。占主导地位的管理文化，仍然很看重命令和控制，并且认为任何其他形式的组织结构都是不可接受、效率不高的，并且至少是不切合实际的。

如同之前在这章中的讨论，多维结构假定三个主要的标准，即输入（技术）、

输出（产品）以及环境（市场），是互补的。把它们视为相互依存的维度，并且管理它们间的交互，以消除在竞争环境改变时，需要把重心从一个方向转向另一个方向的周期性重构需求。比如，从产品转向市场，或者反之。

任何组织的活力都依赖于其主动适应新兴竞争游戏需求的能力。适应力需要一定形式的灵活性和响应性，这就要求系统需要有一定程度的内置冗余。

一个内嵌于多维策略中的模块化结构可以达到所需的灵活性，以便创造一个适应性、学习型的系统，通过将注意力从微管理各种细节（控制权），转移到宏观管理交互（选择权）。

选择权是组织的意义所在，这不应该和控制权混淆在一起。选择权是组织效能的基础，是能力的复制，而控制权却只是关于控制力，有效能的组织无法基于无效的原则来构建。选择权在有特殊用途的模块中复制时，将会增值。那些模块乐于享受自由，只要它们能满足所从属的更大系统的接口和功能需要。无论在什么系统里，都是差异性维持了系统的存活和效能，那些产生差异并整合的组织，为自己和他人创造了真正的价值。

多维的、模块化的设计，在我的经验里，是处理复杂性和不确定性的最实用手段，这使得我们可以实现一个复杂的设计，而避免迷失在过程之中。

多维模块化结构是由一组不同但相互关联的平台所组成。每个平台都代表着系统的一个维度，标志着一个独特的背景、运作模式以及一组预定义的绩效标准和衡量指标。每个平台都承载了一套有特殊用途的模块，并且有着相似的行为特征。平台之间的关系和接口被明确定义，这使得它们可整合到一个完整的概念中去。部件，以独立系统的方式运作，能够进行相应的自我控制，作为其成员的一个整体，能够有效地响应整体系统的需求。

比如，一个技术平台给组件制造者提供了友好的环境，组件制造者是承载了核心技术的关键模块，所以相比于用于管理和控制市场的模块而言，需要不同模式的管理方法，以及不同的绩效标准和衡量指标。

根据这样的构想，组织就能够通过添加或者删除有着垂直和水平交互能力的模块，来实现扩张或者收缩。由此产生的组织模式，无论处于相同还是不同的环境，都能够重新设计其结构，并且重新定义其功能，使其表现出不同的行为，产生不同的输出结果。这意味着可以用不同的方式来组织工作。一个全组织的选择，确实是可以存在的。图9.11是多维模型设计的大纲。

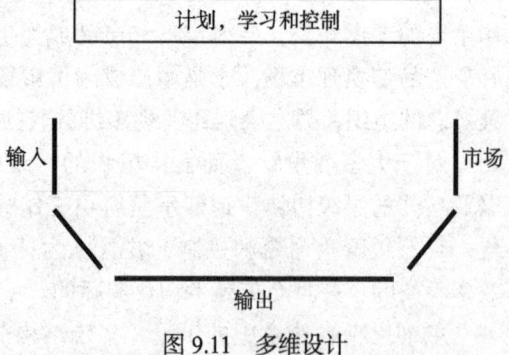

图9.11 多维设计

9.4.1 输出维度

实现组织目标的责任归于产出维度上,平台的产出规模由一系列通用的、半自动化的,并且最好是自给自足,负责最终实现组织任务和产出的单元来组成。注意,这种半自动化、自给自足、有目标的单元,简单来说,就是模块。模块的自给自足和半自动化程度,都不会给系统的完整性造成影响。

每个输出模块都代表了多层级目标系统(见图 9.12)中的一个特定层级,是它所从属的更大系统的整体缩影。

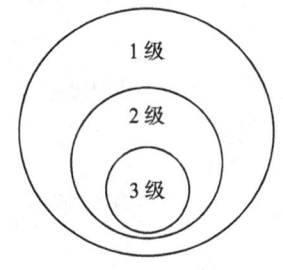

图 9.12 多层级目标系统

由于每个模块都可能消耗其环境中的稀缺资源,所以它的输出就应该对环境的需求负责。最小输出模块是能可靠产生有形的、可衡量的输出的最小单元。

输出模块的绩效,最好能尽量独立于其他并行输出模块的行为。它应该对其资源有足够的支配权,包括资金和人力,能对自己的成功和失败负责。它还需要保留一定程度的贡献值,起码要高于用于激励和内部发展所需的最低等级。

每个输出模块都负责做出那些影响自己运作的决定。而对别的单元有影响的决定,将在更高的层级决定,由所有的受影响模块共同做出。

输出模块通常被认作是支撑产品、项目或者程序的单元。有效的产品模块拥有企业家的角色,它需要负责开发、设计、销售,并且保证最终产品可以盈利。不过它们不该因为负责特定的产品设施而背上额外的包袱,产出经理应该有足够的经济权去选择产品设施和系统分布(见图 9.13)。

若将一个高资本密集型产品设施置于产品模块,则会把整个组织的命运与单一产品绑定到一起。设施导向的部门或者模块,不会愿意去开发

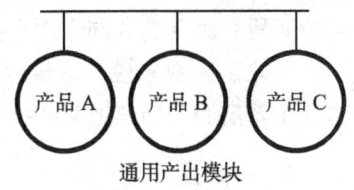

图 9.13 产出维度

任何需要其他设施的产品,这将使其经历成长、成熟以及必然的下降循环,就如同产品一样。

理想情况下,产出平台会是一个虚拟实体,并且拥有关于环境机会和内部能力的即时资讯。它需要拥有独特的能力去考虑一组可供组织使用的替换方案和选择。最后,产出平台的模块应该有能力和权力去重新定制一套新的输入秩序。

9.4.2 输入维度

组织需要完整地使用其协作能力,才能创造一个整体大于局部的系统。规模化经济、专业化需求、技术控制力、核心技术开发,都是产出模块要求共享一些

功能和技术的理由。

那些共享的服务和专业化的功能，可以由一组特殊用途模块提供，它们在一起形成了组织的输入维度（见图9.14）。

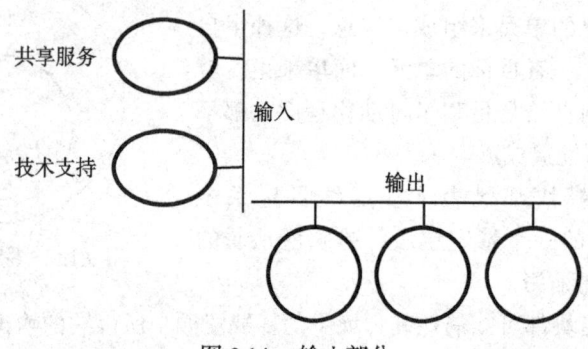

图 9.14　输入部分

比如，指派生产单元作为输入维度的利润中心，这不仅带来了有竞争力和灵活的设施管理，还提供了自由的产品管理，用于在组织内部或者外部自行购入生产资源，并且不受设施的制约。

输入模块通常由营运资金支持，但是期望它们可以自行赚取运营开支，并按市场价格对其服务进行收费，以赚取投资回报。

假如需求不足或者不可预期，导致需要对输入功能提供额外支持，那么基本原则是补贴需求，而非供给。在转换的早期阶段，输入单元的运营预算可能作为购买其所有服务的合同金而直接支付给它。

总之，一般来说，应该避免集中化，除非下面的一个或者所有情况压倒性地与某个特定服务的分散化相抵触。

1. **一致性**

系统的某些方面如果对一些或者所有的部件变得通用，并且一旦分散化就会对系统的正常运作造成严重损坏，则应该将它们集中化。比如，在度量系统领域，通用语言和协调是主要的关注点，一致性将作为集中化的一个指标。同时，特定的活动，如果因其本质上具有不可分割性，所以必须进行整体的设计的话，这种情况也可以被集中化。又比如，一个全面的信息系统的有效性在于它的整体性、一致性、实时访问性以及用恰当的网络来传输信息，以满足不同用户的需要，开发这样一个系统需要其所有参与者的合作与协调。

2. **规模化经济**

尽管经济规模通常被认作创造共享服务的重要因素，但在将功能移作共享服务前，也应该对每个功能的集中化还是分散化进行取舍，明确证明其好处大于坏处。也就是说，一个服务如果被集中化，那么就应该作为整体为系统带来大量的能源节省，或者能帮助那些无法自给自足的单元。

3. 核心技术

在一定程度掌握某个给定的技术领域，将对企业未来的成功至关重要。管理层可能决定对其进行集中化和进一步的开发，使这种技术对所有的单元可用。有些时候由输出单元所开发的技术，相比于其作为产品部门的竞争优势而言，在市场方面反而会有更高的潜能。在这种情况下，管理层有责任将其作为核心技术，并集中全面发展。

不管是基于什么理由选择了集中化，输入单元必须技术领先，并成为具有成本优势的选择。不过，若将输入单元的功能与控制混为一谈，则将会毫无疑问地阻碍其功能发挥。这种做法将破坏服务功能的有效性，以及控制的合法性。

为了避免服务提供商的霸权以及对控制驱动服务的依赖风险，输出单元凭借复制本可以简单共享和有效使用的支持服务来自保。无法控制过度的复制服务，是运营单元在承担了额外的控制功能后，在提供服务功能时自然产生的症结。另一方面，将一个服务功能伪装为合法和必要的控制功能，这会把控制的本质从学习转换到保守和防卫。

要确保共享服务的功能没有发生角色转换并承担了控制属性，这需要额外的措施。以对一致性和统一性的需求作为借口，服务提供商自然地趋向行使监控和审查功能，这种做法已经被无数次证明是一个错误。提供商无法避免地偏离目标，逐渐地开始承担起控制功能。这显然会吓走用户，毕竟没人希望去找一个伪装成服务商的新老板。

共享服务将为客户提供需要的服务（如信息、福利、工资和计费），它会成为计划和控制系统，负责设定政策和标准，以控制服务和进行必要的监控，还要承担保证政策被恰当执行的额外功能。

9.4.3 市场维度

市场是组织的第三个维度，被定义为接触用户的一种渠道机制。这类用户拥有足够的购买力，并且对给定的服务或者产品有已知的需求和期望，如图 9.15 所示。

市场维度是企业与客户的接口，在多数情况下，这是组织诞生的地方。根据客户群构成的不同，有可能需要建立一些昂贵的分销渠道。这种情况下，就需要将这些渠道与别的输出单元进行共享。

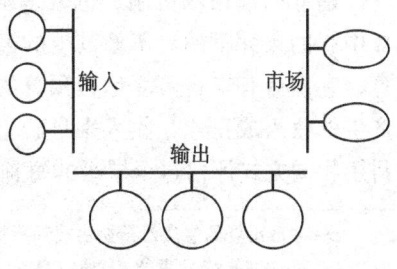

图 9.15　输入、输出和市场维度

市场维度的两个主要功能分别是销售和推广。销售代表了组织对外的接口，而推广则负责检测环境条件和探索用户期望。推广提供服务给所有被组织行为影响的东西，在组织的内部为客户的关注点代言，这是其特别重要的一个角色。

销售和推广单元可以按地理位置来组织，也可以按市场划分来组织。不过，假如其中一个按照地理位置组织，那么另一个就应该按照市场划分来组织。输入、输出和市场平台形成了一个交互式整体，共同参与到一个持续的再设计过程，自发地建立起必要的新秩序。

因为在有目标的行动者间发生的交互可能存在多种形式（行动者可能在一种趋势上合作，却在别的趋势上竞争，并且可以在不同方面上发生冲突，这些都会同时发生），我们要处理的是一个动态结构，还得加上成员的学习、成熟以及随时间变化而发生的改变。这带来的结果便是一个交互式网络，由互不相同的成员构成，有着复杂多样的关系，并且不断地重新设计自身。

9.4.4 内部市场经济

定义输入、输出以及市场模块的关系是这个概念中最关键的任务。在遇到多个输出单元共享一个输入单元的重要服务，或者一个市场单元被设置为经费中心时，问题会变得相当棘手。

矩阵式组织的关键问题也同样是管理输入单元和输出单元所形成的网络中所具有的隐含、模糊、相互冲突的关系。"双老板制"不但没有触及问题的本质，还导致了混乱和挫折。

这种固有复杂性的解决办法是建立一个内部市场环境[⊖]，将输入单元、输出单元和市场单元的关系转换为类似供应商、生产商和销售商这样的关系。

虽然上下级关系是传统上搭建组织授权的唯一方式，但供应商-客户这种关系给组织形成带来了一种全新的影响。通过只在内部市场环境中出现的供应商-客户关系，无奈的接受方变成了真正的客户，以购买权做武装的客户变成了有力的活动者，能够对他们的供应商实施影响并与之交互，这使得双方能够在一起定义所提供的服务应有的类型、成本、时间和质量。

建立内部市场机制，也就是供应商-客户关系，是基于把共享服务转移到绩效中心的条件下的。不像其他的经费中心，绩效中心不依赖从上层拨来的固定预算，它们持有来自可变运营预算的运作资金。在这种模式下，开销与提供的服务产生的收入成正比，收入来自于它们的交易。把所有的单元都视作绩效中心，使得用相同方式评估每个层级的每种单元成为可能。

⊖ 内部市场的想法最开始由福利斯特（Forrester，1965 年）和艾可夫（Ackoff，1981 年）提出。更详细的情况请参考哈拉（Halal）、杰拉玛（Geranmayeh）和波德纳（Pourdehnad，1993 年）的作品。

水平（供应商-客户）和垂直（上下级）关系相互补充并且相互加强。上下级关系定义了正式的授权，用于处理招聘、解雇、升职，同时供应商-客户关系建立了新的影响源，使得需求变得合理化。

若内部市场环境缺位，则没有内置的机制来合理化需求。一个称心如意的服务提供商，再加上一个第三方付款人，可以创建和刺激出无尽的需求。但另一方面，一个不合意的服务提供商，会因为潜在用户的存在，使相同的服务被大量地复制，这会导致在成本加成运营的情况下，经费开支暴涨。这种趋势显然不合理，并且已证明只能被临时、低效地纠正。

创建一个内部市场，不仅可以消除官僚化日益严重的问题，而且还为处理分配和评估问题提供了一个有效的手段。同时，它给组织提供了市场导向，迫使各部门去考虑其行为所能带来的市场后果。

在内部市场环境中，模块应该可以选择从组织的内部还是外部购买或者出售服务。否则，内部的买家或者卖家将拥有垄断优势。高层权力通过同意支付产生的成本或者损失的利润，总是可以盖过对外包的选择。

以下部分提供了一个将传统组织转化为多维设计的现实例子。在设计阶段，一群高管做出了如下组织结构图，用作其业务的初始结构（见图 9.16）。

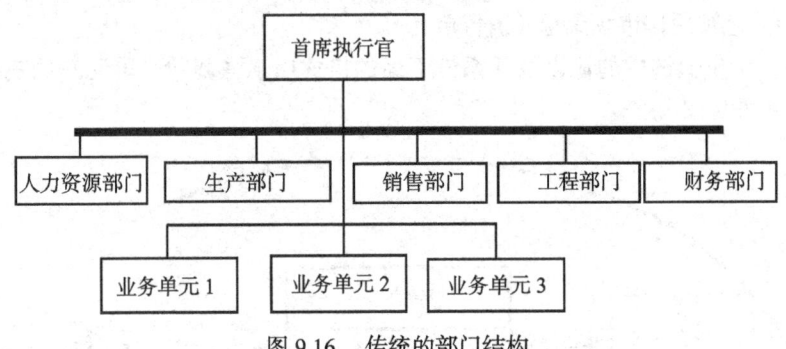

图 9.16　传统的部门结构

当我询问高管们是否介意我将他们的设计更改为下面的形式（见图 9.17）时，他们都没有拒绝："加入你喜欢使用的颜色标注（模板），那就随意吧"，他们中的一个玩笑道。

但是，尽管两种设计看上去类似，却有着巨大的差异。

图 9.16 代表着一种设计思路，仅考虑了定义职责以及授权。这个例子中体现的是一个混合的功能和部门单元，统一向 CEO 汇报。同级间的关系被简单地忽略了，就如同整个组织只是一些和 CEO 有关系的不相关部门的组合。这是一种线性思想的结构，基于单一的上下级关系来搭建整个组织。但是要产生与我们目的相符的结构，也就是设计一个业务架构，不仅需要区分不同的部门，清晰定义他们的角色，同时还需要让同级单元间的关系清晰明了。

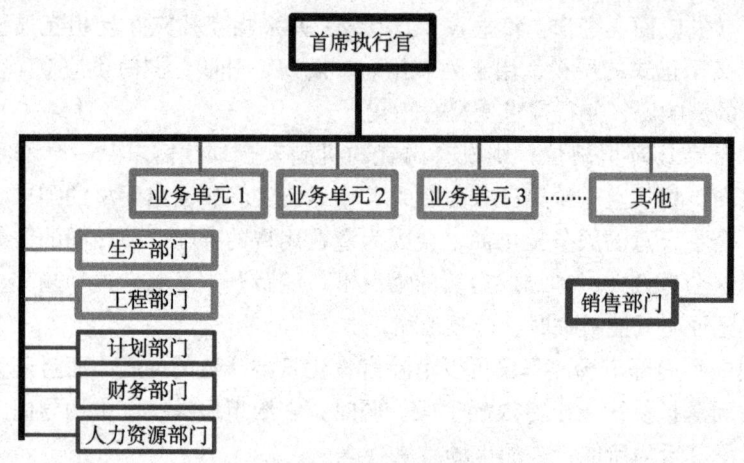

图 9.17 同样设计的多维表示

这就是为什么版本二使用了颜色来区分不同的部门，并将根据它们在组织中扮演的角色进行分组。在这种情况下，一个部门可以呈现为输入、输出、市场渠道或者控制的功能。在这个例子中，绿色被用作识别输出单元（产品市场部门），黄色被用作识别输入单元（生产和工程），红色被用作控制单元（财务和人力资源），而蓝色被用作市场渠道（销售单元）。

为演示价值链中的流以及关系，下面的格式用于强调同级单元间的三种基本关系（见图 9.18）。

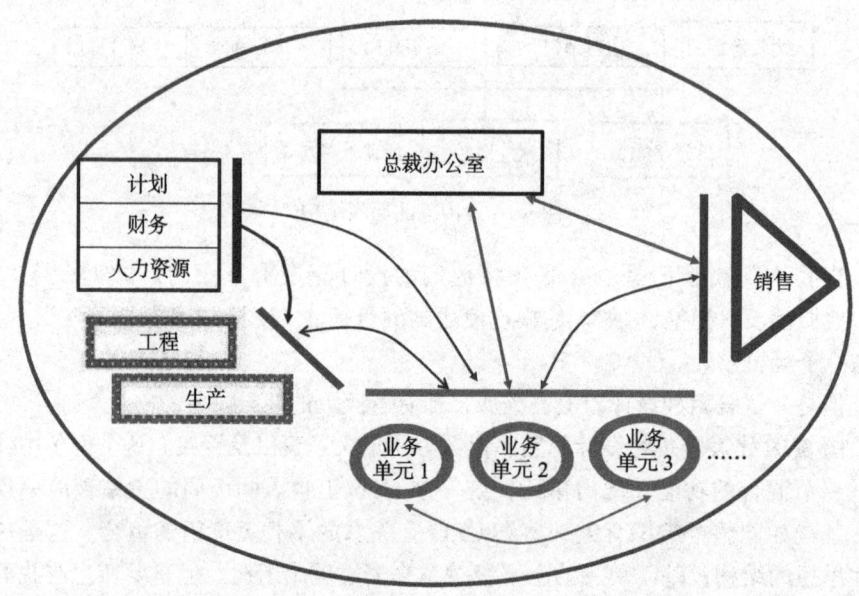

图 9.18 价值链关系

1）输出单元间处于如此激烈的竞争，以至于兄弟组织间的争斗甚至要高于和外部竞争者之间的争斗。要避免结构冲突，输出单元应该采用模块结构来保持相互间独立运作，以及保证足够的自治和自给自足水平。

2）每个输出单元和输入单元、市场渠道单元间的关系是互补的，这种关系恰如生产商和供应商，或者生产商和销售商一般。一个有效的接口，以及它们间的精诚合作，是带来有竞争力产出的必要条件。假如输出单元要对最终结果负责，并能恰当地与运营相结合的话，它必须拥有某种手段来影响输入单元和市场渠道单元的行为。

3）控制单元和输入单元、输出单元、市场渠道单元的关系很单一，通常是官僚式的，而且或多或少是独断专行的。这就是为什么通常在协调的借口下，把服务功能和控制功能合并到一个单元，形成失败设计的原因。比如，当任何一个服务功能，如人力资源、法律，甚至信息服务，同时成为服务者和控制者时，服务和控制功能都将被损害。

最后，第一个版本的线性框架把自己引向了一种一维概念的系统架构，也就是将产品、市场、技术以相对重要性进行线性排列，用于决定从属关系的标准决定了不同设计间的主要区别。第二个版本尝试在技术（输入）、产品（输出）和市场（接触）之间建立一个交互式的关系，这需要多维的结构。

要建立一个多维结构，我们需要至少两种截然不同的关系类型，单一的上下级组合只能产生一维结构。一个矩阵结构的组织并不是多维设计，双老板体制之所以失败是因为它给权力系统带来了模糊性。在这两种情况下使用上下级结构只会带来麻烦，而非交互。

关于同级单元间的交互，交互范式使用两组截然不同的关系：① 上下级；② 客户－供应商。当且仅当服务的使用者拥有经济权，并且可以控制对供应商的付款时，这才变得有意义并能够实现。要达到这个目的，需要供应商拥有可变的预算，这来自客户在交易中支付给他们的服务费用。假如一个供应商服务只有固定的预算，也就是说直接由老板付钱，那么老板也就成为了客户。在这种情况下，被服务的用户不再有任何权力，并最终导致虚假的客户——服务商关系模式。

客户－供应商关系可以在内部市场机制下，从输入单元、输出单元和市场单元间打造出来。假如操作正确，客户－供应商关系将作为上下级关系的有益补充，并且给组织提供一个更值得期盼的市场定位。这意味着组织的各个部分能够理解，并与其行为所导致的市场后果一起共存。

组织的单元，在这种情况下，成为了绩效中心，成为处于良好设计的价值链中的增值部分。尽管每个单元只有一个老板（上下级关系中的上级系统），它可以有多个客户和供应商，而客户是其营运收入的唯一来源。

对每个单元的绩效评估不仅要包含它自己的营运，还应该包含它对其内部供应商的成功所作出的贡献，基于系统的产出，所有的单元都有营运资金，并且工作在可变预算下。

9.5 流程

产出以及组织流程的本质特征在第 5 章和第 6 章中我们已经讨论过。回想一下，产出流程关注组织的实际产出；组织流程，则关注在组织的部门间创造集成性、适应性以及相互协作。在这种情况下，计划、学习和控制系统就成为了设计架构的主要部分。

9.5.1 计划、学习和控制系统

一个组织的决策流程体现在其计划、学习和控制的规划上。按照传统做法，计划是被动计划和主动计划两种主要类型中的一种或者二者组合。被动计划主要关注项目设计中的缺陷识别以及消除或者抑制缺陷的战略。它涉及组织的相互独立部分。

组织作为一个系统，其缺陷主要来自部门间的交互方式，而非来自这些部门的独立活动。所以，分别独立地去增强组织各个部门的业绩，反而可能甚至极可能会降低组织整体的业绩。

主动计划有两个主要的活动组成，预测与准备。目标是预测未来，然后让组织做好充分的应对准备。不幸的是，这种预测长期处于错误状态，因为社会、经济、政治条件还有供应商、消费者和竞争者的行为，会受到组织计划以及其他情况（比如组织行为）的影响。所以，正是这些计划在一起共同设计了未来。

系统方法论依赖于计划的交互类型。它假定未来是由他人以及我们自己在不同时刻的行为来创建。所以，目标就是去设计一个期望的未来（系统的下一代），并且去发明或者选择达成的方式（实现）。

计划、学习和控制系统是组织的执行功能。它通过管理不同维度间的交互，来监督整个系统的运作。执行功能同时还负责建立愿景，产生期望未来的共享图景，并且为实现组织的任务提供领导。它还有个最后的职责，就是负责组织整体的财务可行性、技术能力以及人员效率。我们的设计必须是在已有环境中可以存活，要评估一个企业的生存能力，需要一个度量系统。定义度量系统的特征是架构设计所需的最后一块积木。

9.5.2 度量系统

要开发一个有效的度量系统，我们需要迭代地处理两个元素：绩效指标和绩效度量（见图 9.19）。

1. 绩效指标

绩效指标用于表示度量目标和原因（比如怎么定义成功）。选择过程涉及识别不同维度，并且（或者）识别与企业成功运营相关的变量。

关联性是选择绩效变量的最重要关注点。传统上最重要的关注点是度量的准确度，但是我们发现要准确度量我们想要的

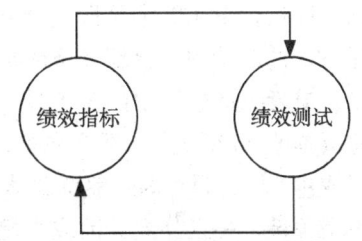

图 9.19　绩效指标和绩效度量间的关系

东西相当困难，所以我们就改而去选择那些可以被我们准确度量的东西。不过，在错误的指标上越精确的度量，反而意味着更快到来的灾难。我们最好选择真正关联变量的大致结果，而非错误变量的精确结果。

企业活力是一个突现属性，它是不同实体的交互结果。它不能被直接度量（比如通过五感中任何一个），我们只能度量它的表现形式。成长是最经常的选择，但是有些人更喜欢选择投资回报率，还有些人喜欢用未来现金流的净现值。不过使用现象的单一表现形式来度量整体属性的行为，已被证实极具误导性并且代价昂贵。比如，假如一个业务成功，那么它就很可能会成长，但是，成长本身却不总是意味着业务成功。同样的产出（表现形式）可能来自不同的原因，大量的收购可能导致高成长率，但是同时却葬送了公司。

所以，要通过表现形式来度量一个突现属性，我们必须在多个维度上同时进行。比如，针对人力，如果和产品同时进行考虑，那么就和单独考虑时的表现形式截然不同。在布莱克著名的管理方格理论里，演示了同一个变量在"1.9型"和"9.9"型时其性质的不同，无司法的自由将走向混乱，而无自由的司法将走向暴政。

2. 绩效度量标准

绩效度量标准是针对每个变量的可操作化定义，也就是如何来对每个变量都进行专门的度量。假如我们已经确定了以产能利用率来作为绩效指标，那么其占营业额的比率可能被用作其度量标准。现在我们就需要一个计算营业额比率的程序（比如，销售额除以资产，利润除以资产，或者输出除以输入）。

在选择任何度量标准时，一个重要的考虑是其简单性。产生一个度量标准的成本，不应该超过其产生信息的价值。尽管应该更倾向客观度量，但如果获取客观度量结果的代价过高，那么就可以使用一个主观度量来代替。记住，集体的主观便是客观（前提是集体代表了一个多样的价值系统）。比如在评价一个体操运动员的表现时，我们是基于多个不同的裁判的集体裁决。

开发一个高效的绩效度量标准，说起来容易，做起来难。更多时候，可操作

化定义都是模糊不清的，即便其背后的概念比较简单，比如最小化成本。分配经费到不同运营单元的常见做法充分展示了一个为了便利的无辜做法是如何导致了意想不到的后果的。分配经费的标准通常都基于约定俗成。一个单元对环境的占有量，或者生产过程中的劳工量，这些因素都是常见的选择。既然经费通常都占据总成本的40%以上，那么在削减成本时，我们如果见到那些变量（空间和直接劳工成本）成为目标时，就无须太惊讶了。分配规则的要素是否来自约定俗成已经不是关键，一旦分配标准成为规则，它们与成本产生的关系便自然被认作是互为因果的，正如下面的例子所将展示的情况：

一个大型连锁超市决定关闭其十间门店，因为会计系统显示它们的收入还不足以支撑其获取的成本经费。而关闭门店不会使总经费的预算减少，所以剩余的门店现在就必须要分担多出来的经费成本。这就进一步使更多的一些门店陷入赤字，并导致它们之后被关闭，于是整家公司开始逐步退出市场。这时一个新的设计被引入，每家门店都为自己的营运负责，不用去担心要承担分配给它的任何人造经费预算，每家门店的盈余再被上交到总店，成为总店的收入。这就使得总店成为了一个利润中心，负责管理其运营费用（或者叫做经费），基于其收入和所需产生的利润，来达到其想要的资金成本。

这种情况并非特例，随着这种基于劳工的分配规则的流行，压力被错误地转移到了直接劳工方。通常的反应都是对负责生产的劳力进行裁员。假如警察局面临赤字，那么警察首先下岗；假如学校面临财务危机，相应数量的教师被裁掉。似乎管理层就是认为，减少运营单元不应该自动地减少经费预算。与这种认为相反，这其实会增加剩余单元的负担，直到整个系统崩溃。在20世纪70年代中期，人均收入是国家是否发达的约定俗成度量标准，突然的油价上升会直接产生出不少发达国家。这显而易见是不可接受的，所以需要开发出一组新的指标。我们现在有一系列的指标来评价国家是否发达，比如人均钢产量，人均燃油消耗量，诸如此类。这种情况下，毫无意外，那些度量标准就成了国家战略的目标，这通常都需要大部分社会成员付出巨大的代价来达到。是的，胜利的滋味是美妙的，但是要获胜，你必须持续得分，而持续得分的方式定义了游戏。

3. 活力矩阵

表9.1中展现的活力矩阵，是用于确认相关维度，也就是绩效变量的框架，它可以度量一个企业的活力，或者其运营的不同方面。

这个矩阵的第一层维度，确定了定义组织整体的变量。

- 结构（输入）；
- 功能（输出）；
- 环境（市场）；
- 加工（技术）。

表 9.1 活力矩阵：确定维度和变量

	结构（输入）	功能（输出）	环境（市场）	加工（技术）
产出	产能利用率	输出的属性：成本、质量、可用性	接触机制	产出、能力、浪费、周期时间、安全性、控制
	可盈利性		需求可靠性	
协作	文化的默认值	性能指标的兼容性	市场信用度，与供应商、债权人、客户间的关系	价值链分析、奖励系统、增值率
延迟	后备实力	产品效能	市场潜力	早期预警系统
	核心技术		竞争激烈	计划流程

活力矩阵的第二个维度确定了管理系统整体性的流程定义。

- 产出（生产输出）；
- 协作（管理交互，增加价值）；
- 延迟（定义问题，设计解决方案）。

下面的定义解释了我开发表 9.1 的方案时使用的一些变量。

产能利用率：营业额比率是产能利用率的一个很好的指标。相较于行业标准和同类最佳，它可以反映出已存在的产能过剩，这通常是系统的故障和波动的主要来源。

可盈利性：一个关于营运收入、营运支出、投资（软硬投资）、现金流和资本成本的动态互关联模型。

输出属性：输出被定义为在时间和空间上可量化的产品和服务交付。它们可在三个维度上度量：价格、质量和可用性（时间）。

需求可靠性：假如对购买量的预计是合理的，并且企业影响力之外的行动者不导致意外的波动，那么对产品的需求就是可靠的。

产出能力：用于满足客户的产品和服务的交付，其需要的集成程度和活动有效性由以下因素度量：周期时间、减少浪费、安全性以及关键流程的胜任力。

文化的默认值：成员对责任的接受以及他们对权力的使用，比如权力复制、对价值来源的假定、竞争的本性以及质量和胜任力，这些东西的等级程度就是文化的默认值。

市场信用度：当一个企业做出的行动，其利益相关者最开始只是单纯因为信任而接受，那么企业与客户间的关系就是可信的。这是企业与客户、供应商还有债权人间关系的反映。

价值链交易指数：这个模型用于明确度量一个业务单元对整个组织的利润所作出的全部贡献。它不仅能够识别出单元自己的利润，还能在价值链架构的环境中，识别出它对其他单元的盈利以及（或者）成功作出的贡献。

增值率：用于对比计算一个单元创造的价值和它消耗的价值。一个单元消耗的机制，已被调整为可以反映资源的成本、单元消耗的输入（稀缺或者超额）的总量和类别，以及其来源是内部还是外部。一个单元创造的价值也被修改为可以识别其对自己产品市场混合的每条生产线的贡献。比如，为了鼓励新产品在新市场引入，可以将在新市场中销售的每个新产品产生的利润乘以 120% 进行计算。

奖励系统：一个叠加在度量系统上的优先级策略，将使得组织可以将优先级赋予特别的变量（活动），因此影响参与者的行为以使其实现组织的目标。

产品潜能：定义了产品满足不同客户的需要和期望的绝对等级，还有和竞争者以及替代产品间的相对等级。

市场潜力：当市场拥有真实的并且可持续的需求，也有足够规模或者持续增长的购买力去满足这些需求时，市场就是有潜力的。

竞争激烈：当产品的供给大于需求，并且市场可以轻易进入但是很难退出时，竞争就是激烈的。

9.5.3 回顾

- 交互设计是设计师有能力创造的最美好愿景所需的实施步骤，它是对下一代系统的设计，用于替换当前的秩序。
- 设计一个产出流程、本质上是技术驱动的，而设计组织流程则依赖于使用的范式。
- 胜利的滋味是美妙的，但是要获胜，你必须持续得分，而持续得分的方式定义了游戏。
- 实现设计不是个一次性命题，对下一代设计逐次逼近，组成了演化的进程，而后者最终实施了改造的工作。

第四部分
系统实践：少数的践行者

SYSTEMS THINKING

我的不凡之旅始于 20 世纪 60 年代，当时我正在加州大学伯克利分校攻读机械工程。中古波斯研究的世界权威沃尔特·亨宁（Walter B. Henning）教授找到了我，来帮他开发一个研究中古波斯文化的项目。这次经验让我对文化及其在设计人类系统上的重要性有了重新认识。和亨宁共事两年后，我知道自己已经不再仅仅是一名工程师了。幸运的是，伯克利此时正在进行系统工程实验。在报名参与了一个以控制论、信息原理和系统设计为基础的项目之后，我得到的建议是，如果想在这一行上走得更远，可以加入 IBM。

我真的是很幸运，IBM 给了我这样的机会。在 IBM 培训中心的 5 年和 1800 个小时的正式培训之后，我走上了系统工程师之路。和罗素·艾可夫长达 20 年的合作以及最后的搭档关系，所有的这些都要感谢他的严格和不妥协的标准，使我成为了一名系统设计师。

我在不同的背景和文化之下都实践过迭代设计，包括在美国、日本和南美的印第安部落，甚至还经历过一场革命。不过在任何情况下，我都有资本来选择我的客户并且只与我喜欢的那些一起工作。因此，每一种情况对我来说都有特殊意义，每一个地方都对我的职业生涯产生过重要影响。

在过去的这些年里，我从客户身上学到的东西比我教给他们的要多得多。从他们之间做出选择真的是不容易。比如，与 ALCOA（Aluminum Company of America，美国铝业公司）的 8 年合作就是一段不凡之旅，其中的挑战性与咨询工作不相上下。

与查理·里根领导的材料科学集团（Material Science Group，MSG）合作时所面临的挑战是，要使用 ALCOA 所开发出的技术，创建 5 个新的启动项目。查理是一个有严格要求的、受人尊敬的领导，同时也是一位非常好的朋友。肯·布莱文思（Ken Blevins，ALCOA 电子封装部主席）和约翰·斯达（John Star，ALCOA 分公司主席），都是努力工作、积极付出，并且能力很强的管理人员。他们把我当成公司中的一员，给我机会去切身体会在传统的、不兼容的环境下，创建一个高技术的启动项目时所遇到的挫折、情绪起伏以及各种挑战。这样的经验让我明白了为什么建立一个管理技术业务的平台与建立一个管理产品业务的平台是不一样的。

在与克拉克设备公司（Clark Equipment Company）以及工业卡车部门的主席加里·贝拉（Gary Bella）的合作中，我学习到了不要低估分销渠道，认识到有效的市场管理需要不同的平台。

Super Fresh 公司的主席杰瑞·古兹（Jerry Goods），以及文员联盟的主席温德尔·杨（Wendell Young），通过他们的勇气再次确认了对期望的未来的共同憧憬是如此之强大。

之所以选择奥奈达部族（Oneida Nation）、巴特沃斯卫生系统（Butterworth

Health System)、联邦能源系统（Commonwealth Energy Systems）、万豪公司（Marriott Corporation）和开利公司（Carrier Corporation）的设计来做深入分析，是基于以下原因：

1）它们五个项目都受益于先前项目所积累下来的智慧和经验。在这五个设计中，架构都被用作一组不同但是相互联系的平台。每个平台标志着一种独特的、包含性能指标和衡量标准的预先定义的集合的行为模式。

2）在它们的多样性中，所有的设计都代表着最高水平。它们作为整体代表了我们所关注的主要领域。卫生保健的举步维艰、全球制造业的残酷竞争、能源的放松管制、房地产的崩盘以及发展所面临的挑战，这些都与广大的潜在读者可能紧密相关。

第10章

奥奈达部族

奥奈达部族项目是一个美好的项目。它可能是我所工作过的在情感上最满意的项目之一，绝对是在与一群最善良的、最温暖和最迷人的朋友一起工作。他们把我们当做他们的一份子，最为回报，我们也付出我们最大的努力。

群策群力的奥奈达设计团队有尼尔·科尼利厄斯（Neil Cornelius，总经理，领导该项目）、黛布拉·杜埃克斯塔特（Debra Doxtator，主席）、凯西·休斯（Kathy Hughes，财务主管）和布鲁斯·金（Bruce King，CFO）。阿特利·斯肯南多（Artly Skenandore，总经理）拥有渊博的语言、文化知识和难以置信的学习热情及能力，提供了过去和未来的关键链接。

所有工作团队的成员，是他们的付出、支持和努力工作使得这个项目实现变成可能。他们包括了雅克·博伊尔（Jacque Boyle）、伊莱恩·科尼利厄斯（Elaine Cornelius）、米歇尔·科尼利厄斯（Michelle Cornelius）、托尼·豪斯（Toni House）、杰西卡·昆登赫温（Jessica Oudenhoven）、戴安娜·彼得森（Diana Peterson）、特里·普利康（Terry Pouliquen）和杰基·史密斯（Jackie Smith）。最后，我们出色的项目经理，凯西·金（Kathy King），把我们凝聚到一起，通过她的谦逊、真诚和洞察力使我们完成了这项任务。

我的老朋友及同事比扬·霍拉姆（Bijan Khorram），在本书所选择的4个设计案例中，有三个是和他一起完成的。单凭这点，就应该说他的宝贵贡献是必不可少的。

这是个一直在进行的项目，这里介绍的版本是第5次迭代的结果。

10.1 需求规格

下面的一组属性代表了期望的规格，以此来指导设计。

1）我们想从历史中吸取经验，并与今天的新兴价值观相结合，创造出一条成功的生活之路，这条路可以作为其他社区发展的参照模式。

2）我们想要创造一种类似下面这样的社会秩序。

- 同时鼓励必需的社会融合和分化，促进个性的同时考虑集体认同。

- 有效地生产商品和服务，公平地分配它们，并且确保过去一代、现在一代和将来的一代之间的利益兼容。
- 识别、开发并实施核心竞争力，为我们带来独特性和竞争性/不可比拟的优势。
- 利用我们核心价值观上的精髓，使我们能够发展它们，来应对当前现实的需求和迎接新的挑战。
- 鼓励系统的开放性，进行新的学习、试验和多元化发展。
- 为我们提供机会，让我们既能照顾好自身，又能照顾那些不能满足基本需求的他人。

3）我们想要看到这个部族以下面的方式来为其成员及所处环境服务。

- 表现出一种团队身份，它将会产生内部的付出和外部的尊重。
- 具有开放的文化，愿意与他人分享我们丰富的传统，同时也去学习和理解其他文化。借此，我们就能创造出一种互惠互利的关系。
- 有一种互补的教育体系，为每个成员提供发展个人和专业的机会，能激发他/她的全部潜能。
- 为每个人都创造就业机会，这样，所有人就能积极并尽其所能地投入到生产商品和服务中，从而提高我们的生活质量。
- 有一个平台，人民之间可以参与和进行有意义的互动，因此，我们可以一起建立一个对期望未来有着共同愿景的融合的部族，来授权我们的领导有效地追求和实现我们的梦想。
- 我们是一个独立自主的部族，有自决权并能够自力更生，而不依赖于某一方面。
- 我们是平等的伙伴，站在同样的高度，我们与当地、洲以及联邦当局一起缔造每一段这样的关系。
- 对我们所选择居住的每一个社区，我们是首选的邻居；对于每一个我们所选择的供应商，我们是首选的客户；而对每一个选择使用我们产品和服务的客户，我们是首选的供应商。
- 充分利用我们有限的资源，外包那些通过环境提供更高性价比的服务，从而避免给我们的部族带来不必要的脆弱性。
- 我们需要在我们的生活中，找到物质满足与精神满足的平衡。

10.2 系统架构

架构是一个系统的通用描述，它指出了系统最重要的功能、主要的元素以及它们之间的关系，还包括定义整体性质的过程。一个架构由一系列不同但是相互关联的平台组成（见图10.1）。每个平台都代表着系统的一个维度，标志着一种独特的背景、结果和被预先定义的一系列性能和衡量指标所控制的行为模式。这些维度，以及它们的互补过程，每一个都是必要的，并且合并到一起才足够产生一个能够实现期望的规格的可行系统。

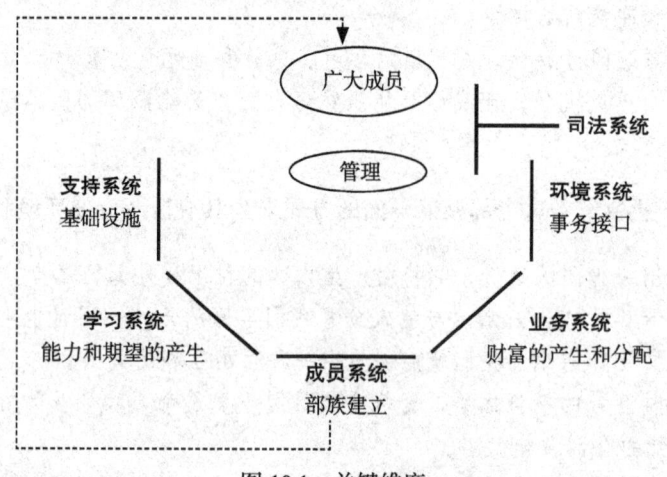

图10.1 关键维度

奥奈达部族项目的架构包括了7个维度：其中5个是运营方面的，一个是管理方面的，还有一个是司法方面的。所有的架构功能的维度都在业务委员会的引导和领导之下，它们分别是：

- 管理；
- 成员系统；
- 学习系统；
- 业务系统；
- 核心服务；
- 外部环境；
- 司法系统。

要创建一个有能力实现需求规格的可行部族，这7个维度是必要和满足条件的。

5个运营方面的维度中，没有任何一个维度是低于其他维度的。每一个维度都必须给予相同的关注和精力去追求。不过，这些维度的绩效指标没有必要完全一样。例如，处于核心服务维度的单元都是绩效中心（它们的预算基于给定总产量的百分比值），而处于业务维度的单元却全部都是利润中心。创建一种新的社会计算，从长远来看，应该促使它和系统整体的利益兼容，并促成从成本到绩效的转换，使其发展为以利润为中心的运营模式，最终使它们从输入导向成长为输出导向。

10.3 管理

为使管理维度有效,则需要明确指出其运营的背景。根据奥奈达的宪法规定,所有的权利、立法、行政和司法都取决于全体部族委员会(General Tribal Council,GTC),如图 10.2 所示。GTC 在现实中就是全体成员大会。遗憾的是,直接在全体大会上履行这三个职责在操作上并不可行。因此,GTC 把它的权利委托给选举机构,也就是业务委员会(Business Committee,BC)。因此,业务委员会在默认情况下,承担所有立法、行政和司法的职责。在当时,这是一个合理和可行的解决方案。但是,随日益增加的复杂性和系统在各个维度上的惊人扩张与发展,使得业务委员会承担着前所未有的过多负载。尽管业务委员会在拼命按时履行其职责,但是,它正面临着一项不可能的任务。它已然不可避免地成为了瓶颈。

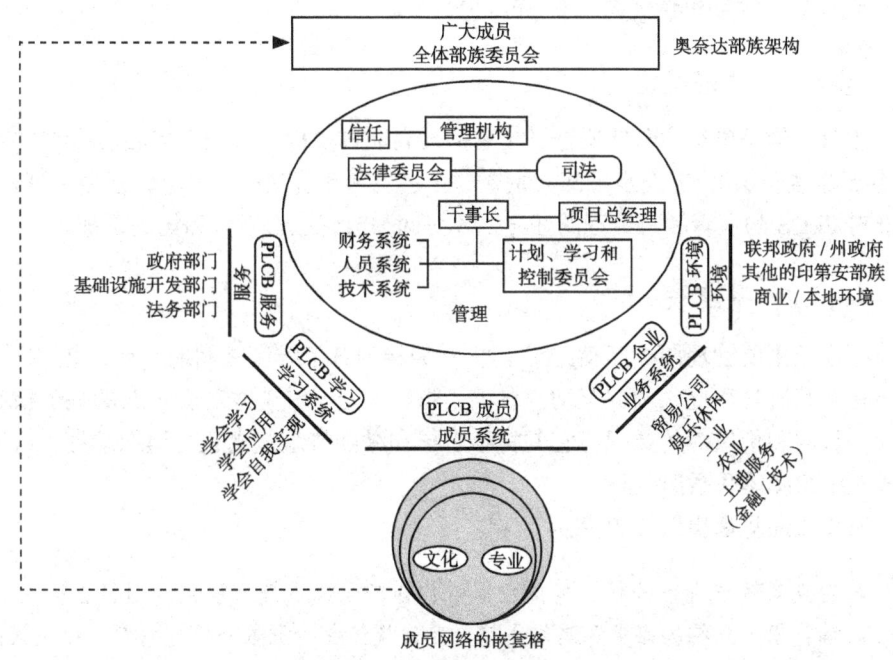

图 10.2 奥奈达部族项目架构

为了体现业务委员会的扩展管理职责,其名称将会被更改为主管机构(Governing Body,GB)。在新的编制下,主管部门将越来越多地集中在立法、政策制定权、其行政责任的下放部分,以及架构相关平台的司法功能。

为了加强主管机构的监管权利并恰当地把权利分配到每一个平台,在每个平台上将会建立起一个"计划、学习和控制委员会"(Planning, Learning and control Board,PLCB)。主管机构指定的成员和干事长将进入每一个平台的委员会。PLCB 的创建和组成将有效地同时加强系统的集权和分权。主管机构的活动将集中在立法、政策制定和监督，并伴随着将一些行政权利下放到行政和运营平台，这将增强系统的决策能力和提高系统响应能力。

将司法权委托给独立的司法系统是受欢迎的做法，这样司法权和行政权能够合理分开。这种分离也将作为一个安全阀，把大部分的冲突引向它们本该所属的司法系统，从而缓解了政治系统作为吸收部族分化压力的唯一渠道这一难以维持的局面。

管理平台将包括：

- 主管机构（GB）；
- 干事长；
- 计划、学习和控制系统（PLCS）；
- 计划、学习和控制委员会（PLCB）。

10.3.1 主管机构

主管机构是奥奈达部族所选举出来的最高职权机构，代表大多数成员和GTC（全体部族委员会），它充当了部族主要的立法机构和管理机关。它将任命干事长，批准对PLCS的主管和总经理的任命，并协调和监管运营平台和司法系统。

10.3.2 干事长

干事长主要管理两类互动：① 对内：架构的各个维度之间的互动；② 对外：奥奈达和其所处环境之间的互动。参谋长将帮助定义和建立一套长久的关于核心理念、目的和价值观的共识，它们将会引导和激励将组织文化与组织本身、组织任务及组织团体联系到一起。

参谋长还将承担以下职责：

- 定期对系统进行分析，并向主管机构和广大成员提交混乱规划报告；
- 确保根据系统的需求及其组成部分对部族任务的贡献来排定它们的优先级；
- 制定和建议可识别的社会指标，设定系统期望的方向以及工作生活质量的假设与政策；
- 帮助制定与建议组织和部门的绩效标准以及度量指标，并确保它们同维持高质量的工作生活能保持一致；
- 对系统的当前及应急计划进行整体质量保证审计。

10.3.3 计划、学习和控制系统

为协助干事长行使管理职责，将会建立一个PLCS。它由一组专家构成，在金融系统、技术系统和人员系统这三个互补的活动中发挥作用。

1. 金融系统主管

金融系统主管负责确保奥奈达财政资源的安全和合理利用。在主管机构通过之后,金融主管将制定出一套财政政策,并监管其执行。为此,金融主管需要:

- 制定与建议财政资源运营和管理的准则、假设及期望;
- 制定与建议财政资源分配和管理的财政政策;
- 制定与建议财政资源利用率的标准和衡量指标;
- 识别系统的偏差,并采取纠正措施;
- 监管资金流动,能够做出早期预警;
- 划分系统及其各部分的投资和撤资需求的优先级;
- 对金融系统可行性进行全面和部门性的质量保证审计,并评估其成效;
- 提供 PLCB 所需信息,以便 PLCB 进行综合管理;
- 金融系统主管除了管理金融系统的核心专家之外,还要对普通会计、审批和内部审计进行监管。

2. 技术系统主管

作为技术系统的主管,除了管理系统的核心技术专家外,还要监管信息系统的运营以及以下功能:

- 帮助和促进系统架构的开发和生产能力系统的详细设计。
- 倡导与协调合适的标准及衡量指标的制定和建议,以确保组织的有效性。
- 监管与确保关于系统管理和运营的政策在制定之后能正确执行。
- 制定与建议关于信息的收集、操作、集成、传播和管理的政策。
- 制定与建议管理信息系统的标准和绩效衡量指标。

3. 人员系统主管

作为人员系统主管,除了其核心的人员系统专家外,还要监管人力资源部门(Human Resource Department,HRD)和人员沟通,并做到:

- 以最具资格、最大贡献和最高效的劳动力能被吸引、保持和鼓舞为基础来定义规格、指示和价值,以确保系统的持续成功;
- 监控重大的人员系统发展趋势,并作为早期预警系统;
- 倡导、促进和协调人力资源政策的制定和建议,如招聘、培训、薪酬和福利、职业发展,以及相关问题。

10.3.4 计划、学习和控制委员会

要在系统架构的 5 个运营维度之间建立相容性和管理互动,则需要一个负责

整合的功能。这种整合功能，其管理的关键因素将包含总体规划和各个维度绩效的一般准则的制定。

PLCB 的成员构成包括 GB 的主席、干事长、财务主管以及金融系统、技术系统和人员系统的主管，还有分别代表五个运营维度的五位总经理。PLCB 负责 ① 定义问题；② 设计解决方案；③ 提出政策和决策标准的建议，由 GB 审批。不过，PLCB 最主要的功能是在成员系统、学习系统、业务系统、核心服务系统和环境系统的运营之间起协同作用。

在这里，控制的本质被我们重新诠释，从传统意义上的"监管"变为"学习"，而传统意义上的职权，则从"控制权"变为"主动权"。有效控制涉及权利的复制。权利复制的实现需要通过决策过程，而非控制在个别的决策者手中，这是控制的主旨。当决策者们在所有维度上制定了共同的理解和决策标准所有权后，就能实现权利复制。

当发现期望与实际之间的不匹配时，我们就会学习。如果能理解不匹配发生的原因（诊断），就能在今后避免（处方），学习也就发生了。

学习还包含一个早期预警系统，它要求在问题发生前就采取纠正措施。这样的系统将在一个持续的基础上，对制定决策时所做假设的有效性、执行的过程以及中间结果进行监管。

10.4 成员系统

成员系统主要关于部族建设。它提供一个参与平台来解决冲突，创造一个对期望未来的共同憧憬，并授权领导者代表选民果断、有效地处理事务。

10.4.1 授权

授权并非分享权利。分享意味着一种零和关系，因此，也就意味着让权。授权是权利的复制。它要求对我们所做的及我们为什么这么做达成共识。这样的共识，不仅使成员之间配合默契，也使得领导者能代表其成员果断、有效地处理事务。

领导的角色和成员的角色一样关键。领导不能让人们落后或远远落后于他们。领导基于他们在人们中间产生的信任度和支持度获得授权。支持或者信任并不一定就要求服从和统一。它意味着人们通过对决策标准的理解，可以同意，也可以不同意以及愿意接受集体决策的后果。发展这方面的政治成熟度，能够将互不相关转化为互利互补，将是成员网络的核心目标。

两极分化，也许是传统社会在转型边缘上的最大阻碍。事情的进展，不管是否自愿，都使得传统的解决方案无效，对传统的领导-追随者关系提出质疑。在这样的情况下，传统与现代，集体与个人，资本形成与消费，以及开放和封闭之间的看似无法解决的对立面，把人们也带进了两个对立的阵营。这种两级分化的负面后果不仅是沟通不畅，更重要的是，它隐藏着感受僵化以及普遍的行动力缺乏。在部族必须要最积极主动的时刻，它不是去化解冲突（需求互补），却反而表现懈怠（善意忽视）。成员维度的目的就是使部族摆脱这种困境。

部族建设是一个渐进的、漫长的过程，由成员共同参与，也是由独特价值驱动的过程。与建设道路不同，它不是一次性工程，不能通过宣告就能实现。回答为什么的问题，部族建设必须就一套组织原则和共同目标达成共识。

10.4.2 联结的纽带

系统和集合的区别是系统之间的联结，这种联结把零散的元素连接到了一起。把部族连接到一起的最强联结就是对未来的共同憧憬和一套体现系统独特历史经验与价值观的组织原则。

成员维度提供了处理政治权利、政治参与、合法性、建立共识、自决和主权的结构及过程。因此，成员维度是系统架构中的最关键维度。从某种意义上说，它事关部族本身。直接参与会产生部族感，所以它创造出一种环境，在该环境中的成员可以使系统的演化产生不同。

建立一个可行的社会系统的真正挑战是求同存异，满足在一个相互依赖的整体之内的各自独立成员的不同需求。尽管有多样性的存在，一组关于组织原则的协议将使系统运行起来。社会对融合的需求如同个人对差异的需求一样，是合情合理的。融合和差异化是"社会"这枚硬币的两个面。独存，则毁灭；共生，则协同。

以牺牲个体为代价的集体主义，将会走向极权主义和灭亡；以牺牲集体为代价的个人主义，将会走向混沌和社会达尔文主义。从长远来看，社会和个人要么同生，要么共死。双赢的关系并非通过零和博弈或妥协而达到的。要想获得双赢，需要重新理解整体和部分之间的关系及本质。你无法建立一个伟大却轻视人民的社会，正如你不能培养伟大却贬低社会的人民一样。一方是成就另一方伟大的先决条件。我们需要创造出一种帮助他人就能帮助自己的环境。

再次强调，问题并不是强加于自己身上，对过去和未来进行的选择。那个答案过于简单，不过却有着灾难性的后果。对于一个有活力的部族来说，祖辈之根与未来之翼都是必不可少的，没有一方能以牺牲另一方为代价而独存。对飞翔的需要，并不意味着要去除根基，而附着于地的需要，也不能否定对飞翔的渴求。

10.4.3 成员网络

成员网络的设计将由包括嵌套成员单元的多级网络组成。每个成员单元将有9位成员，他们根据部族所面临的实际情况而参与到审议过程中，而产生出一个共同的憧憬。通过一起合作，成员单元将试着去理解背景（环境的变化），定义问题（规划混乱），产生出建议的解决方案（设计方案）。每一个单元产生的结果，一旦达成一致，要么就会传递给更低一级的单元进行进一步审议，要么传递给更高一级的单元，进行与其他单元的整合。整个过程会一直持续，直到部族面临的所有关键问题都被收集、审议和解决，并通过所有成员积极参与到成员网络不同层级的对应单元，来使之贯彻。

要开始发展成员网络，一开始将建立起9个主要成员单元。GB（主管机构）指定一名成员，管理团队推选出一名成员，再加上工作团队指定的一名成员，这些成员将构成那些初始的主要单元。然后，每个单元将从广大成员（最好是GTC中的积极参与者）中招募6名主要成员。这样的话，成员网络的主要单元将由81名成员构成，工作在9个单元之中。

主要单元中的每个成员，在经过充分审议和达成共识之后，将在成员网络的第二级组成另外的9个成员单元。因此，第二层将是由792名成员所组成的81个成员单元。网络的第三层则将由6561名成员所组成的729个成员单元构成。看起来第三层将足够覆盖全部族了，如有需要，则相继的级别可以继续加到成员网络中，直到所有具备资格的成员都引入且没有遗漏。

交互设计文档将成为审议过程的起点。在设计团队提供设计的第一版之后，GB将对其进行审议来达成必要的共识。接着，设计将会先从主要成员单元开始，部族委员会的81名成员将有机会制定交互设计的第二轮迭代。这时，第二轮迭代将向下移动到成员网络的第二层。

整个成员网络的相继迭代将会持续进行，直到所有成员都参与到设计的过程中，并对设计的实现有所付出。

这个网络（见图10.3）的实现需要一个有效的管理和支持系统来承担以下关键的互补性服务：

- 收集和反馈相关的问题及背景资料；
- 提供后勤、安排会议、通知成员即将举行的活动和议程；
- 召开会议、记录会议，并对会议记录持续跟进；
- 促进整个过程，确保所有的与会人员都能理解给他们分配的角色所需的协议和意义。

10.4.4　建立共识的过程

创造参与平台是必要的，但这对成员间的紧密联结来说是不够的。为了加强联结的过程，我们强烈建议一种基于奥奈达部族传统的共识建立方法的新方法，这种巧妙、漂亮且与新兴的系统思维相匹配的新方法，应该被采用。

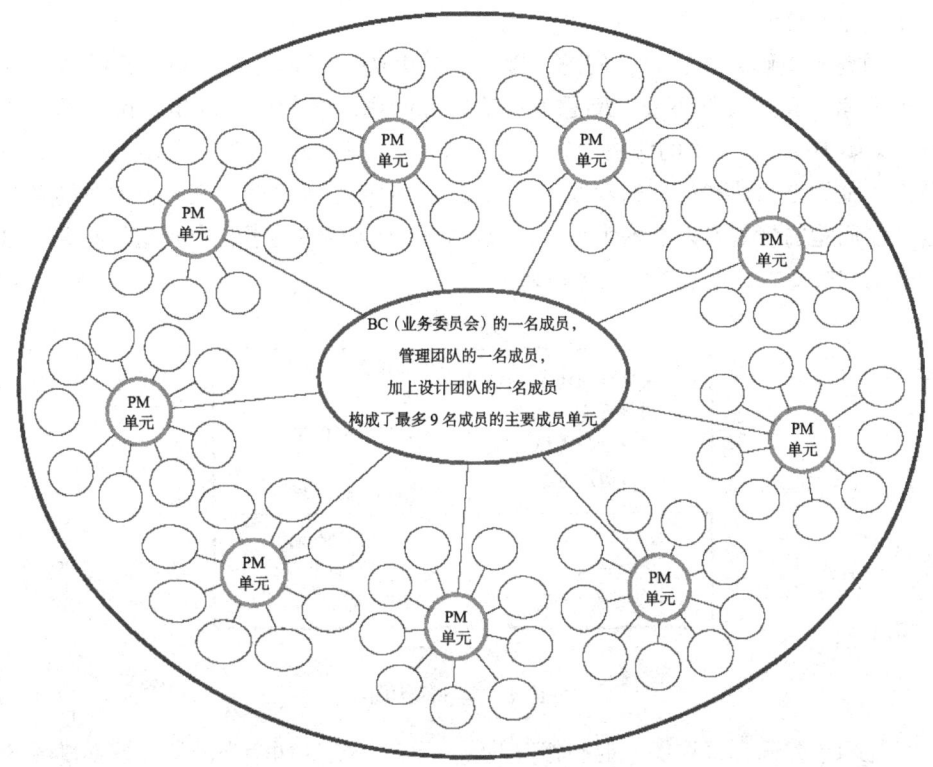

图 10.3　成员网络

理解系统思考的基本假设和组织原则，要着重注意以下几点：

1）意识到所有重要的背景。我们在开始解决问题时有一种倾向，总觉得问题都是分离存在的。一个现象，在某种背景下是问题，而在另一种背景下则不是。同样，一个方案，也许在某种背景下是有效的，而在另一种背景下则无效。以系统观来看，脱离了背景的问题和解决方案都是无意义的。

2）需要认清问题，而不依赖于已有的解决方案。我们有一种倾向，会根据我们已有的解决方案来定义问题。我们失败，很多时候不是因为我们不能解决所面对的问题，而是因为我们没有面对正确的问题。我们没有去做我们该做的，而是做了我们能做的。以系统观来看，解决方案必须去适应问题，而不是问题来适应解决方案。

3）需要重新设计，而不是采用相同的一组预定义解决方案。我们有一种倾向，只接受已经尝试过且正确的方案。如果一种方案是前所未有的，那它将被视为是可疑的，受到自动否决。所谓解决问题的约定俗成方法，不由自主地将转变成一个自我复制的恶性循环，阻碍着能够创造出真正变化的任何变化。因此，以重建未来的名义，我们不断重复着过去，诧异于历史为何一再重演，却丝毫没从中学到任何教训。

因此，理解背景、定义问题，以及设计解决方案这三个阶段是系统方法的重要元素。在此背景下看，问题的解决者和问题的规划者表现出了两组不同特征（见图10.4）。问题的解决者以科学为导向，他们倾向于从不同事物中找到相似点。他们是归纳和泛化的专家，他们关注立即的结果来验证其解决方案的有效性。而问题的规划者以艺术为导向，他们倾向于从相似的事物中找到不同点。他们是细化的专家，他们关注前因后果。

	互补的倾向	
找相似点的倾向	问题的解决者 科学导向： 定义替代选择 建议解决方案	探路者 系统导向： 有目的的行为， 设定方向， 识别问题和背景
	实干家 实践导向： 实现解决方案	问题的规划者 艺术导向： 规划混乱
	找不同点的倾向	

图10.4 互补的倾向

这两个方面都很重要，他们相得益彰。不过，对这两个方面不应该觉得困惑或混淆。这两种活动如果被分得越开，就越会影响更高层次的实现，从而对更高度综合问题的解除所产生影响的可能性就越大。要真正解决问题，还有两种角色是必需的：创新者和实干家。创新者是探路人，他们看到更大的前景。他们有着系统化的方向，他们表现出有目的的行为。他们基于以下两点来设计方向：① 定义和规划问题；② 综合和集成解决方案，以保证解决方案间互相补充、协同工作、相得益彰。

实干家，都是实践者。他们既不关注更大的前景，也不在意长期的结果。他们热衷于使用预先定义好的算法来生产或做事。从另一方面来说，这在奥奈达部族所记录的历史和文化上有所反映，可归结于建立共识的相似过程。

从历史的主要经验来看，这个过程被"和平大典"（Great Law of Peace）采用，作为大议会（Great Council）管理部族之间交流、解决冲突、制定决策以及达成协议的有效手段。它也被称为"趋于心灵相通"（见图10.5）。

对龟、狼和熊这三种标志使用不同的属性和特征，以及各自的文化和其信誉，这些就已经能够识别与分离出"探路者"、"问题的规划者"和"问题的解决者"这三种不同的角色。由狼扮演的角色是探路者/综合者。狼通过设定方向，回答为什么的问题，识别相关问题，以及制定议程和内容，表现出有目的的行为。再将这些已经准备好的东西给龟，问题的规划者，来定义它们。定义好的问题，再由龟传递给熊，问题的解决者。熊来产生替代选择，并建议解决方案。在方案返回给狼来检查相关性之前，会先返回给龟来检查相关性和效力。狼最终负责整合方案，保持记录，批准和沟通最终协议。狼通过激励和监管行动来保持激情。

考虑到社会系统的单元并没有那么个体化，一个单元要在多个不同的设置下扮演角色。狼、龟、熊的角色扮演为团队学习和建立共识呈现出了非常好的工具——部族建设的核心成分。

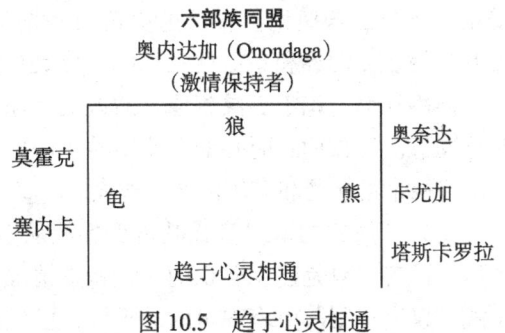

图 10.5　趋于心灵相通

10.4.5　回到未来

成员网络的设计尽可能地接近和建立在奥奈达传统的共识建立模型之上（见图 10.6）。象征主义既不是价值无关的，也并非不合逻辑的，它还有着比我们所看到的更多的东西。我们需要意识到隐藏在文化规范和惯例深处的东西的影响和意义。要获得那些可能按照古老习俗发生的事情的深层次含义，洞察力是必不可少的。通过再发现真正的、隐含在文化里的组织原则，人们才能够评估他们的历史，了解他们是谁，明白他们为什么表现出这样的行为方式。

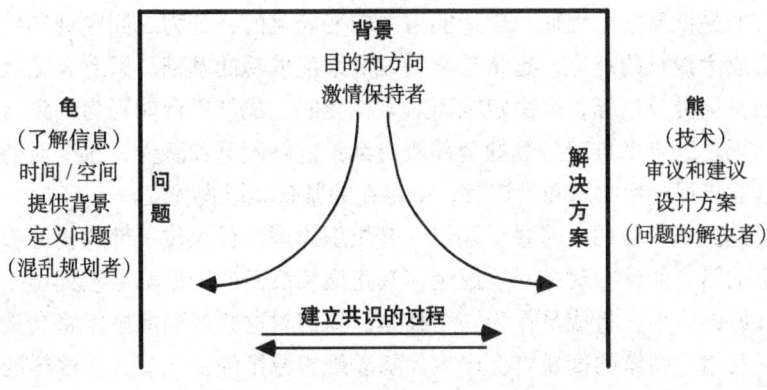

图 10.6　建立共识的传统过程

这种建立共识的过程不同于传统上少数服从多数原则的简单投票程序。"少数服从多数"，是西方民主模式的特殊功能，前提是借助于大众传播，产生公开辩论，形成公众舆论。投票过程仅仅是把过程带向其最终完结的手段。但是具备参与性、互动性和象征性表现的文化是更为自发的。他们经过一个非严格的过程，使用称为"趋于心灵相通"的方式，通过言语和非言语来建立起共识，直到集体同意。开放的、耐心的、非结构化的以及旷日持久的讨论将会一直继续，直至形成一个可接受和实用的解决方案。

这种开放式的审议模式胜过少数服从多数的原则。实际上，少数服从多数，本质上而言，只是建立共识的一种特殊情况。试图更有效地管理时间，而带来的正式"议事规则"所表现出的局限性，已经被证明与处理关键问题时固有的缓慢共识达成过程不兼容。在这样的背景下，达到普遍支持的协定不能以多数者之名，而对建立共识这个先决条件进行妥协。要是这样做了，产生的结果不仅违背了公开承诺，也将引起普遍的猜忌，或者至少是人心背离。

利用达成共识的宝贵传统，部族将受益于多个方面：它是有效的，因为每个人都参与到了建立共识的过程中；它是合法的，因为它诉诸于文化已经认可的本土策略；它还是令人兴奋的，因为它释放出历史的丰富性以作为未来发展的有效工具。这是一个解放的过程，因为它使我们能够做未来的主人翁，靠自己建立起自由，而不是成为过去的囚犯，未来并非只是过去的延伸。重新解释我们行为的根本驱动力，能让我们同时保持和革新我们的文化，以保持它和我们的存在一致，并为我们的期望提供支持。

10.4.6 绩效指标和衡量

对成员平台来说，行动能力的创建是最大的单一功能。尽管多元化是一个自由社会的核心，但是缺少一套关于组织原则和运营流程的协议将会使它无法实现有效执行的最低要求。因此，创造能力去转变僵化的一分为二问题观和结构性冲突，使之成为授权的补充，这将是衡量成员维度成功的基础。因此，绩效系统将建立起衡量标准及指标，来决定在面对多样化时，成员平台能否为一致行动建立起基础共识。这将来自于持续的全部族对话：能够倾听和感受，减少对一套组织原则及运营流程产生共识和承诺时，所存在的紧张和沮丧程度。

为了达到这一目的，需要识别出一套组织原则，代表位于部族核心根深蒂固分化之下的隐含假设。对每一项原则，其正面和反面的论据都会被列出来。使用预先设计好的索引，将成员作为一个整体，他们对这些原则的态度将会被定期衡量并制成表格。持续的衡量将会产生伴随着组织原则的变化模式。这样的行为并不只是起到镜子的作用，它将作为一种媒介，通过它，成员能够理解并且影响使其具有这样行为方式的东西。因此，绩效指标和衡量将帮助部族摆脱瘫痪的"混乱",自发地朝着其期望的状态移动。

多维互动和兴趣小组活动

成员平台将支持和管理所有的兴趣小组活动,这些活动要求成员自主、自愿和积极参与,比如 Pow Wow、艺术还有老年活动。成员的活动和互动、学习以及业务维度将由 PLCB(计划、学习和控制委员会)协调。至关重要的是,每一项都要主动调整自己以与另外两项保持协调。为了推动协调,将鼓励成员网络中的成员参加文化或专家小组。文化、专家及其他的兴趣小组将作为学习和业务维度的顾问。

10.5 学习系统

奥奈达部族的成功最终将依赖于其成员的能力。奥奈达人既是他们所属系统的目的,也是其所属系统欲获得成功的手段。与其他人类系统一样,奥奈达部族与其成员一荣俱荣。因此,作为奥奈达系统的人力资产,奥奈达人的发展,构成了系统架构的第二大关键维度。

学习维度的功能就是发展人力资产。它重振成员的能力和期望,从个人和集体上都来满足他们的需要和期望。正如有期望,却无能力是无用一样,有能力,却无期望也是无力的。

文化发展事关期望,而专业发展事关能力。期望是创建一个有所成就社会的本质要素。文化和精神的流动性处理着期望维度。能力,不管有多强,只是成功的必要条件。如果成员没有被相关期望所激励,能力往往会保持潜伏。没有期望,能力也只能是潜力而已。

文化的生命力在于其能力可以作为实现社会共同梦想的工具。强有力的文化可以重燃必要的期望,而非使梦想沦为白日梦。文化复兴需要重新解读文化象征,以恰当的方式保证新的目标能够被大家共同合法化,并高效地追寻,同时保持着团体特征的连续性。最终,衡量文化的生命力依赖于成功获取传统象征和意象,以支持不断进步的社会的新兴需求。尊重文化并不意味着衰退,发展也不意味着就要与过去决裂,过去的价值观也是为了响应当时的新需求而生的。在部族发展的背景下,创新就是使这些强大的引擎能够匹配新的需求,并保持更新那些已经诞生但当时的需求已不复存在的部分。

从另一方面来说,能力关系到需要对新的挑战制定有效响应的知识运作。它们涉及定义问题和解决方案的一整套方法、技术和技巧。因此,专业的发展是调节能力维度的工具,它要求一个以专业为基础的教育系统。这样的系统需要被设计出来,以便它可以①兼容系统的特殊要求;②有能力去满足其所属的外部环境

（联邦和州）的许可要求。外部的要求是很轻易就能达到的，只要奥奈达部族的教育系统可以实现与美国教育系统功能互补，而非重复。这样，教育系统才能避免制造它可以从外部获取的东西。

教育系统将负责三大基本输出：学会学习（正规教育）；学会应用（专业教育）以及学会自我实现（文化教育）如图10.7所示。

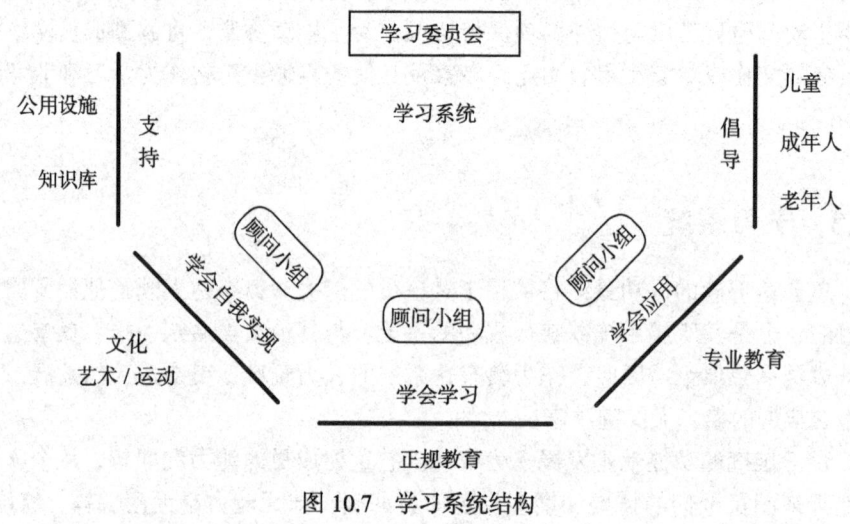

图10.7　学习系统结构

10.5.1　学会学习（正规教育）

当前，越来越快的变化不断改变着一切，这种情况下我们所学到知识的有效期限变得相当重要，教育系统的真正责任是把学习者转变成自我教育者。要达到这个目的，它需要能通过增加学生的期望及能力，来开始一段永恒的学习、忘却和再学习的过程，既在传统框架之内也超越了传统框架。这些一阶和二阶教育的责任应该与从小学到高等教育的所有层次的正规教育都是一样的。正规教育，许可证的发放行为覆盖K-12[⊖]、大学和研究生学习的全部范围。

为了确保正规教育的质量和可用性，学习系统需要：

负责识别和宣传部族的教育需求和优先事项，确保有足够的信息和资源来帮助成员对教育目标做出明智的决策。

为那些需要部族支持，否则将难以继续学习的、符合条件的学生提供财政支持（例如奖学金）。

[⊖] 美国基础教育的统称。"K12"中的"K"代表Kindergarten（幼儿园），"12"代表12年级（相当于我国的高三）。"K-12"是指从幼儿园到12年级的教育，因此被国际上用作对基础教育阶段的通称。——译者注

创立一个信托基金，为符合条件的学生提供免息贷款，并允许他们通过对部族的管理或业务发展上的付出来抵消贷款。

创建并不断发展一个部族的数据库来跟踪每个成员一生的教育发展。

考虑将所有的奥奈达人作为其受众，不管他们居住在何处，都要尽最大努力做到① 保持对其教育历史和发展的了解；② 给他们提供渠道，当情况要求并需要支持成员的学术追求时。

10.5.2 学会自我实现（文化教育）

文化教育覆盖了整个学习经历，这些学习经历会在艺术、语言、运动、传统仪式以及与休闲相关的其他提高生活质量的活动上，使个人和集体都得到发展。从本质上看，学会自我实现是品格设计的活动，它关乎价值观、世界观和人生观。它是关于欲望，而非能力；内容，而非容量；方向，而非速度；为什么做，而非怎样做；感觉，而非思维；意义而非行为；变化的过程，而非拥有的状态。它是关于做正确的事情，而非正确地做事。

学会自我实现，本质上还涉及美的哲学。如果历史是一堂课，那它告诉了我们国之衰落源自文化停滞。美的哲学，与普遍观点相反，并非一种奢侈。与美相对立的社会，迟早会证明也是反人类和反发展的。

10.5.3 学会应用（专业教育）

专业教育负责为成员创造市场竞争力。在此过程中，它将强调理论学习的上下文，并避免死板的课堂形式。传统上，在高等教育中占主导地位的教学模式都无法兼容或者非常昂贵。这个世界并没有按大学里的分科来进行划分。对奥奈达部族来说，小的社区无力承担高昂的费用，去请一批数量不断增加、热衷于对越来越小的问题集做越来越多研究的专家。奥奈达需要的是能扮演多种角色的，并能够处理整体问题的人。

专业教育应该对部族的专业需求和期望，展开自己的调查并得出自己的结论。然后，它可以着手创建与部族业务和发展潜力相匹配的计划及教程。

专业教育的最好选择是采用培训的学徒模式。导师应该尽量招聘在所需领域内具备公认能力的本土专家。之后，为这样的导师提供必要的资源和学生，培训出需要的技术人员（会计、木匠、图书管理员、电脑专家、卫生技术人员等）。系统可以与其他知名院校达成联盟或者隶属关系，以使其课程得到认可。

10.5.4 支持功能

学习系统的支撑由共享设施和知识库构成。它们代表了被学习系统的其他维度所普遍使用的资源。

1. 共享设施

共享设施不能属于任何输出部门（为其他部门做供应者），否则，随之而来的权利失衡将选择优先照顾自己的部门，以牺牲其他用户作为代价，而不是让不同的单位都能复制和扩散稀缺的物理资源（建筑物、设施、设备等）。

2. 知识库

知识库是部族的核心竞争力。成为知识库的一员应该被视为一种荣耀。知识库由全职和兼职的成员组成。兼职成员是那些在其他平台上有着类似责任的成员，不过他们的专业知识对作为一个整体的系统来说很迫切，以至于非常有必要将其纳入知识库。这也使得系统可能去掌握这些难得的专业知识。例如，服务于PLCS（计划、学习和控制系统）的专家也将会是知识库的兼职成员。

知识库是部族的"智囊团"。无论是对内部客户还是对外部的客户，在咨询、教育和研究这三个领域，它都将参与到项目的基础上。知识库能够从内部和外部资源中招聘到一些专业以及（或者）互补的人才，放到临时的项目上。

10.5.5 倡导功能

倡导功能保证所有成员的学习需要，不管是小孩、成年人，还是老年人，都能积极地得到满足。为了做到这一点，所有成员都要注册进入学习系统的三个倡导团体的其中之一。

倡导服务包括：

- 与其他三项输入维度互动，保证成员（特别是青年成员）在正确的时间，以正确的总量，按正确的质量得到合适的教育；
- 介入、协调，并采取一切必要的行动来保证选民受到合理对待，他们的个性化需求能得到满足；
- 与家长保持联系，争取他们对教育工作的成功的积极支持；
- 为那些需要康复服务的成员创建特殊课程。

10.5.6 奥奈达综合大学

通过从根本上打破传统模式，奥奈达部族的教育工作将能更有效地运作。旧时代的传统教育模式已经不再有用了，它们被证明更多的是制约而不是为当代公民创造所需教育的工具。奥奈达部族真正需要一个可替代的、基于开放的学习范式的模式。这种新的学习体验，奥奈达这所综合大学，将会：

- 覆盖从幼儿园到研究生的所有级别的教育；
- 创建一个学习型社会，将整个部族转化为一个没有围墙的学校，可以没有时间和地点限制地来进行学习；
- 提供正规教育、专业教育和文化教育；
- 在同一课程中，教学相长，学生可以做教师，教师也可做学生；
- 移除工作、兴趣和学习之间的界限；
- 移除理论、职业和艺术学习之间的界限，成员能够学有所获，反之亦然；
- 为部族的每一名成员提供在任何时候都能成为教师或学生的潜在机会；
- 允许足够的灵活性，非强制的（从6岁到16岁）学生能够按自己的意愿进入或者退出学习系统；
- 引入学习单元、研究单元和实践单元，让参与者同时在其中扮演多种角色（作为教师、研究人员、实践人员）；
- 除了有用的传统教学之外，对其他各种教学方案、形式、方法以及课程持开放态度；
- 提供渠道让所有成员能够随时、随地访问；
- 学习系统采用以下的教育手段。

1. 学习单元

学习单元可以增加协作环境下的参与者的知识并增强理解。教是最好的学习途径，通过贯彻这样的想法，使学生同时对其他人的教与学都负责。分配给学教相长者（learner-teacher）的学生的成功，将会是评估学教相长者成功与否的衡量标准。

例如，语言传播、成人识字以及职业教育和培训，都能通过学习单元最好地达到，由培训者同时通过教授和培训来学习，会产生级联效应。通过为学教相长者提供额外的外部激励，这样的学习系统可以事半功倍，其学生能够展示出对所学课程的精通。反过来，通过标准的学生，可以继续以输出导向为基础来教授其他的学生并从中得到回报。因此，学习的动机，将由学习知识传授，再加上从传授中来学习，得到倍增。

通过利用环境中已有的优势，并集中产生对系统特有区域的服务供应，教育系统可以最大限度地提供其有效性，通过利用其内部环境的现有资源，并在它们缺乏时进行补充来做到。例如，让外部招聘的合同人员对内部人员的同行进行培训，并作为他们专业职责中必不可少的一部分。他们需要明白，除非安排的培训学员达到要求的能力水平，否则，他们是不能拿到其报酬金余额的。

这种金字塔结构的小组学习要求包含组织、管理和支持服务的独立系统，来处理比如角色的分配，业务维度与培训单元的相互联系，以及在专业/职业背景下对未来所学技术进行应用的行动计划，等等诸如此类的安排。

2. 研究单元

研究单元与学习单元一样，是以参与者为中心的。除了其他事项外，它们还负责文化的重新诠释。研究单元将找出如何站在历史之上来构建未来的解决方案。在这方面，对期望未来的共同憧憬将帮助他们（从一个丰富的，有时是相当庞杂的文化遗产内容中）识别和选择与重新设计未来有关并对部族建设有帮助的价值观、象征、意义以及仪式。

3. 实践单元

实践单元涉及各种团体参与活动，比如戏剧、艺术节、时尚秀和体育赛事。实践单元将促进那些在他们的体验式学习内容中，所占比重大的活动。它们最终会促进那些特别的体验，这些体验最终会创建出环境以提升不断增长的审美创造，艺术价值和文化商品的生产和消费。理想的情况是抹去教育、工作和乐趣之间的传统界限，将艺术、体育和娱乐集成为创造性的活动，吸引所有成员参与，特别是年轻成员，不管他们身在何处。

实践单元，能力发展的媒介，将由已证明有能力的成员（导师）在特定的活动中开展。这些导师设计项目，获得提供的预算来开发参与人员，以及为他们服务的市场。每个单元由 5~6 个参与人员构成。

10.5.7 绩效标准及衡量

学习系统是一个绩效中心。它是以产出为导向的运营，有着自己的内在趋势，诸如保持消费检查，以及成长不能超过价值产出的健康比例。因此，运营预算将是它的实际产出的百分比。

参与的学生以他们获得的教育券为方式支付学费。只有当教育券兑换成现金以后，学费才能算做收入。因此，预算是以每人为基础的。教育券的来源，以及最终学习系统的预算，是设立的教育信托基金提供作为绩效中心的学习系统的资助。只有当参与人员实际被学习系统选中处理，制定的基金才能被系统实现。

绩效衡量的设计将接收到以下指标实现程度的反馈：

- 文化、教育和专业的一体化；
- 在学会自我实现、学会学习和学会应用上有广泛、积极的兴趣；
- 对系统毕业生的需求度，包括内部和外部的；
- 多维度，体现在参与者身上（同时是老师、学生以及实践者），也表现在资源的利用上（系统内各种学习活动的设施和资源的多利用）。

通过振兴，适应和采用已证明与部族保持和继续发展有关的规范来实现文化活力。

这些措施将是兼收并蓄的；它们将从主观和客观上被制定和应用。客观，终究是集体的主观。

管理和系统之间的关系

因为成员、学习和业务维度之间的兼容性对部族的成功是至关重要的，所以它们之间的交互由PLCB（计划、学习和控制委员会）进行协调。此外，学习系统将在由BC（业务委员会）、GM（总经理）、学习平台主管及其下属所组成的PLC学习委员会下运作。每个系统的基础单元将获得一个顾问小组的协助，这个顾问小组的成员将从成员网络中的文化单元和专业单元中选出。

10.6 业务系统

要想可行并且能够自力更生，部族必须能够有效地产生与分配财富、产品和服务，必须有能力识别出影响生活水平的所有因素，比如健康、食物、住房以及成员的其他物质需求。生产和分配是一枚硬币的两面。对财富而言，没有分配的生产将带来异化；而没有足够生产的分配将导致普遍贫穷。自力更生，自给自足，需要以多样性为基础。对于那些只依赖单一生存来源的社会，历史是不会善待的。

业务系统是系统架构中负责扩展和调动部族能力以获得生存和发展的维度。它负责创业和业务发展，并将参与到创建商业机会和支持成员成功地发现、抓住、管理及开拓新的机会。

最终，真正的财富是关于可以把机会转化为能够满足自身需求，同时也能满足其他人需要的关键价值的能力。为集体和个人的生活目标都成功作出贡献，这是一个人能掌控自身命运的重要标志。经济上的成功，最终使个人能够行使自由选择。贫困的最丑陋的表现就是对一切无能为力。

也许对业务功能来说，没有什么比通过学习获得更高层次的自力更生能力来帮助社会繁荣更重要的使命了。印第安人一直以来都是骄傲和足智多谋的。他们的文化里充满着本质上的企业家品质。尽管他们重视群体，但是他们也歌颂顽强的个人主义、自力更生和勇敢。

成功需要欲望和能力，欲望和能力无可替代。它们不能被给予，或者由外部强加。这可能也就是为什么托管，无论其意图有多么高尚，都有可能会违背创建它的初衷。本来希望做出帮助，结果导致无助；受命于创建自主权，结果退化为依附；本想坚持理想，结果导致破坏；经验证明，这种出于好意的官僚式协助系统，被证明是反直觉的，具有破坏性。这种趋势，虽然有限，但必须予以扭转。真正的答案是去补助需求，而非补助供应。

为了实现它的使命，服务于部族经济利益，业务系统将参与到所有的活动中，这些活动主要设计用以：

- 确保部族长期的财政自足；
- 多元化收入来源；
- 消除部族对单一收入来源的依赖；
- 创造就业机会。

业务发展包括对商机的识别、筹集资金、注入种子资金、投资、合作伙伴关系、运营管理以及提供管理支持服务。它将为奥奈达的企业家们积极探索和识别潜在的机会，还将支持和鼓励他们充分利用联邦政府为部族特定的少数人而特定的保护特殊业务的特权。

所有单元在业务维度都是利润中心。当管理层发现有必要（不管是何种原因），要对特定用户给予特定补助时，必须做到补助需求而非供应。这样以市场为基础的政策，将同时保护提供者和服务的用户不受官僚关系的不健康影响，否则这种不健康的影响将导致提供者对用户的傲慢和不敏感，以及用户的无助和对供应者的依赖。

在此背景下，业务系统将由一系列的业务单元组成，形成由服务、工业、娱乐、土地、农业和营销这五个维度组成的利润中心（见图10.8）。

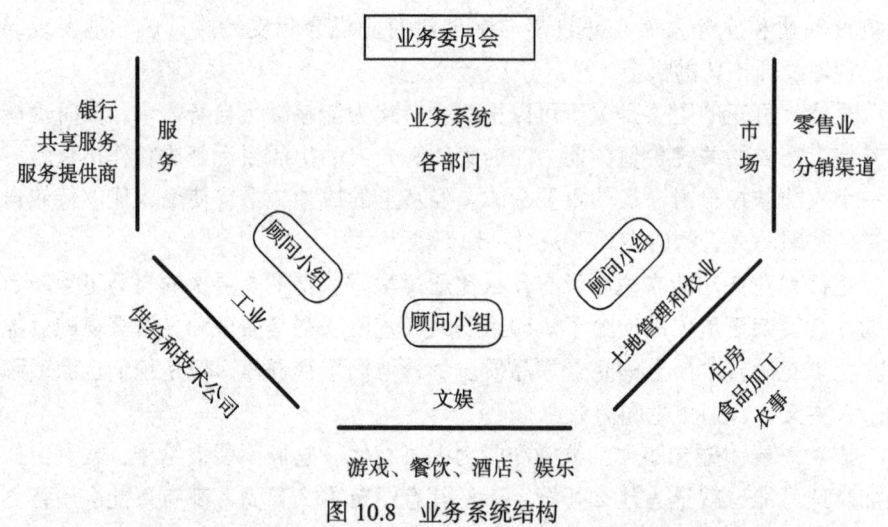

图10.8　业务系统结构

10.6.1　服务部门

在服务部门，这个平台将由各种业务组成。运营在政府部门内的服务提供商，将最终被转化为一个利润中心，并成为这个组的成员。

不过，在一开始的时候，部门的服务单元将由以下部分组成：金融服务，如投资银行或商业银行；配套服务，如工程和业务发展。

10.6.2 工业部门

它将包括供应商和技术公司，其产出将被购买和集成到其他平台的输出上，或者是直接出售给外部客户。

10.6.3 文娱部门

文娱部门将包括游戏、餐饮、酒店和娱乐业务。一般来说，游戏属于娱乐行业，它只不过是从日益增长的文娱时间中利用新兴的巨大商机的广泛商业活动之一。从一个以文娱为主的有利点入手，游戏能够连接起一条长长的价值链，提供一整套服务组合来响应整个家庭度假的需求。酒店、度假村、游乐场和（或）主题公园、动物园、交通设施，以及其他旅游相关的服务都是娱乐这块拼图上的绝佳组成部件。除了住宿需求、足够的空间和清新的空气之外，尽可能地考虑更多方面，是广阔的以文娱为主的投资组合成功的关键。游戏，就其功能性而言，属于文娱的范畴，不过因为其庞大的规模和成熟度，它将被单独管理，直到有其他新生的文娱相关的业务，达到一个增长程度，替代了游戏的地位。

10.6.4 土地和农业部门

它包括了住房、食品加工以及农事业务。土地是宝贵的资源。虽然它在主权方面有外在价值，不过其机会成本是如此之高，以至于需要把它作为财产的一部分，不能使其休耕。一旦土地所有权建立，它就应该被这个平台以最有效的方式管理起来。

10.6.5 营销部门

业务系统的营销部由零售业务和经销渠道构成，它将积极地寻找和开拓在美国内外，当前市场及新兴市场的现有和潜在需求。该部门将与所有的输出单位一起紧密合作，并作为它们的营销部。

每一平台都要容纳以下三种不同类型的所有制。

1. 集体所有制

这种类型的所有制包括部族集体所有的一切业务活动。它能被运用到全部的平台上。集体所有制可以在农业、服务、工业、土地管理、住房以及休闲/娱乐中形成。举例来说，由于游戏在部族运营中所承担的重要角色，让其继续实行集体所有制是很自然的，不过那些能够加强文娱维度的、与游戏相关的一些周边活动，就可以建立个人所有制。

2. 个人所有制和战略联盟

业务单元，是由创业人员以独立、小组，或者与外部（所有的平台）战略联盟的形式而创建的，受到部族的支持。只要它们的活动符合部族的经济利益，为部族成员提供就业机会，这些单元都会被允许，只要提供极少的运营费用。

3. 合作关系和特许经营发展

对创建部族和个体成员之间的合作关系来说，特许经营是一个适合的形式，这能鼓励部族居留地内外的、可打包和复制的业务活动的扩散。

特许经营模式将是经济发展的一个强有力的创业工具。通过精心计划，它可以创造数以百计的外部商人，否则，在诸如缺少资金、培训，或不能得到专业帮助，或者这些因素的组合下，他们是永远没有机会的。

10.6.6 管理和系统间关系

会员之间的活动和互动、学习和业务维度将由 PLCB（计划、学习和控制委员会）进行协调。不过，业务系统将由一个扮演控股公司角色的 PLC（计划、学习和控制）业务委员会来管理。

这个委员会的成员由财务主管、参谋长、游戏总经理，金融系统主管、技术系统主管、业务系统总经理，以及他（她）的下属组成。另外，业务平台的各个部门（服务、工业、文娱、土地和农业、零售）可以选择一个顾问小组，顾问小组的成员将从成员网络中的专业单元的成员内选出。

10.7 核心服务

核心服务由三种基本服务构成，这些服务对维护部族的基础物理设施和社会稳定而言，是必需的。这些服务将惠及全体成员。

10.7.1 政府服务部门

卫生服务和社会服务是政府服务部门的主要功能。

1. 卫生服务

提供全部的卫生服务、预防和干预，包括牙科和医药，将通过这个部门来组织和管理。此外，该部门还负责所有的环境卫生服务，比如公共卫生、工业卫生、安全以及社区卫生。

建议部门重新设计，在一般情况下，对卫生服务要做到补助需求而非供应。交付单元应逐步转化为利润中心，并转移到业务平台的服务维度。

2. 社会服务

社会服务部门将负责以下三项基本输出：

- **辅导**：减轻和解决对化学药品的依赖、家庭暴力以及其他社会问题，也有责任提供法律助理服务，对老年人和退伍军人的支持也是这个单元的职责。
- **经济支持和收入维持**：支持那些无法养活自己的成员，不过，尽可能地与学习系统和业务系统紧密合作，为部族劳动力创造有用的就业机会，是这个单元应尽职责。
- **房屋委员会**：这个单元将确保能够满足那些需要房屋或住所的成员。它将开发和管理所有的房屋和住所，为那些在保证住房方面需要帮助的成员提供帮助。首要的政策是着眼于成员的整合而非分隔。

10.7.2　基础设施发展部

这个部门将负责空间规划和工程实施，也包括公共工程。

1. 空间规划和工程实施

该部门将负责为部族做空间规划，它将处理所有的环境、土地使用、住房、公共事业和交通运输问题，负责项目协调和施工管理，分区发展，发放许可，对空间规划的审查和实施也是这个部门的职责。

2. 公共工程

该部门将管理所有的公用设施，井、建筑物、设施、场地、公园和娱乐中心、汽车的维修以及奥奈达交通服务的运作。

10.7.3　条例部门

该部门将负责规格和记录管理。

1. 规格

负责执法（警察）、维护、设置、发放许可证，以及收集必需税费。

2. 记录管理

包含所有部族历史文件，也包括了个人会员注册信息、身份识别记录，以及土地和财产所有权。

10.7.4　绩效指标和衡量

绩效指标和衡量服务得以应用，以符合成本效益的方式来进行，实现事半功倍的效果。它们需要以生产为导向作为基础来运作，把预算控制在一定的收入比例上。而这些单位的成功，绝对不能以数量来衡量（预算、员工数，或所服务的人口数），而需要以交付的成本效益来衡量。

10.7.5 管理和监督

除了协调核心服务与其他平台活动的 PLCB（计划、学习和控制委员会）之外，核心服务还要受到 PLC（计划、学习和控制）服务委员会的管理。PLC 服务委员会由主管机构指定的一名成员、参谋长、平台的总经理及其下属组成。

至关重要的是核心服务表现得和服务者一样，但是并不充当服务者，在通常的情况下，是控制者的角色。由于广大成员是这些服务的受益者，如果认为有必要的，可以建立起一些顾问委员会，以监督这些服务的运作。

10.8 外部环境

外部环境维度将为系统和其所处环境提供接口。这个维度将基于这个假设运营，也就是为了生存和发展，就如同其他存活的社会系统一样，奥奈达部族必须维持开放并与其所处环境的其他角色持续互动。因此，它是引导分散的部族精力的一种手段，否则，这些分散的精力可能会被浪费在非战略性的，甚至是冲突的活动之上。

没有任何一个部族可以仅靠自己就满足所有需要。不能把自决与自立和自给自足混淆。相互依赖意味着双向关系。它要求同时给予和接受。最终，一个发达的社会，通过给予相同的资源，能够事半功倍。

环境接口需要识别出与之相伴的特别负担和责任，特别是那些只代表少数人的。外部看法和群体形象是至关重要的。就少数群体而言，个人的行为往往会获得更大的关注，因为这个人会被自动视为这个组的典型代表。因此，少数人的行为，不管是好或是坏，都将不成比例地反映整体形象。少数群体则应该更加注意他们所建立的形象，需要更加注意他们向外传递形象的方式。少数群体难以负担忽视公共关系敏感性所带来的影响。疏忽和自满都将付出沉重的代价。

外部环境维度将在以下三个层次上运作：

- 联邦和州政府；
- 本地和商业环境；
- 其他印第安部族。

这三个层次将保证系统能够随时获知充分的信息。通过不断地监测环境，在代表新兴的威胁和（或）机会的重大趋势和发展上，它们将提供及时的输入。通过影响各自环境中的事件，它们将坚持不懈地追求奥奈达部族的利益。影响不能被控制的，识别不能被影响的。

10.9 司法系统

奥奈达的司法系统具有以下两种基本功能：

- 部族主权的完整性；解释和修改宪法的能力，并保证法律之下人人平等；
- 为解决冲突和诉冤请愿创建独立和合法的渠道，从而减轻政府处理一些本质上是司法问题的负担。

10.9.1 情景分析

为奥奈达部族设计一个有效的司法系统需要独具特色，在这个系统中，操作得到充分理解，明确说明，并且得到广泛同意。对于澄清以下问题，理解是必不可少的：

- 为什么需要一个独立的司法系统；
- 它如何与已有秩序联系起来；
- 不同冲突的主要来源和本质是什么；

奥奈达部族作为一个独特的社会系统，应该不难被理解。在其人民的生活中，奥奈达人与其政府之间的关系不同于别的部族，这些部族的政府往往发挥的作用更小，在其人民的生活中扮演纯粹的非商业政府。因此，对奥奈达司法系统最重要的关注将放是在个人与集体之间的关系上。

对关键资源的集体所有权的政府职责，充满着强大的政治影响。在特殊的环境下，可以发挥积极的作用。除管理之外，政府还背负着集体所有权的责任，这两种功能的安排和执行会对系统性的后果产生极大的影响。以下几点强调了将这两种功能混到一起所产生的不良后果。

- 政府管理和业务管理角色混淆不清，以至于即使是在理想的情况下，两者都不能被实现和满意地评估。
- 政府不仅对日常管理功能负责，还需要提供就业作为财富分配的手段之一。失去清晰的问责制度将会成为此种安排的第一个危害。政府提供就业作为权利而非特权的结果自然就会降低对就业能力的要求。这样的结果是一种不负责任的少做多得的倾向，以及迅速发展起来的受消极和敌意所影响的态度。

在单一雇主的环境中，个人对部族的依赖将具有更大和更复杂的维度。失去工作将等同于永久失业和对赤贫的遣责。长期依赖则会滋生习惯性无助、挫折、疏离感，以及对免费服务的贪得无厌的要求。经理和其下属之间正常交互所产生的自然冲突都将以政治的基调并参考政治系统来解决。在这样的背景之下，制定和执行公平的雇佣合同（人力资源政策）将成每一位成员都最敏感和最关注的焦点。

基于个人利益，甚至是个人风格喜好，对任何决定的不满可能会转嫁到破坏性的政治压力上。接着，压力群体的不断扩散和毫不妥协将会使公民和部族的关系进一步紧张，直到到达那个爆发点。随之而来的主体分裂成各个利益集团，将引起前所未有的边缘化压力集团，冲击那些在手段而非目的上达成一致的不稳定的联盟。人民将放弃他们的部族隶属关系，并且将会参与到隐藏的和非理性的行为活动中，恶意威胁，使系统瘫痪，并最终破坏他们所属的系统。因此，政府将无能为力，并且会不断地深陷其中，最终抱怨大规模扩散，使得政府失职。这种压倒性的趋势，如果允许其继续，那么对系统来说，要么依靠独裁主义去平息一切，要么系统完全沦陷。

10.9.2　情景挑战

当部族成了唯一的选择，则必须存在一种有效的机制来协调个人与部族之间的关系。否则，政治压力将变得更加明显，而政治成了唯一解决抱怨的方法，而那些抱怨原本都是无关政治的。

司法系统的成功在于其能否有效处理人类交互中不可避免地产生的冲突。如果其设计遭受到结构冲突（这类冲突是由对立设计的结构功能所产生的而非人性冲突），则没有任何健壮的司法系统可以永远应对这样本质上有缺陷的系统的结构性副作用。持续的"拔河"将产生，例如，从一个共同的趋势，变成政府管理和集体所有制管理混合在一起，这对任何司法系统来说都将产生出不可获胜的情况。冲突产生和解决之间会永无止境地较量，最终，共同的公平感将是最后的输家，这是此种有缺陷方法的病症。

当特定的社会经济条件迫使政府承担集体所有权的作用时，最好能够保证这两种功能的管理尽可能地分开。管理公共资源应该被视为代表那些真正的资产所有者的一种托管。就这种托管的责任而言，系统必须被设计来反映出此种运作的商业本质。

这种考虑一直是设计奥奈达新架构的关键因素。整体设计的目的是，在其他事项之间，产生出一种没有结构冲突的系统。它将政府管理行为从业务管理行为中分离出来，这种分离是通过将它们分配到不同的但相互关联的，有不同绩效指标和衡量的平台。

要结合把握正面和减少负面的集体所有制的管理方式，建议学习系统和业务系统平台成为就业的额外及独立的资源（每一个都有单独的人力资源部门）。此举将创建出一种倾向来扩大和增加系统内的各种内部资源，而不是创建一种单独的垄断来减少成员的选择。在这样的条件下，一些关键功能的冗余是解决方案而非问题，尽管这是传统观点。业务平台应该通过扩大个人以及集体所有的机会，来提供额外的各种资源。

10.9.3 民主的挑战

当在集体所有制的背景下，基于民主约定来创建一个可行的社会时，定义出少数服从多数的概念和因素是至关重要的。当务之急是对什么能构成一个合法的、大多数人制定出的一份广泛认可的协议：它的权利、它的边界以及它是否有权以整体的名义去让个人或少数人服从。它应该定义清楚对少数和多数的限制，使它们能够互补，而不是侵犯对方的权利。如果法规以大多数人的意愿认定了其合法性，那么多数人的暴政将是一个既成事实，除非它越界，民主的统治超越了多数者本身。比如，大多数人没有权利去脱离对民主的权利，这种情况下，就属于民主地破坏了民主本身。

集体所有制肩负着一系列的义务，也有着相对应的权利。同样的道理，个人有一定的权利，也要承担相应的义务。因此，司法系统应该确保存在着对权力和义务的四管齐下的平衡以及相互作用：一方面是个体和部族的内部，另一方面是个体和部族之间。权利和义务是不可分割的，如同一枚硬币的两面，没有哪一个方面能单独存在。

系统必须有一个内建的能力，一方面，来区分个人的权利和特权；另一方面，区分政府的政府管理和商业职责。由政府代表的个人和集体，都具有单独的但是相互联系着的权利和义务。权利和义务不仅不是互斥的，而且本质上是互补的。实际上，它们是如此的互相依存，以至于对任何一方的处理都必然会影响到另一方。

集体对安全性、可行性和主权有着不同的权利。它有执行权；它的决策过程必须是自主的。它也负责确保为个体，甚至是少数，都提供了足够多的选择项来做出对其有意义的选择。

每个公民都有不可剥夺的权利，如隐私权和不受歧视的权利。除了这些权利之外，个体还享有某些他/她可能获得或者失去的特权，取决于某些条件是否被满足。不过，如果滥用，那个体将失去这些特权。不负责任的驾驶就是一个明显的例子。

一个关键问题

选择现有的司法系统已证明要付出过高的代价。高昂的司法成本离不富有的人群越来越远。对普通百姓而言，它已然成为了不可承受之商品。承担几乎任何一场诉讼所需的时间和金钱，都使得对正义的追求变得像奢侈品，没有多少人能负担得起。比起负担不起，更常见的是胜利变得虚幻。因此，奥奈达的司法系统应该以这样的方式来设计：它要能够让所有的奥奈达人负担得起，同时有能力解决公民们对集体的那些担心，否则该系统仍然不能满足要求。

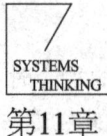

第11章

巴特沃斯医疗系统

本报告总结了巴特沃斯（Butterworth）进行医疗理念重新设计的过程，并在当前实践中取得了重大成果。该报告反映了巴特沃斯所期望的共同未来的愿景，它的产生得益于设计小组的积极参与。小组成员中有来自巴特沃斯的凯蒂·布莱克（Katy Black）、莎伦·伯斯马（Sharon Buursma）、普里西拉·A·戴金（Priscilla A. Dakin）、罗伊·艾克曼（Roy Eickman）、迈克尔·弗里德（Michael Freed）、威廉姆斯·G·冈萨雷斯（William G. Gonzalez）、乔伊斯·亨瑞（Joyce Henry）、吉恩·希契科克（Jean Hitchcock）、帕特·马克斯（Pat Marks）、菲利·普麦考马克（Philip McCorkle）、厄玛·那不勒斯（Irma Napoli）、汤姆·奥利特（Tom Ouellette）、乔恩·甘兹（Jon Ganz）、M.D.、雷·冈萨雷斯（Ray Gonzales）、M.D.、布莱恩·鲁洛夫（Brian Roelof）、M.D.、苏珊娜·罗杰斯（Suzanne Rogers）、乔尔·沙克斯（Joel Sacks）、M.D.、卡萝尔·萨罗斯克（Carol Sarosik）、詹姆斯·F·范达姆（James F. VanDam）、M.D.、佛瑞德·范登堡（Fred Vandenberg）和兰迪·瓦格纳（Randy Wagner），以及来自 INTERACT 的成员贾姆希德格·哈拉杰达基（Jamshid Gharajedaghi）和毕扬·凯尔芮（Bijan Khorram）。

这个设计过程经过了六轮迭代，在以下几个关键问题上达成了共识：

- 所有利益相关者对系统的问题、担忧和期望的共识；
- 对新兴的健康医疗环境的共识；
- 确认了系统的目的和战略意图；
- 确认了目标系统的需求；
- 建立了系统的架构（主要组件及其相互关系）。

由于受到本书篇幅的限制，200 页的设计文档不得不压缩成 40 页。为了尽量减少对整个设计思路的影响，篇幅减少的部分主要集中在市场、行政和管理的架构维度部分。不过，整个过程中还是无法避免丢失或者扭曲了一些非常有趣的想法。我希望设计小组就此能够接受我的歉意。

11.1 问题、担忧和期望

当前的医疗保健体系源自于疾病护理。它最初的设计是为生病的人提供所需的医疗服务，并通过疾病治疗来收回成本。所以，与之相关的三个概念是服务付费、成本加成运营和第三方支付。它们的定义分别是：

- 服务付费是一个交换体系，用费用交换与之成正比的服务等级；
- 成本加成是一个定价机制，即所产生的成本加上利润的总和，决定了产出物的价值；
- 第三方支付是一种制度安排，其中服务的接受者（消费者）并非是真正的支付方（客户）。这种制度将成本转移给了保险公司或者政府等机构客户，而他们又间接地将这个成本转移给了最终的支付方，即广大的公众群体。

当前的模式没有自我控制的内置机制，无法协调好服务方和患者之间的关系。它建立了一个正反馈的循环，激励更多服务需求的产生，但却永远无法得到满足。只要患者有需要，医疗服务方就会热切地提供服务，而第三方支付者也不介意进行支付，因为他们可以再次加上自己的利润并转嫁给最终的支付方。在这样的背景下，需求是无法被合理化的。

技术的进步促进了医学持续不断地革新，人类对寿命的预期也提升了，所以对推迟生命终点的愿望再次刺激了技术成倍地发展。但是，延长生命所需要的技术成本非常昂贵，而每次此类技术的成功，又再一次地产生了新的无法满足的需求。不断增长的成本一定是有人买单的——特别是这个成本很容易转嫁给第三方支付者，而需求不断增大的大众依然以为他们在继续享用免费午餐。

系统似乎已经达到了上限。大众对更多、更好也更为昂贵的医疗服务的需求，带来了长期负面影响，并引起了系统利益相关者的警惕，开始对系统实施制动。这也就迫使系统的发展呈现出 S 曲线的形态。

为了应对这个不断升级的失控局面，首先引入健康维护组织（Health Maintenance Organizations，HMO）来管理医疗保健。由于 85% 的运营开销来自于医疗成本，所以不得不采取措施进行医疗管理以降低日益增多的医疗保健成本。而大部分健康维护组织并没有做到这一点。与之相反，它们转向了合同模式，为大量的服务提供折扣。于是，通过为垄断客户提供医疗保健系统，HMO 组织实现了规模化经济，并放弃了医疗管理的责任。通过这种方式，虽然抑制了需求增长的速度，但是控制医疗成本的压力仍然存在。随后，医疗管理的想法又浮出水面。于是 HMO 组织不得不采用官僚体系和机械的运营模式，管理涉及人们最情绪化和敏感的健康医疗体系。

毫无意外，机械地进行医疗管理遭遇到了很大的阻力。官僚主义在健康医疗体系中所作出的决定，已证明是无法被系统中两类主要参与者所接受的：患者和医疗服务方。虽然一些健康维护组织已经建立了更为精细的管理体系，但是仍然保留其官僚特性和机械的管理方式。系统本身的结构化冲突，加上采用简单机械方案解决复杂的生死问题的棘手性，导致了问题的退化。随之而来产生了均摊的概念（按人头支付），使决策和金融的风险向供应链上的服务方转移。

在发展成本均摊模式的同时，出现了预防医疗的概念，也可以有效控制成本。HMO组织自然也参与进来，将健康医疗的概念扩大到了健康维护。于是，健康维护加上成本均摊，曾经被认为是解决非人性化医疗制度问题的有效方案，可以去除患者和医疗服务方之间的官僚中介。

如果医疗服务仅限于提供预防和正常的医疗，且实施在易于评估和管理、风险正常分布的人群中时，以上的成本控制方法应该有效。但是，当对严重病例的治疗与常规的健康维护同时存在时，就需要重新定义风险管理的概念。在传统的成本均摊模式中，患者被分配到基础护理医生那里，每个人承担固定的人头费用。于是，人口越少，风险就越高。这违背了保险的概念，即可以在大量保险人口中降低风险，否则，投保是没有意义的。

为了降低分配到基础护理医生的患者群体的风险，部分HMO组织建立了特批流程，即涉及生死决策的时候，系统再一次把这个决策责任交给机械官僚机构。于是，老的冲突问题不仅仅重现在医生和患者之间，也出现在医生和保险公司之间。

假设更为极端的情况，如果基础医师需要为特殊医疗服务付费，这将进一步恶化敏感的医患关系以及全科医师与专科医师之间的关系，容易引起怀疑和争议。只需要想象一下这其中潜在的利益冲突，即使毫无根据，也不利于建立稳固、相互信任的基础。系统中的主要参与者（基础护理医生、专科医生和患者）之间的信任是健康医疗模式成功的关键因素。任何形式的结构化冲突都会扰乱整个系统。在系统逐渐成熟以前，这样的相互怀疑应该被消除。所以需要建立足够的防御机制保证系统的运作不受影响。

对如医疗保健系统这样的敏感机构进行彻底修整，应该考虑到进行社会实验的风险。一旦产生了对社会环境的干预，就会呈现出自我发展的倾向。即使其成因消失了，所产生的结果并不一定会消除。在社会学领域里，因果在时空上是分离的。一个行动所带来的后果可能过一段时间后才能体现；因此，任何新的设计应该保持开放和灵活，并注意到可能产生的不可逆转的后果。

在新的设计中，应该尽量提供平衡的方法，避免在两个极端方法之间交替。建立可兼容的系统，将服务付费、人头均摊以及其他有用的概念的优势很好地融入到系统中，允许进行适应性的选择，而不是不停地在两个极端方法之间波动，对系统造成破坏。通过接纳不同的选择，系统可以扩大其多样性，并通过持续选择和学习不断进化。

11.2 设计规范

新系统的特点：

- 理顺供应和需求之间的关系，使患者得到最优化的照料，而不用为永无止境的需求所带来的浪费而买单；
- 利用先进的技术，为患者提供最好的服务，而不是设置不合理的预期；
- 化解患者、服务方、付费方和系统管理者之间的结构化冲突，以互补的关系化解矛盾；
- 最大化系统的灵活性和响应能力，充分利用健康医疗市场既有和即将兴起的机会；
- 具备持续学习、适应和更新的能力；
- 代表医疗服务先进的管理水平，而不会陷入不可逆转的社会实验而偏离正轨；
- 遏制和化解当前组织设置中存在的混乱，同时防止混乱蔓延到新建立的结构中。

11.3 架构

系统的架构（见图 11.1）确定了健康医疗体系中的价值链、系统中的关键维度以及与系统参与者之间的联系。为了满足巴特沃斯股东的期望，设计师们认识

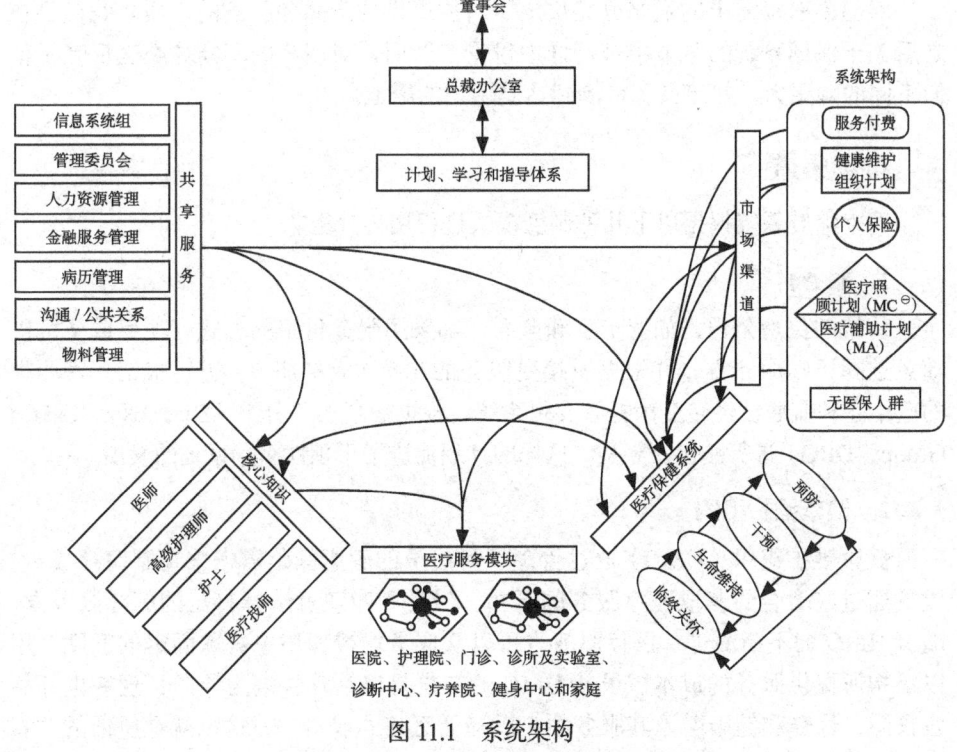

图 11.1 系统架构

○ 1965 年约翰逊总统就职后立即开始实现其以医疗和教育改革为特色的"伟大社会"构想。当年春季，国会通过了《社会保障法》修正案，决定设立服务老年人和残疾人的医疗照顾计划（Medicare）和服务低收入人群的医疗辅助计划（Medicaid），7 月 30 日修正案经总统签署成为法律。

到采用多维度策略的必要性。多维度的架构不仅可以化解既有"混乱",也可以超越当前系统,建立新一代的医疗保健系统蓝图。

这个架构代表了巴特沃斯特有价值链演变的平台。价值链在三个维度上识别了医疗保健系统中的所有元素,这三个维度分别是市场维度(渠道和医疗系统)、输出维度(医疗服务模块)和输入维度(核心知识和共享服务)。

这个多维度的框架不仅可以帮助设计师理解和区分系统的不同组件,也可以建立组件之间的关系,并形成协调统一的整体。通过分析系统的价值链,可以识别并重新加入系统所缺失的元素,带来的系统的整体增值,使系统所产生的价值将大于各个部分产生价值的总和。

11.4 市场维度

市场维度处理医疗保健系统中的用户关系。市场主要由三个关键元素来决定:需求、渠道和购买力。

对健康医疗需求的适当分类决定了所能提供的产品和服务的本质。我们将在之后关于保健系统的章节中进行详细讨论。然而,对用户的不同分类也反映了他们不同的购买力,并定义了市场到达其用户的渠道。

市场渠道

医疗保健系统根据以下几种制度模式进行用户分组。

1. 服务付费

传统的保险公司,如蓝十字和蓝盾,都采用服务付费的方式。项目成员可以随意选择医疗服务方,并根据所接受服务的花费(成本加成)进行报销。密西根的蓝十字和蓝盾已经转变为托管支付系统,根据诊断相关分组(Diagnostic-Related Group,DRG)进行赔付。于是,这样的计划促进了干预性医疗系统的发展。

2. 健康维护组织

健康维护组织(HMO)通过管理项目成员的健康医疗需求来控制医疗成本。成员通过签署合约获取医疗服务的折扣,但是不能随意选择自己的医疗服务方。随着 HMO 的不断演进,医疗服务方可以从成员均摊费用中获取固定的额度,用以承担所提供服务的成本。虽然 HMO 的初衷是以治疗疾病为导向,现在也开始将预防、保养和健康融入其服务中,以降低医疗的成本——这也就是所谓的"管理式医疗计划"。

3. 个人(自我保险)

个人或者自我保险群体,包括资助员工健康医疗费用而进行定制计划的企业。他们可以选择将这部分工作外包给 HMO，或者其他保险公司，再或者第三方医疗服务机构（Third-Party Administrators，TPA）。为了有效满足这个群体大量不同的需求，需要建立具备高度灵活性的计划。

4. 医疗照顾计划

医疗照顾计划是联邦政府针对 65 岁以上老人的健康保险计划，参保人员需要负担一定的保险费用。医疗照顾计划开始将患者带入管理式医疗计划。

5. 医疗辅助计划

医疗辅助计划是政府针对丧失自理能力人群的健康保险计划。该计划也为低收入人群提供长期的疗养院基金。不少州的医疗辅助计划也开始将患者带入管理式医疗计划。

6. 无医保人群

无医保人群是没有参加任何保险计划的个体。在整个医疗体系中，对他们的医疗服务非常重要。他们最终所获得的医疗服务将来自于急诊或者住院医院，其费用几乎无法报销。

针对这一状况，巴特沃斯健康系统采取了措施，试验性地向特定社区的无医保人群发放了巴特沃斯医疗保险卡。这项计划明确指出了巴特沃斯的宗旨是服务社区的所有人，不管其支付能力大小。这项计划将由巴特沃斯和（或者）巴特沃斯基金会来资助。之后，这个项目会扩大到社区中其他没有享受全面医疗服务的人群。这个项目的产生不仅使无医保人群获得和其他客户一样的医疗服务，还可以量化巴特沃斯对社区的贡献，并将其可视化。

市场渠道的主要责任包括市场评估、包装、产品 / 市场谈判，客户 / 消费者满意度评估以及医疗系统的市场宣传。

11.5 医疗系统

作为巴特沃斯体系基本维度中的一个，医疗系统负责定义和监管系统的真正输出。通过这个系统，它将缩小市场需求和医疗产品及服务之间的差距。

医疗系统的设计，包括了一系列的概念模型、方法论以及产品，代表了独特的医疗服务管理体系的运作。其中的模型和方法论包括医疗管理、风险管理、质量管理（利用率）及转诊协议。而真正的医疗过程，包括在医疗服务模块中。

11.5.1 背景

医疗保健系统为了达到预期的服务目标，必须同时考虑健康维护和疾病治疗两个方面。而当前的医疗卫生服务系统主要关注疾病治疗，并且已经演化为一个深度以疾病治疗为主的成熟系统。得益于传统的报销手段，疾病治疗取得了巨大的成功，却阻碍了其他方面的发展，不能建立健全的医疗保健系统。

虽然健康维护和预防保健一直以来都被认为是医疗成本控制的有效方法，但是一个有效的保健子系统从未在健康医疗体系中真正存在过。由于缺乏足够的资金来源，很少有机构能够独立承担传统概念上的"保健"。而这里所提出的医疗系统，将从一个大胆务实的角度填补这个健康医疗体系中的长期空白。

一直以来，通过改变健康医疗服务支付方式，并不能朝预想方向改良系统。因为所有的关注只是在支付分配上。虽然支付非常重要，但只是所需考虑的方面之一。一个完整的方案需要考虑特定医疗系统的全部，包括财务、运营以及行为观点。

11.5.2 需求规格

医疗系统面向处于最脆弱状况的人群，涉及生活中最为敏感的方面。所以，设计过程需要非常谨慎，因为社会机制一旦创建，就很难轻易撤销。所以医疗保健系统应该具备一个全面的框架。

1）这个系统可以弥补医疗全面管理系统中的缺失环节——建立中间连接，化解系统中潜在的结构化冲突，并在患者、服务方和支付方之间建立双赢方案。

2）系统不仅在当前环境下可行，也能在不断改变的环境中持续学习和适应。

3）系统可以给予患者和支付方最大的灵活度，选择所需要的服务（医疗模式的选择），渠道（服务方的选择）和支付分配（选择按照人头支付或者服务付费）。

4）围绕着产品差异化、产品开发和产品管理，每个构成模块应该做到以下几点。

- 代表一个独特的医疗种类；虽然各自独立，但是共同构成统一的整体。
- 采用报销的模式，可以优化医疗系统的多个目标（成本、质量和简化，以及最为重要的，避免支付方、患者和服务方之间的结构化冲突）。
- 将不再受限于基础设施，可以在最大程度上选择和使用各种不同的医疗设施，如医院、家庭、诊所和护理中心。
- 为了快速响应并识别现有和潜在的不同社区的健康服务需求，将建设以社区为中心的分散的区域化医疗卫生服务系统。
- 对所有可能性采取开放的态度，并保持足够的敏捷和灵活性，才能在这个快速变化和难以预料的健康医疗环境中充分利用新兴的机会。
- 以当前最先进水平的标准为标杆，确保：①医疗卫生服务系统（Health Delivery System，HDS）将以行业最高水平为目标；②支持性服务，如行政、设备管理以及信息系统，将以所有行业中的最高水平为目标。
- 通过重新设计产出系统，实现运营成本效益的数量级提升。
- 采用并实施新的社会计算方法，以鼓励识别和减少浪费，提升价值链交易和利用率。
- 将失效的矩阵式组织（双上级体系）替换为基于交换的供需关系，这可以解决结构化冲突并建立与系统架构兼容的双赢环境。

通过对以上标准的研究，我们将医疗系统分为以下几类：

- 预防；
- 干预；
- 生命维持；
- 临终关怀。

为了有效构建这个系统，医疗系统中的各个模块启动之后，将会作为相互关联的模块独立运行。最初，这些模块会在当前环境之外进行创建或重新设计，在不同的绩效标准下，鼓励他们同时满足用户、服务方和客户（支付方）需求。随后，不同组件可以合并、拆分或者做进一步的区分。在改变初期，我们一般会避免进行医疗系统模块的合并，因为这可能会抑制部分模块，导致不平衡的发展。比如，现有的干预性治疗模块已经具备一定规模的成熟模式，可能就会阻碍其他最新治疗模块的演进。

11.5.3 共同特征

下面是医疗系统中各个模块的共同特征。

- 每个系统模块需要具备足够的灵活性和能力来处理不同的支付模式，如人头均摊、服务付费、混合支付或者其他运作稳健的新模式。于是，治疗系统中的模块将具备灵活的机制，有效应付兴起的各种机会，并轻松地进行必要转变。
- 每个医疗系统模块将可以通过市场渠道维度自由地向不同细分市场中的潜在客户提供服务。医疗系统模块的产品经理不会再受限于单一的HMO渠道，而可以利用不同的渠道机制，处理与独立机构和个人的关系。
- 医疗系统模块将建立互动的运营模式，不仅可以向采用人头均摊和服务付费的人群提供服务，也可以与其他有着不同利益诉求的潜在群体合作，如独立承包商。
- 医疗系统的建立，本质上是产品线的建立。每个医疗模块都会有一个产品经理，汇报给代表其维度的董事会。这些维度中将包括医师、护士、金融和支持服务等。
- 每个医疗系统模块既是独立运营的实体，又是整体系统中的一员。它将对自己的现金流和财务状况负责。如果有的模块无法实现财务独立运作，系统可以决定是否进行资助或者重新设计这个模块。
- 每个医疗系统模块都会有一个财务模块，通过协调医疗服务主要参与者的利益抑制结构化冲突。服务的主要参与者包括服务方、患者和支付方。
- 建立一个独立的成本核算系统，用于分配每个子系统在医疗服务领域的份额。费用分担模式将明确产品、销售、医疗、共享服务、产品开发和维护以及设施的各种成本。
- 每个模块都会在提倡个人责任和自力更生的环境中，向贫困的患者提供服务。
- 医疗保健系统将鼓励客户参与全面医疗服务计划：预防、干预、生命维持和临终关怀。不过，客户也可以选择所需要的服务。
- 在新的定价模型中，购买全面医疗服务计划的产品比选择性购买或者部分购买更加便宜。干预性治疗是医疗服务中最主要的成本支出，而通过鼓励客户购买其他的服务，可以大大降低整个医疗计划的成本。于是，当部分客户偶尔选择部分服务而不是全面服务的时候，这种不成比例的服务分配对系统其他部分的影响会被大大降低。
- 制定规范，明确规定系统处理不同类型患者的流程。
- 每个医疗模块将负责确定其对信息系统的需求，并与信息系统部门紧密合作，建立互动和完善的信息支持系统。这个系统将不仅服务于所有的医疗系统模块，也包括所有的医疗服务方。这个信息系统将为学习系统提供输入。医疗系统，从根本上来说，是信息系统部门的用户，也是信息产品的主要市场。
- 每个医疗系统模块将配备内嵌的学习系统。系统将明确指出假设条件和期望的结果。通过对系统的持续性能监控，并与初始假设和期望结果进行比较，可以随时修正系统。
- 医疗系统和其模块的奖励及评估将从以下三个方面进行：
  ➤ 在产出方面，将通过评估医疗系统的处理容量和有效性进行奖励。
  ➤ 潜在效果方面，将通过评估结果、质量和医疗系统的有效性进行奖励。其中，有效性表现在所覆盖人口的总体健康情况。
  ➤ 协同方面，将通过评估该模块与系统中其他模块以及巴特沃斯整体的协作有效性进行奖励。

下面将对每个医疗模块进行描述。

11.5.4 预防性医疗

预防性医疗将负责维护和提升所覆盖人口的整体健康水平。它将通过以下手段实现这一目标。

- 尽量提升进入系统的每个人的健康水平。
- 防止健康人口生病或受到物理损伤。
- 早期识别患者，通过早期干预和其他预防手段控制疾病的进一步发展。
- 建立妥善的流程，为不同目标患者群体推荐适合的注册和诊断流程，并根据初步评估结果，引导患者进入适合的医疗机构，得到适合的服务，同时也尊重和支持每个患者的知情选择权。
- 建立衡量和评估系统，以奖励成功的疾病早期检测案例。
- 通过开放临床技能，为客户提供最大的选择范围；基于筛查结果，系统将识别患者类别，建议患者可以遵循的首选程序，并推荐主要医疗服务方。

11.5.5 干预性医疗

干预性医疗通过提供持续或者强效的治疗，恢复患者的健康。干预性医疗将包括以下的医疗等级：初级、中级和第三等级。初级医疗是针对患非危及性命的疾病的门诊病人的主要治疗手段，中级和第三等级医疗将负责在短时间内对疾病进行强效干预。

不同等级医疗的根本区别在于对持续护理和专业治疗需求的程度。不同等级的需求，可以通过相同或者不同的医疗服务方以不同的成本来满足。

干预性医疗将负责以下几个方面。

- 建立医疗计划，包括需要参与的专家、支持人员、设备和转诊或者出院计划。
- 干预性医疗的费用报销可能采用混合形式。初级医疗可以整体报销，而中级或者第三等级医疗则以服务付费、信托基金的形式报销。这样可以获得以下的灵活性：
  - 灵活处理医疗项目中的复杂性，包括医疗中固有的不确定性，以及参与项目的其他医疗服务方数量和水平的不确定性。
  - 管理向小部分患者提供昂贵医疗所带来的风险。
  - 消除潜在的结构化冲突，避免部分患者或者医疗服务方对支付方产生怀疑，认为他们在制定处方计划时可能存在不可告人的动机。

从整体和个体方面优化干预性医疗的费用。风险将由系统和每个服务方共同承担，患者的利益将不会受到影响。

11.5.6 生命维持性医疗

基于患者当前的生理障碍，生命维持性医疗将尽量恢复其功能（暂时或者永久的）。功能性障碍可能源自意外、疾病、天生缺陷或者衰老。生命维持医疗将提供：

- 进行医疗、心理和经济状况的评估，预测身体机能改善的可能和返回家庭/社区的希望。
- 如果病人无家可归，为其提供评估、治疗/医疗设备、输液治疗、教育、精神病治疗、监测和食宿服务。

生命维持性医疗将包括两个层次的治疗：康复性医疗和支持性医疗。康复性医疗将涉及消除功能性障碍，恢复患者的生命力。支持性医疗将维持患有不可逆转功能性障碍患者的当前状况，防止其进一步的恶化。同时，支持性医疗在进行补偿式支持以保证患者的基本生存同时，也防止患者感染上其他疾病。这个两层次的医疗的区别在于患者所需要的医疗时间的长短，以及患者康复的几率。

图 11.2 中展示了医疗模块的交互形式。

11.5.7 临终关怀

临终关怀采用维护患者尊严的方式，低成本地照料垂死的患者。临终关怀将包括：

- 在死亡历程（做出死亡选择）中给予患者及其家人以支持；
- 为服务方提供（心理和法律的）培训或者咨询；
- 建立低成本的照料体系。

从历史上来看，身患绝症的患者向健康行业提出了其最为复杂的问题之一。医疗服务方的终极任务是拯救患者的生命，而在面对死亡时，他们却身处最为尴尬的位置。面对这样的困境，有些人不惜一切代价地拖延不可避免的死亡，而有些人则放弃这个挑战。如果不从全局角度专业地解决这个问题，对所有医疗参与者都是不公平的，患者、家庭和医疗系统将被强加难以忍受的心理和社会成本。系统中的临终关怀模块明确了生命终止问题的复杂性，并试图设计一个理想的系统来专业地解决这个问题。

11.6 输出维度

医疗设施（真实或者虚拟的）将代表架构中的输出维度，它将提供患者/客户与服务方之间的接口。

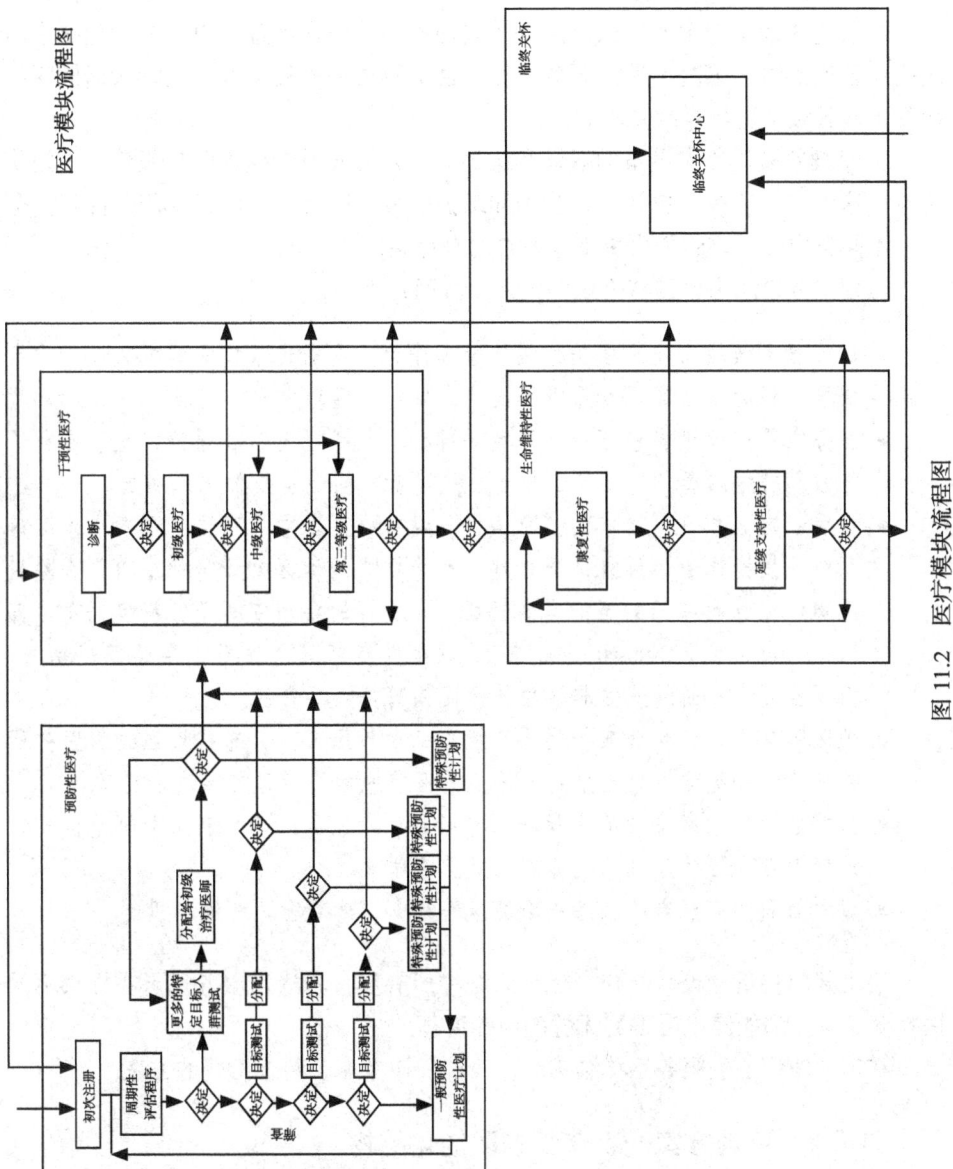

图 11.2 医疗模块流程图

医疗服务是一个实时的系统，通过客户与服务之间的接口提供服务。输出维度即是医疗服务真正发生的地方，且不局限于医院。医疗服务可以发生在很多其他地方，如一个流动的医疗设备、医师办公室、专科门诊、实验室和诊断中心、养老院、健身中心或者家庭。

所有这些设施都隶属于医疗服务模块网络中的医疗管理。组织和管理整个网络的运营框架组成了基本医疗服务模块。这个模块不同程度地在巴特沃斯健康系统的不同区域中进行自我复制。

医疗服务模块负责设备的运营和维护，也包括向患者提供医疗服务。该模块将复制这个三维架构，包括设施管理和维护服务，以及自己的共享服务部门。但是，不同类型的医疗服务模块来自各自的医疗系统。

医疗服务模块中值得特别说明的几个方面：

- 医疗服务模块将发展医院的酒店管理能力。这对运营模式的重新设计非常重要，帮助绩效实现数量级的提升，特别在运营成本方面。
- 服务方是医疗设备中不可或缺的一部分，如手术室、普通治疗室、专科治疗室和其他附属部门，不仅属于永久设备，同时也是知识库成员。
- 将重新定义和设计当前的"急诊室"运营模型。它将不再是免费进入医疗系统的快捷通道。最终，通过建立非集中式的地区初级治疗中心，去除目前强加在急症部门的不恰当的责任。在这样的重新安排下，将确保急诊部门（Emergency Department，ED）承担并履行其合法且重要的医疗功能，而不会因为不断地处理非紧急转诊而偏离其主要责任。
- 地区医疗中心将负责直接提供可胜任的医疗服务。分布式地区初级医疗所带来的附加优势，也包括将非紧急的医疗服务更近地带到患者身边。
- 当前急诊部门所受理的大量昂贵非紧急医疗服务，将重新引导至地区初级治疗中心，医疗系统的整体成本效益将明显提升。
- 建立面向贫穷患者的巴特沃斯健康医疗卡，建立合理的服务机制。

输出部门将负责设计接口，保证系统中所有设备和医疗服务地点在提供不同医疗服务时，都能使患者得到无缝的医疗流程。

在建立医疗卫生服务系统结构时，我们最初考虑了两个不同的方案。

11.6.1 可选方案一：传统的职能化结构

在传统的职能化结构中（见图 11.3），如医院、VNA（探访护士联合会）、养老院和诊所等独立提供类似服务的机构，在保持其自治的同时，也会被划分到一个职能区域中。例如，所有的医院将向唯一的团队领导汇报，并服务于所有的社区。所有的诊所、养老院以及其他的职能部门也采用类似的结构。每个职能都将代表一个单一组织，向所有社区提供服务。

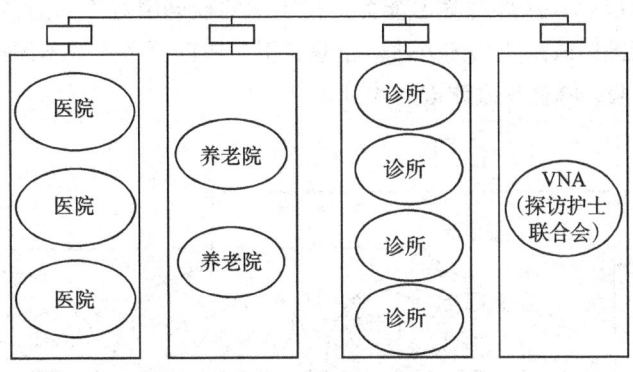

图 11.3　职能化安排

11.6.2　可选方案二：模块化结构

模块化结构的设计（见图 11.4）以社区为中心，将同一地区各个互补的职能（医院、诊所和养老院）划入一个模块，接受统一管理。这个模块的所有部门将面向社区进行服务，保证特定社区的医疗需求可以立刻得到有效且自足的响应。

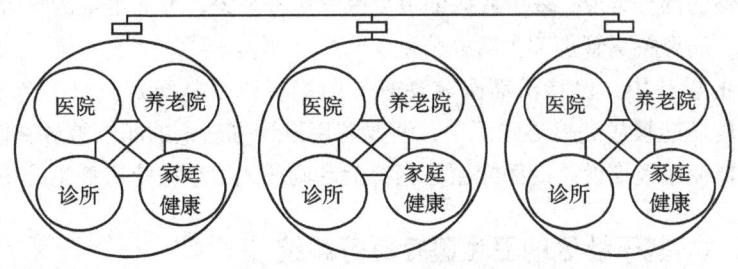

图 11.4　模块化安排

职能化结构的优势是实施简单。从已有系统升级到新设计并不会遇到任何阻力。但是，职能化的设计仍然是一种局部优化，并加剧了当前服务中心之间的脱节。虽然进行模块化转化时将面对更强的阻力，需要更强大的决心来实施，但是这种设计可以带来基于社区的医疗系统，也正是巴特沃斯所期望的。模块化的设计将建立高度集成的低成本医疗系统，并更能兼容预防性医疗系统以及人头分摊和分散式基于社区的医疗卫生服务系统的不同需求。

不过，在随后的迭代设计中对两种方案进行了合并（见图 11.5）。新的方案结合了职能化和模块化两种设计的优势，灵活地在两种结构之间进行平衡，而非排他选择。在新的多维度的机构中，通用目的性及面向社区的服务都可以归入分散式模块，并在可行的社区中进行复制。同时，由于高度专业化和资本密集的服务需要一定的规模，可以采取集中的形式来提供社区服务能力之外的医疗服务。新的设计也可以引入额外的学习能力，在不同的社区中对不同的举措进行试点，再向其他社区推广试点成功的方法。于是，卫生医疗服务系统不需要投入整个系统进行改进实验，降低持续改进的代价。

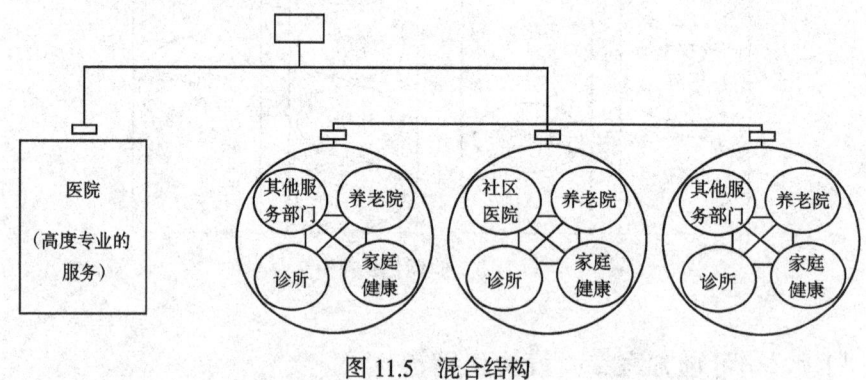

图11.5 混合结构

11.6.3 卫生医疗服务系统设计：组成部分

在卫生医疗服务系统的设计中，综合了职能化和模块化结构的优势。它由五个相互依赖的部分组成：基于社区的卫生医疗服务系统、专业卫生医疗服务系统、共享服务、病患关系管理和主席办公室（见图11.6）。

在新的设计中，巴特沃斯医院现有的职能将重新分配到三个平台上：需要建立知识的职能被放到核心知识中，需要利用设计方法论的职能被放在医疗系统中，而需要使用医疗设施的医疗服务相关活动则放入卫生医疗服务系统中。

11.6.4 基于社区的卫生医疗服务系统

向特定社区提供综合服务的模块实体组成了基于社区的医疗卫生服务系统。以客户为中心，构成分布式的自治服务模块网络，并尽量接近服务提供点。（一般来说，患者愿意到访距离在20分钟以内可达的初级医疗保健中心，而在特别偏远地区，37分钟以内的距离也是可以接受的。）如果试点验证了医疗需求的存在，医疗网络将提供一整套的预防医疗、基本医疗、生存维护和临终关怀的服务，并且也比较容易对地域性的服务进行独立的绩效衡量。

可以首先建立虚拟的医疗网络，然后逐步发展为一个相对集中的物理实体，灵活机动并易于病患到达。通过这种方法，可以扩大门诊服务的范围，同时将配套服务尽可能地提供到经济许可的广大核心客户身边。

基于社区的医疗卫生医疗服务系统将首先包括三个关联的模块网络：大急流

城市社区⊖、大急流扩大社区以及地区社区。每个社区模块将直接汇报给医疗卫生服务系统的主席。一个典型的网络将至少包括一个服务于网络的社区中心医院。系统将包括以下服务：

- 基础护理（医师办公室）；
- 诊断中心；
- 康复中心；
- 社区诊所；
- 紧急医疗；
- 临终关怀；
- 家庭护理；
- 职业健康管理。

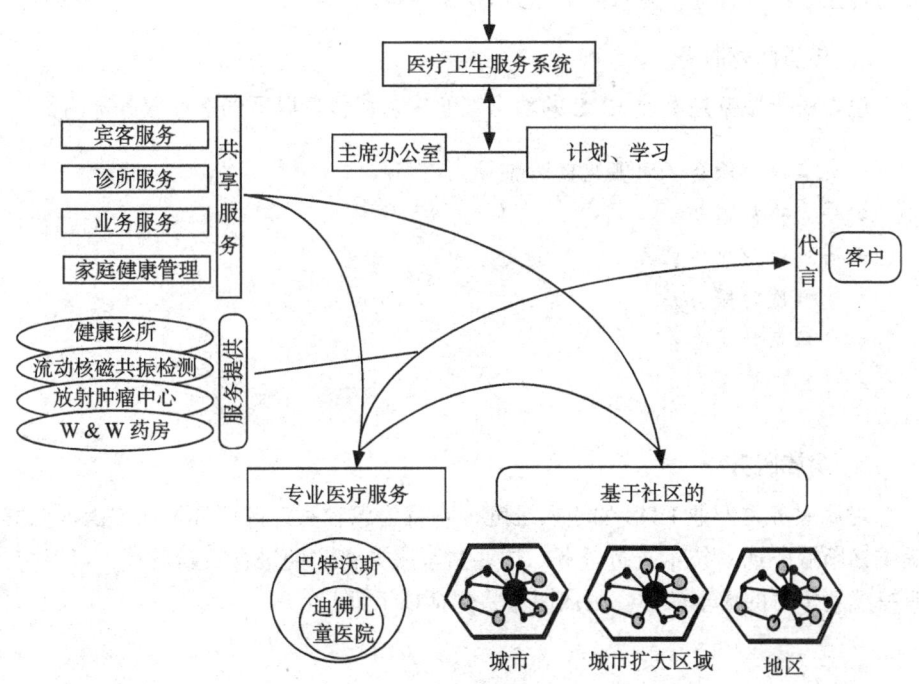

图 11.6　医疗卫生服务系统结构

肯特社区医院将归入大急流城市社区，维拉伊丽莎白医院和大峡谷健康中心将归入大急流扩大社区，而联合纪念医院，将从专业的医疗卫生服务系统转入社区，作为地区社区的医疗中心。

如果其他现有的医疗服务方证明其具备对特定社区提供服务的知识和渠道，

⊖ 巴特沃斯机构位于美国密歇根州的大急流城。——译者注

卫生医疗服务系统可以与它们合作，将该系统扩大到新的地区。于是，与服务方的合作将形成自然的合作关系而非从属关系，这对于系统来说非常重要。

利用医疗信息技术，卫生医疗服务系统中的所有服务方将与巴特沃斯的其他部分联系起来。

11.6.5 专业卫生医疗服务系统

巴特沃斯医院将是专业 HDS（卫生医疗服务系统）的代表。它的资源高度集中，可以提供专业性极强的医疗服务。因此，它将主要负责提供社区 HDS 无法提供的干预性和第三等级的医疗服务，因为这些服务超过了社区 HDS 所具备的能力或者资源。

专业 HDS 将包括两个相互关联的部分：患者医疗服务和附属服务。这两个部门将独立进行管理，并直接汇报给 HDS 主席。

1. 患者医疗服务

患者医疗服务是专业 HDS 的输出维度，它将包括以下的医疗服务部门：

- 儿童医疗服务（迪佛儿童医院）；
- 成人重症监护；
- 普通医疗服务；
- 女性医疗服务；
- 紧急医疗服务；
- 专科门诊服务。

2. 附属服务

附属服务是专业 HDS 的输入维度，它将为患者医疗部门和社区 HDS 的部门提供诊断服务或者技术支持服务。这些共享服务将定期进行重新设计，以保持其有持续竞争力的成本效益。附属服务将包括以下部门：

- 手术室；
- 康复中心；
- 实验室；
- 心脏病学实验室；
- 放射科；
- 呼吸治疗室；
- 药理科；
- 空中救护。

3. 患者关系

患者关系将履行客户代言的职责，在系统中代表患者的利益。它将确保系统能听到患者的心声，并使患者得到公平对待。这个部门将扮演监察员的角色，帮助处理申诉和索赔案件。这将有助于防止问题扩大化，避免重大诉讼案件的产生。客户代言也会为有需要的患者提供社会和金融方面的咨询。

患者关系也将在市场环境下反映 HDS 水平。它将与企业市场渠道平台建立业务联系，以获取 HDS 在市场中的反馈。这将确保巴特沃斯的政策和社区保持紧密的联系。

为了有效保障患者的利益，并确保他们在遇到问题时能得到有力支持，HDS 中各个部门都必须认真对待患者关系维度。为了实现以市场/客户为中心的政策，患者关系部门的经理必须具备威望，并能直接对话 HDS 主席。

11.6.6 共享服务

共享服务作为输入维度，它将服务并支持 HDS 其他部门的活动。共享服务与其他用户部门之间的关系将类似于供应商与客户。

共享服务将包括以下五个部分。这些服务也可以归到企业级别的共享服务平台上，但是，因为它们将主要服务于 HDS 的各个部门，我们决定将其保留在 HDS 系统内部，以降低复杂度和不必要的交互。

1. 酒店和设施管理

酒店和设施管理将包括所有的宾客服务，负责 HDS 中的接待工作。通过这个服务，患者可以享受到如同酒店客人一样的服务，并获得最大的重视和关注。为了在医疗服务过程中给患者提供统一的接待方式，酒店和设施管理将负责建立必要的酒店环境，包括设施规划、建设、管理和维护、陪同和招待以及通信。

2. 临床服务

临床服务将作为一个集中的管理调度和部署系统，是核心知识库的接口。临床服务将包括疾病感染控制、食物与营养、志愿者服务、实验室、家庭护理服务、信息技术、医疗服务记录。

3. 业务服务职能

业务服务职能将包括管理咨询、物料管理、设备运营、购买、金融服务（工资和报账，患者金融服务）、医疗事故索赔、风险管理、流程控制、环境安全，以及家庭健康和临终关怀管理。

4. 家庭医疗管理

这个维度中的家庭医疗管理只包括分散在社区健康模块中的家庭医疗管理。

它将具备与大众相关联的大型规模经济效应的优势。此外，HDS 可以和其他医院合作，协助管理这些服务。家庭医疗管理将包括综合管理、监督、调度、标准化和认证。

5. 职业医疗管理

如家庭医疗管理一样，职业医疗管理将只代表发生在区域性的 HDS 中的职业医疗管理。该服务将面向愿意将其健康医疗需求外包给 HDS 的企业，包括其员工的其他健康相关问题，如工伤赔偿。大量的潜在分散服务将带来规模经济效应，可以保证集中式的管理和监管。

11.7 核心知识

核心知识是架构中输入维度的两个组成部分之一。核心知识将保证服务方具备适合的服务范围和数量，以满足区域的整个健康治疗需求。

核心知识将是系统专业知识的中心。它存储和开发系统的服务提供资源，并将最先进的知识在医疗系统中传播。它将代表巴特沃斯医疗实践方面的核心竞争力。

核心知识将包括以下健康医疗服务方：

- 医疗员工（主要包括作为独立承包人的医师）；
- 高级护理师；
- 护士；
- 健康从业者和其他专业人士 / 临床医生；
- 其他专业人士 / 医疗技师。

核心知识网络的设计将适应各种不同的关系。它将建立适用于系统中不同类型成员的结构，并定义他们之间交互所必需的操作流程。

如果没有协同架构，稀缺的服务资源将可能被稀释和浪费。于是，支持性组织应该具备足够的灵活性，以加强对服务资源的维护和利用。理想情况下，服务方的每个成员都应该是高层次的学习 / 教育工作者、医生和系统发展的领导者。这些方面都是非常关键且相互关联的，如果缺少了任何一方面，都将损害其他方面，并最终将危及巴特沃斯作为全功能系统运作的能力。维持一个各方面平衡的就绪状态，可以确保系统对可能出现的问题和机会做出全面且灵活的反应，同时鼓励对目的性网络的专业性追求和建立以结果为导向的协同举措。

为了不断获取代表最先进的医疗保健专业知识的丰富资源，核心知识的组织结构将欢迎创新性的合作，对系统内部或者外部的现有或者新兴的输入保持开放。

于是，核心知识系统中的成员将以各种不同的形式，在多个不同的层面上参

与运作。成员可能是全职或者兼职的,并将包括以下的类型:

- 独立从业者(聘用制);
- 助理(推荐制);
- 合作伙伴;
- 非成员。

为了确保从外部获取所需要的能力,核心知识系统将以联盟的形式运作。联盟成员可以是个人或者服务方小组。核心知识联盟成员有以下几种身份。

- 内部:巴特沃斯健康系统的全职成员;
- 兼职:预定义的有限贡献的个人;
- 战略联盟:机构型合作伙伴,基于达成共识的合作框架。

核心知识成员在巴特沃斯健康系统工作时,可以选择承担或者放弃不同程度的自主权利。这种自愿联合的形式和条款,确定了双方在哪些领域进行竞争、协作或者合作。于是,核心知识成员和巴特沃斯形成共存体,他们相互做出承诺并不相互限制,形成互惠互利的格局。

在巴特沃斯健康系统和核心知识维度之间形成相互信任的关系是取得最终系统成功的关键。它们之间应该在竞争中建立统一战线。基于这种忠诚的成功的先决条件是建立一个环境,来最大限度地减少和化解冲突,无论是真实或感知的。建立这样的环境需要以下条件:

- 核心知识中的所有成员,无论他们的身份如何,在团队的专家组或者管理层中具备平等的发言权;
- 核心知识的所有成员,无论他们的身份如何,都有平等访问共享服务的权利,如计费(系统会在边际成本的基础上给他们支付费用);
- 建立一个清晰的、可以解决冲突的内部系统,在问题激化之前预防、减小并解决潜在的矛盾。

核心知识维度的架构将克隆健康系统的架构。这样,它具备相同的输入、输出和市场维度。输出维度定义了核心知识中成员的类别,即内部、兼职和战略合作伙伴,他们将为医疗系统和医疗卫生服务系统模块做出贡献。市场维度将确定核心知识部署的接入机制。输入维度则包括那些无法通过系统共享服务提供的支持性服务,它们将由核心知识以边际成本向用户提供。

为了给医疗保健系统引入有成效的持续创新和改进氛围,专业的贡献者还需要建立一个重要的维度:组织建设的能力和意愿。设计和管理 HDS 的组织环境的责任，传统上是与医疗服务脱离的，是由不提供医疗服务的管理员来承担。因为存在这种隔离，医疗保健系统中的结构、职能和流程之间存在不必要的不兼容，需要耗费大量的精力来解决它。

为了化解结构化矛盾所带来的麻痹影响，唯一的方法是添加所缺失的维度，即在医疗服务方的医疗相关技能中加上医疗管理领导力。一旦配备了相关的领导力和设计能力，医疗保健专业人士就可以用恰当的方式影响或者协助设计组织背景和服务交付模式之间必要的接口。这样的双重角色不仅可以消除官僚体制下的隔离，还可以通过试验不同的合作和互补关系，以挖掘潜力和提升医疗服务的有效性。

核心知识将负责知识的产生和传播、技能的部署以及领导力的实践。

这三个职能的描述分别如下。

1）知识的产生和传播（学员/教育者）。系统将鼓励成员持续学习并更新自己的知识库。期望每个成员都能成为最领先技术的专家。他们将通过自学和参与应用研究活动进行进阶自我教育。边学边教，相得益彰。

部分的服务方资源可能会持续从事学术研究，这些研究或者属于医学院工作的一部分，或者是员工工作活动的补充。

服务方系统的成员也可以从事健康相关的教育，可以教育自己的同事、学生、实习生、消费者和公众。

同时，核心知识维度也将负责建立对外接口，开展与其他研发学习机构相关的活动，如大专院校、研究中心、医疗和辅助医疗教育中心、以及技术开发组织。

2）部署（实践）。如前文所述，核心知识将确保服务方具备供应充足、范围适合和水平相当的医疗服务，满足其所在地区全面随时的健康医疗服务需求。

服务方系统的成员，在医疗系统所定义的框架和协议之中运营，将参与不同的长期或者短期的项目，向其贡献知识和专业技能。而这些项目都源自于医疗系统或者卫生医疗服务模块内部。这些项目将面向住院治疗（医院）、诊所、实验室、当地医务中心、健康中心、家庭和长期护理机构。核心知识的成员可以选择长期或者临时参加到不同的项目中，同时依然保持他们在核心知识团队中的成员资格和权力。每个成员可以同时参与多个项目。

设计多维度架构的好处是，可以避免将服务方和项目绑定在一起的风险。一般来说，项目一旦建立，就很有可能成为组织架构中的永久功能。在项目自己的配备下，项目成员将建立特有的生存和思考方式；而项目分配永久成员后，也就注定了他们的命运。问题的源头是因为将产品与服务方关联了起来。正如学术和工业环境下常采用的分工结构中，项目或者产品创建后就永远不会被取消。如果某个项目终止，就会威胁到员工的工作岗位，损失来之不易的相关好处。所以，在岗的员工，无论是经理或者职员，都会本能地不惜一切代价延长项目。这也就解释了貌似不合理的过时产物总能以某种方式在企业中生存的合理性。

如果要化解这个矛盾，我们需要将项目本身与项目中所分配的人员分开。所以，将核心知识维度建立在系统架构中的一个好处是，核心知识可以作为巴特沃斯专业人士资源的永久基地，而其他的人员关系和工作安排，无论其持续时间的长短，都只是临时的。核心知识基地的持久性，需要不断进行评估和重建；而项目所具备的临时性，允许对项目进行持续创新和调整，去除阻碍，避免产生官僚作风和对变化根深蒂固的抗拒。

3）领导力。在巴特沃斯的背景下，领导力的定义是非行政权利的影响力。个人在医疗和健康领域的能力虽然很重要，但并不一定能保证医疗保健系统的成功。为了足够有效，系统中的每一个专业成员都应该成为有影响力的领导者。于是，每个服务方都应该具备正面影响巴特沃斯的环境、结构和流程的意愿和能力。为了实现这个关键目标，我们需要知识工作者：① 对内参与医疗模块和流程的设计，以更少的资源得到更多；② 对外主动影响巴特沃斯所处的行业环境，移除发展的阻碍，并激发更多的潜能，做得更多、更好。巴特沃斯根本无法承受传统的医疗和管理间的不健全劳动分工。

最后的分析中指出，一个好的服务方，应该同时是出色的学员和教育者，优秀的从业者和杰出的领袖。要实现巴特沃斯、服务方和其医疗保健系统的成功，最终将依赖于服务方群体中的每个成员，依赖于他们是否能够成为多功能人才和称职的从业者。

为了在服务方群体中建立多功能团队，我们需要将阻力化为动力，将简单相加的做法转变为系统思考。只有这样，每个服务方才能成为高度关联系统中的目的性成员，才能带来关键的改变。他们将有效利用自己的多项能力进行向上管理，并通过自身在专业上的成功去影响医疗保健系统中的其他无法直接控制的利益相关人。

服务方的多功能团队将有能力设计和管理他们的专业实践，并将这些实践转化为消费者可以负担的适用性强的服务包和医疗计划。他们将与医疗系统开展多方面的合作，开发和改进通用模块、协议或者流程，以管理医疗卫生服务系统的方方面面。

核心知识团队负责在医疗研究和教学的同时，复制三维的策略，建立自己专属共享服务。这里的共享服务包括对医师办公室的管理，并提供招聘和认证的服务。

11.8 共享服务

共享服务是输入维度的另一个组成部分。它将为整个系统提供特定服务，以保证系统的正常运作。设计这个部分的时候需要考虑如何集中或者分布；服务如何从整体管控中剥离；如何做到以客户为导向等问题。

11.8.1 集中管理的需求

一般来说，我们需要避免集中管理。除非以下因素对于某个服务来说非常重要，以至于无法进行分布式管理。

1. 一致性

如果系统中某些功能适用于巴特沃斯所有或者大部分的职能，并且分布式管理很难保证其功能的正常运作，则需要进行集中管理。这些功能包括系统的度量和沟通，它们需要采用统一的方式和集中协调。所以一致性是可以进行集中管理的标准之一。

2. 技术强制力

某些技术本质就无法分割，需要进行整体设计，所以对这些技术进行集中管理就无法避免。例如，综合信息系统的有效性体现在整体的一致性、实时性，需要能够满足不同用户信息需求的网络规划，这个系统的开发需要系统中的所有参与者的合作与协调。

3. 规模经济

虽然规模经济一般是建立共享服务时考虑的重要因素，但是权衡每个职能采用集中或者分布管理时，都需要明确说明采用集中管理的优势大于其劣势的具体方面，才会把该职能放入共享服务中。所以，可以进行集中管理的服务，要么是能够给整个系统带来明显成本节约，要么是可以支持其他无法自主承担该服务的部门。

管理层可能会觉得某些对于未来成功非常关键的活动需要进行集中建立和专攻。管理层有权利确认哪些服务必须进行集中管理，而哪些服务可以进行分布管理。如果只有一个部门或者客户参与其中，那最好进行分布管理。

无论以什么理由建立的共享服务，该部门都需要具备最先进技术和带来最高成本效应的服务方。

11.8.2 管控与服务

如果将管控职责与服务职责混为一谈，很可能阻碍共享服务的正常运作。这种做法既会影响服务的有效性，也会破坏管控的合法性。因为不想受到缓慢的集权服务方的影响，也不愿意依赖于以管控为主的服务，各个运营部门都在内部复制这些支持性服务，以方便自己使用。这种泛滥和过度的服务复制，变成了各个运营部门对具备双重身份的服务职能的本能反应，并带来了瘫痪的官僚主义和无谓的浪费。从另一方面来说，在服务职能的伪装下实施合理和必要的调控职能，使调控的本质从学习机制转变为防御和歉意的行为。

我们需要对共享服务职能的发展方向额外关注，确保其职能不会朝管控倾斜。因为共享服务要求一致性和统一性，所以共享服务方很容易采取必要的监控和审计职能。但是这种做法是不明智的。在大多数情况下，服务方很难避免滑入管控职能的范畴。这显然会让用户望而却步，因为谁也不想要一个披着服务外衣的新上司。

当共享服务将向客户提供他们所需的服务（如信息、福利、工资发放和计费）时，需要符合由计划、学习和指导（Planning, Learning and Guidance，PLG）系统所制定的标准和准则。PLG 系统负责制定并管理这些服务的政策和标准，同时履行适当的监管和强制职能，以保证这些政策的执行。

11.8.3　以客户为导向

上下从属关系曾经一直是唯一的组织管理模式，而传统的供需关系为组织模式引入了一种新的影响力源泉。在内部市场环境的供需关系中，无助的需求方可以变成一个真正的客户。由于具备购买力，客户成为授权的参与者，可以直接影响服务方，并与其一起确认服务类型、成本、方式和质量。

建立内部的市场机制和相对应的供需关系，取决于共享服务是否能转变为绩效中心。与成本中心不同的是，绩效中心不会从上层获得固定的预算，而是在可变运营预算下运营。在这种模式下，开销将和服务收入成正比，并且产生营收。

这两种垂直方向关系和水平方向关系是相互补充的，并相互增强。上下从属关系确立正式的职权，处理招聘、解聘和升职等问题，而供需关系则建立一种新的影响力，使需求合理化。

如果缺少内部市场环境，就无法合理化需求。由于第三方支付方的存在，服务方将欣然接受所有需求，使需求不断产生，永远无法满足。与之相反，如果服务方无法提供令人满意的服务，将导致潜在客户不断提出相同的服务需求。在成本加成运营模式下，其结果是运营成本的大幅度增长。这种发展趋势非常不合理，而对其的纠正干预也最大程度得以证明是没有效果的。

基于以上的标准和考虑，共享服务将具备如下结构。

1. **信息系统组**
- 数据管理（临床数据、财务数据和人事数据）；
- 信息技术；
- 系统分析。

2. 管理机构(教育服务)

为了实现拟定的设计,我们需要一套全新的管理技能,如危机处理、冲突解决、决策系统管理、学习系统管理、早期预警系统管理、度量系统管理和质量管理。管理机构的服务将与卫生医疗服务系统的外部的专业知识中心对接,相关的专业知识将在巴特沃斯健康系统中传播,特别在总裁办公室和核心知识组。

3. 人力资源管理

- 工资发放;
- 福利管理;
- 薪酬管理;
- 招聘(执行)。

4. 财务系统

- 预算和现金流管理;
- 会计;
- 计费;
- 收款。

5. 病历管理

- 信息发布;
- 病历统一标准。

6. 沟通

- 公共关系;
- 媒体接口;
- 音频/视频设备管理;
- 集团品牌;
- 广告。

7. 物料管理

- 采购。

11.9 卫生医疗服务系统、核心知识和医疗系统之间的交互

医疗保健系统具备统一的流程。不过,对一件事情的不同方面,系统将做出三种不同表现:产生并传播医疗保健知识,设计医疗保健产品,以及实施医疗保健。系统架构也相对应地提供了三个相关的平台,以确保这三个系统的主要职能

得到同等的重视。为了保障医疗保健流程的整体性，最为关键的是清晰定义这些看似不同职能之间的接口（见图11.7）。

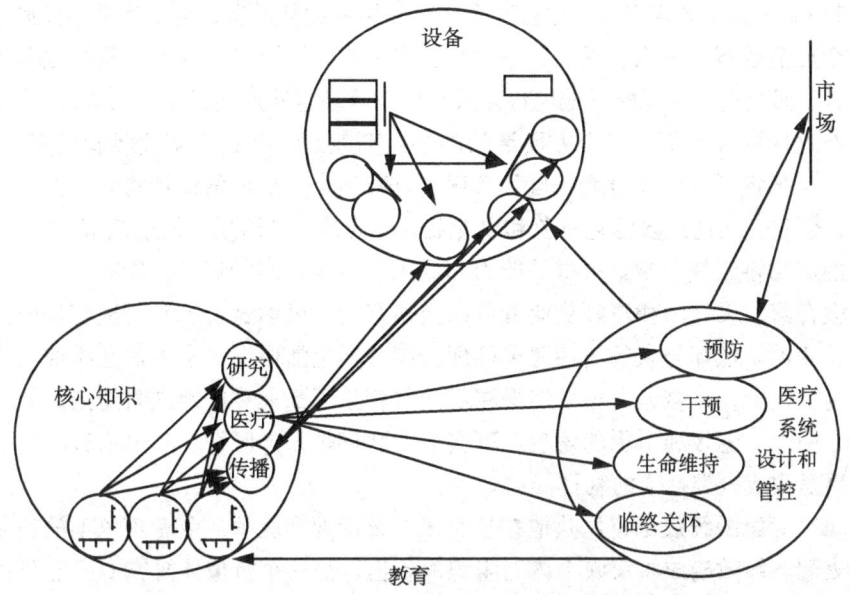

图11.7　HDS、医疗系统和核心知识之间的交互模型

完整提供医疗保健服务，将是决定系统最终成功的关键因素。为了达到这个目标，需要医疗保健知识的产生和传播、产品的设计和实践这三个方面的集成。这三个方面的活动都非常重要，在拟定的设计中将它们归入不同的平台上，由不同的经理进行管理。

从另一个方面来说，由于这三个活动之间的关联性很强，所以它们之间的集成显得非常重要。这貌似与前文的提法相互矛盾，即将三个活动分配到三个不同的平台上。于是，问题转变为如何如何将三个平台集成起来。这将把我们带回架构的一个核心问题上。设计的一个关键假设是，只有系统中的知识型工作者能够成为整合剂，才能确保系统的整合性。

这也就意味整合学习、设计和实践医疗保健这三个活动，将由同时具备设计、教育和实践能力的系统成员来进行。为了保持整个医疗提供流程的整体性，每个从业者，无论是医生、护士或者技师，都将参与到这三个不同但相互关联的角色中，以相互支持和共同贡献。在核心知识中，一个服务方将以学习者/研究员/教育家的身份参与到学习小组中，帮助产生和传播知识。而在医疗系统中，同样的服务方将以设计师/评估师的身份参与到设计小组中，以实践他的知识。而在医疗系统中，这个服务方将以实施者/从业者的身份参与到实践小组中，以利用所学到的新知识。

这三个角色相互补充且相互加强，参与并承担其中任何一个角色将可以增强并促进服务方在另两个角色上的成功。于是一个设计师/评估师同时也是某个产品和服务的从业者，他/她也将是最能胜任传播这个产品或服务知识的人；一个学习者/研究者/教育家同时也是某个产品和服务的从业者，他也将是最能胜任设计这个产品或服务的人；最后，一个设计师/评估师同时是某个产品或服务上的学习者、研究者、教育家，他也将是最能胜任管理这些产品或服务的人。

在这样的背景下，三个方面活动的整合剂就是那些具备实战经验的实干家。于是，系统将可以自我修复、自我教育和自我整合。拟定的设计将允许专家向上管理，创建完全适应多元化特色和以专业为导向的"低阶层"的组织策略。于是，系统的成功将依赖于专家行事的能力和意愿。根据不同的背景，所有不同的学习者、教育家、设计师和医师从业者可以交换互换。虽然这看起来与医疗保健的隐含假设相悖，但却与人的本性完美匹配。在真实生活中，每个人都在扮演着不同的角色。比如，一个人会很自然得在不同的背景下毫无难度地同时扮演家长、从业者、朋友、老板和下属的角色。事实上，这正是人类区别于其他物种的特性之一，也是构成人类社会的基石。

每个专家的绩效都将反映他在教育家、设计师和医师从业者角色上的三个方面的表现。绩效构成将反映个体对组织的价值，而这个价值体现在专家在价值链的不同阶段所扮演角色的质量和多样性。如果专家的能力越强，则需求越大；需求越大，则企业的价值越高。但是，需要强调的一点是，设计虽然会鼓励专家参与多个角色，但是会尊重他们的选择。

在核心知识、医疗系统和服务系统的三维架构中，核心知识将作为系统中医师、护士、技师和其他所有医疗专家的基地。这样，知识工作者有可能在不同时间段，在三个平台上扮演不同的角色。而在核心知识中，服务方将协助行使人力资源管理服务职责。他们将在相互知识传授中进行学习，以确保巴特沃斯的医疗保健能力能一直位于行业中的最先进水平。他们将持续把握医疗保健理论和实践的发展方向，保证整个系统的专业能力能随时对市场变化和发展的需求做出快速、有效和准确的反应。

医疗系统将负责流程设计和医疗保健产品服务包装，监控和确保实施的治疗；同时，HDS 还将是医疗保健服务真实发生的地方。HDS 将拥有与医疗相关的资本密集的物理资源，并且还将负责它们的有效运营并提供医疗服务。

在这种三维架构中，不应该以传统的分工概念将其理解为三重老板的系统。三个平台管理着系统的三个不同方面，每个方面都在流程上有明确的职责。它们之间的关系将同时受到三个方面的制约：合法性、知识和财务。在这三个制约中，共同的知识将扮演整合剂的角色。核心知识团队中的成员和管理层的关系是上下属关系（合法性）；同时它们与医疗系统和服务系统之间又是供需关系。为了保证三家单位成功运作，需要在设计中加入产出和度量系统以及不可缺少的可变预算部分。

这个独特的设计能够满足知识驱动型组织的特殊要求。社会性系统实际上是由角色而非具体个体所构成的。正因如此，人们在多个组织中可以拥有多个成员身份，扮演不同的角色。利用这个优势，系统将给每个参与者提供不受限制的机会，使他们在多个角色中得到持续发展和创新，并参与到医疗保健的整个流程中去。参与多角色，可以使知识工作者脱离相互隔离的状态，保证他们的整体性。将专家从狭隘定义的职位中剥离出来，可以使系统避免出现官僚主义，组织成员和组织不再相互隔离，去除单一性和僵化，避免琐碎的地盘之争，防止被快速变化的时代所淘汰。

去除了永久性固定职位，医疗系统和 HDS 平台将不再对变化产生抗拒，不再具有结构化冲突，以及不再是局部优化。系统将具备无限的灵活性及前所未有的试验和创新能力。

将知识工作者从僵化的职位中分离出来，是使自由创新制度化的方法之一。这样的自由可以保证优异的专业性，并通过持续学习和整体参与保证组织的生命力。系统将不再需要反复定义系统的竞争优势基础，这将避免战略上的短视，防止组织的默认选择，避免历史经验带来的未来失败。这个设计的目的是促进任人唯贤，打击官僚倾向。如果任由官僚倾向发展，可能导致无能、平庸，并最终使有能力的人变得无法胜任。

医疗系统中的项目经理将负责把医师从业者的建议融入到医疗产品的设计中去，确保产品开发可以反映兴起的市场需求以及产品设计的完整性。同时，项目经理也将提供服务的内容并保证其效果，同时需要为参与产品设计的从业者/设计师的服务支付费用。而对医师从业者/设计师的培训和能力开发是在核心知识中完成的。所以开发流程具备着双重接口：面向市场和核心知识。

设计既需要满足个人对独立的需求，也需要同时满足组织对相互依存的需求，这也是设计的挑战之一。设计需要付出格外的努力来防止牺牲整体利益而满足局部的需求，反之亦然。有时候，需要刻意设计一些局部优化方案，使系统尽可能避免采用导致成员相互竞争的零和方案，防止成员为了赢得职能竞争而以牺牲企业价值为代价。如果手术病人最终死亡，那么无法认为手术本身是成功的。

三个平台的集成并不是简单的任务。平台间需要进行通力合作，同时得到 HDS 主席的充分重视，并开展真正的文化转型（不要误认为只是团队状况问卷），才能利用系统的巨大潜能。在这个过程中，也不能轻视企业因为长久以来所适应的单一角色所带来的舒适区，对这个变化产生的巨大抵抗。

11.10 总裁办公室

总裁办公室将从整体上确保系统的生命力和有效性，负责为系统建立愿景和共享的未来图景，并为实现企业使命提供领导力。于是，总裁办公室将负责建立以下三个关键过程。

1）潜能。产生潜能的关键是建立战略规划流程，将探索价值链新机会的过程制度化。这个流程将制定并实施文化转型、业务革新和激励创新，并提升医疗服务质量与开展业务的方式。

2）协同。协同的实质是对交互的管理，关注流程、系统和激励机制的制定和实施，以产生协同的努力和联盟，使整个价值链大于各个部分价值之和。这些措施，包括内部市场、目标成本核算、度量系统、奖励系统、早期预警系统和学习系统，都意在通过解决内部部门之间的结构化矛盾，并将各个部门的绩效度量与其出资人和其他部门关联起来，创建一个双赢的环境。

3）产出。产出将关注运营的质量和有效性，利用持续改进方法论，帮助系统提升价值链上部门内部和部门之间的有效性。目标是通过系统方法论提升以下运营能力：

- 减少周转时间；
- 降低浪费；
- 提升灵活度；
- 提高质量。

产出体现在两个层次上。总裁办公室将建立政策和标准，而运营经理将负责运作。产出的活动将在组织的所有层面上展开。系统中的每个成员都将参与到活动的持续改进中。

在组织主席和CEO的领导之下，一个跨学科的小团队将组成全功能团队，在各自的领域负责潜能开发、协同和产出流程。

11.11 回顾

本章将重述新设计的要点。这个设计同时采用了三种权威：法定权威（上级），知识权威（能力）以及经济权威（资产和资金）。

在核心知识当中，所有的医生都向同一个医生汇报，所有的护士也向同一个护士汇报，而所有的技师也向技师汇报。于是，不同角色之间的管理是分开的，并具备以方案为导向的互助关系。这样的安排，将认同并满足专业知识边界的需求，建立学科发展的环境和合理的相互监督制度。

核心知识中的组织是基于输入的职能型组织，而在医疗系统或者HDS系统，它们的模式则从职能型转为模块化。管理层、团队和它们之间的关系是以问题为导向，以治疗为驱动的。由于患者护理的需要，跨学科应该成为项目小组构成和设计实践方法实施的标准。在医疗系统和 HDS 中，组织是基于输出的全功能团队。而经理职能将不再是针对单一学科的，而将由输出的整体要求决定最为适合的领导人，可能是一名医生、护士或者技师。

我们可以得到以下的逻辑推论。社会上广泛持有这样的误解，即人们不应该向不同学科的上级汇报。这种误解会导致卫生医疗服务系统无法采用跨学科的方法来解决真实的问题，而这些问题完全无法通过高校所划分的某个专业来解决。这种专业的分割不仅导致单学科方向和解决方案驱动（而不是跨学科和问题驱动），并且将不可避免地产生结构化冲突和采用零和方案。这也正是为什么基于传统的分工模式所产生的矛盾永远无法解决，除非对系统进行重新设计。

这个全新的设计可以预防结构化冲突的产生，管理层将不再需要与冲突本身做斗争。当所有人都参与到医疗保健的学习、设计和实践中，就可以有效预防结构化矛盾。这也是自我管理和向上管理的本质。

如果不是由跨职能团队发明的医疗手段，就算是有效的，也无法得到广泛认同和应用。为了确保有效性和实用性，医疗手段不仅应该协作产生，还应该留有足够的灵活性使从业者可以自由发挥和改进。否则，一个看似完美的医疗手段，可能由于过于僵化而无法针对手头的案例进行适应性改进，也可能由于过于严格而无法进行创新，而失去生命力。如果一个低效的系统允许进行选择和实验，最终可以证明优越的方案只是一个完美的紧箍咒。

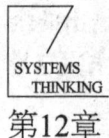

第12章

万豪集团

我的好友凯西·丹内米勒（Kathy Dannemiller），把我推荐给了万豪的人。帕特·斯托克（Pat Stocker）主任邀请我在阿斯彭研究所（Aspen Institute）做了一天的演讲，而万豪酒店的总裁比尔·蒂费尔（Bill Tiefel）和他的直接下属正好在那里参加为期一周的高层研讨会。

万豪的这个研讨会相当让人兴奋。公司正面临着巨大的挑战，年景不好，游戏已经发生巨大的变化，房地产行业崩溃，宾馆业主（万豪的主要客户）需要更多的资金以存活下来，而美国企业（万豪的主要资金来源）参与了所谓的"规模调整"（right-sizing），四处削减开支。

我们的第一次研讨会之后一个月，也就是1992年的夏天，酒店执行委员会决定开展理想设计的过程，以一个宏伟的设计来取代当时低效、昂贵的分工结构。结果带来了万豪的一次深刻的变革，直接将其带回了持续成功的道路。

当时组建了两个平行的团队：一个负责设计，而另一个负责规划"混乱"。设计团队由24名比尔·蒂费尔（Bill Tiefel）的执行委员会成员组成，而处理混乱的团队由6名能干的万豪酒店专家组成，不过，混乱规划团队的报告涉及商业机密，我们就不在这里讨论了。

我的同事兼老朋友约翰·波德纳（John Pourdehnad），是我在这个项目里的拍档。他不仅指导了团队对"混乱"进行了出色的规划，同时他还是设计流程过程中不可或缺的一员。

下面是设计团队三轮迭代的汇总，设计过程涉及下面的步骤：

- 建立对环境的集体理解——"游戏是如何进化的"以及"现在竞争的基础是什么"；
- 确认需要设计的系统的目标（指定想要的系统性质、核心价值以及使命）；
- 建立了一个平台，一个万豪酒店理想未来的愿景，一个发展的方向，以及一个可以持续响应来自变化环境的挑战的学习系统。

12.1 环境："游戏"是如何进化的

未来将与过去不同，对未来进行预测和筹备变得越来越困难，甚至不可能做到。因此现代组织需要专注于创造自己的未来，而不是浪费时间去试图预测和筹备。

- 经济的现状（1992年）不能只被解释为是一个周期现象，也不仅仅意味着经济衰退。经济似乎正再重构，越来越与新兴的竞争状态一致。
- 地产市场已经改变，当前地产市场的疲软可能并非暂时现象，在可见的未来似乎并不会改变。所以，游戏无法再基于单凭资产升值就能取胜的假设进行下去。
- 消费者的行为在改变，消费者变得越来越聪明，他们希望能付出更少的代价以获取更多的东西。
- 业务面临成本压力，对价格更加敏感。
- 需求正在向下一个层次转移。
- 质量、成本和时间相互关联，并且形成了一个互补的整体。牺牲其一，必然损及其他。

竞争的基础

- 学会与不确定性共存，变得更灵活和敏捷——拥有早期预警能力。
- 对运营成本进行数量级的削减，选择正确的服务并改善它们的质量。
- 采用价格竞争措施来填满空闲的生产力。
- 重新设计产品、流程以及结构以获取20%～30%的成本缩减。
- 避免被带入不受欢迎的产品或利基市场。
- 根据市场中涌现出的需求来区分和匹配产品。
- 降低资产价值（更换品牌）——做个聪明的交易者。
- 将债务偿还率纳入资产价值；将业主如何感知价值以及如何激发其参与业务的积极性纳入考虑范围。
- 发展针对业主和放贷方的策略。

假如业主生意失败，找出购买他们资产的人。资产管理咨询小组不仅应负责制定策略来应对这种情况，同时还需要有能力去预测情况的发生。

12.2 目标

12.2.1 原则和期望特征

- 我们将承诺做到客户全面满意。
- 我们将在各级的服务价值链上传递价值（收益或成本）。我们将在价值链的尾端("客户"所处位置)定义价值,并且一路回溯到物业、业主、区域、品牌、部门以及企业。
- 我们将持续地使提供的产品符合客户需求的变化(战略性的市场产品适配)。
- 我们将负责创建一个双赢的环境,以化解客户、伙伴、股东、业主和分销商在运营的各个层面上产生的冲突。
- 我们将成为酒店管理行业无可争议的领导者,并挑战整个行业。为了实现这个目标,我们将做到:
  ▶ 培养一个精益、简单、非官僚化的灵活组织,其中的正式和非正式的系统都保持同步,享受简单、有效的组织范围沟通。
  ▶ 创建一个相互支持和相互依存的系统,充分利用技术、产品、品牌和市场交互形成的协同结果。
  ▶ 通过知识领导力建立价值卓越的形象。
  ▶ 化解自由和责任之间的两难抉择,确保权力和责任在各个层级的匹配。
  ▶ 设计一个以产出导向、双赢的奖励系统,以协助化解结构冲突。
  ▶ 凭借技术来创造价值——精简过程、提高产出,从而达到更高的资源效率和收益。
- 我们将通过理解利益相关者不同需求之间的动态交互,来尝试让所有人都能满意。
- 我们的成功必须依赖所有的利益相关者(客户、伙伴、股东、业主和分销商)的成功。

我们认识到客户群的多层次性。除了普通客人外,业主是另一个重要的客户,客户的麻烦就是我们的麻烦。

12.2.2 任务

我们希望成为你的"第一选择"。
在万豪:

- 每个客人都希望再度光临;
- 每个伙伴都能实现他或她的潜能;
- 每个业主都将得到卓越的管理服务;
- 每个股东都会获得红利返还。

12.3 架构

下面的架构(见图12.1)被认为是构建一个理想万豪国际酒店集团(MHRS)

的基础。如同图中展示的，这个架构有四层不同的维度。

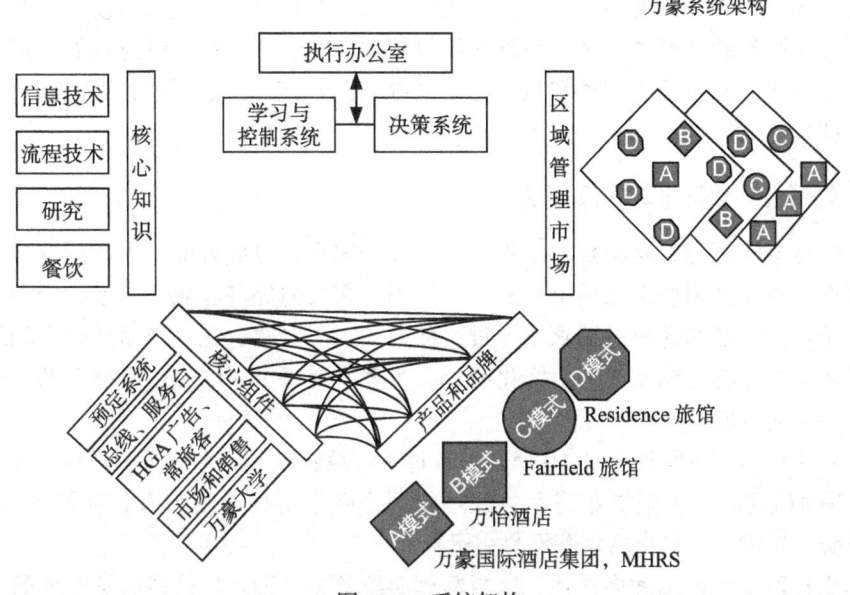

图 12.1 系统架构

1）地区、市场运营：这代表了系统的本质，这也就是万豪酒店集团（MHRS）业务所在——物业的位置，以及提供客户服务的场所。

2）产品和品牌：代表了系统的输出（最终产品）。

3）核心组件：代表了由整个系统共享，并且（或者）会出对外服务的运营子系统。

4）核心知识：代表了万豪国际酒店集团特有的领先技术和能力，可以在整个价值链中被任何或者所有的前述维度直接使用。

这个架构充分体现了在所有的维度，包括市场、产品和技术上同时实现竞争优势的必要性。所以它力求消除在单一维度上的局部优化，目标是通过创建在三个维度上的双赢关系，积极地产生协作、潜能和效率。

这个架构通过以下方法带来了在传统方案中通常不存在的更多可能性：

- 在上下级之外加入了新的关系（客户－供应商），成为组织架构的基本构建模块；
- 将控制的本质从监督转变为学习——监督被认为是一种浪费；
- 化解了市场需求和竞争产品组间不同利益的结构性冲突；
- 通过开发综合的解决方案来降低复杂性，而不是采用众多无法互相兼容的分离补丁方案同时实现集权和分权、整合和分化、相互依存和自主。

12.3.1 产品和市场的匹配

市场和产品的匹配不是一次性的提案,这需要持续的研究和再设计。在架构中引入品牌经理的概念,这个新维度能将该功能制度化,持续应对挑战。理想公司还应该为其某些核心组件和核心知识寻找新的机遇(比如预约、贵宾客户计划和培训)。

12.3.2 区域与市场运营

区域与市场运营将根据每个市场的特性和需求,对所有的酒店产品进行组织和管理,以充分利用市场中出现的所有机遇。在任何经济区域中,市场的划分都会基于行为特征和客户的需求。通过这种方式,可以减少竞争产品部门间的结构性矛盾,并且有可能创建一个优化的产品组合,使每个区域性运营部门都可以实现其最大的潜能。

整个全球市场将被分成10个区域,每个区域管理50~75个不同的物业(包括所有的品牌)。大型物业将由总经理管理,而小型物业则归入到区域管理中,主要努力使物业在最小的监管下自主运作。

根据职责的范围和多样性,区域经理会配备多个助理。这些区域经理的助理将以总经理候选人的身份进行培训,他们将胜任各种职责,以避免头重脚轻的官僚化趋势,并在不断变化的环境条件下促进管理和组织的灵活性。

在每个区域中,运营的设计都是从下至上进行,而不是由上至下。首先,选出那些物业层级所需要的并能很好运作的功能和服务;然后,识别出可以在区域内共享的服务,最后再决定最好在区域层级提供的服务。

因为不同区域市场具备不同的潜力,每个地理区域的组织之间也有差异。不过,下面的功能将作为典型进行推广。

1. 业务管理

这部分职责包含了财务、会计、行政和人力资源服务,还有其他的区域管理支持(包含业主关系)。这个团队将由核心部件维度上的业务服务单元来支持。

2. 项目管理

项目组将围绕特定的产出流程进行组织,但都将包含跨职能的信息技术、全质量管理、人力系统和设计。目的是在区域中各家酒店都实施恰当的集成解决方案(由各个品牌经理开发),以同时实现以下的成功关键目标:减少周转时间、消除浪费、建立灵活性和全质量管理。项目管理职能将负责推广由核心知识团队或者整个集团开发的其他项目。

3. 维护管理

负责所有酒店维持、工程维修和维护职责的活动,并将给区域总部提供服务。

4. 销售

区域销售业绩将包含直销、定价、市场定位以及销售培训。

12.3.3 品牌管理

品牌管理将完全承担产品开发和管理的所有责任。它将开发必要的操作流程，以经营不同类型的酒店业务。品牌管理将负责酒店的业务概念和设计，并且向区域或市场运营提供服务。

一开始，品牌管理将只限于4种模式：基础型、奢侈型、团体型以及传统型。之后会加入万怡酒店、Fairfield 旅馆和 Residence 旅馆的模式。

产品、品牌管理将执行下面的功能：

- 概念的开发和实施指导；
- 品牌的市场营销和定位、指导、市场渗入、需求调查以及竞争情报；
- 连锁指导、业务建模、系统集成和核心交付；
- 经营流程，并保持品牌认知度（避免品牌在不同细分市场的交叉）；
- 确定产品、房间服务、餐厅、酒吧、饮食、服务和设施的恰当标准；
- 与以下方面进行反馈和互动：广告、促销和公共关系、价格分析、产品标准改进、价值工程、新趋势和市场需求、市场定位调整。

12.3.4 核心组件

核心组件团队将保证以最低价将其服务提供给内部客户。内部采购最初可能由公司补贴，对外部客户则将采用市场价格。

以下构成了住宿业务的核心组件。

- 预约系统：预约系统是基于模块化来设计的，并且其服务将根据用户需求的不同，采用不同的价格（即服务定制化）。
- 市场和销售：
  - 万豪视频产品、广告管理、客户数据库、优质渠道接入、品牌声誉和其他不属于特定物业的客户相关问题。
  - 用于衡量客户满意度的客户调查系统。
  - 全国销售系统，包括销售部署以及新商机推荐系统。
  - 处理问题升级的客户响应系统（脱离物业）。
  - 即将可利用的全国公共关系网络。
  - 即将提供的大会和会议管理服务。
- 人力资源：意见协商调查系统、职业规划系统、继任规划、雇员关系、招聘、绩效考核、晋升和转岗、培训和发展、薪酬和福利、离职、退休、人事审计以及工作生活质量。
- 业务管理：薪酬和福利管理，采购和会计。
- 万豪大学：即将建立用于提供持续培训和教育的系统，作为万豪集团运营的一个组成部分。万豪大家庭中的任何一员都会成为其中的学生或者是老师。

12.3.5 核心知识

万豪国际酒店集团（MHRS）将在以下领域发展领先的能力：

- 信息技术；
- 过程技术；
- 烹饪技术。

这个团队的专长将被组织的所有维度所利用，包括核心组件、品牌管理、区域和物业管理。

在 MHRS，每个单元都将成为"绩效中心"。针对每个单元，将开发一系列的绩效度量标准，每个单元都将通过其运营给 MHRS 提供价值。所以，盈利能力将是每个单元绩效度量标准的关键因素，各个单元的利润将来自向其他部门和（或者）外部客户进行的"销售"。

为了保证成本和质量竞争力，每个组件的业务都将具备独自生存的能力。所以，这个集团中的每个部门都将被视为独立的业务。

维度中的各个部门，将可以选择销售其产品和服务给万豪之外的客户。同样，区域经理可以选择外包他们的核心组件给外部的供应商。

初期，在内部核心组件提供者有能力给内部客户提供有竞争力的价格前，MHRS 可能需要补贴资助。

12.3.6 关键流程

设计团队一致同意在理想的 MHRS 中将使用计划板作为创造和控制决策流程的工具。尤其在以下情况下，应该使用计划板的概念：

- 为了同时达到一致性和授权；
- 为了消除监管这个官僚化的废物；
- 为了在组织的各个层级都达到权力和责任的匹配；
- 组织将变得扁平化，决策能在相关的最低层级做出；
- 核心竞争力和价值（以因素和客户为基础）将传递到组织的每个层级；
- 将使用积极响应并预测客户需求的流程；
- 将建立可以暴露不匹配情况（比如客户预期错判、现实错判等）的反馈流程,以便针对这些情况进行修正。

预测客户的未来需求和新想法的流程,以及在一个项目开展前就暴露问题的流程,都将被开发出来。

交互政策团队将主要对政策和计划进行校正,并解决 MHRS 中的部门间冲突。每个交互政策团队都将包括至少三层的管理人员:团队的经理,经理的直接上级,以及经理的直接下属。其他成员也可以定期或者在特别情形下加入。

每个政策决定都将明确说明决策的潜在假定和期望产出,特别需要说明决策对以下因素的影响:

- 财务状况;
- 人员;
- 产出(服务的质量)。

交互政策团队将负责政策的制定。他们不会参与到运营决策中去。政策将为管理人员的决策奠定标准。对决策标准的一致认同将是权力分化成功的关键。如果一个待定的决策无法依据现有政策,那么负责的管理人员将自行决策。相应的交互政策团队之后会决定是否为将来同样的情况制定政策。每个政策将尽量在可能的最低层级团队制定。

对于那些有战略重要性的特定问题,将建立特殊的交互政策团队来进行政策协调。比如技术团队和区域/市场团队。

12.4 回顾

万豪的新架构设计主要基于下面的假设:

- 业主(加盟商)是万豪集体的真正客户;所以,他们应该得到与之相应的对待。
- 困惑的客户是任何企业都应该重视的最严重的早期预警。
- 当前的房地产市场的低迷并不是暂时现象,并且在可见的未来都不会改变。所以不能再基于资产升值就可以给业主提供大量投资回报的假设来继续游戏。
- 迫切需要将成本降低一个数量级,并且产生足够的经营利润,以便克服房地产市场的疲软。
- 讲究且简单的分工型组织结构成为了不再能被负担的奢侈品。
- 万豪的不同产品部门在特定市场中的竞争,要比万豪与其外部竞争者之间的冲突还要更激烈。
- 在特定市场中,不同产品部门间的结构性冲突需要通过优化产品组合来进行统一。
- 供应商-客户关系应该成为市场管理、品牌管理和核心组件间的主要交互关系。

第13章

联邦能源系统

质量管理中心的托马斯·李（Thomas Lee）博士，以及麻省理工学院的杰拉德·威尔森（Gerald Wilson）教授把我介绍给了联邦能源系统（简称联邦能源）。通过和威尔森博士在万豪重新设计项目中的合作，使我对他钦佩有加，所以当他作为董事会成员询问我是否可以帮忙去为联邦能源开发一套新的企业战略时，我自然是乐于再次与他合作的。这是一个独一无二的机会，因为董事会的三个成员，还有CEO，以及公司的所有高层管理者聚在一起，力图创建一个有说服力的愿景以及新的战略方向，以使联邦能源可以成为下个时代能源业务的领军者之一。

设计团队由以下成员组成：主管人员，包括雷奥纳多·戴瓦纳（Leonard Devanna），总裁、项目协调员，负责系统/计划，联邦能源；肯尼思·马戈西安（Kenneth Margossian），总裁、首席运营官，联邦燃油；威廉姆·普伊斯特（William Poist），首席执行官，联邦能源；詹姆斯·拉波利（James Rappoli），副总裁、财务主管，联邦能源；迈克尔·沙利文（Michael Sullivan），副总裁、秘书、法律总顾问，联邦能源；罗塞·怀特（Russel Wright），总裁、首席运营官，联邦电力。董事会成员包括谢尔顿·巴克莱（Sheldon Buckler）博士，董事会成员，宝丽来公司；小辛克莱·威克斯（Sinclair Weeks, Jr.），董事会主席，里德和巴顿公司；杰拉德·威尔森博士（Gerald Wilson），董事会成员，麻省理工学院。

除此以外，下面的员工组成了"消除混乱组"：罗布·巴克内尔（Rob Bucknell），销售主管，联邦燃油；皮特·迪蒙德（Peter Dimond），通信主管，联邦电力；罗伯特·弗雷克（Robert Fleck），燃油采购，联邦燃油；戴维·吉本斯（David Gibbons），高级预测分析师，联邦能源；查尔斯·凯利（Charles Kiely），客户服务经理，联邦电力；迈克尔·柯克伍德（Michael Kirkwood），资源计划主管，联邦电力；保罗·林奇（Paul Lynch），财政服务主管，联邦能源；罗伯特·马丁（Robert Martin），成本管理经理，联邦电力；理查德·莫里森（Richard Morrison），高级律师、助理书记官，联邦能源；丹尼斯·墨菲（Denise Murphy），高级预测分析师，联邦能源；伯纳德·珀洛坎（Bernard Peloquin），效益经理，联邦能源；罗纳德·奥布赖恩（Ronald O'Brien），市场和环境保护经理，联邦燃油。他们的报告，因为牵涉商业机密，所以不会在这里提及。

咨询师包括贾姆希德·格哈拉杰达基（Jamshid Gharajedaghi）和毕扬·柯冉（Bijan Korram），互动管理学会（Interact）；托马斯·李（Thomas Lee）博士和托比·沃尔（Toby Woll），质量管理中心（CQM）。

设计者们相信展示在这里的设计结果，是所有利益相关者的期望、抱负以及偏好的表达。设计专注于消除混乱，并且创造一个美好的未来。

13.1 利益相关者的期望

一个系统的利益相关者就是那些会被系统的表现直接影响，并且可以对系统的未来加以影响的个人或者团体。下面这些汇总就是设计团队所感受到的联邦能源利益相关者的期望，以及那些期望的隐含意义（见图13.1）。

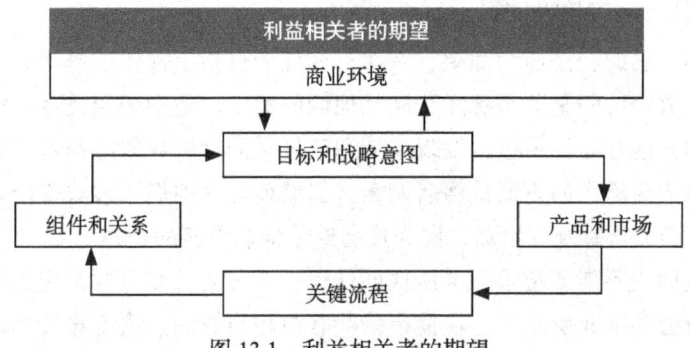

图 13.1 利益相关者的期望

13.1.1 股东的期望

股东的期望始终在变，直到最近，联邦能源如同大多数公共事业一样，都被认为是安全的投资。不过，因为特许经营的限制以及商业环境的改变，联邦能源的运营现状不再能提供足够大的增长机会以及最小的投资风险。有保证的投资回报率，这个很多投资者对公共事业偏爱的基础，现在因为环境的改变而开始受到质疑。在这种情况下，可能会发生股东倾向的转变，预示着对盈利大幅增长或者更高回报率的偏好，以作为对这个产业中所增加风险的补偿。

13.1.2 监管机构的预期

监管机构陷入了两种显然相反的预期之间，其一就是因为政治家和环保主义者的压力而推行的高成本社会计划，这已经将社会公平问题合并到税率制定中，以满足公众预期来得以解决。不过，通过提高税率来实现这些目标已经变得难以被接受。监管机构发现他们再次处于公众和政治压力之下，需要降低税率来满足消费者，并提振经济发展。所以监管机构相当欢迎那些给他们的两难处境提供创造性解决方案的人。

13.1.3 雇员的期望

雇员们意识到游戏开始有了变化,他们希望这样的环境:持续而有保障地工作,使他们能从中获取进步,鼓励对新想法的追求,根据实际表现进行评估,并且有能力创造一个高产出的职业生涯。他们把联邦能源视为一个好的雇主,并且相应地表现出对它的忠诚。

不过近来,因为新兴国家经济和产业倾向于给联邦能源带来负面的影响,雇员们对工作保障度的感受也颇为担忧。他们表现出了充分的意愿,来尽力维系在联邦能源工作的各种益处。在这种情况下,管理层获得了前所未有的机会来获取雇员的合作,以引入对公司方向和组织的积极变化。

13.1.4 客户的期望

客户因自己的经济压力而要求在尽可能低的价格上提供能源服务。他们相信基于价格加成定价的垄断系统无法满足他们的需求,他们相当赞赏系统已经提供的可靠性和其他好处,不过也发现维持和改进它的代价异常高昂。工业客户的预期完全被供应商承诺的更低价格所刺激,当然前提是他们不被法规拒之门外。所以客户更欢迎放松管制的承诺,因为这会给予他们更多的选择。

仅仅是因为不属于传统服务所属的任何一个分类,而导致涌现出的新需求和问题被部分公共事业所忽视,这使得一些客户相当烦恼。这意味着集成化的总能源服务是客户所期盼的一种增值举措。

13.1.5 供应商的期望

供应商们已经见到了他们业务领域中的重大变化,开始意识到新竞争的出现,以及长期的供大于求情况将带来的持续增加的不确定性和不安全感。他们拥有大量的投资需要去保护,面对越来越无法预期的环境,需要去筑篱以保护那些巨大的弱点。他们希望成为整个大家庭中的合法成员,会受系统同等影响的伙伴,并且随系统的成功真正实现利益相关。所以他们希望能被加入到公司的战略计划流程中去,以确保他们有机会为联邦能源的生存做出贡献,并保障他们自己业务的未来。供应商们已经做好准备来加入企业游戏,不过,他们期望能在一个公平竞争的基础上,以公正和平等的机会来提供他们的服务,他们乐意参与能在风险和收益间取得平衡的联盟。

13.1.6 公众的期望

很多的公众,特别是环境主义者,担心能源生产和消费会对环境造成威胁。

他们欢迎环境保护，拒绝污染。他们支持将一定形式的污染和安全相关的外部成本内部化，但也相信那些措施可以用更低的成本来实行。一般公众似乎拒绝能源经济变化的必然性，根据欧洲的举措的启示，使得他们期望公众事业可以做到高效、可靠，产生积极的公众形象，并且应被视为良性的"绿色"产业。

13.2 业务环境

重新设计的过程是基于系统已经一夜覆灭，但是其所处环境中的一切尚存的假设为基础而进行的。在所处环境中，行业相关和常见的会影响联邦能源的改变，如下所示。（图13.2是关于能源产业环境动态性的总览。）

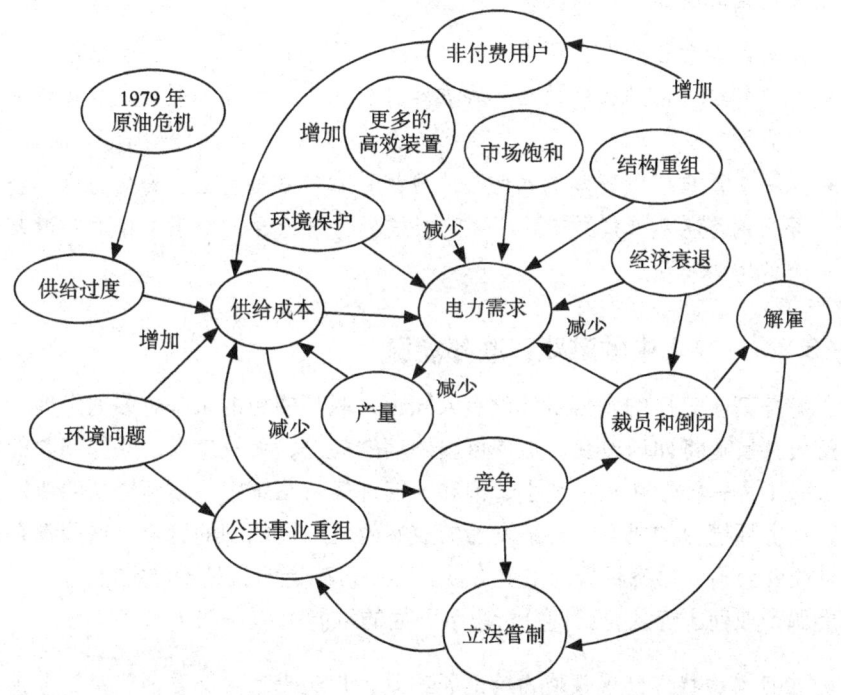

图 13.2 能源游戏是如何演化的

13.2.1 变化中的游戏：能源产业

- 从成本加成管理的环境中，管理者设定合适的收费以产生与投资相对应的回报，变化为在生产和分销领域的有限管制，伴随着受竞争程度影响的价格。
- 从同行之间的和平共处和对"相互领土"的尊重，变化为零和的、竞争的环境，其中的许多能源玩家都在尝试将成功建立在别人的失败之上。
- 从一个相对简单和无差异化的业务环境，变化为一个史无前例的、充斥着施压团体的领域（环境主义者、政客、消费者活动家、供应商、代理商），每个团体都按照自己的安排来竞争主导地位。
- 从稳定的公共管理环境，变化为一个充分竞争的市场经济所导致的不可预知环境，在这样的环境中，竞争决定了游戏规则，用户最终选择游戏的获胜者。
- 从一个温和、宽容的环境，变化为对环境影响和自然资源保护日渐敏感的环境。
- 从一个相对简单和一视同仁的客户群，变化为一个高度差异化的，呈现出不断增加多样化标准的客户群。
- 从封闭和专营的安全环境，变化为一个不安全的开放竞争市场。
- 从给独立的问题提供独立解决方案，变化为给相互关联问题集提供集成解决方案。
- 从一个严重依赖资本成本回收的传统资本密集型行业，变化为由机会市场导向的服务和（或）产品，伴随着核心竞争力和"知识工作者"财富创造力的中心转向。

13.2.2 变化中的游戏：联邦能源

无论是基于怎样的确信度都没有人知道，联邦能源的未来将如何发展，以及类似的公共事业将如何改变。唯一可以确信的就是，无论怎样，联邦能源的未来将与过去不再一样。在一个细小、饱和的特许经营系统中，不断增长的放松管制压力，加上环境保护成本，持续增加的成本效率以及加剧的竞争，这些都是在意料之外改变公司所熟悉场景的主要力量。唯一可确定的就是不确定性。

能源产业何去何从，我们分析出了下面的可能性：

- 在目前的特许经营领域内的成长不足，已经无法对必要的能源服务供应所需的成本上升提供支持。
- 客户群的差异化（每个客户群都有自己的独特偏好），导致了对产品和服务的差异化需求。这会进一步提供机会给不同类型的供应商，这基于谁能最有效地满足特定偏好的客户需求，以在相同的市场中竞争（比如，麻省理工的自发电）。
- 放松管制给联邦能源提供了渠道接触那些在地理区域上相较于当前特许经营系统的已有客户，并不那么饱和及成熟的新客户，出现非管制的实体

（比如，代理商、批发商以及零售商）成为游戏的主要玩家。
- 成本公式的修改使得替换技术的采用成为可能（比如，基于污染排放来强制征收环境保护税）。
- 引入合并、收购、战略合作和网络。无论其形式如何，出现的新事实将带来前所未见的威胁和机遇。鉴于其可能带来的影响，不同的利益相关者已经开始重新评估他们的预期。最重要的是，有限的增长前景不仅是股东们焦虑的来源，同时也关系到组织的所有利益相关者。这是因为，该系统的活力基本上来源于增长，增长不足会产生两个让人不安的影响：对于内部，它会破坏内置的成本增加系统；对于外部，层出不穷的"新游戏"会扰乱公共事业中同行企业间的和平相处。游戏将转变为零和关系，成功将建立在别人的失败之上。虽然在特许经营领域的增长机会已经变得有限，但在非管制的领域，新机会不断地涌现出来。这些变化意味着，为了维持联邦能源目前享有的有利环境，有必要采用新的方法来开展业务。

13.3 设计

基于系统已经一夜覆灭，但是其所处环境中的一切尚存的假设为基础，前面的章节已经重点描述了联邦能源对利益相关者预期和业务环境的上下文定义。一旦这个上下文被确立，设计团队就开始下一轮的迭代，从零开始再设计联邦能源，这个设计体现了联邦能源整体对期望未来的共同愿景。

13.3.1 目标和策略意向

尽管高效的能源分销是联邦能源活力的前提，但是其本身却无法保证有效地创造利益相关者真正期望的结果。现有的特许经营领域成长有限以及能源产业中涌现出的不确定性，面对这样的整体情况，联邦能源需要去采用一个三管齐下的战略，以便能发现并开拓最恰当的机遇，来使自身在价值链的所有维度，包括技术、产品和市场方面得到展现。这样的一个多维战略将使联邦能源高效地扩展自身的运营，以超越已有的特许经营市场以及管制框架。

在这样先进的平台下运作，系统作为整体将大于部分之和。在一个集成的价值链上下文中，我们将以下面三种活动来定义我们的战略：

1）受管制的业务：保持并建立最高效的能源分销业务。我们打算保持已有的受管制特许经营业务作为我们的支柱。我们相信即便以不同的形式，能源分销零售产业将仍然保持被管制的状况。于是我们决定不仅要尽最大的努力在被管制的业务内找出并消除混乱，而且还要成为能源分销零售行业最高效的公司。

既然在已有的特许经营市场中的成长有限,并且消除目前受管制业务中的混乱局面需要数年才能有客观的改进,联邦能源于是决定追寻并行的战略,以发现并开拓非管制市场中的潜力。

2)客户导向的业务:在特许经营领域之外创建集成服务的增长机遇。我们准备在管制领域之外寻找指数级的增长,这个并行战略将充分利用联邦能源多项内部优势:① 对能源业务的丰富知识;② 小而灵活的规模;③ 财力;④ 忠诚的员工。这些优势将有助于实现基于市场供给的增长,这种增长来源于广泛的用户需求所产生的各种输入。

成功建立客户导向维度的关键在于移除传统的障碍,这些障碍使得燃气和电力技术互相排斥。根据其定义,客户导向的业务,必须避免那些设计只为舒服地躲在排他能源的狭窄界限内(比如,一个独立的燃气单元和一个独立的电力单元,它们相互独立地工作,于是就失去了那些代表真实世界的、用户导向的综合需求和问题所带来的无限机遇)。

为此,我们将有意识地对价值链的利用进行转向,朝向由用户定义的集成系统和服务,来解决未能满足的和潜在的客户需求。因此,我们从开启了对传统业务模式关闭了机会的组合的制高点出发,辅以高度集中的努力,持续地开发各种集成的能源服务和系统,以解决真实世界中出现的各种需求和问题,而不去担心需求的来源。

至少,我们打算建立两个业务实体。第一个将集中关注居民和商用的能源服务,它将包含环境保护、能源管理相关的产品及服务。第二个实体将重心放在工业领域,提供能源管理、废热发电、中介以及其他的服务。认识到在这些领域以及新市场所需要的额外技能,业务实体将在发展这些机会时寻求恰当的合作伙伴。

3)技术(供应导向)业务:凭借能源生产能力来共同加强价值链的潜力。我们打算保留能源生产和储备业务。通过那些业务,联邦能源成为了燃油、燃气和电力能源的主要采购者和供应商。之前这些市场都是完全分离的,现在却变得越来越一体化。那些只专营一个领域的公司,正在形成一个战略联盟,在更低的等级上模拟了联邦能源系统的结构。作为一个系统,我们将发展机遇来整合燃油、燃气和电力能源的相关技术,以形成互利互惠的联盟。这些关系不仅会成为新的收入来源,同时还可以让我们能够响应能源市场的潜能以及对产品和服务的新需求。

对联邦能源而言,解除管制意味着大量的机遇。考虑到我们所处特许经营领域的种种制约,如果解除管制,则我们将比竞争者获得更多的好处。特许经营是有地域限制的,而消费者却随处都有。通过利用联邦能源的独特性,三管齐下的战略将使我们可以利用能源市场的新兴机遇。

13.3.2 核心价值和需求规格

- 继续留在能源业务领域。
- 成为一个能够重新设计自我的积极组织。
- 充分利用那些可以给整体增加价值以为其成员创造成长潜力的机会(双赢关系)。
- 成为将决定能源产业未来的先驱者之一,同时维持组织的稳定并减少风险。
- 成为股东的投资首选,确保他们的投资回报和安全。
- 建立规范以及绩效考核和激励机制,以促进充满挑战性的企业文化,在其中人们将享受竭尽全力实现有价值目标的感觉,这会同时给予他们内在和外在的满足。
- 被同行视作值得模仿的典范。
- 能够超越传统的业务经营框架,使管制方和其他的利益相关者为购买不寻常的更好业务方式而买单。
- 作为一家"绿色"公司,树立良好的公众形象。
- 能够在早期识别即将出现的技术、运营模式、客户需求和喜好变化。
- 确保新业务能够享受到最大限度的企业自由,以获得竞争优势,免受管制业务的规范和现实的影响。
- 能够不断克服混乱(例如,帝国大厦,异化,等级,变革阻力,以及缺乏问责)。
- 改变控制的性质,从监督变化为学习和早期预警。
- 同时利用集中化和分散化、整合和分化、互相依赖和自主的优势。

13.4 基本架构

要实现联邦能源利益相关者的预期,设计者意识到需要引入一个整合价值链的战略。该架构将被定位于在技术、产品和市场这些维度上对新机遇的自由探索和利用。这不仅会超越传统做法(将燃气和电力运营分离)来化解混乱,同时还会使联邦能源能够提供系统解决方案,以达成未满足和潜在的目标客户需求。

下面描述了架构的基本组件和它们之间的关键关系,代表了联邦能源的价值链将在其中进化的平台。价值链将不限于这些组件,随着环境的演变,其他的增值单元将诞生。组件的识别需要借助于业务识别矩阵(见图 13.3)。

用于扩展的标准将包含每个额外单元对整个价值链的贡献,因此,这个架构通过允许将机会资本化,以充分利用技术、产品和市场维度的相关性,这对其他的一维战略而言将无法做到。联邦能源架构的结构示意图如图 13.4 所示。

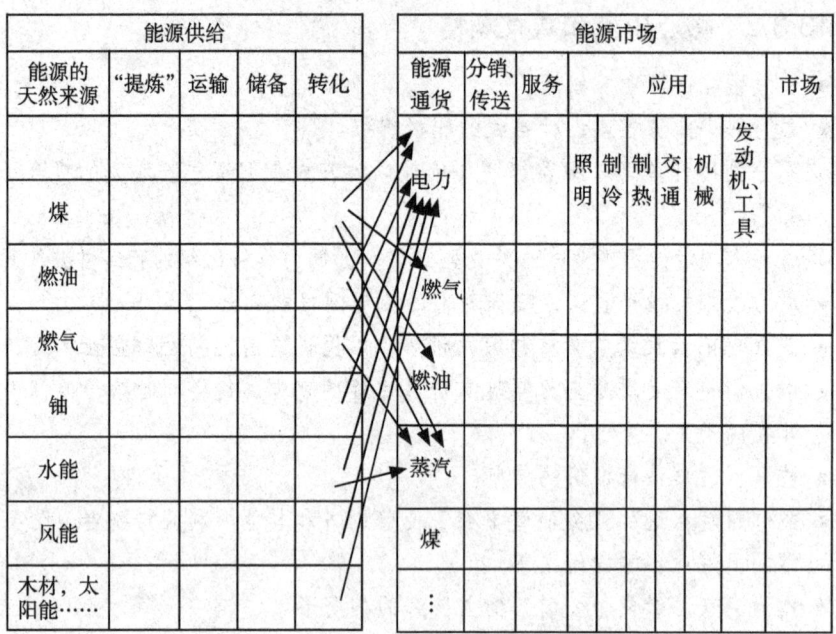

图 13.3 业务识别矩阵

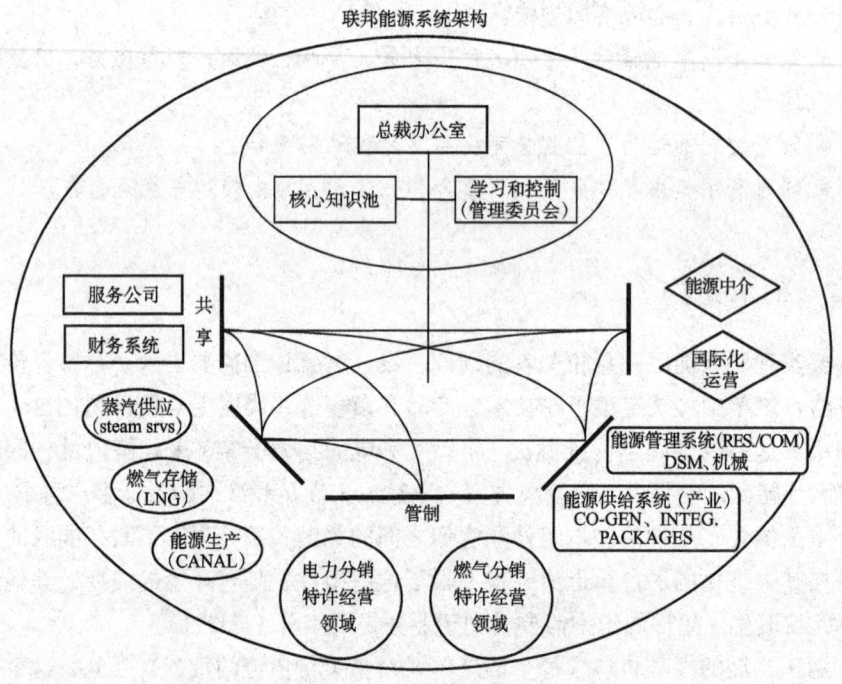

图 13.4 联邦能源架构

该架构的组件包括总裁办公室（由核心知识池所支持着的CEO），受管制的业务单元（燃气和电力分销），客户导向的业务单元（能源服务和系统），技术和供应导向的业务单元（能源、燃气、蒸汽发电和仓储），以及共享服务（服务公司和财务系统）。

除了受管制的业务是由州和联邦法规所约束外，其他所有的架构单元都被视为绩效中心，并被认为能做到：

- 成为有明确收入的自给自足单元；
- 满足并超过资金成本；
- 产生由这个公式衡量的价值：EVA = I (r–c)，其中EVA代表的是经济增加值，I代表投资，r和c分别代表回报和资本成本。

基于目标成本进行运营。传统的利润中心基于目标价格进行运作，而价格又由成本加上毛利的公式算出，其潜在的假设就是成本不可控，而价格则不然。所以，通过设定更高的价格等级，就可以得到更高的利润。与这种模式相反，绩效中心以目标成本进行运营，在这里，价格被视为不可控的，并由市场通过竞争决定，而成本却是可控的，并且是赢利的目标因素。最初，绩效中心被授予一段宽松期，以便学习如何去调整它们的运作方式，以便能在之后达到目标成本。

不仅要根据它们自身的盈利能力进行度量，而且还要衡量它们对价值链中其他成员的盈利贡献。

以最低的竞争成本来管理运作，绩效中心之间的关系是确定的。部分由内部市场机制确定，这使得它们基于供应商–客户这个基础进行交易。假如任何单元被强制以相对不利的价格与内部客户交易，那么该单元的机会成本将由实行强制的企业实体进行补偿。

13.5 核心业务单元：燃气和电力分销

燃气和电力分销业务单元将构成联邦能源价值链的第一维输出，它们将继续在受管制的环境中运营。所有的迹象都表明，在可预见的未来，天然气和电力的分销将继续被管制。燃气和电力业务将作为特许经营领域的代表，并且只包含那些需要在管制规定下进行管理的活动，它们将充分开发在已有管制领域中未被发掘的潜能。

这两个单元将向内部董事会报告，作为核心业务，它们将是完全自治的单元。对于可以帮助它们充分挖掘管制领域全部潜能的活动，它们将有完全的控制权。这两个单元将彻底遵守能源分销管制领域所要求的所有法律和需求。

作为核心业务，燃气分销和电力分销，将给联邦能源提供稳定性。在可见的未来，它们将作为开发价值链中其他单元的必要基础设施，那些业务单元将面临进一步识别、控制和解决混乱的责任和挑战。每一个单元都会成为管制行业内被高效管理的分销业务模范。

13.5.1 客户导向的业务单元：能源供应系统和管理服务

客户导向的业务单元、能源供应系统和能源管理服务，将构成联邦能源价值链中的第二维输出。它们将在管制环境之外运行。

联邦能源作为燃气和电力控制公司所获取的经验，给它提供了对客户需求的独特理解，这些需求可以通过能源产品和服务的组合来得到满足。在燃气和电力部门的全力协助下，联邦能源将广泛开发能源产品和服务，以补充其传统业务。这些服务将包括工业/商业热电联产、热电套餐、运作和维护现有发电、住宅/商业能源管理服务。

13.5.2 热电和能源供应套餐（工业和商业）

随着管制改革和能源价格在 20 世纪 80 年代的迅速飙升，应用热电联产来满足能源需求的做法变得越来越普遍。在全美，热电联产占据整个电力产量的 10% 左右，而在新英格兰，电力联产占比超过 10%。近来，热电联产活动已迅速扩大，从 1988～1992 年，全美的总发电量增长了 7.9%，而热电联产的电力增长了 74%。到 1992 年，热电联产的总市场规模已经增长到大约 40 亿美元。热电联产的应用，可以为客户提供回收期 1～4 年，约 15%～30% 的投资回报。

虽然热电联产的市场正在走向成熟，它却已经证明了其在很多高能耗产业中的适用性，并且很可能在可见的未来保持增长。公用事业在传输设备方面正在经历不断增长的困难，所以，将能源供给本地化，而无须引入传输设备变得越来越必要。这种分布式发电的趋势仍在萌芽阶段，热电联产正是其商业化的第一步。不过，热电联产将会成为更大一波活动的开始，并将最终引入如燃料、电池及光伏阵列这样的技术。

要达到分布式能源生产的需求，能源供给系统业务单元将涉及热电联产的商业和工业的咨询、发展、服务以及财务中去。这个附属机构将：

- 提供咨询服务（可行性研究和评估）；
- 作为设备安装的开发者；
- 提供服务、维护合约；
- 提供财务和租赁服务。

这些服务将同时在主要市场提供内部和外部的管制业务相关服务，并以最好的机遇来驱动。这些服务面向工业，比如制造业；或者大型商业场所，如医院；高能耗的工业企业，如纸浆和纸张生产企业、化工厂、大型制造工厂，这些都是最能从热电联产获益的场所。

尽管热电联产一般针对单一站点，但它也有能力应对多个关联站点。工业园区提供了一个特别有吸引力的目标市场，这种子公司将提供产品以满足在一个工业园区内所有能源相关公司的需求，包括电力、天然气、蒸汽。类似的机会存在于大型办公区、大学和购物广场。

有一个机会可以实现更加规范的热电联产，即热电联产套餐。这个机会将由子公司提供，以满足类似饭店、宾馆或者居民楼的商业运作需要。热电联产套餐的价值在于其模块化、低成本和极小的维护需求。要提供热电联产套餐，子公司需要调整自身来与热电联产套餐技术吻合。

这种能源供应系统的子公司将成为联邦能源大家族这个多元化能源供应商（电力、燃气和蒸汽）的一员，热电联产将成为受管制子公司所能提供的传统服务的补充。通过这个新的业务机会，联邦能源将能协调其当前产品和服务供应，对热电联产市场的参与将为整个系统提供新专业知识，使得系统能更好地洞察特定市场领域的需求。

协同效应在联邦能源别的新业务尝试中也能做到：比如能源管理服务业务单元。由于采用热电联产时对机会的探索，提高能源效率的相关机会很可能也被发掘出来。于是这些机会就能被能源管理服务子公司利用，同样，能源管理服务子公司可能会发现潜在客户从热电联产技术中受益的未知情况，并且传递这样的信息给能源供应服务子公司。

也有可能是其他的协同作用将出现在推荐的子公司之间，能源经济子公司可作为燃料供应商，为潜在的热电联产客户提供天然气、燃油和（或）营销多余的电能。热电厂的运行和维护也将补充联邦能源在运河厂房和蒸汽设施方面的经验。

能源供应系统子公司的业务架构将涉及收购或者并购。在后者的结构中，子公司可以作为主承包商和项目经理，而合作伙伴只提供技术即可。

联邦能源的共享服务单元将提供会计、法律和基本的信息服务，供这个非管制运营体使用。这些服务将以单独设置的会计科目表进行收费，并且资金直接来源于这个运营体的利润，而子公司同样可以寻求系统外的服务。

13.5.3 能源效率和电工技术（民用和商用）

在能源供应系统子公司的"查表之前"活动以外，公司还将引入"查表之后"活动，提供客户服务和产品用以节省在公用事业上的花销。电力和燃气分销公司通常不提供新服务给客户，仅仅提供一些额外能源而已。不过，随着管制的放松，新的服务将创建出来。

这些新的服务已经提供给了工业天然气的用户，之前捆绑产品中的运输和商品部分已经由联邦能源管理委员会（FERC）第 636 号法令分离出来。这次分离使得客户可以建立期货合同，以对冲能源成本。同样，在电力行业，采用了时段定价采用，相应的技术在家电行业可以使用，客户可以根据本地的时段定价信息来管理家电的使用情况。

初步研究表明，能源管理系统和家庭自动化市场提供了巨大的潜力。调查显示，美国在商业楼宇的节能上每年花销达到 70 亿美元，研究报告还说，家庭自动化市场在 21 世纪到来前能超过 35 亿美元。很多颇具规模的事业，比如美国南方电力公司，对这个利基市场的巨大潜力看好，并已成为先进的能源管理系统的参与者和测试者。这个设备的试点项目已经在改善负载管理、提高客户满意度方面取得了显著的成果。通过与这个市场中的技术玩家结对，公司可以加其非管制子公司的盈利，同时可以准备好去迎接更大的挑战，以及不断增长的对更好客户服务的需求。

除了提供新的服务，该子公司也提供下面的能源管理咨询服务，面向电力和燃气分销领域内外的客户。

- 针对商业和工业设施的审计和管理计划（包含公共和商业办公设施、学校、医院等）。
- 能源会计方法和投资策略（包含可行性研究、投资回报方法以及对税收信用和认证的使用）。
- 协助实现电工技术。

除了可以直接给最终用户提供能源管理服务来收费外，公司还可以为公用事业公司提供绩效承包商。公共事业能源需求管理的预算增长率显示出新英格兰市场已经成熟，不会再保持今年这样的快速增长率。美国的北中部地区增长最快，西部和西北部增长也相当迅速。

因为联邦电力在需求管理方面有丰富的经验，所以可以从电力分销公司中获取大量的知识。共享服务实体将提供会计、法律和基本信息服务给非管制实体使用。这些服务将以单独设置的会计科目表进行收费，并且资金直接来源于这个运营实体的利润。

通过建立能源管理服务子公司，以推行这些能源利用方面的产品和服务，联邦能源将把自身置于介于公共事业和客户之间的新兴行业中去。

13.6 技术导向和供应导向的业务单元：能源的生产和供应

技术导向和供应导向的业务单元将构成联邦能源价值链的第三维输出。在一定程度上，它们将可能在管制环境之外运作。这个维度将代表所有牵涉到能源产生、转换和储备的部件以及活动和业务。传统上，运河、液化天然气（LNG）存储和蒸汽一直是管制特许经营的一部分。但是为了要充分利用它们的潜力，需要在可能的情况下将它们转化为价值链中非管制的部分，然后把它们视为独立业务。以下是能源产生和供应的业务单元。

13.6.1 能源产生（运河）

运河（Canal）是一家完全的电力公司，为数家电力公用事业单位提供电力，包括联邦能源的子公司。其分销的部分电力来自于在公用电力设施上的投资，包括西部努克核电站，这是在盈利投资下的一部分可控投入。运河公司还拥有并运营着运河一号机组，该机组销售电力给波士顿爱迪生公司、新英格兰电力公司、蒙托泊（Montaup）电力公司，以及剑桥电气、英联邦电气公司。这个单元的已有合同到2001年终止，届时运河公司将有一个完全折旧的发电设施，这可能提供了一个巨大的业务机会。

意识到完全折旧的设施的存在，以及资本和运营成本在很多单元间相对一致的事实，一个全新结构的供电商只可能在以更低的燃料价格（相对于其他单元）或者更有效率优势时，才能更有竞争力。由于效率优势不能在老的单元中实现，运河公司正在和主要的燃料供应商商讨可能的业务联盟。为2001年做准备，运河一号将追寻独特的业务策略来维持该单元的生命期，以及对新旧客户的市场吸引力。要达到这个目的，运河公司将加入必要的业务联盟，以通过有竞争力的燃料供应来满足市场价格。

运河二号机组是与蒙托泊（Montaup）电力公司共同拥有，其产能在蒙托泊、联邦电气和剑桥电气之间进行平分。运河二号机组将继续根据其现有的合同供电到2010年。通过转为使用天然气，二号机组不仅可以降低其排放量，还将拥有足够的灵活性来瞬时切换对燃油和天然气的使用。通过利用现有的燃油储备设施，并确保各种天然气供应，运河公司将有机会随着市场的发展，去经营大量的天然气、燃油以及电能。

运河公司，尽管目前仍然是特许经营业务的一部分，最终将成为一个拥有客户和供应商关系的自治单元。作为一个自治单元，运河公司将负责管理自己的运营和相应的成本，以满足市场的预期。这种转变的第一阶段将确立项目风险，作为一号机组的市场和再造的一部分，以获取客户的延长合同。

13.6.2 燃气储备（液化天然气）

现在霍普金顿液化天然气公司这个储备设施子公司将数月处在最寒冷的冬季，保持提供天然气给分销公司。由于放松管制的前景，霍普金顿液化天然气公司的管理层将探索其他的业务机会，其中包括液化服务、紧急后备服务以及调峰服务。这些机会的发展，取决于天然气分销公司继续使用液化天气来满足自身需求的经济状况。

这个子公司还在马萨诸塞州的高仕利公司拥有一个卫星蒸馏设备，提供了额外的储备量。霍普金顿工厂的运营和维护由空气产品和化学公司（Air Products and Chemical, Inc.）提供，两家公司签有长期的合同。高仕利公司的设备运营和维护是由燃气分销人员负责。

13.6.3 蒸汽服务

蒸汽现在主要由两个剑桥的电厂：肯德尔（Kendall）和百仕通（Blackstone），通过四英里的蒸汽供应分销系统和回流管道提供。作为一个不受管制的实体，蒸汽公司将继续提供蒸汽给波士顿和剑桥的商用客户和工业客户，其中包括一家医院、一个博物馆、两所大学、一家工厂以及一个基因研究所。这个子公司将被发展为独立的实体，有其自己的市场和技术员工。

使用蒸汽的地方供热系统这个概念已经得到马萨诸塞州政府的支持，在其1993年的能源计划中，州政府提出了对地方能源系统的支持，以及面向热能的热电联产。有了州政府的支持，并运用从运营肯德尔和百仕通热电厂中获取的专业知识，公司将对能源供应系统子公司所建立的其他潜在地方供热系统的发展进行促进。

还有，通过和麻省理工学院以及波士顿热能公司（该组织拥有持续蒸汽系统）的业务伙伴关系，公司可以建立现有地方供热系统的内部互联，并且在其他地区扩展其客户群。当前的蒸汽公司系统比波士顿热能公司在经济上更有效率，因为后者没有冷凝循环。最后，对百仕通的汽轮机改造，也可以提供更多的廉价电力给能源中介子公司去出售。

13.7 能源中介和国际化运营

行业中两个主要的发展将很可能是网络和对能源市场的涉入（包括购买和销售）。这些活动将是构成联邦能源价值链整体的组成部分。为了探索这些机会，涉及能源中介和国际化运营的其他业务单元，都将得到发展。在这些单元成型之前，需要先评估在这些市场中的机会。

13.7.1 能源中介

能源中介是不断产生机会的主要领域之一。很多年来，燃油都作为商品以期货的方式采购。随着第436和636号法令的颁布，天然气也开始可以作为货品买卖。相似的是，通过引入自发电作为主要的电力来源，电力也会在不久的将来被作为商品购买。随着这些变化，金融工具被引入，作为建立短期和长期定价选择的工具。期货合约的引入是市场需要更确定的能源价格的结果。

随着对燃油、燃气和电力对冲的利用，将推出新产品以满足客户的需求。市场将会需要这些产品，以便为公用事业单位和客户减少价格风险。此外，燃料和电力的挂钩将带来合约创新，并终将改变工业和商业市场。

联邦能源是一个主要的燃油、天然气和电力的采购商和供应商。为了有效地在未来开展业务，它将参与期货市场。认识到系统控制的大量可选物理能源（比如，运河二号机组的燃油和燃气互换性，液化天然气储备，多重燃料供应合同，燃油储备，天然气供应和运输权），能源中介服务意味着巨大的商机。

能源中介将为价值链上的所有单元服务，这个子公司将涉入燃油、电力和天然气中介。除去那些必须在管制实体内进行的举措之外，该单元将协调和管理所有必要的活动去发展能源销售机会。在电力市场，这个附属子公司将作为运河一号和其他单元所产生的低价能源的营销者。在天然气市场，这个实体将为热电联产客户、电厂以及为其他选中的客户提供天然气。

在燃油市场，这个子公司将利用各种燃油储备和合同，去满足电力生产的需求。最后，对那些已有业务单元来说，属投机的，超出正常接触范围的，或者不熟悉的市场，可以由这个单元来提供进入渠道。

13.7.2 国际化运营

能源市场将日渐国际化，在欧洲、远东以及拉丁美洲发生的事件将直接影响美国的能源市场。这在原油行业已是多年的事实，并且在别的能源市场也变得越来越正常，包括燃气和电力。无论是以行业重组的形式（英国电力市场）还是跨境交易（加拿大天然气），在世界各地发生的事件都在直接地影响着美国能源产业的未来。所以对于联邦能源而言，不局限于美国市场，而始终关注全球正在发生的事件和发展出的技术，已变得越来越重要。

在此背景下，国际业务单元将负责监控和评估北美能源市场之外的变化趋势。这个单元将持续寻找那些可以将世界各地出现的新想法运用到联邦能源业务单元中的方法。此外，该单元将作为未来海外投资的基石，以资本化其他联邦能源业务单元内的优势资源。

目前，联邦能源已经与其他国家的组织建立起联盟（委内瑞拉和加拿大）。国际化运营单元将继续在全球能源市场寻找和建立更多的联盟。无论是在美国之外的市场发挥自身能力，还是在美国国内投资的新兴全球化趋势，国际化运营单元刚开始都将依赖于它投资所带来的合作伙伴关系之上。

13.8 共享服务(绩效中心)

共享服务由服务公司和财务系统业务单元组成。共享服务和其他单元之间的交易将由内部市场机制来控制,类似于在自由经济中管理客户供应商关系的原则。内部市场接口的一些实际影响如下:

- 假如任何单元发现,它可以在其他的地方买到更便宜的服务,那么在给予了内部单元一个公平的机会去提供具备竞争力的价格后,它是允许去外包的。这意味着共享服务必须成为技术领先者,并具备价格优势。
- 假如管制或者非管制的业务单元,选择去外包它们的需求,它们仍需要支付企业办公所需固定支出的恰当比例,这些资金将分配给共享服务,直到这些成本可以被消除。此项收费将如同内部税费一样征收,所以,寻找替换外包服务的决定需要同时权衡可变成本和用于固定成本的内部税费。

注意事项:在处理共享服务的成本时,最好将某些元素作为固定成本的产出来决算,这些固定成本即便服务终止也不会消失。所以,要保证以一个合理的生存几率来提供共享服务,那些已经叠加到共享服务运营上的固定成本,应该以税费的形式来支付,而不是以产出的形式。这将使公司提供的价格比外部供应价格更具可比性。共享服务将以目标成本进行驱动,通过帮助它们削减成本来保持足够的竞争力,以留住内部客户,特别是受管制的那些客户。共享服务也被鼓励去吸引外部客户。

13.8.1 服务公司

服务公司打算将自身从开支中心转型出来,开始提供支持服务给其他基于成本加成运营的单元,成为一个可行的、有竞争力的、技术卓越的绩效中心。既能产生收益,同时也能给价值链中其他成员的成功作出正面的贡献。服务公司的转型取决于以下核心竞争力的发展。

- 信息技术:服务公司将围绕设计、开发以及如何运营信息系统,来保持和增强它已有的信息处理能力。
- 工业技术:服务公司将保持和增强针对管制和公用事业环境累积下来的工业技术。这种能力将把各种具备优势的专业服务从联邦能源的强项中剥离出来,集中在一起。
- 流程再造技术:服务公司将创建和增强流程再造能力,使之成为一个新的能力维度。这种能力包括相互关联的各种能力,比如交互设计、加工技术、持续改进以及产出管理。

服务公司的战略意义在于集成之前提到的核心能力，形成定制化的产品和服务套餐，从而给价值链带来巨大的竞争优势。这种跨领域的专有技术被引入以形成跨职能的专家团队，集中在一起以提供能源相关的产品、服务、总控运作，以及咨询和教育服务。为了和作为超支（overhead）中心的过去做出一个清楚和长久的了断，服务公司将使用下面的准则来提供产品：

- 默认情况下，所有的内部客户单元愿意保留或者感兴趣的服务，都应该对他们开放；
- 公司政策相关的活动将会交给联邦能源系统的总裁办公室负责。

所有能让提议的企业政策进入起草阶段的预备工作，都将由筹备工作委员会实行，这个委员会由一个母公司的副总裁，以及从其他联邦能源系统的相关部门和相关环境中选出的非常驻成员组成。一旦问题解决，委员会就自行解散。

服务公司将拆分出那些牵涉为联邦能源提供企业控制、监管和审计功能的活动。就如同任何其他客户一样，联邦能源的企业办公室可能从服务公司购买服务。

13.8.2 财务系统

财务系统将在实现价值链时发挥至关重要的作用。它将作为系统的内部投资中心，并且对业务提供重要的种子资金和初始帮助，以便它们能够存活下去。它将有效地提供所有业务单元都需要的资金和现金流。通过对联邦能源的财务资源的利用，财务系统将继续去发展与银行以及其他机构的关系，以加强系统的财务能力，在推出新的项目和扩展已有项目时可以更多地实现价值链的潜力。

13.9 总裁办公室

除了两个已经成熟并完善的核心业务，其他业务单元在它们有能力生存下去之前，将需要一段时间的细心关照和培养。总裁办公室的职责就是在管理整个价值链的同时，也兼具孵化功能。要做到这点，总裁办公室需要创建下面三个关键流程：

1）潜能：创造潜能，本质上就是一个持续搜索价值链相关的新机会并制度化的战略计划过程。这个过程将开发和实现那些带来业务更新，产生创新点，以及改进业务开展方式的活动。一旦发现这些机会，核心知识中心的成员将展开相应的可行性研究，并且假如值得的话，这些成员将受命去负责对应项目启动阶段的管理。为了通过逐次逼近来保证系统的不断更新，联邦能源将参与每三年进行一次的交互计划演练。这个演练在企业层级实施，将改变或者确认联邦能源的战略方向，并设定方向、目标和政策，以实现下一次可达的逼近。交互计划实践将由两部分功能组成：规划混乱和设计。

自下而上的混乱规划将找出并定义一套相互关联的变量，并同时定位到第二秩序机，除非移除该秩序机，否则系统将按照它的行为模式来运作，并破坏引入理想变化所付出的努力。规划混乱将向上移动，其中每个层级将以其上层系统作为环境来进行混乱的规划工作。

至顶而下的设计将假定系统（要设计的单元）已不复存在，但是其环境（其所从属的更大系统）仍然保持完好。设计活动将向下移动，届时每个层级都将以更高层级的设计作为其环境来重新设计自身。

2）协作：在制定和实施流程、系统、产生交互的激励机制、联盟以及可以让价值链整体大于局部之和的合作时，协作将被重点关注。这些流程、系统和激励机制，包括了内部市场、目标成本、产出导向的度量系统、奖励系统、预警系统以及控制系统。这些措施的目的是通过解除内部单元之间的冲突来创造双赢的激励，并将每个单元的绩效指标和它对其他单元的贡献关联到一起。

3）产出：产出流程将关注运营效率和质量，它们将帮助系统同时在价值链的单元内部和单元之间增加效率和生产力。系统将通过利用 TQM 和持续改进的方法论来达到这个目的，目标是通过下面的系统解决方案来增加运营效率：

- 减少周期时间；
- 消除浪费；
- 增加灵活性；
- 增加质量。

有关产出流程的活动将在组织的各个层级展开，系统的每个成员都将参与到持续改进活动中去。混乱规划小组的成员将提供种子人才去制定和实施关键流程，并帮助组织的其他部分进行计划、学习和流程控制。

13.9.1 核心知识池

要履行对潜能、协作和产出流程的责任，将给总裁办公室配备核心知识池。核心知识池将是系统专业知识的中心，负责在价值链中开发和传播行业顶级知识。总裁办公室的所有基本职能将由专家来实施，这些专家将基于专业知识池进行工作，并且用跨学科的方式运作特定的项目。池中的每个成员都可以参与到多余一个的项目中去。那些项目的主要输出包括初创业务，改进已有运营的效率，以及设计衡量指标、奖励机制和早期预警系统。形成整个系统的"实力"并促进企业家文化是这些企业活动的副产品。

核心知识池将配备一组顶尖的专家，在不同活动间转换。他们将被临时或永久地从内部业务中抽出来，也可能通过招聘、劳务合同从外部获取，以保持系统的核心知识池保持活力和多样性。最开始,核心知识池本身的核心部分是由设计团队的成员组成,他们将参与到新架构的设计细节开发中。这些活动将提供一个通过"设计中学习,实践中领悟,学习中获取"的环境。核心知识成员将以设计集成解决方案项目组的身份来提供他们的专业知识。

核心知识池还将负责建立共同语言,并成为增强组织性学习的中心。组织学习将包含知识的相互交流和人员的互换。任何新的专家都需要在开始时通过核心知识池才能进入系统。

核心知识池的成员将善于洞察环境趋势、技术发展和客户需求变化。他们将在模块化的跨学科团队中工作,并且可以通过项目管理的机制,被分配到其他共享服务中去帮助系统开发,并作为产品线经理的角色去实施特别的任务。核心知识池将负责开发产出系统的模型、目标成本、衡量指标和奖励系统以及内部市场机制。

13.9.2　学习和控制系统

下面的描述展示了学习和控制系统的精髓。这个系统强调了联邦能源关于授权的新理念,将和设计的理想规格以及联邦能源所倾向的管理风格相兼容。这个系统将把控制的性质从"监督"改为"学习",并把权力的性质从"控制"转为"选择"。尽管学习和控制是单一系统中高度相关的两个方面,但每个方面都将在下面分开描述,以便理解。

从本质上讲,有效的控制涉及对权力的复制。假如决策依赖于流程,而不是个人来作为控制主体,那权力复制就可以实现。在决策者协同制定了对决策标准的共同理解和所有权后,权力复制就会发生。

决策标准定义了决策制定的规则,决策本身不过是决策规则针对特定情况的应用而已。决策标准和决策本身的操作性区分,在于决策标准中部分自由度的存在,哪怕一个自由度等级的缺失也会把决策标准转化为决策。

决策标准可以分为两大类:政策和程序。政策是决策标准在更高层次的抽象。政策本质上是在处理:选择维度(牵涉到变量)、原因、相关假设以及期望的成果。基于政策的决策是一些承载了价值的选择,明确地表示他们对人、财务以及技术领域的影响。从另一面说,程序,来自政策,它们主要处理怎么去做的问题,它们明确地指定把政策应用到特定情况的方法或者模型。政策制定将至少处理决策的三个分类:

1)交互:这类政策在组织的不同维度和部件之间进行控制和交互。它们包括了目标成本、价值链、协作、奖励系统、衡量系统和内部交易。

2)分配、选择:这些政策通常牵涉分配资源和资金的选择标准。

3)执行:这些政策会影响采购、承包、生产、分销、市场、人才、研究和发展所需的运营决策。

学习将包含一个在问题发生前就给出提醒，以提前采取纠正措施的预警系统，这样的系统将持续监测决策所基于的假设、实现的流程和中间结果的有效性。

在企业级别上，由 CEO 和其所有直接下属所形成的管理委员会，将成为制度化学习和控制系统的媒介。在这种情况下，核心知识池将提供技术支持，以设计系统并使其具有可操作性。

在业务单元层级（特别是两个受管制业务），对学习和控制系统的运营将是业务单元的内部董事会的职责，统称为内嵌网络。要最大化系统的效能，建议由总裁办公室和单元总裁形成的董事会邀请该单元总裁的直接上级来参加委员会的审议工作。之后，如果有需要，则业务单元的组件可以选择建立自己的管理委员会，来负责引入上面描述的理想化学习和控制系统。进一步的演化将最终以内嵌网络来覆盖整个组织。如此一来，内嵌网络将促进联邦能源的纵横整合。正在发生的内嵌网络活动也将在时间这个维度提供整合性。内嵌网络活动带来的纵向、横向以及临时的整合也将可以确保组织各个层级的目的和手段的相容性，使得协调性可以自动化和实现自我管理。最后，新的设计有望带来在以下方向上生机勃勃的组织形态。

- 培养成员按照企业的准则行事，以及抛弃旧规则去实现竞争优势的能力和渴望（比如，那些在成本加成的管制环境下运营的开支中心）。
- 转换组织的特性，从对行为的管理变到对互动的管理。
- 利用那些可以给整体增加价值的新机遇，并创造出利于员工成长的可能性。
- 建立规则、绩效评估以及激励机制，以鼓励人们去保持一个精益、简单和灵活的组织。
- 展现出永不衰退的以客户为中心，并以产品和市场为导向。
- 在组织的所有层级上都促成权力和责任一致的授权，并且保持正规和非正规组织的"同步性"。
- 转变控制的性质，从监控转向学习和早期预警。

第14章

开利公司

我之前有机会与开利公司合作,缘于麻省理工的汤姆·李(Tom Lee)教授和杰拉德·L.威尔森(Gerald L. Wilson)邀请我去给当时开利公司的 CEO 卡尔·J. 克莱派克(Karl J. Krapek)做一次演讲。他们告诉我将会获得整天的报酬,但是一旦克莱派克先生中断我的演讲去打电话的话,我就可以认为演讲已经结束。尽管这略让人尴尬,但却让我禁不住想挑战下自己。很巧合的是,演讲开始 15 分钟之后,卡尔就表示想要去打个电话。我于是开始收拾演讲稿,以为事情已经结束,但让我颇为意外的是,他请我给他十分钟的时间去叫上更多的同事来参加这个演讲,他希望这些人可以听下我刚才讲过的东西。一个全天的演讲带来了一纸合同,以及开利公司的再设计项目。

开利面临的挑战是需要从包括超过 90 项的自主经营的集合中创造出来一个系统,问题的关键点在于如何整合和分化全球运营,以使其能同时达到集中化和分散化。尽管公司现有的老迈而庞大的分销商网络并不愿意学习新技术,开利还是必须重振其核心技术,通过一系列遍布全球的半自治生产部门来管理其交互,并且在众多竞争激烈的市场中掌控成本竞争优势。

这份文档总结了由 15 名包括卡尔·J. 克莱派克以及他的直接下属成员共同产生的设计,主要源自 1992 年第四季度的几次会议。来自互动管理学会(INTERACT)的阿里·杰拉梅耶(Ali Geranmayeh)是我在这个项目里的伙伴。

这是一个理想化的设计,它的内容在这个阶段还只是暂定的,随时可以更改。要实现这个设计需要进一步的规划。因为企业环境的变化以及战略的转变,本设计并未被实现,即便如此,它仍然忠实地代表了开利公司初衷的最先进设计。

14.1 期望、假设和规范

开利并不只是一家设备制造商,也是气温控制系统的设计者、生产者以及分销商。公司在世界各地拥有整条价值链。然而,除去拥有权外,我们还需要理解链条中不同等级的期望和需要。

从开利公司的角度看来,所有价值链中的活动者和参与者,从制造商到最终用户,都应该被看做客户,他们的分类如下:

- 分销商；
- 销售商；
- 咨询工程师；
- 合同工；
- 零售商；
- 最终用户。

我们必须把价值（收益、成本）传递到链上的每一个层级中去。但是我们必须首先在链的尾端定义收益，并且一路回溯到生产商。价值来自于整体：

- 绩效；
- 价格；
- 服务；
- 装备。

只要理解了客户的潜在需求和欲望，就能拥有为最终用户创造价值的巨大机会。

14.1.1 变化中的游戏：概述

- 从基于规模经济以及预测可靠性的大批量生产，到基于低平衡点和快速产品变化的灵活生产。
- 从使用相互独立解决方案来对不相关变量进行管理，到使用集成解决方案来对互关联变量进行管理。
- 从通过产生知识来作为竞争优势的基础，到通过应用新知识来作为竞争优势的基础。
- 从单纯依靠产品技术，到投资流程技术。
- 从目标定价（即以价格作为可控变量），到目标成本（即以成本作为可控变量）。
- 从把劳动力视为可变成本，并认为可削减的廉价劳动力是竞争优势，到视劳动力为固定资产，并认为知识工作者可产生持续的优势。

14.1.2 变化中的游戏：空调产业

- 强大的（独立）零部件供应商开始出现，他们的规模化和专业性最终使他们具备控制关键组件的能力，这些关键组件是最终产品的成本、技术和差异化基础的主要组成部分。这些供应商作为潜在的竞争对手，对最终产品市场构成了威胁。

- "廉价"型的竞争对手开始出现，给出了非常低的价格。这些主要来自于低技术、低成本，但是却灵活、精益运作的公司。
- 日本竞争对手综合了运营效率以及高技术产品。他们可能的战略将是：
  ▶ 专注于低端市场（增长区）；
  ▶ 提供易用的、基本无须维护的完整工程设计套餐；
  ▶ 直接面向零售商，跳过了分销环节；
  ▶ 之后转移到更大型的产品，依赖于工程和架构进行销售；
- 对电力控制的集成变得必需。

14.1.3 改变的驱动力

- 环境考虑；
- 大市场的成熟和新市场的涌现；
- 日渐增强的客户差异化和分化；
- 竞争全球化；
- 微型化（产品的大小、材料重量和体积）；
- 新技术（比如内部热交换和传输）；
- 无管道分体技术改变了价值链的传统结构。

14.1.4 竞争的基础

- 交付；
- 成本；
- 规模；
- 上市时间；
- 服务；
- 分销；
- 世界级的生产工艺。

14.2 核心价值

公司将从供应商到最终用户，在整个价值链上创造财富。公司负责创建双赢的局面来化解价值链各级参与者间的冲突，将对整个系统负责直至最终用户。开利公司的品牌作为产品的后盾，保证了整个价值链的贯通，即便公司不拥有链条的每个环节，即便产品是私有品牌，仍然保证客户买到的（产品或者服务）都能正常运作，不找任何借口。

- 我们的承诺是整体用户满意度。
- 我们通过知识来实现卓越,我们对不胜任坚持零容忍的态度。
- 我们致力于提供清晰、透明的发展规则和绩效期望。
- 我们将成为核心技术领域的绝对领导者。
- 我们将成为互相支持的互关联系统。
- 我们将投资于公司的雇员、分销商和经销商。
- 我们将影响整个行业。
- 在开利公司,没有人会因为经济环境、工厂关闭、部门重组或者市场低迷而失业。

在这一节里需要回答三个主要的问题:
1)我们要解决谁的问题?
2)我们将提供怎样的解决方案?
3)我们将如何将解决方案提供给有问题的人?

第一个问题涉及市场划分,第二个问题关系到产品线供应,而第三个牵涉到市场渠道机制。通过这三个维度形成的矩阵,可以理解业务本质,每一个维度都将在后面的章节中更详细地阐述。

14.2.1 产品和服务

我们将使用下面的标准来决定是否要参与到特定的产品线中去。

- 这个产品是不是具备成为空调控制领域全球领先者的条件?
- 这个产品能否从战略的角度来帮助我们更有效的竞争?(战略考虑可能是防御性的,比如通过给分销商、销售商提供广阔的产品线,来帮助保持他们的忠诚度;或者是攻击性的,比如阻碍竞争者使用我们的分销商和销售商,利用我们的分销渠道来抵制别人的产品;或者通过规模经济和产品范围来削减成本。)
- 是否有机会利用我们的资产?我们可能不时地需要做出选择:是否因为资产投资机会而进入那些没有长期战略优势的细分市场。我们将不再对这些细分市场进行新的投资。
- 是否有机会去拓宽产品线?更广的产品范围对我们非常重要,因为:①它帮助我们赢取并保持分销网络的忠诚度,②它帮助我们充分利用技术,并降低成本。除此以外,广泛的产品线是防止小规模竞争者将我们隔离在很多细分市场之外的重要防御手段,同时它有助于在不景气时给销售商和分销商提供支持。拥有经济强大并且忠诚的分销网络,是阻碍潜在竞争者进入的有效壁垒。

当前行业存在以下问题，这给产品和服务的提供带来了巨大的机会：

- 空调控制的基本问题并没有得到很好的解决：处于大建筑中的人要么很热，要么太冷，并且人们都无法轻松地操作控制器；在住宅楼里，通风问题让所有人都很困扰，脖子僵硬问题随处可见。
- 对于那些控制了建筑中能影响空调控制系统性能的关键要素的参与者们，公司并没有形成联盟和协作，包括保温、窗户、建筑材料、结构等（在汽车领域，空调控制必须同玻璃，特别是挡风玻璃的厂商有很好的协作）。

14.2.2 核心技术和技能

- 我们必须在所有业务方向上都拥有系统设计能力，此外，我们还必须拥有下面的核心组件（以重要性排序）：
  - 压缩机；
  - 电器控制器；
  - 热传输设备；
  - 附件：外形和配置，空气动力学的内容和能力，以及风扇；
  - 电机；
  - 柴油发动机；
  - 空气净化设备。
- 我们必须发展技术能力以整合控制系统和发动机（比如，产生轨道运动，并使用制冷剂来冷却电机和内部的电器组件）。美国联合技术公司（UTC）拥有一家电机供应公司，我们可以和他们合作么？
- 我们必须有电子控制系统的设计能力（包含感应器）。同时我们可以继续购买现成的组件，合作伙伴是获取最佳电子设计能力的理想来源。
- 我们将在工程组织的每个级别建立跨领域的知识。对环境趋势和客户需求变化的理解（包含已有和潜在的）将配合这种知识保证创新的产品即时地进入市场。
- 通过有效建模来集成不同学科的知识，这将带来显著的竞争优势。要达到这种优势，我们将通过激励和指导来鼓励建模。由于时间有限，需要平衡设计、文档化和优化的学习过程。必须训练具备跨学科技能的新工程技术人才，以进行跨职能的思考，必须用科学的预测建模文化来替代先构建再测试的文化。

14.2.3 销售和分销系统

- 重视客户满意度是我们的基本原则：我们将保证最终用户对所有产品都满意。
- 我们必须与销售商和分销商达成协议，以使我们在整个价值链上形成合作关系。我们需要在很大程度上依赖他们来帮助我们实现我们的承诺。
- 我们的保证将作用于系统整体。所以，我们必须能够：
  - 产生系统的关键要素（比如，空调单元）；
  - 给我们的经销商制定其他要素的最低标准（我们的差异化因子）；
  - 通过我们的销售系统来购买和销售非关键产品（比如，管道工作、线圈和恒温器），也会给他们提供从别处获取这些产品的机会（只要符合标准）；我们通过自己的"贸易公司"获取供应。
- 我们将以"近似于加盟商"的态度来对待分销商和销售商。我们希望获得加盟商级别的合作关系，却又没有法律上的麻烦。
- 符合标准将是我们的销售商协议的重要组成部分。
- 一个忠诚并高效的分销网络是我们成为市场领头羊的关键，我们必须创造双赢的局面，使我们的销售商和分销商在经济上保持健康。
- 我们将拥有混合的分销系统：部分分销商属于公司，部分独立。在下面这些情况下，我们将选择自己的分销商：
  - 当我们可以赚回投入的资金成本时；
  - 当经销商的拥有权具备战略重要性时；
  - 当我们在该地区没有其他代表时；
  - 在独立分销商与本地销售商和客户的坚实关系不能被我们复制时，我们将积极地发展和利用独立分销商；
  - 无论分销商是否独立，我们都希望他们的业务成功，并且和开利公司如同伙伴一般紧密合作。
- 我们必须以客户为中心，这意味着对地域和国家的差异性保持敏感：我们需要对拉丁美洲和北美的居民同样了解（日本的住房和美国的住房，对比屋顶和房间内的空调）。
- 我们的市场挑战在于针对特定的细分市场和应用场景寻找解决方案。
- 我们必须不断努力以消除价值链中的成本。我们将通过改善物流、减少库存以及精益生产来达到这个目标。这些改进将随着时间的推移，使我们能够减少价值链的环节。

14.3 系统架构

14.3.1 期望的特点

- 客户为中心。
- 使用明确的决策标准来充分理解发展的规则和对成就的期望。
- 尊重对控制系统的需要,以保证可靠性。从而可以有效地下放权力:监督机制纯属浪费。
- 化解内部冲突的高效流程。世上没有无内部冲突的组织,那些可以建设性处理冲突的组织,可以利用这种能力作为保持系统活力的引擎。
- 产出导向的奖励机制(而不是功能导向)。这种激励制度有助于化解结构性矛盾,而功能导向却只会制造矛盾。
- 使用单一的集成解决方案来处理诸如减少成本和浪费、压缩时间、增加灵活性、提高质量等问题(而不是每一个问题都有自己不同的解决方案)。
- 精益、简单、非官僚化及灵活的组织,保持简单的上下沟通。
- 几乎没有成文的规则和程序,正式和非正式的组织都保持"同步"。
- 在最低层级进行授权(权力与责任匹配)。
- 时间敏感,并且对外部竞争压力保持警觉。

14.3.2 多维框架

多维架构引入了下面的设计,以识别出三个维度(市场、产品和技术)都能同时达到竞争优势的必要条件。因此,它旨在找出并消除针对单一维度的局部优化,目的在于积极通过在三个维度间建立双赢的关系,来产生协作、潜能及高效的结果。三维架构可以识别出同时对权力进行集中和分化、整合和分散,以及相互依赖和自主性的需求。

三维的架构里,通过随时引入市场机制作为不同部门间交互基础,解决了结构化冲突。不过架构只是给系统提供了硬件条件,还需要为业务流程提供软件条件。

开利的架构设计必须能够做到对市场、产品和技术的并重。下面的架构将在实现多维关注的同时,建立起市场导向的业务。

开利公司的主要战略重点是强有力的市场导向和对客户的响应。该组织将能够灵活地适应内部和外部的变化,刺激对产出的质量和数量进行不断改进,并且能够快速和有效地学习。图 14.1 中描述的系统架构就是为了促进并追求这样的战略而产生的,它将做到对市场、产品和技术的并重,并建立一个市场导向的业务。

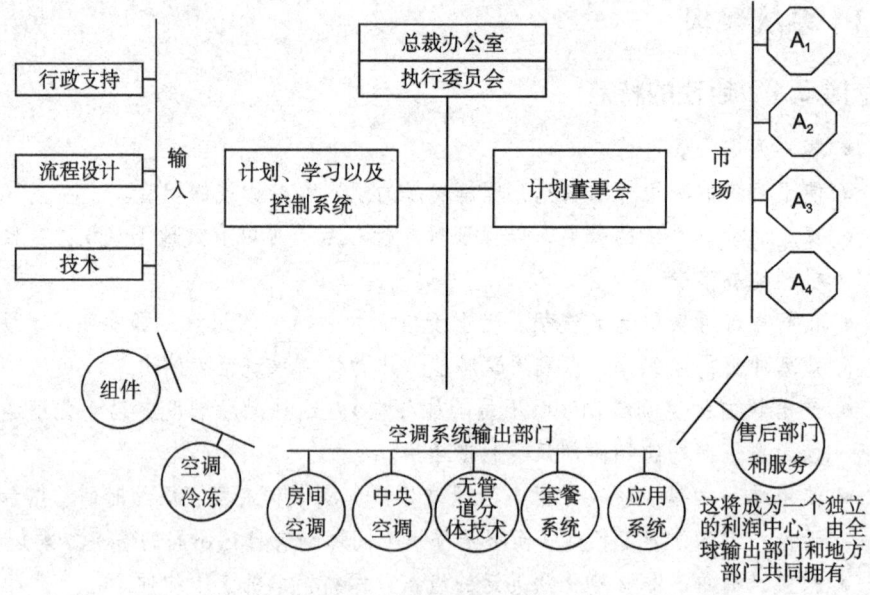

图 14.1 开利公司系统架构

14.4 市场

开利公司的市场功能将在 4 个半自主区域中展开,每个区域将管理一定数量的相应的区域部门。

14.4.1 区域部门

区域是市场维度下的最基本部门,它是开利公司诞生之地。

- 一个给定区域的大小和边界由下面几种情况决定:
  - 物理上的邻近性;
  - 气候;
  - 建设实践(设计和材料);
  - 经济发展水平。
- 作为开利公司市场营销的唯一依靠,区域经理们都无须承担生产责任,除非是为那些只负责本地市场服务的特别工厂。
- 区域部门将是销售和分销服务组织,他们将主要负责销售、分销、安装并为产品提供服务。部门中将包括应用工程师和技术支持人员。
- 区域部门将有责任开发和维护每个区域的分销系统。分销系统将平衡三个主要的渠道:直销、零售和销售商。

- 销售组织将与工厂和产品组通过以下三个重要的流程关联起来:
  ▶ 产品设计周期(将客户的需求传达给设计师);
  ▶ 订购付款周期;
  ▶ 物流支持。
- 区域部门的主要责任是理解最终用户的需求,并且帮助开利公司为这些需求提供恰当的解决方案。
- 区域组织将负责建立本地的协作,并减少不必要的重复服务。由于每个区域的问题和机会的性质不尽相同,所以每个区域中的组织机构设置也会不同。
- 每个区域将有一个区域负责人,负责开发新的业务,以满足各个区域的需要。

图 14.2 展示了区域单元如何组织以优化市场渠道和用户关注度的例子。

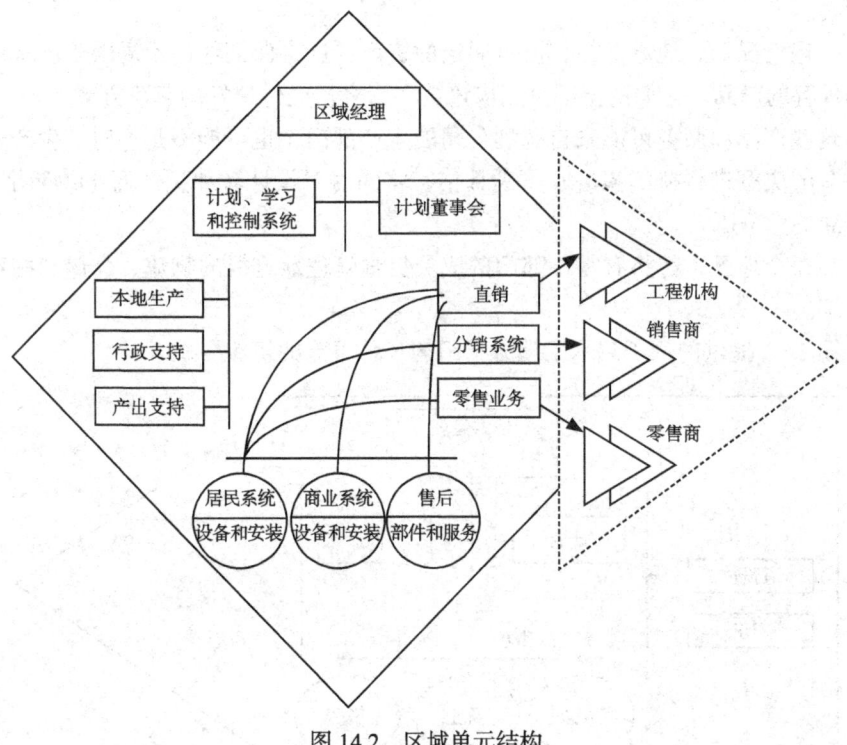

图 14.2 区域单元结构

14.4.2 地方部门

每个地方部门都将负责设计、施工和销售全套的产品或者服务系统,以提供对特定细分市场需求的解决方案。最初,在每个地方部门里都有三个这样的分类：居民系统、商业系统和工业及公共系统。

作为一个市场驱动部门，地方部门必须要理解当前及潜在的空调控制系统面对特定细分市场的问题，开发并提供对应的解决方案来处理那些问题。

每个部门都将负责在其特定细分市场内进行系统的开发。在不同区域内，系统设计将响应本地的需求。系统解决方案将在全球平台上由输出部门开发。这些平台提供模块化设计，可以标准化基础架构和组件，同时允许异化以满足不同的本地需求。每个输出部门将在团队中拥有顶尖的系统工程师，在开发全球平台上生产本地化的产品。

地方部门将建立基本的政策和方案来发展及维护分销系统，以服务于所有的开利公司部门。比如，希望地方部门建立收购和分销配套产品的政策，以帮助提高销售级别的业务水平。实施这些政策将是区域部门的责任。除此以外，地方经理将负责开拓新的市场，负责区域部门和输出部门的联系，负责地方层级的整合和管理。

一般情况下，地方部门将没有固定的资产，这将保证他们不局限于已有的设施和现存的产品。他们的全部重点应该放在为客户交付最好的解决方案上。

这些产品和服务可能来自开利公司的生产部门，也可能不是。对"生产还是购买"的决策进行持续检验和不断评估，将同时对设计者和生产商（供应者）施加不断的竞争压力。

在每个地区，都将有零件部门的成员负责管理地方级的物流、仓储和物理运输系统。

图 14.3 提供的例子展示了地方部门的一种可能的组织方式。

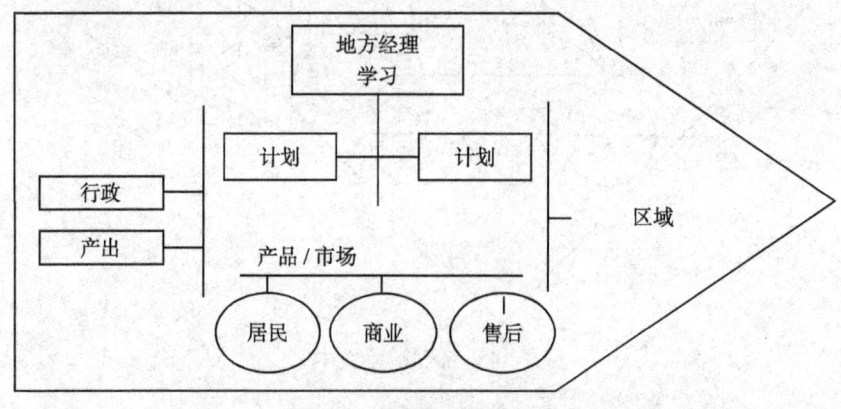

图 14.3 地方管理的结构

14.5 输出部门

输出部门将负责设计和生产全球高端产品，这样的产品会销往一个或多个地理区域，具有较高的复杂程度，并提供显著的经济规模。输出部门经理将在全球范围内负责设计可制造性、功能性和可维护性，以及精益生产系统、交付和成本。

全球产品将在全球化平台概念上进行设计，也就是说，通过模块化设计标准化基础框架和组件，同时允许异化来满足不同的本地需求。开利公司的产品必须以全球化为基础来进行构思和设计，开利公司的技术必须是可在全球范围内应用的。

输出经理将负责以全球化为基础来优化生产设施，以确保竞争优势。

在第一次近似设计时，生产资源将在地方级别进行优化。然而，这并不意味着要求每个地方都从生产的角度做到自给自足。事实上，每个地方将被要求去开发至少一个可为全球提供产品的设施，并且成为全球产品的冠军。

每个输出部门都将成为一个利润中心，有能力进行销售和外包。此外，还将有另两种输出部门：冷藏运输和售后零件。因为运输产品业务的特殊性，必须把它视作一个独立的输出部门，从固定的空调产品（制热、通风和空调）中区分开来。运输冷藏将继续按照现有的状况运营，不过它需要积极地寻找机会，充分利用现有开利公司的销售和分销系统所提供的服务。

售后零件是我们给客户提供的整体解决方案中的重要元素，并且也是一个很大的市场机会。我们需要大力发展这项业务。售后零件将成为全球业务部门，由地方（市场）部门和输出部门共同拥有。它将购买和分销来自开利公司和非开利公司的零件和组件。

图14.4 提供的例子展示了输出部门的一种可能组织方式。

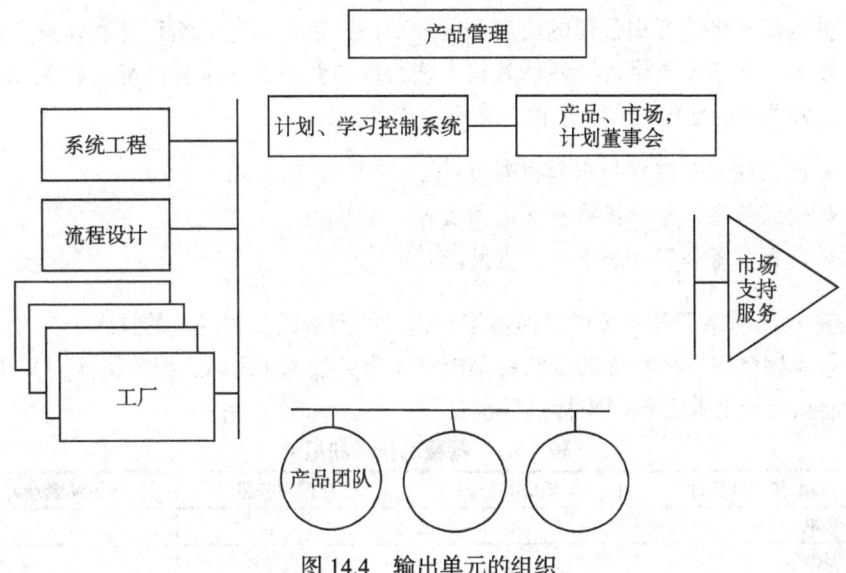

图14.4 输出单元的组织

14.6 组件

组件团队将负责：

- 为之前的所有分类开发并维护业界领先的知识（产品技术和设计）；
- 只要经济上允许，就生产足够多的第一类产品；
- 针对那些因为经济原因而无法生产的部分，寻求并建立伙伴关系，以维持对第一类组件的战略性控制；
- 与第二类及第三类的生产商建立战略联盟，以保证对其发展有足够的影响力，保持可靠的来源供给。

为了确保全球的成本和质量竞争力，每个组件业务都应该可以独立生存。因此，这个团队中的每个部门都将被视作独立的业务体。组件团队中的部门将拥有销售其产品给其他原始设备商（OEM）的权利。同样，开利公司的产品经理将有权选择从外部供应商那里采购组件。

在开始时，公司需要给组件团队提供补贴，直到它们能为内部客户提供有足够竞争力的价格。

一开始，这个团队中会有两个部门：压缩机部门和电器控制部门。

14.7 输入

14.7.1 技术

技术团队将是开利公司的研究和开发部门，负责物色和培育开利业务所需的核心技术。开利公司将持续评估其技术能力以与新兴的需求相匹配。相关技术和组件在公司中的地位可以由下面三个分类来定义：

- 必须在内部拥有知识和控制力；
- 必须具备知识和战略意义的同盟；
- 必须具备知识去影响独立开发者。

表 14.1 总结了开利公司目前对核心组件的需求以及相对应的技术。

技术团队中一个特殊的分队将集中开发服务技术（比如远程分析能力），这个活动将由所有的业务部门来提供经济支持。

表 14.1　需要的技术和组件

核心技术或组件	知识和控制	知识和联盟	知识和影响力
压缩机	×		
电器控制	×		
热传输设备	×		

(续)

核心技术或组件	知识和控制	知识和联盟	知识和影响力
外壳、风扇和空气动力	×		
发动机		×	
空气净化设备		×	
冷藏			×
柴油引擎		×	
开发软件	×		

14.7.2 运营支持（流程设计）

本部门将着重增加整个企业的产出。它围绕着模块化团队建立，并且给开利的所有部门提供支持。

开利将建立专家中心，以在整个组织内部开发和传播知识。他们将被分为流程团队和技术团队。和在大学中不同的是，这种知识不以学科进行划分，而是跨学科的知识，以便能给复杂问题提供解决方案。

流程和技术团队将作为内部顾问，挑战和改进业务中的关键要素。他们也将把设计和产出流程中的最新进展传授给组织中的其他部分。该小组将同时给总裁办公室和运营部门提供服务。流程团队必须在组织中进行自我再造，负责再设计、实施和交付系统解决方案。只有在项目的成功被认可后，这个团队才会开始接受下一个挑战。

流程团队将围绕特定的产出流程进行组织，但是这些团队都将包括信息技术、全面质量管理、人力系统和设计方面的跨领域专家。他们的目标是去为每一个关键输出流程设计集成的解决方案（单一设计），以便同时完成下面所提到的关键成功目标：

- 减少时间周期；
- 消除浪费；
- 实现灵活性；
- 实现全面质量管理。

技术团队将是跨学科的，有能力去集成和应用不同的技术来解决特定的业务问题。他们负责培训公司里的每一个人，从工程师到直销队伍，传播新技术对开利公司业务的潜在影响。对这个团队成员的激励机制将建立在整个团队的成功上。团队将由非常优秀的专业人才组成，并且长期存在，以保证持续改进。

14.7.3 管理支持服务

管理支持服务包括财务、会计、行政服务、人力资源服务、管理信息系统

（MIS）和质量管理等。这些部门都将进行服务提供。控制功能将是总裁办公室的职能之一。所有的输入部门都会是"绩效中心"。针对每个部门，会制定一组特定的绩效衡量指标。希望每个部门都能通过其运营为开利公司增加价值。所以，盈利能力将是每个部门绩效衡量的关键因素。每个部门的收入将来自对其他开利部门和外部客户的销售所得。

14.8 业务流程

14.8.1 决策系统

- 交互政策团队将对政策和计划进行校正，解决开利公司内部部门间冲突。
- 每个交互政策团队都将包括至少三个层的管理人员：团队的经理，经理的直接上级，以及经理的直接下属。其他成员可以定期或者在特殊情形下加入。
- 交互政策团队负责制定政策，他们并不参与到运营决策中。
- 政策确立了经理们做决策的标准，对决策标准的一致认同是权力分化成功的关键。
- 如果一个待定的决策无法依据现有政策，那么负责的经理将自行决策。相应的交互政策团队之后会决定是否为将来同样的情况制定政策。
- 每个政策都将尽量在可能的最低层级团队制定。
- 对于那些有战略重要性的特定问题，将建立特殊的交互政策团队来进行政策协调。

14.8.2 绩效衡量和奖励系统

- 衡量系统将是以产出为导向的。
- 它将为各部门建立双赢的局面，避免内部部门间因为竞价而产生的无尽斗争。
- 它不仅将识别出每个部门自身的绩效，还将识别出每个部门对其他部门绩效做出的贡献。
- 它将鼓励内部协作，而不是外包。比如它可能对内部和外部交易征收不同的税金。

14.8.3 目标成本和可变预算系统

下面的模型给出了开利公司价值链中不同部门关系的建议。这个系统的目标是使各部门的收入和系统的产出整体保持一致。

- 每个部门都将有可变的预算,由总的产出来计算。
- 每个部门都将是一个利润中心。部门的收入将是整个系统产出的一定百分比,而每个部门的成本将是实际成本。
- 每个部门收入的产出百分比构成,可能由下面的方法共同来决定:
  ▶ 基于公司战略和竞争环境的理想划分;
  ▶ 行业基准
  ▶ 竞争力分析(可替代的供给源)
  ▶ 历史数据(执行委员会在公司政策团队论坛中的讨论)

图 14.5 展示了价值链上产出的分类。

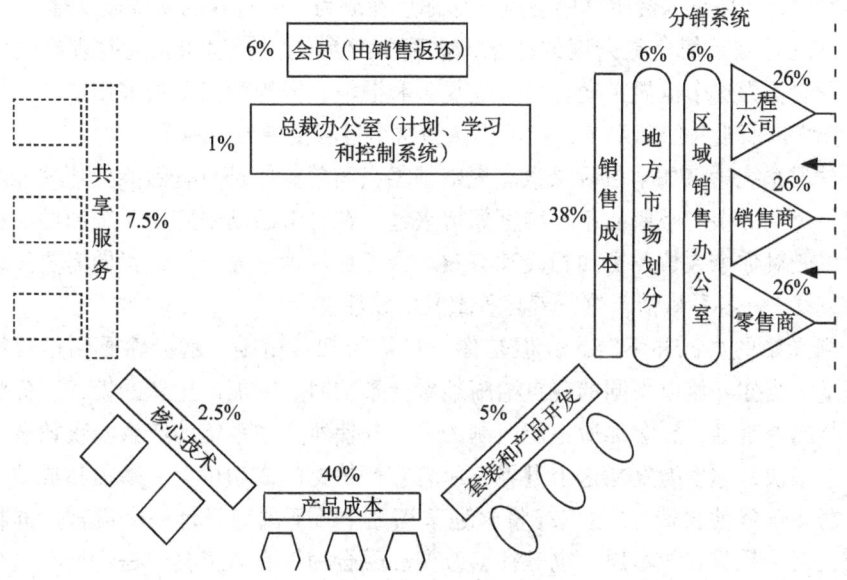

图 14.5 价值链上的目标成本和可变预算

结 束 语

读到这里,你一定已经找到诀窍了。你甚至已经认识到整体迭代思维观点中存在着巨大的能量。但是为了更好地融会贯通,你需要把这个观点变成自己的。这意味着你应该:① 对自己感兴趣的观点进行记录;② 用自己的语言反复重述主要的观点;③ 与他人分享。学习的最好方法就是传授。如果你可以在一个小时里激发他人,使别人聆听你的观点,那你正在成为一个有效的系统设计师。

系统思维是简化复杂度的艺术,需要看穿混沌,管理相关性并理解选择权利。我们认为这个世界正变得越来越复杂和混沌,因为我们无法采用适合的概念来解释它。而当我们理解了,就不再认为这个世界复杂或混沌了。

学习系统论就如学习玩象棋。规则都相当简单,但是只有熟能生巧才能取得胜利。对生活中的必要的系统维度保持兴趣,在日常活动中应用系统原则。这些概念可能对你个人事务更加相关和有效。为了更好理解复杂性,我们需要发现潜在的节奏——各种事情都进行着自我重复的秩序。

刚开始的尝试并不容易,但是你一旦体会到其精髓,就会感受到迭代思维的力量。当你开始以不同的观点清晰地看待事物时,就能产生新的模式。你将能够进行向外管理,影响你所不能控制的人,并使所关注系统的产量实现数量级的提升。很快,你就能发觉这个世界充斥着等待挖掘的成功机会。幸福和成功以及爱,需要不停地再造。"他们终将永远幸福地生活下去"只是一个谎言。你将认识到,兴奋是美好的本质,也是社会改变和融合的最有力工具。是否拥有这个力量是能力的问题。比如知识的力量是通过分享而增强的。最后,只有当人们开始设计这个观点时,才更容易真正实施它。

以下的技巧可以助你启程。

在着手解决问题之前,一定要先了解清楚问题。不要从表面来看待问题。记住,任何问题或者解决方法都不能脱离其上下文。如果从解决方案出发来定义问题,并偏好找到与上下文无关的方案,这种趋势只会继续回到以前,再现无解方案。不要采用普遍适用的制约因素,如时间、信息或者资源,来定义问题,这表示你所定义的问题是基于已知方案的,对真正的问题进行了不恰当的假设。在你完成定义问题的过程之前,不要接受任何方案的建议。

要将定义问题的过程和形成解决方案的过程分开。要从大局观出发,尝试将问题看做混乱中的交互元素以及系统当前行为的未来指征。为了进行混乱的映射,需要取得所研究系统的快照。然后迭代地处理功能(输出)、结构(主要参与者)、流程(做事方法)和目的(系统在所处环境中的功能)。识别系统在财富、权利、美、知识和价值观维度的障碍,这将指向一个问题网。最后,通过识别以下方面,可以捕捉到当前秩序的未来指征:① 形成循环的可能因果关系;② 可能产生多个结果的事件以及每个事件的不同时间差;③ 如果"X"很好,更多的"X"并不意味着更好;④ 坚持旧的游戏法则使成功转变为失败。不宜使人们对他们的过去采取防御态度。让人们接受混乱是成功的结果,可能有很长一段路需要走。

为了设计解决方案,首先要建立令人兴奋的未来图景,然后再向后推出现有系统。这听起来很疯狂,但确有其道理。问问喜欢解谜的孩子,他们会告诉你为什么应该从谜底开始解题。

假想你的系统毁于一夜之间,而其他所有的环境都原封不动,你需要重新建立新的系统。这个命题有一个扭曲的逻辑。如果无法在现有秩序下创建可用的设计,就算没有约束,未来也没有希望。这意味着真正的问题可能存在于环境中,而非设计中。于是你需要改变关注点,通过向外管理尝试影响你周围的环境。如果无法影响,你最好远离这个不可能的解决方案。

设计是控制、影响并意识到可能影响系统状态的因素。可以共同创建未来的因素都存在于社会系统的五个维度中。在权利、知识、财富、美和价值观之间建立兼容性,并巩固其相互关系,将产生一种共鸣。这个共鸣可以在大部分的情况下,以 10 倍的力量克服大部分顽固的障碍。

在本书的最后一章中所讨论的 5 个系统架构,都是基于令人幸福的模块设计概念的。模块设计是处理变化和实施复杂设计中最有力和实用的手段,而不会迷失在过程当中。模块化的概念最初是用在复杂计算机设计中的,而这个设计原则的成功延伸全归功于整个计算机行业。它所具备的能力可以使各个独立设计的子系统共同作用,生产出复杂的产品。

为了建立模块化结构,我们首先要设计包括系统关键功能、主要元素和重要流程的架构。架构中包括一系列不同的但是相互关联的平台。每个平台都承载了一系列特殊用途的模块,要清楚定义平台间的关系和接口。每个部分都独立运营,具备相对自我控制的能力,并能作为关联系统中的责任成员对整体需求进行有效响应。模块设计是变化的有力工具,尽你所能使用这个工具吧!

保持联系。请告诉我这个版本的系统思维对你是否有用。请发电子邮件至 jghara@earthlink.net。

参考文献

Ackoff, R. L. (1974). *Redesigning the future*. New York: John Wiley & Sons.
Ackoff, R. L. (1978). *The art of problem solving*. New York: John Wiley & Sons.
Ackoff, R. L. (1979). The future of operational research is past. *Journal of the Operational Research Society, 30,* 93-104.
Ackoff, R. L. (1981). *Creating the corporate future*. New York: John Wiley & Sons.
Ackoff, R. L. (1994). *The Democratic Corporation*. New York: Oxford University Press.
Ackoff, R. L. (1999). *Ackoff's best: His classic writings on management*. New York: John Wiley & Sons.
Ackoff, R. L., & Emery, F. E. (1972). *On purposeful systems*. Chicago: Aldine-Atherton.
Adler, M. J. (1978). *Aristotle for everybody*. New York: Macmillan Publishing Co.
Ashby, W. R. (1958). General systems theory as a new discipline. *General Systems, 3,* 1-6.
Banathy, B. H. (1997). *Designing social systems in a changing world*. New York: Plenum Publishing.
Beer, S. (1967). *Brain of the firm*. Harmondsworth, UK: Penguin Press.
Beer, S. (1975). *Platforms of change*. New York: John Wiley & Sons.
Bertalanffy, L. V. (1968). *General systems theory: Foundation, development, applications*. Middlesex, UK: Penguin Books.
Blake, R. R., & Mouton, J. S. (1964). *The managerial grid*. Houston: Gulf Publishing Company.
Bogdanov, A. (1980). *Essays in tektology*. (G. Gorelik, Trans.). Seaside, CA: Intersystems.
Boulding, K. E. (1953). *The organizational revolution*. New York: Harper.
Boulding, K. E. (1956). *The image*. Ann Arbor: University of Michigan Press.
Boulding, K. E. (1968). *Beyond economics*. Ann Arbor: The University of Michigan Press.
Boulding, K. E. (1981). *Ecodynamics*. Beverly Hills, CA: Sage Publications.
Buckley, W. (1967). *Sociology and modern systems theory*. Englewood Cliffs, NJ: Prentice Hall.
Buckley, W. (Ed.) (1968). *Systems research for the behavioral scientist: A source book*. Chicago: Aldine Publishing.
Capra, F. (1988). *The turning point: Science, society, and the rising culture*. New York: Doubleday.
Capra, F. (2002). *The hidden connections*. New York: Doubleday.
Checkland, P. (1981). *Systems thinking, systems practice*. New York: John Wiley.
Churchman, C. W. (1968). *The systems approach*. New York: Delacorte Press.
Churchman, C. W. (1971). *Design of inquiring systems*. New York: Basic Books.
Churchman, C. W. (1979). *The systems approach and its enemies*. New York: Basic Books.
Cross, N. (2007). *Designerly ways of knowing*. Basel, Boston, Berlin: Board of International Research in Design Birkhauser.
Dewey, J. (1989). *Freedom and culture*. New York: Prometheus Books, Great Books in Philosophy.
Forrester, J. W. (1961). *Industrial dynamics*. Cambridge, UK: Productivity Press.
Forrester, J. W. (1965). A new corporate design. *Industrial Management Review, 7*(1), 5-17.
Forrester, J. W. (1971). Counterintuitive behavior of social systems. *Technology Review, 73*(3), 52-68.

Friedman, M. (1962, 2002). *Capitalism and Freedom*. Chicago: University of Chicago Press.
Fromm, E. (1955). *The sane society*. New York: Rinehart.
Fukuyama, F. (1992). End of History and the Last Man, New york: free press.
Gharajedaghi, J. (1972). *Theory and management of systems*. Tehran, Iran: Industrial Management Institute.
Gharajedaghi, J. (1983). Social dynamics, dichotomy or dialectic. *Human Systems Management, 4*, 7-17.
Gharajedaghi, J. (1985). *Toward a systems theory of organization*. Seaside, CA: Intersystem.
Gharajedaghi, J. (1994). Making TQM work for America. *The Total Quality Review*, March/April, 11-18.
Gharajedaghi, J. (2006). *Systems thinking, managing chaos & complexity: A platform for designing business architecture* (2nd ed.). Amsterdam: Elsevier.
Gharajedaghi, J., & Ackoff, R. L. (1984). Mechanisms, organisms and social systems. *Strategic Management Journal, 5*, 289-300.
Gharajedaghi, J., & Ackoff, R. L. (1986). *A prologue to national development planning*. Newport, CT: Greenwood Press.
Gleick, J. (1987). *CHAOS: Making a new science*. New York: Viking Penguin Inc.
Goldratt, E. M. (1997). *Critical chain*. Great Barrington, MA: North River Press, Inc.
Goldratt, E. M., & Cox, J. (1986). *The GOAL*. Groton-on-Hudson, NY: North River Press.
Grove, A. (1996). *Only the paranoid survive*. New York: Doubleday.
Halal, W. E., Geranmayeh, A., & Pourdehnad, J. (1993). *Internal markets*. New York: John Wiley.
Hamel, G., & Prahalad, C. K. (1994). *Competing for the future*. Boston, MA: Harvard Business School Press.
Handy, C. (2002). What is business for? *Harvard Business Review*.
Holland, J. H. (1995). *Hidden order*. Reading, MA: Helix Book, Addison-Wesley Publishing Company.
Huntington, S. P. (1993). Clash of civilizations. *Foreign Affairs Journal*, summer, 22-30.
Kauffman, S. (1995). *At home in the universe*. New York: Oxford University Press.
Lazlo, E. (1972). *Systems view of the world*. New York: George Braziller.
Mandelbrot, B. (1977). *Fractal geometry of nature*. New York: Freeman.
Maturana, H., & Varela, F. (1980). *Autopoiesis and cognition*. Dordrecht, The Netherlands: D. Reidel Publishing Holland.
Maturana, H., & Varela, F. (1987). *The tree of knowledge*. Boston, MA: Shambhala.
McGregor, D. (1960). *The human side of enterprise*. New York: McGraw Hill.
Meadows, D. (2008). *Thinking in systems*. Chelsa green Publishing, White river, Vermont: Sustainability Institute.
Meadows, D. H., et al. (1972). *The limits to growth*. London: Potomac Associates.
Miller, D. (1990). *The Icarus paradox*. New York: Harper Business.
Miller, J. (1978). *Living systems*. New York: McGraw Hill.
Peters, T. J., & Waterman, R. H. (1982). *In search of excellence*. New York: Harper and Row.
Pine, J. B., II (1993). *Mass customization*. Boston, MA: Harvard Business School Press.
Popper, K. R. (1966). *The open society and its enemies*. New Jersey: Princeton University Press.
Pourdehnad, J. (1992). *Interactive planning*. Unpublished doctor Dissertation, Wharton School, University of Pennsylvania.
Rapoport, A., & Chammah, A. M. (1965). *Prisoner's dilemma*. Ann Arbor: University of Michigan Press.
Richmond, B. (2001). *An introduction to systems thinking (iThink software)*. High Performance Systems, Inc. NH: Hanover.
Senge, P. (1990). *The fifth discipline*. New York: Doubleday.
Servan-Schreiber, J. J. (1967). *American challenge*. London: Avon Books.

Simon, H. A. (1996). *The science of the artificial* (3rd ed.). Cambridge, MA: MIT Press.
Singer, E. A., Jr. (1959). *Experience and reflection*. C. W. Churchman (Ed.), Philadelphia: University of Pennsylvania Press.
Taleb, N. N. *The black swan, the impact of the highly improbable*. New York: Random House.
Thurow, L. C. (1980). *Zero sum society*. New York: Basic Books.
Wheatley, M. J. (1994). *Leadership and the new science: Learning about organization from an orderly universe*. San Francisco, CA: Berrett-Koehler Publishers. Reprint 1994.
Wiener, N. (1954). *The human use of human beings*. New York: Doubleday Anchor.
Wolfram, S. (2002). *New kind of science*. Canada: Wolfram Media, Inc.
Womack, J. P., Jones, D. T., & Ross, D. (1990). *The machine that changed the world*. New York: Macmillan Publishing Co.
Zadeh, L. A., et al. (1987). *Fuzzy sets and applications*. New York: John Wiley.
Zeeman, E. C. (1976). Catastrophe theory. *Scientific American, 234*(4), 65-83.